호흡

Breathing:

An Inspired History by Edgar Williams was first published by Reaktion Books,

생명과 건강에 대한 특별한 이야기

호흡

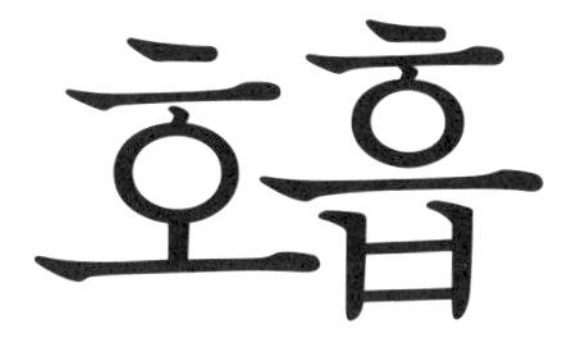

인간에게 영감을 불어넣는

'숨'의 역사

에드거 윌리엄스 지음 | 황선영 옮김

진성북스
JINSUNGBOOKS

나의 형제들인

데릭(Derek)과 스티븐(Steven)에게

이 책을 바칩니다.

차례

서문 Prologue

나는 한평생 호흡이라는 생물학적인 과정에 매료되어 살아왔다. 작은 해양 갑각류부터 물고기나 사람에 이르기까지, 다양한 크기의 생명체들이 호흡하는 법을 오랫동안 연구했으며, 동시에 호흡에 관한 책들을 폭넓게 읽었다. 호흡의 역사와 배경에 관한 지식을 습득함으로써 나 자신의 개인적인 연구에 이용하는 것은 물론 수년 동안 기쁜 마음으로 호흡 생리학을 가르쳐온 학생들에게도 도움이 되고자 했다.

호흡 생리학자로서 세계 각지를 돌아다니며 호흡의 과학과 역사에서 위대한 발견이 이루어진 여러 과학자와 의사들의 실험실도 가보았는데, 호흡의 생리학과 병리학에 관한 강연에서 이들의 이름은 여러 차례 등장한다. 과학계의 관례에 따라 발견한 현상에는 발견자의 이름을 붙이기 때문이다. 예를 들어, 보어(Bohr) 효과, 체인 스토크스(Cheyne-Stokes) 호흡, 길랭-바레(Guillain-Barré) 증후군 같은 현상 등이 있다. 호흡기 질환은 전 세계적으로 나이와 관계없이 여러 사람을 병들게 하고 사망에 이르게 하는 대표적인 질환 중 하나이다. 따라서 호흡기 질환의 원인과 관리에 관한 연구는 매우 중요하다고 말할 수 있다.

오늘날 우리가 알게 된 호흡의 역사는 매우 길고 흥미롭다. 이러한 지식은 수 세기에 걸쳐서 간헐적으로 발전했는데, 중요한 발견 덕택에 갑작스레 호흡의 메커니즘에 관한 새로운 통찰력이 생기고는 했다. 해부학자 마르첼로 말피기(Marcello Malpighi, 1628~1694년)가 폐를 현미경으로 처음 관찰한 일이나, 18세기 산소의 발견, 1882년에 로베르트 코흐(Robert Koch)가 결핵균을 찾아낸 일 등이다.

소아마비, 결핵, 독감과 같은 전염병은 인류의 역사를 통해 호흡이 우리의 건강에 얼마나 큰 영향을 주는지를 보여주었다. 20세기에는 천식이나 만성 폐쇄성 폐질환과 같이 치료할 수 없는 만성 호흡기 질환이 급증했고, 21세기가 되자 요가나 명상과 같이 건강을 증진하는 활동이 대중화되었다. 특히 요가 등과 같은 활동에서 가장 중요한 역할을 하는 것이 바로 호흡 조절인데, 일상생활에서 받는 스트레스를 관리하고 압박감을 줄이는 데 도움이 된다.

최근에는 건강에 관심이 많은 대중과 여러 국가에서 대기 오염이 우리의 건강에 미치는 장기적인 영향에 초점을 맞추고 있다. 연구원들이 자동차 배기가스에 들어 있는 극소형 탄소 입자가 폐를 통해서 혈액으로 들어가 뇌와 심장의 조직에 박힐 수 있다는 것을 밝혀냈기 때문이다.

한편, 2020년 코로나19 팬데믹의 출현은 호흡에 문화적으로 새로운 의미를 부여했다. 중국에서 발원한 이 미지의 바이러스는 전 세계적으로 빠르게 퍼져나갔다. 수백만 명이 코로나19에 감염되어 사망했다. 이 코로나바이러스는 폐에 있는 민감한 호흡막을 통해서 체내에 침투하는데, 팬데믹 초기에는 코로나19에 면역이 있는 사람이 아무도 없었기 때문에 다른 사람이 내쉰 숨을 들이마시는 일이 잠재적인 위험으로 변했다. 격리, 자가격리, 사회적 거리두기는 국제적인 키워드가 되었고, 국가마다 국민을 안전하게 보호하기 위해서 사람이 많이 모이는 곳을 폐쇄하면서 경제에 큰 타격을 입었다. 우리는 사적인 공간 안에서만 숨을 쉬어야 했고, 이는 가까운 사람들 역시 마찬가지였다.

코로나19 바이러스에 감염되면 환자들은 기침을 계속하고 체온이 올라가며 팔다리가 쑤시는 가벼운 증상을 경험한다. 대체로 환자들은 코로나19에 걸려도 이처럼 가벼운 증상만을 보였지만, 고령자나 심장 질환자처럼 특별히 바이러스 공격에 취약한 사람들은 폐렴이 발생함으로 인해 숨 쉬는 것조차 어려워했다. 호흡을 통해서 체내에 산소를 충분히 공급하는 일은 생존과 직결된다. 코로나19에 걸렸다가 완치된 사람들은 코로나로 인해 숨쉬기가 얼마나 힘들었는지, 그리고 이것이 얼마나 두려운 일인지에 대하여 이야기해주었다.

또한, 몸이 감염에 과하게 반응하는 '사이토카인 폭풍'을 겪는 이들도 더러 있었다. 사이토카인 폭풍은 폐렴으로 진행되었는데, 유일한 해결책은 폭풍이 지나갈 때까지 인공호흡기와 진정제에 의지하는 것뿐이었다.

이 책에서는 호흡에 관한 인간의 이해도가 높아짐에 따라 이를 돕는 기술을 발명하는 과정을 다루었다. 우리는 호흡이 어려워지면 정도에 따라 일시적으로는 산소마스크, 심각할 경우에는 인공호흡기의 도움을 받는데, 언제부터 이러한 방법을 사용하게 된 것인지를 알아볼 것이다.

또한 이 책에서는 의사와 과학자들이 호흡기 질환을 퇴치하기 위해 노력한 이야기도 다루었다. 그들은 호흡의 비밀을 알아냈을 뿐만 아니라 여러 상황에서 호흡을 보조해줄 기계 또한 만들었다. 이런 혁신적인 발견과 발명품 덕택에 인간은 수명이 늘어난 것은 물론, 산꼭대기에 오르거나 바닷속에서 다이빙할 때와 같은 극한의 환경에서도 편히 숨 쉴 수 있게 되었다.

나는 평생 탐구해 온 단 하나의 물음인 '인간은 왜 지금과 같은 방식으로 숨을 쉬게 되었는가?'에 대한 해답을 이 책에서 찾아보고자 한다.

윌리엄 블레이크(William Blake)의 '아담의 창조'(1795년). 종이에 잉크와 수채화
하나님이 먼지로부터 아담을 창조하신다.
인간은 정신적인 영역에서 끌려와서 물질적인 존재로 만들어진다.

1부
Breathing

Breathing

1

탄생: 생명을 불어넣는 숨

● 호흡은 곧 삶이다. 우리는 매일 가슴이 규칙적으로 오르내리는 동안 별생각 없이 들숨과 날숨을 반복한다. 숨을 들이마시는 것은 우리가 태어나서 처음으로, 그리고 죽기 전에 마지막으로 하는 일 중 하나다. 감정, 행동, 활동은 호흡에 영향을 미친다. 주로 건강이 나빠졌을 때 호흡의 변화를 감지하는데, 감기나 천식 같은 호흡기 질환으로 인해 숨쉬기가 어려워지기 때문이다. 훌륭한 과학자 및 지식인들은 우리가 간단하면서도 복잡한 호흡 과정을 이해하는 데 공헌했다. 호흡은 우리의 문화에 스며들어 있으며 인간 경험의 일부이기도 하다. 신석기 시대 이후 숨 쉬는 행위는 생명의 신비로 이어지는 영적인 연결고리로 작용해왔다.

호흡은 자연스레 이루어진다. 산 자는 죽을 때까지 숨을 들이마시고 내쉰다. 오늘날에는 누구나 숨 쉬는 목적을 알고 있다. 어린이들은 숨을 쉬어야만 몸에 필요한 '공기'를 얻을 수 있다고 배운다. 그들은 훗날 초등학교에 들어가고 학년이 올라가면 바로 그 '공기'가 바로 '산소'임을 알게 되고, '산소'가 살아 있는 데 있어 꼭 필요한 기체임을 배운다.

한편으로는 호흡의 어두운 면에 대해서도 알게 된다. 몸에 해로운 이산화탄소는 세포의 신진대사에 따른 부산물로 배출되는 독소인데, 세포에 해로운 만큼 인간이 계속 살아가기 위해 몸에서 끊임없이 내보내야 한다.

선조들은 우리가 숨을 쉬어야 한다는 사실은 이해했지만 그 이유까지 정확히 알지는 못했다. 당시에는 공기와 기체에 관한 개념이 없었고, 폐의 해부학적이고 생리학적인 특징 또한 알려지지 않았기 때문이다. 현대적인 지식이 없는 상황에서 호흡은 보다 영적인 과정으로 여겨졌으며 삶의 활력과도 깊이 이어져 있었다.

호흡을 이해하려는 노력은 인간의 문화와 역사에서 큰 역할을 했다. 호흡은 전 세계적으로 다양한 종교 및 철학의 발달에 크게 이바지했으며 우리가 물리적이고 화학적인 환경을 이해하는 데도 중요한 역할을 했다. 이처럼 호흡은 인류의 산업, 발명, 혁신, 상상력을 고루 자극해왔다.

초기의 호흡

호흡은 인류 진화에 중심적인 역할을 했다. 시간이 흐르면서 호흡 덕분에 선조들의 키와 신체 작용이 미묘하게 달라진 것이다. 이제는 멸종된 인류의 먼 친척인 네안데르탈인과 데니소바인 역시 이런 선조들에 포함되어 있다.

숨 쉬는 방법이 달라지면서 우리 사회는 농업과 산업이 발달할 수 있었다. 호흡은 인류의 초창기 역사에도 기록되어 있는데, 그리스인들은 호흡의 목적을 처음으로 궁금하게 여긴 사람 중 하나였다.

초기 문명사회에서 호흡은 신묘하고 영적인 현상이었으며, 자연적인 힘이나 신의 표상으로 여겨졌다. 하나의 존재, 즉 성령의 화신으로 받아들여진 것이다. 성경의 창세기에서는 인간의 의식이 시작된 때를 다루고 있는데, 우주와 지구의 형성이 정점에 달했을 때 하나님이 인간에게 숨을 부여하신 것으로 나온다.

창세기에 따르면 천지창조 엿새째 되던 날 하나님은 인간을 창조하신다. "여호와 하나님이 땅의 흙으로 사람을 지으시고 생기를 그 코에 불어 넣으시니 사람이 생령이 되니라(창세기 2장 7절)." 그렇게 아담이 태어났다.

그 후로 수백 년이 지난 뒤 과학자 찰스 다윈(Charles Darwin)은 진화론에 관한 유명한 저서인 『종의 기원(1859년)』의 마지막 단락에서 호흡과 신의 연관성을 다음과 같이 표현했다.

삶을 이렇게 바라보는 시각에는 위엄이 깃들어 있다. 태초에 조물주가 삶의 여러 가지 능력과 함께 소수 또는 하나의 형태에 숨을 불어넣었다. 이 행성이 확고한 중력의 법칙에 따라 돌아가는 동안 너무나 단순한 시작으로부터 가장 아름답고 경이로운 생명 형태가 무수히 많이 진화했고 지금도 진화하고 있다.

호흡이 영적인 역할을 한다는 믿음은 천 년 동안 변하지 않았다. 이러한 호흡의 역할을 처음으로 확장한 것은 그리스인들로, 그들은 호흡이 '영(靈)'이라는 물질, 즉 삶의 영적인 정수를 제공한다고 주장했다. 이러한 사고방식은 대략 16세기까지 이어졌다. 그러던 도중, 중세 시대에 약전(藥典), 즉 약초에 관련된 의학서가 처음으로 등장한다. 이 책에는 감기, 천식, 결핵과 같은 호흡기 질환을 치료하는 데 쓸 수 있는 조제약과 물약에 관한 복잡한 설명이 실려 있었다.

처음에 사람들은 약의 유효성분을 주변에서 흔히 찾을 수 있는 자생 식물에서 구하고자 했다. 하지만 전 세계적으로 탐사가 활발해지면서 아시아와 아메리카, 유럽 등에서 점점 더 많은 약재가 유입되었다. 그리고 이렇게 구한 약재와 새로운 화학 공법이 만나 첫 인공 약품이 만들어졌다. 이렇게 탄생한 새로운 의약품은 다소 원시적이었지만, '호흡이 생물학적인 작용에 따른 현상'이라는 시각으로 서서히 이어지게 했다. 질병이 체액의 불균형 때문에 나타난다는 생각을 뒷받침해 준 것이다.

한편 르네상스 초기의 15세기 유럽에서는 레오나르도 다 빈치

(Leonardo da Vinci)와 같은 인체 해부학자들이 인체를 더 치밀하게 탐구하기 시작하여 폐의 구조를 알아냈다. 해부학자들은 복잡한 관찰 결과를 바탕으로 폐가 '영'을 담는 것 이상의 목적을 위해서 '설계'되었다고 생각했고, 그렇게 호흡을 바라보는 기계론적인 관점이 탄생한다.

처음에는 육안해부학만으로 폐의 구조를 파악할 수 있었지만, 16세기 후반 현미경의 발명으로 이탈리아 생리학자 마르첼로 말피기(Marcello Malpighi)가 개구리를 해부해서 처음으로 폐의 정밀한 구조를 관찰하고 설명하게 되었다. 그는 폐의 실질적인 기능 단위인 허파꽈리를 최초로 밝혀냈다. 허파꽈리는 가스 교환이 이루어지는 작은 주머니 같은 구조로 되어 있는데, 산소가 혈액으로 들어가면 이산화탄소는 반대 방향으로 움직인다. 혈액에서 허파꽈리를 채우고 있는 공기로 옮겨가는 것이다.

이러한 발견과 비슷한 시기에 일어난 과학적인 진전은, 인류가 공기의 물리적이고 화학적인 성질을 보다 분명히 이해하게 되었다는 사실이었다. 추가적인 실험을 통해 기압과 부피의 관계가 밝혀지기 시작했고, '공기'가 다양한 형태로 존재하며, 하나의 덩어리가 아니라 여러 기체의 혼합물이라는 점이 알려진다.

이 사실은 개념적인 관점에서 우리가 세상을 이해하는 방식에 커다란 변화를 불러왔다. 질소, 산소, 이산화탄소 같은 기체의 발견으로 공기의 기본적이고 화학적인 성질이 낱낱이 밝혀진 것이다. 빅토리아 시대의 도래와 사회의 산업화로 호흡이 어떻게 이루어지는지에 관한 보다 자세한 정보 역시 알려지기 시작했다. 기술의 발달로 이전보다 정교한 과학 기구를 만들 수 있었기 때문이다.

유럽에서는 처음으로 전문적인 과학자의 시대가 시작되었다. 이러한 경향은 독일과 덴마크, 그리고 스코틀랜드와 잉글랜드에서 차례대로 나타났다. 호흡에 관한 마지막 대발견은 20세기 두 차례의 세계대전과 함께 이루어졌는데, 두 전쟁 모두 항공, 다이빙, 우주여행과 같은 기술 산업에서 엄청난 발전을 이끌어냈다.

호흡과 관련된 질병은 인류의 역사와 발걸음을 나란히 해왔지만 종종 인류가 이해하기까지 수백 년씩 걸리기도 했다. 호흡의 해부학 · 생물학 · 화학적인 면에 대하여 밝혀진 여러 가지 정보가 점차 발전하면서, 천식과 같은 질병(급성이든 만성이든, 전염성이든 아니든)의 병리학을 이해하는 데 적용되었다.

세균, 박테리아, 바이러스의 발견으로 사람들은 공기로 전파되는 전염병이 '미아즈마(miasma): 나쁜 공기'나 '명이 짧은 유령' 때문에 퍼지는 것이 아님을 알게 되었다. 산업화와 함께 대기 오염이 생겨났고, 깨끗한 공기를 마시는 것이 개인적으로나 사회적으로 건강을 유지하는 데 중요하다는 사실이 자명해졌다. 이렇듯 역사는 뜻밖의 발견과 천재성이 어떻게 오늘날의 환경과 문화에 이바지하는지를 여실히 보여준다.

그리고 오늘날, 우리의 환경과 문화는 대기 오염과 의사의 부주의, 혹은 인간이 만들어낸 호흡기 질환에 의해 여전히 고통 받고 있다.

호흡의 진화

능동적인 호흡은 어류, 조류, 포유류 등 다양한 크기의 동물에게서 흔히 볼 수 있는 특징으로, 인간 역시 능동적인 호흡을 한다. 이러한 호흡법은 무의식적으로 이루어지는데, 본래 능동적인 호흡은 원시적인 형태로라도 폐나 아가미와 같은 특수한 장기를 필요로 하는 물리적인 과정이다.

민달팽이와 달팽이는 호흡구(口)를 통해서 숨을 쉬는데, 이는 1분에 한두 번 천천히 열렸다가 닫히는 덮개와 같은 것이다. 호흡구가 열리고 닫힐 때마다 하나의 폐에 공기가 갇히는데, 달팽이의 폐는 사실상 습한 빈 공간이라고 볼 수 있다. 개구리는 호흡할 때 숨을 크게 들이마시고 울음주머니를 부풀리며, 사람의 경우에는 가슴이 오르락내리락하기 때문에 호흡 과정을 관찰하기가 상대적으로 쉽다.

숨 쉬는 행위는 생명 유지에 필수적인 과정이다. 호흡의 진화는 수억 년을 거슬러 올라가서 현생대 초기 캄브리아기(약 6억 년 전)에 시작되었는데, 바로 첫 다세포 생물이 진화한 시기다. 호흡이 진화하려면 우선 대기 중에서 숨을 쉴 수 있어야 하는데, 정작 초창기 지구의 대기에는 산소가 별로 없었다. 그러던 중 약 25억 년 전 원생대 초기에 대산소 발생사건(Great Oxygenation Event)이 일어난 시기에 처음으로 대기 중 산소 농도가 높아졌다. 두 번째 사건은 그 이후 현생대에서 나타났는데, 오늘날 우리가 알고 있는 것처럼 대기 중 산소 농도가 21%로 정착되었다.[1]

호흡은 물과 함께 시작되었다. 새우를 닮은 최초의 생물도 물속에서 아가미로 호흡했다. 물에는 산소가 녹아 있어 원시적인 형태의 아가미 위로 흐르게 하면, 공기 중에서 수동적으로 빨아들일 때보다 더 많은 산소를 흡수할 수 있다. 때문에 능동적인 호흡을 하는 생물들은 수동적으로 호흡하는 동시대 생물들보다 더 크고 빠르게 성장할 수 있었다.

약 4억 년 전 고대 어류의 아가미는 더욱 진화하게 된다. 드디어 몇몇 종이 물을 떠나 공기를 마시기 시작한 것이다. 처음에는 공기와 물

말뚝망둥어(Periophthalmus barbarus)는 입과 아가미의 빈 부분을 습한 공기로 채우면서 숨을 쉰다. 이처럼 말뚝망둥어의 아가미는 물속에서 호흡하기에 적당하지 않다. 만약 말뚝망둥어가 심해로 이동하게 되면 익사하고 말 것이다.

사이를 왕래하면서 공기를 부분적으로만 들이마셨다. 그러다가 결국 완전히 공기 호흡을 하는 생물로 진화하여 물을 떠나게 되었고, 진화를 거듭해서 오늘날의 양서류, 파충류, 조류, 포유류가 되었다. 이들은 모두 아가미가 아닌 폐로 호흡한다.[2]

곤충은 폐가 아닌 일련의 기관을 통해서 호흡하며 동물과 같이 호기성 호흡(산소를 소비)에 의존한다. 곤충의 기관은 대체로 움직임이 없지만, 호흡에 의한 무의식적인 움직임이 미세하게 나타나는 것으로 보아 대기 중의 공기가 몸속에 직접 들어가는 것으로 추정된다. 공기의 확산은 몇 센티미터가 넘는 거리에서는 별로 효율적이지 않은데, 이것이 바로 곤충의 크기가 상대적으로 작은 이유 중 하나이다. 덩치가 커지면 그만큼 많은 산소를 필요로 하는 데다 공기가 확산되어야 하는 부위 역시 커지기(산소 가용성 감소) 때문이다.

반면에 다른 동물들은 먼 거리의 공기를 주기적으로 당겨오는 능력을 개발하여 공기 확산의 한계를 넘어섰는데, 이런 동물들은 진화 과정 초기에 폐가 생겼음을 알 수 있다. 결과적으로 곤충을 제외하고 오늘날 인간과 땅에 사는 동물 대부분은 규칙적으로 호흡한다.

출생 전후의 호흡

인간이 태어날 때 가장 먼저 하는 일 중 하나가 숨을 쉬는 것이다. 아기는 태어나자마자 큰소리로 시끄럽게 울어대는 경우가 많은데, 이

때 팽창된 아기의 폐로 공기가 밀려 들어간다. 이후부터는 폐호흡에 평생 의존하는 삶이 시작되는 것이다.

탯줄이라는 엄마와의 마지막 연결고리가 끊어지면 혈액은 이제 폐를 통과해서 새로운 산소를 확보해야만 한다. 아기가 태어나자마자 혈액은 새로운 길을 통해서 몸 전체를 돌아다니다 처음으로 폐 조직을 통과하게 된다(폐 순환). 심장과 폐는 우리가 죽을 때까지 함께 일하는데, 보통 폐로 한 번 숨을 쉴 때마다 심장이 다섯 번 정도 뛴다.

임신 후 18일이 지나면(즉, 난자와 정자가 자궁 안에서 만나면) 가장 먼저 태아의 첫 장기인 심장과 심혈관 계통이 발달한다. 심혈관 계통은 발달 중인 모든 세포와 조직에 산소와 영양분, 성장 인자를 철저하고 빠르게 보내는 수단으로 작용하기 때문에 매우 중요하다. 반면 폐는 이 시기에 아직 덜 발달한 상태다.

심장과 비교했을 때 폐의 성장 속도는 상대적으로 느리다. 태아가 자궁 속에 있는 40주 동안에는 폐가 필요하지 않기 때문이다. 태아는 성장하며 여전히 다량의 산소를 필요로 하지만, 이 모든 것은 엄마의 태반을 통해 공급된다. 태반이 태아의 폐와 간의 역할을 대신해 주는 것이다. 이처럼 태반을 통해 태아의 혈액과 엄마의 혈액 속에 있는 산소와 이산화탄소의 교환이 일어난다.[3]

태아의 폐는 대략 임신 5주 후부터 형성되기 시작한다. 처음에는 태아의 전장(前腸)에 허파싹(호흡 곁주머니)이 생긴다. 허파싹은 점점 자라서 작은 기도(氣道)가 되었다가 왼쪽 폐와 오른쪽 폐로 나뉜다. 기도가 원장(原腸)과 만나는 지점은 나중에 식도, 후두, 인두의 이음부가 된다.

작은 폐 안에서 두 개의 원시 기도는 점차 길어지고 임신 기간 내내 계속 나뉜다. 따라서 기도 한 개는 성숙한 폐에서 볼 수 있는 작은 기관 수천 개로 나뉜 뒤, 태아가 24주 동안 성장하면서 허파꽈리 수백만 개로 변한다. 이때가 되면 태아의 폐는 기능이 아직 완전하지 않지만, 설령 미숙아로 태어나더라도 숨을 쉴 수 있다. 단, 이때 반드시 아기의 호흡을 돕는 장치가 있어야 하며, 아기가 스스로 호흡할 수 있을 때까지 인큐베이터 안에 산소를 추가로 투입해주어야 한다.

뱃속에서 달을 전부 채우고 태어나는 아기는 임신 후 38주까지 폐를 사용할 준비를 끝마친다. 이후 아기가 태어나고 나서도 폐는 18개월 동안 꾸준히 발달하며 20여 년이 지난 후에야 성장을 마친다.

태아는 임신 후 6~9개월 사이에 자궁에 있는 동안 횡격막이 규칙적으로 수축하는데, 이 움직임은 호흡과 상당히 유사하다. 폐가 공기 대신 양수(자궁 안에서 태아를 감싸고 있는 액체)로 차 있는데도 말이다. 가스 교환이 일어나지 않음에도 이런 식의 호흡은 하루 24시간 중 18~60%에 해당하는 시간 동안 나타난다.[4] 이러한 움직임은 호흡근이 보다 튼튼해지도록 돕고, 태아의 폐가 발달하는 데 중요한 역할을 한다.

이 같은 출생 전 '호흡'의 빈도는 나이에 따라 달라지는데, 임신 기간이 길어질수록 빈도가 점차 줄어들다가 아기가 태어나기 직전에 멈춘다. 횡격막의 움직임은 엄마와 아기의 활동에 따라서 달라지기도 한다. 예를 들어 아기가 꿈을 꾸면(또는 렘수면 상태일 때) 횡격막이 더 자주 수축하는데, 이러한 움직임은 늦은 저녁 시간에 일어날 확률이 가

장 높고 새벽녘에 가장 낮다.[5]

태아의 딸꾹질은 호흡보다 두드러지게 나타나는데, 산모 대부분이 임신 중에 이러한 감각을 느낄 수 있다. 태아가 딸꾹질할 때의 날카로운 움직임과 숨을 쉴 때의 차이는 1888년에 의학적으로 처음 묘사되었으며, 1971년에야 비로소 초음파를 이용하는 과학자들이 기록으로 남기게 되었다.[6]

태아는 자궁을 떠나고 나서(때로는 산모가 분만 중일 때부터) 약 12초 내에 숨을 쉬기 시작하는데, 고대부터 근대까지 위대한 지성인들조차 호흡 매개체가 물에서 공기로 전환되는 과정이 어떻게 일어나는지 이해하지 못했다. 문제의 핵심은 태아가 어떻게 '자궁 안에서 수개월 동안 공기 호흡을 하지 않고 지내다가 태어나면서 갑자기 공기에 의존해서 숨을 쉴 수 있게 되는 것인가'였다.[7]

물론 우리의 조상들이 산모와 아기를 이어주는 탯줄의 존재를 몰랐을 리 없다. 고대 그리스에서는 탯줄이 산모와 아기 사이에 '영(靈)'을 전달하는 역할을 한다고 생각했다.

윌리엄 하비(William Harvey, 1578~1657년)는 이 수수께끼에 관한 이론을 처음 문서로 제시했다. 하비의 견해는 1651년에 출판된 그의 저서 『동물발생론(De generatione animalium)』에 소개되어 있다. 하비는 왜 7개월 동안 자궁 안에서 숨 한 번 쉬지 않고 지내던 아기가 태어나고부터는 숨을 쉬지 않고는 살아남지 못하게 되는지가 궁금했다. 그는 공기를 들이마시는 행위가 체온을 조절하기 위함(당시의 지배적인 의견)이 아니라 체내에서 연소를 촉진하기 위함이라고 생각했다. 열을 발산하는 대신 생성하는 것이 호흡의 목적이라고 추측한 것이다.

그 후 스코틀랜드 의사 로버트 휘트(Robert Whytt)는 『동물의 필수적·비자발적 운동에 대하여(On the Vital and Other Involuntary Motions of Animals(1751년))』라는 출생에 관한 연구서를 출판했다. 그는 이 연구에서 아기의 첫 번째 호흡이 배고픔이나 목마름과 비슷한 느낌 또는 욕구에 기인한 것이라고 추측했다. 휘트는 그 느낌을 "천부적으로 타고나는 센티널(sentinel) 원칙"이라고 표현했다. 아기가 태어날 때 이러한 느낌에 반응해서 가슴을 부풀리고 숨을 쉬기 시작한다는 것이다.[8]

이 외에도 다른 이론은 많았다. 아기의 호흡을 활성화하는 것이 태어날 때의 '힘겨운 몸부림'이라거나 자궁을 떠날 때 느끼는 기온의 변화라는 이론이 있었다. 심장이 뛰면서 주변을 진공 상태로 만들기 때문에 폐가 부풀고 아기가 숨을 쉬기 시작한다는 이론도 있었다.

스위스 의사 알브레히트 본 할러(Albrecht von Haller, 1708~1777년)와 영국 의사이자 찰스 다윈의 할아버지인 이래즈머스 다윈(Erasmus Darwin, 1731~1802년)은 첫 숨을 들이마시는 행위가 '삼키는 행위'와 관련이 있다고 생각했다. 아기가 태어나자마자 무엇인가를 먹고자 하는 욕구와 연관되어 있다고 추측한 것이다. 한편, 리버풀 출신의 의사 존 보스톡(John Bostock, 1773~1846년)은 아기가 자궁 속에서 오랜 기간 눌린 채 지냈기 때문에 밖으로 나오고 나서 몸이 자연스럽게 팽창된다고 생각했다. 이후 20세기가 되어서야 아기가 자궁 밖에서 공기 호흡을 하는 진정한 이유가 밝혀졌다.

태아가 자궁 안에 있는 동안 일어나는 폐의 발달은 매우 중요하다.

최근의 연구에 따르면 폐가 미숙한 상태로 일찍 태어난 아기는 여러 가지 면에서 영향을 받을 수 있다고 한다. 미숙아(임신 37주 전)의 폐는 달을 전부 채우고 태어난 아기(임신 37주 후)의 폐보다 천천히 발달할 가능성이 있는데, 이러한 아이들은 신체적 · 인지적 능력이 또래보다 떨어질 수 있다는 것이다.[9] 이 같은 조산의 영향은 아기가 성인이 되고 나서도 이어지는데, 구체적으로 조산이 폐의 발달에 어떠한 영향을 미치는지에 대한 연구는 지금도 활발하게 진행되고 있다.[10]

인간의 폐는 어린 시절을 거쳐 성인이 될 때까지 꾸준히 발달한다. 우리의 폐는 20대 초에 진입하면 그 성장이 절정에 이르렀다가, 이후 서서히 내리막길을 걷는다.

태어나자마자 자연스럽게 숨을 쉬기 시작하여 호흡을 계속하는 능력은 세대나 진화의 메커니즘에 관한 주장을 펼치는 여러 학자에 의해 이용되었다. 호흡은 학습할 수 있는 기능이 아니기 때문이다. 프랑스 박물학자 장 밥티스트 라마르크(Jean-Baptiste Lamarck, 1744~1829년)는 호흡 능력을 유전적으로 획득하는 것이라고 주장했으며, 러시아 생물학자 트로핌 리센코(Trofim Lysenko, 1898~1976년)는 호흡 능력이 환경에 의해 획득되는 것이라고 주장했다. 반면 찰스 다윈은 호흡과 같은 선천적인 기능은 인체에 사전에 프로그램 되어 있지만, 호흡과 관련된 기능은 말하거나 노래하는 능력과 같이 후천적으로 배우는 것이라고 주장했다.

세상을 향해서 첫걸음을 내디뎠을 때 양수로 차 있던 우리의 환경은 더 희미하고 기체가 가득한 환경으로 바뀌었다. 아기는 숨이 턱 하고 막혔다가 호흡하기 시작한다. 그때부터 우리는 의식적으로든 무의식적으로든 살아갈 수 있을 만큼의 산소를 체내에 충분히 공급할 책임을 지게 되었다.

자연스럽고 규칙적으로 공기 호흡을 하는 이 일련의 현상은 인류를 천 년 넘게 매료시켰다. 처음 사람들은 이러한 현상을 영적으로 설명하려 했다. 아기의 첫 호흡을 통해 한 세대(엄마)에게서 다음 세대(아기)에게로 생명력이 전달되었다는 증거로 받아들인 것이다. 이후 호흡의 진정한 기능이 알려지기까지는 수 세기가 필요했다.

2

역사: 호흡과 문명의 발전

● 신석기 시대에 살았던 우리의 조상들 역시 숨을 쉬는 행위를 분명 인지하고 있었을 것이다. 따라서 이 시대에 만들어진 문화적인 유물 중에서 호흡과 관련된 것이 많으리라고 예상할 수 있겠지만, 현실은 그렇지 않다. 고고학자들은 그런 유물을 거의 찾아내지 못했다.

신석기 시대의 동굴 벽화는 동물과 사냥을 다룬 그림이 대부분으로, 호흡과 관련된 내용은 없는 듯하다. 그나마 호흡과 연관이 있어 보이는 유물은 원시적인 형태의 관악기, 즉 뼈를 깎아서 만든 피리로, 가장 오래된 것은 약 4만 년 전에 만들어졌을 것으로 추정된다.

한편, 피리보다 오래된 조상들의 뼈를 살펴보면 그들이 호흡기 질환으로 고생했다는 사실을 알 수 있다. 터키에서 발견된 호모 에렉투스의 두개골 화석은 그 기원이 약 49만~51만 년 전으로 거슬러 올라가는데, 이 두개골의 내부 표면에는 결핵 감염으로 인해 생긴 병변이 있다.[1]

호흡의 역사는 초기 문명의 발생과 함께 시작되었다. 지식이 글을 통해서 전파되고 사람들이 과학, 철학, 종교를 통해서 세상을 이해하려고 처음으로 시도하던 시절이었다.

초기 문명

오늘날의 우리와 달리, 초기 문명사회의 사람들은 호흡을 '영적인 활력을 담은, 사람에게 생기를 불어넣는 힘'으로 인식했다. 숨을 들이마시고 내쉬는 행위가 삶에 연속성을 부여한다고 생각한 것이다.

호흡에 관한 인류의 기록은 고대 이집트 시대부터 시작되었다. 파피루스로 만든 의학 문서 중에서 가장 오래된 것은 기원전 2750년까지 거슬러 올라간다. 하지만 이 문서에는 호흡기 계통과 관련된 명확한 해부학적 지식은커녕 호흡의 생물학적인 면에 관한 내용조차 없었다. 이집트 초기의 해부학적 지식은 살아 있는 사람보다는 죽은 사람에게 더 초점이 맞춰져 있었기 때문이다.

고대 이집트인들은 시신을 미라로 만들고 방부 처리하는 과정에 더 열중했다. 이들이 시신을 매장할때 가장 중요하게 여긴 장기는 심장이었다. 장의사는 심장을 시신에서 꺼낸 뒤 병 안에 따로 넣었는데, 그

병은 묘실 안에서도 별도로 보관하는 경우가 많았다. 반면, 심장을 감싸는 폐는 카노푸스 단지(canopic jar: 고대 이집트에서 미라를 만들 때 장기를 보관하기 위해 사용한 단지) 4개 중 1개에 보관되었을 뿐, 그 이상의 특별 대접은 없었다.

에드윈 스미스(Edwin Smith) 파피루스는 기원전 1501년에 쓰인 의학 문서로, 가슴에 있는 관에 대해 언급하는데 이것이 기관지를 나타낼 가능성이 있다. 또 다른 의학 문서인 에베르스(Ebers) 파피루스(기원전 1550년)에는 "폐와 비장으로 이어지는 네 개의 관"에 관한 내용이 있지만, 이것이 기관지인지 동맥인지의 사실 여부는 분명하지 않다.[2]

그 후로 무덤에 새겨진 상형 문자 중에서 폐를 나타낸다고 여겨지는 것이 몇 가지 발견되었는데, 이 중에서 가장 설득력이 높은 것은 귀족이었던 파헤리(Pahery)의 무덤에 새겨진 문자다. 엘 카브(El-Kab)에 있는 이 무덤은 이집트 제18왕조(기원전 약 15세기) 시대에 지어졌는데, 새겨진 상형 문자는 두 폐엽(肺葉) 위에 놓인 기관의 양쪽으로 기관지가 하나씩 있는 모습까지 알아볼 수 있을 만큼 상세했다. 이 상형 문자는 비록 해부학적으로 정확하지는 않지만, 폐를 그린 것으로 알려진 그림 중 가장 오래된 것이다.[3]

고대 이집트 외에 유럽, 아라비아, 북아프리카, 아시아의 초기 문명사회에서도 호흡은 영적으로 중요한 역할을 한다고 믿었다. 현대인의 시각으로는 당시의 종교적인 사상가들, 즉 기독교, 이슬람교, 힌두교의 견해와 크게 달라 보이지 않지만, 그럼에도 고대 그리스의 철학자와 사상가는 최초로 사실에 기반을 둔 설명을 시도한 사람들이었다.

고대인들은 숨 쉬는 행위, 체열, 공기 모두 삶의 필수적인 힘이라고 생각했다. 그리스인에게는 호흡이 통합적인 기능이 아니라 기본적인 기능이었다. 당시 그리스에서 세상이 차지하는 대기(공기)와 공간은 정기(精氣)라고 불렸다. 이 정기는 모든 것을 감싸는, 변치 않는 비활성 상태의 물질로 우리가 오늘날 알고 있는 대기 중의 공기와는 다른 개념이었다. 움직이는 공기는 불어오는 바람처럼 느껴진다고 여기며 '영(pneuma. 고대 그리스어의 동사 'pneo'에서 유래)'이라는 용어로 불리었다.[4] 오늘날 우리는 여전히 이 어원을 사용하는데, 'pneumatic(공기가 들어 있는)'이나 'pneumonia(폐렴)'처럼 공기, 호흡, 폐와 관계된 단어에서 찾아볼 수 있다.

고대 사상가들은 영이 물리적인 의미뿐만 아니라 종교적이거나 영적인 측면과도 얽혀 있다고 생각했기 때문에 정기와 영을 따로 구분했다. 히포크라테스(Hippocrates, 기원전 460~370년)는 인체에 필수적인 구성 요소가 여러 가지 있으며 그중 두 가지가 '정기(공기)'와 '물'이라는 생각을 받아들였다. 또 다른 구성 요소는 '열'이나 '불'이라고 불렸으나 실제로는 체열을 뜻했다. 몸이 따뜻한 것은 삶을 의미했고, 반대로 차가운 것은 죽음을 의미했다. 이때의 열은 불이 아니라 태양이나 별과 근본적으로 유사한 원기라고 여겨졌다. 따라서 열과 영은 같은 것의 일부로, 인간이 살아가는 데 필수적인 생명력을 나타냈다.

오늘날에는 체열이 '세포 속에서 일어나는 수없이 복잡한 화학 반응의 결과'라는 사실이 널리 알려져 있다. 하지만 그 당시 사람들은 호흡이 '체열을 조절하는 역할'을 한다고 생각했다. 영이 심장 속에 자리

이집트의 카노푸스 단지는 미라를 만들 때 시신에서 꺼낸 장기를 담는 데 쓰였다.
폐는 호루스(Horus)의 아들이자 개코원숭이의 머리를 한
하피(Hapi, 오른쪽에서 두 번째 단지)를 나타내는 단지 안에 보관되었다.
색이 칠해진 이 석회암 모형의 등장은 기원전 약 900~800년(이집트 제3 중간기)으로
거슬러 올라간다.

기원전 약 150~100년(프톨레마이오스 왕조 시대)에 쓰인
우시루르(Ousirour)의 '호흡 제1서'.
스로스(Throth)가 이시스(Isis)와 오시리스(Osiris) 앞에서
우시루르의 영혼의 무게를 재고 있다(카노푸스 단지 참조).

하고 있고 심장 박동으로 인해 발생하는 인체 내부의 열을 호흡으로 식힌다고 이해한 것이다.[5]

공기(열)와 폐의 차이를 보다 명확하게 구분했던 대중은 이를 '그 당시에 흔했던 방식'인 연극으로 설명했다. 에우리피데스(Euripides, 기원전 480~406년)는 자신의 비극적인 연극 '오레스테스(Orestes)'에서 영이 폐에서 나온다고 주장했다. 한편, 그와 동시대에 살았던 소포클레스(Sophocles, 기원전 약 496~406년)는 자신의 비극 『트라키스의 여인들』에서 폐가 인체에서 가장 중요한 부분이라고 언급했다.

이후 호흡에 관한 기계론적인 시각이 점차 발전하기 시작했다. 이러한 관점을 처음으로 제안한 사람은 그리스의 의사 엠페도클레스(Empedocles, 기원전 495~435년)였는데, 그는 피타고라스(Pythagoras, 기원전 570~495년)처럼 앞서 살았던 학자들의 생각에 영향을 받았다. 호흡의 역할에 관한 엠페도클레스의 시각은 위대한 철학자이자 과학자였던 아리스토텔레스(Aristotle, 기원전 384~322년)가 훗날 전달한 시에서 그 흔적을 찾아볼 수 있다.

엠페도클레스는 공기가 코와 입뿐만 아니라 피부의 모공을 통해서도 혈액으로 들어간다고 생각했으며, 공기가 혈액 속으로 침투하면 영이 품고 있는 불이 몸을 따뜻하게 해준다고 믿었다. 그는 이러한 온기가 갓난아기가 첫 숨을 쉬게 하는 원동력이며, 호흡의 목적은 몸을 식히는 공기로 폐를 채우는 것이라고 생각했다. 관찰을 통해, 엠페도클레스는 성인이 들이마시는 숨은 시원하고 내쉬는 숨은 따뜻하다는 사실을 알아냈다. 따라서 몸을 끊임없이 시원하게 식혀줘야 생명이 유지된다고 생각했고, 이 과정이 방해를 받으면 사람이 죽음에 이르게 된다고 믿었다.

엠페도클레스는 수면이 혈액 속의 열과 관련이 있다며 자신의 이론을 다듬기도 했다. 혈액이 충분히 식으면 잠이 오고, 너무 많이 식으면 몸이 차가워져서 죽음으로 이어진다는 것이 그의 주장이었다. 이처럼 다소 모호하기는 하지만, 엠페도클레스는 호흡이 활동에 따라서 달라진다는 사실을 이성적으로 설명하고자 노력했다. 얕고 느리며 규칙적인 호흡은 수면과 연관되고, 활동이 늘어나면 몸이 지나치게 뜨거운 느낌이 들며 숨도 더 빠르고 깊이 쉬게 된다는 식이었다.

엠페도클레스와 같은 초기 그리스인들은 생명이 네 가지 물질(흙, 불(열), 물, 공기(영))과 네 가지 성질(건조함, 젖음, 뜨거움, 차가움)의 조합에서 비롯되며, 이러한 요소들이 모여서 우리가 살아가는 데 꼭 필요한 네 가지 체액, 즉 혈액, 가래, 황담즙, 흑담즙이 생긴다고 여겼다. 그들은 체액의 균형이 건강으로 이어지고, 반대로 불균형하면 질병에 걸리게 된다고 생각했다.

반세기가 지난 후, 체액과 관련된 기계론적인 시각이 너무 단순하다고 생각했던 아리스토텔레스는 호흡에 관한 보다 복잡한 설명을 제시했다. 그는 자신의 저서인 『호흡에 관하여(About Breath)』에서 영이 사람에게 생기를 불어넣는 생명의 정기 중 일부일 것으로 추정했다. 이 경우 뇌가 정기의 한 측면(의식 또는 티모스(Thymos))을 수용하고, 영이 에너지나 연료를 제공한다. 그리고 이러한 과정이 방해를 받으면 죽음이 찾아온다는 것이었다.

알렉산더 대왕의 통치 이후의 시기에는 두 그리스 의사가 처음으로 호흡을 해부학과 연관시키고자 노력했다. 두 사람은 모두 이집트 알렉산드리아에 살았으며, 기초적인 물리학에 관한 관찰과 이해를 바탕으로 기계론적인 시각을 발전시켰다. 이들이 바로 해부학자 헤로필로스(Herophilus, 기원전 335~280년)와 생리학자 에라시스트라투스(Erasistratus, 기원전 310~250년)이다. 두 사람은 흉벽이 그 안에 있는 폐와 관계없이 스스로 팽창하고 수축한다는 중요한 사실을 발견했다. 게다가 특정한 근육과 신경이 호흡 작용과 관련이 있다는 것 또한 밝혀냈다.

고대 로마의 의사 갈렌(Galen, 129~210년)은 호흡에 관한 우리의 지식이 늘어나는 데 큰 도움을 주었는데, 특히 앞 시대에 살았던 사람들의 시각과 그들이 발견한 것들을 기록했다는 점에서 중요한 인물로 꼽힌다. 갈렌은 후대를 위해 선대의 말과 글을 옮겨 적은 뒤, 이러한 초기 지식을 잘 보관했다.

갈렌이 살던 시대에도 이미 고대 그리스의 문서가 상당수 유실된 상황이었다. 그나마도 여기저기에 몇 페이지, 혹은 한 구절이 드문드문 남아 있는 식이라 의견이 될만한 수준의 정보도 얼마 없었거니와, 문서 대부분이 손으로 쓰였기 때문에 사본조차 몇 개 되지 않았다. 특히 불에 소실된 문서가 많았는데, 사고나 방화가 그 원인이었다. 엄청난 규모를 자랑했던 알렉산드리아의 도서관은 391년에 로마 황제 테오도시우스(Theodosius)의 명령에 따라서 두 번째로 전소되었고, 410년에는 로마 약탈이 일어나면서 서고트의 알라리크(Alaric) 왕과 서고트족에 의해 많은 문서가 불타고 말았다.

갈렌은 과학자이자, 의사, 기록 관리자로서 예리한 관찰력을 발휘하여 다방면으로 큰 공헌을 했다. 페르가몬(소아시아에서 번영을 누린 헬레니즘 제국가의 하나)의 부유한 상인 집안에서 태어난 갈렌은 이러한 경제적인 여유 덕택에 의료계에서 일할 수 있었다. 그 당시 페르가몬에는 매우 높은 수준의 교수진을 보유한, 고대 서방 세계에서 가장 훌륭한 의과대학 중 하나가 있었다. 갈렌은 그 학교에서 4년 동안 열심히 공부한 뒤 그리스와 이집트 북부를 여행했다. 27세에 페르가몬으로 돌아온 갈렌은 검투사들을 치료하면서 본격적인 의사 경력을 시작하였다.

갈렌은 호흡의 메커니즘에 대한 새로운 통찰력을 제공했다. 그는 의사로서 군인들이 국지전에서 싸우거나 검투사가 싸우면서 얻은 여러 가지 부상을 보게 되었다. 그는 이러한 검투사들의 부상을 관찰하고 기록하면서 인체의 해부학적인 구조가 기능과 관련이 있다는 사실을 알아냈다.

갈렌은 부상을 입은 검투사가 시합을 치르면서 계속 호흡할 수 있는지는 뇌와 신경계의 손상 여부에 달려 있다는 사실을 밝혀냈다. 그리고 그는 목 앞쪽에 심한 자상(刺傷)이 검투사들에게 치명적이라는 것을 알게 되었다. 이는 단검이 기관이나 경동맥을 끊어버리기 때문이다. 반면 목 뒤쪽에 자상을 입은 검투사의 사망 확률은 낮았다. 갈렌은 검투사가 목 아래쪽에 자상을 입으면 생존 확률이 희박해지고 호흡이 즉시 멈춘다는 것 또한 알게 되었다. 반면에 자상을 입은 부위가 몇 센티미터 높아지면 비록 팔다리를 못 쓰게 될 가능성이 크지만 살아남을 수는 있었다.

우리는 그 이유가 인간의 무의식적인 호흡을 조절하는 신경 중추가 뇌의 아래쪽에 있기 때문임을 알고 있다. 연수(延髓)라고 불리는 이 신경 중추는 척수와 뇌를 연결해준다. 따라서 목 아래쪽을 다치면 뇌간과 폐를 연결하는 신경이 끊어지면서 호흡근에 '언제 수축하고(숨 들이마시기) 언제 이완해야(숨 내쉬기) 하는지 알려주는 신호'가 전달되지 못하게 된다. 반면 신경 중추 위쪽을 다치면 신경이 호흡근에 신호를 계속 보내주기 때문에 호흡할 수 있다. 이처럼 갈렌이 관찰한 사항은 시대를 앞서나간 것으로, 그의 후손들은 18세기가 되어서야 호흡을 관장하는 신경 중추의 위치를 찾아낼 수 있었다.

최초의 그리스어 성경에서는 영이 일상적인 기능과 신성한 기능을 모두 수행했다. 따라서 한 사람이 단순한 인간의 (일상적인) 영혼과 신이 내린 (신성한) 영혼을 동시에 소유할 수 있었다. 이 중 신성한 영은 사람에게 신탁을 받거나 예언하는 능력을 부여했다. 예를 들면, 모압의 왕인 발람(Balaam)의 당나귀는 사람의 목소리로 신의 말을 전달했다.[6] 그리고 신약 성서에는 성령(영)이 예수의 제자들에게 스며들었다는 구절이 나온다. "예수님께서 이 말씀을 하시고 그들을 향하사 숨을 내쉬며 이르시되 성령을 받으라(요한복음 20장 22절)."

이러한 영의 이중적인 속성은 나중에 기독교 신학과 기독교적인 사고방식에서 없어졌으며, 영혼과 영이 하나가 되었다. 영이 성령과 동등해진 것이다. 하지만 현대의 기독교에서 성령론과 정신성은 여전히 중요한 연구 분야이자 토론 주제로 남아 있다.

서방 세계가 호흡에 관한 기계론적인 설명을 발전시키는 동안 다른 지역들, 특히 아시아에서는 더욱 영묘하고 영적인 믿음을 따랐다. 이러한 믿음은 오늘날에도 여전히 남아 있으며 명상의 전통에서 그 흔적을 찾을 수 있다. 중국 역시 서양처럼 생기론(生氣論)에 바탕을 둔 관점을 옹호했지만, 호흡을 운동이나 명상으로 조절할 수 있는 에너지의 흐름으로 간주했다는 차이가 있다. 이와 같은 믿음은 오늘날 서양에서 실시하는 여러 긴장 완화 요법에 여전히 영향을 미치고 있으며, 아시아의 다른 지역들, 특히 인도아대륙에서는 불교의 명상법에 반영되었다.

인도에서는 의학적인 지식이 아유르베다(Ayurveda) 요법에 의해 발달했으며 삼히타(Samhita)라고 알려진 전서(全書)에 기록되었다. 이 문서는 기원전 약 400년에 산스크리트어로 쓰였는데,[7] 프라나(prana)라는 이름의 영에 대해 적어놓았다. 수슈루타(Sushruta) 삼히타에 따르면 프라나는 "생명 유지에 꼭 필요한 공기도 아니고 공기 그 자체도 아니다. 그 대신 체내에 있는 요소들을 활성화하는 에너지다."라고 한다.[8] 따라서 프라나는 호흡과 밀접한 관련이 있었다. 비록 폐와 심장 안에 있지만 숨을 쉼으로 인해 프라나의 교환이 일어난다는 것이었다. 이와 같은 인도의 개념은 그리스와는 미묘한 차이가 있었으며 호흡이 생리학적인 기능보다 영적인 기능을 수행한다는 믿음이 반영되었다.

아비센나(Avicenna)라는 이름으로도 알려진 중세 페르시아의 의사 이븐 시나(Ibn Sina, 981~1037년)는 그의 책 『의학정전(Canon of Medicine)』을 통해서 의학에 크게 이바지했는데, 이 책은 1025년에 출판되어 무려 600년 동안 지식의 주요 원천으로 자리를 굳혔다.[9] 『의학정전』 시리즈의 세 번째 책인 『폐와 흉부』에서 시나는 다섯 장(章)에 걸쳐서 후두와 흉벽을 포함하여 폐의 해부학적인 구조를 매우 상세하게 기술했다. 다만 폐 안의 여러 부분을 각각의 기능과 연결하지는 못했는데, 그는 폐의 미세한 구조를 현미경으로 관찰하지 못하고 산소의 존재도 모르는 채, 호흡이 혈액을 식히는 일에 관여한다고 자세히 설명했다.

한편, 시나는 호흡이 건강과 관련이 있다는 사실을 처음으로 언급한 사람으로, 천식과 같은 질병에 걸리면 호흡이 순조롭지 않은 경우가 많다는 것을 근거로 들었다. 시나는 자신이 관찰한 사례를 바탕으로 깊은 호흡, 얕은 호흡, 빠른 호흡, 따뜻한 숨, 차가운 숨을 구별했다. 이러한 그의 연구 결과는 오늘날에도 여전히 의미가 있지만 개중에는 틀린 내용도 있는데, 예를 들면 과도한 수면과 알코올 섭취가 천식을 일으킨다는 식이었다.

『의학정전』은 혈액이 심장의 오른쪽에서 나와서 폐를 통과한 후 심장의 왼쪽으로 돌아간다는 아이디어를 제시한 첫 문서 중 하나라는 점에서 의의가 있다. 이는 윌리엄 하비의 연구보다 무려 몇 세기나 앞선 것이다. 이븐 시나의 연구는 아라비아어로 출판되었으나 오랫동안 번역되지 않아 유럽에 알려지지 못했다. 그러나 1920년대에 이집트 의사 무효 알-딘 엘 타타위(Muhyo Al-Deen el Tatawi)가 독일 베를린의 프로이센 국립 도서관에서 『의학정전』의 사본을 발견하며 알려진다. 『의학정전』은 다행히 그 중요성을 뒤늦게나마 인정받아 이후 영어, 프

랑스어, 독일어로 번역되었다.[10]

로마 제국이 콘스탄티노플에서 쇠퇴의 길을 걷다가 1453년에 완전히 무너지기 전까지, 그리스의 영향을 받은 로마의 의학 지식은 페르시아의 여러 의과대학에 보존되었다. 이러한 학교는 메소포타미아에 있는 아시리아인들이 설립했는데, 555년에 곤디샤푸르(Gondishapur)에 세워진 학교는 그리스의 영향을 받은 로마의 문서를 고대 시리아어로 번역하는 데 힘썼다.

7세기에는 페르시아의 사산 왕조가 멸망하면서 이슬람교의 시대가 도래했다. 이를 계기로 지식이 아랍 세계에 널리 전파되었으며, 아랍 곳곳에 페르시아를 본뜬 의과대학들이 세워졌다. 그 당시 아랍 제국의 영토는 스페인과 포르투갈까지 뻗어 있었는데, 바로 이곳에서 베네딕토회 수도사들이 여러 의학 문서를 그리스어로 번역했다. 이 문서들은 유럽에 처음으로 의과대학이 세워질 때까지 아랍 제국에 남아 있었다.

유럽의 의학 문서는 10세기 이탈리아의 살레르노에서 최초로 등장했는데, 수도원에서 그리스어로 번역된 문서들을 복원하고 라틴어로 번역한 것이다. 이 문서는 해부학의 부흥기를 이끌었는데, 처음에는 동물 해부가, 그다음에는 인체 해부가 인기를 끌었다.[11]

중세에서 르네상스까지

유럽에서 호흡에 관한 연구는 느리게 진전되었다. 12세기 니콜라우스(Nicolaus)라는 이름의 폴란드 수도사는 폐가 '심장을 식히고 원기를 회복하는' 데 쓰이는 공기를 잡아두기 위해 속이 비어 있다고 주장했다.

그로부터 300년 후 스페인의 신학자이자 의사였던 미카엘 세르베투스(Michael Servetus, 1511~1553년)는 이븐 시나와 별개로 동일한 연구 결과를 얻어냈다. 그 당시 개신교와 기독교에서는 세르베투스의 종교관을 이단으로 취급했는데, 그는 1553년에 스트라스부르에서 가명으로 숨어 지내며 『기독교의 재건(Christianity Restored)』이라는 저서에서 자신의 이단적인 시각을 상세하게 기술했다.

이 책에는 폐의 순환과 기능에 관한 이론과 관찰 결과도 담겨 있었는데, 세르베투스는 어리석게도 책의 사본을 제네바에 있는 신학자이자 개혁가인 장 칼뱅(Jean Calvin)에게 보냈다. 칼뱅은 이 책의 내용을 노골적으로 비난했으며 세르베투스가 자신을 만나러 스위스에 온다면 살려두지 않겠다고 위협했다.

그해 여름 세르베투스는 스트라스부르를 떠나서 이탈리아로 이주하려 했다. 그는 제네바를 지나가게 된 김에 도시를 구경하기로 마음먹지만, 사람들에게 붙잡혀 금세 투옥되고 말았다. 처음 제네바 사람들은 그의 처우를 고민했지만 몇 주 뒤에 처형을 진행하기로 결론을 내린다. 결국 세르베투스는 같은 해 10월, 다리에 책이 묶인 채 화형당

하고 만다.[12]

이후 칼뱅은 세르베투스의 『기독교의 재건』 사본을 전부 없애버리라고 명령했다. 세르베투스의 시각이 그의 존재와 함께 사라지기를 바란 것이다. 하지만 다행히도 사본 몇 부가 세상에 잊힌 채 살아남았다. 이야기는 여기서 끝나지 않는다. 1950년대에 한 미국 사학자가 남아 있던 책의 사본을 재검토하면서 폐에 관한 세르베투스의 글이 재발견되었고 현대 학자들에게 재조명받게 되었다.

이탈리아의 위대한 해부학자이자 과학자, 그리고 예술가였던 레오나르도 다 빈치(Leonardo da Vinci, 1452~1519년)는 폐의 구조를 자세하게 그렸다. 그는 폐의 부분별 기능과 호흡의 역할에 관해서 이렇게 추측했다. "심장에서 나온 거무스름한 증기가 폐동맥을 통해 폐로 돌아간다. 그 증기는 날숨에 의해서 외부 공기로 내뿜어진다."[13]

이 시대에는 새로운 유형의 탐구적인 해부학자들이 탄생했는데, 그중에는 이탈리아의 야코포 베렌가리오 다 카르피(Jacopo Berengario da Carpi, 1466~1530년)와 프랑스의 샤를 에스티엔(Charles Estienne, 약 1505~1564년)도 있었다. 두 사람은 인체의 해부학적 구조를 밝혀내기 시작했고, 그토록 신중하게 해부한 인체의 각 부위를 체계적으로 명명하기도 했다.

16세기에 이르러서야 이탈리아 파도바대학교의 위대한 해부학자 히에로니무스 파브리치우스(Hieronymus Fabricius, 1537~1619년)와 안드레아스 베살리우스(Andreas Vesalius, 1514~1564년)가 영의 존재에 이의를 제기했다. 그들은 심장과 폐를 해부하고 자세히 관찰함으로써 혈액 순환에 관한 갈렌의 생각이 틀렸다는 사실을 알게 되었다. 혈액이 심장의 오른쪽에서 나와서 폐를 거쳐 심장의 왼쪽으로 들어가고 몸의 이곳저곳으로 퍼져나간다고 판단한 것이다. 한편, 그들은 공기는 인체 밖에만 있다고도 주장했다.[14]

두 사람의 이론은 결국 17세기 영국 의사 윌리엄 하비에 의해서 옳은 것으로 판명되었다. 하비는 살아 있는 동물들을 '긴밀하게' 연구하면서 혈액이 동맥에서 정맥으로 지나간 뒤 심장으로 돌아간다는 사실을 분명하게 밝혀냈다. 이와 같은 결과는 혈액 순환에 관련된 연구에 있어 중대한 돌파구가 되었다. 혈액 순환이 이루어지는 과정은 살아 있는 동물의 생체를 해부할 때 가장 잘 관찰할 수 있기 때문이다. 생리적인 조건을 인위적으로 조정하면 연구하고자 하는 해부학적 특징을 더 분명하게 이해하는 데 큰 도움이 된다. 하비의 연구 성과는 중력을 설명한 것으로 유명해진 아이작 뉴턴(Isaac Newton)의 성과와 맞먹는다고 평가할 수 있다.

허나 하비는 이런 훌륭한 성과를 냈음에도 불구하고 호흡의 목적에 관하여 새로운 통찰력을 제시하지는 못했다. 그는 다음과 같이 적었다.

"(동물이 호흡하는 이유는) 더 크고 더 완전한 동물들의 몸이 더 따뜻하며, 다 자라면 그만큼 체열이 더 높아지기 때문일 것이다. 열이 확 오르는 만큼 이를 식히거나 떨어뜨릴 필요가 있다. 혈액이 폐로 보내지고 동물이 공기를 들이마시는 덕분에 혈액의 온도가 조절되고 혈액이 끓어오르지 않는 것일지도 모른다. 결과적으로 체내에 있는 열이 내려가는 것과 비슷한 일이 일어난다.”

나중에 하비는 혈액이 순환하는 이유를 모른다는 사실을 창피하게 생각했고 이렇게 덧붙였다. “나는 우리의 주된 임무가 어떤 현상이 무슨 이유로 일어나는지 파헤치기 전에 그런 현상이 일어나는지 안 일어나는지 조사하는 것이라고 생각한다.”

1616년에 그는 다음과 같은 의문점을 제기했다. 1)허파에 특수한 기능이 있는가? 2)만일 허파에 특수한 기능이 있다면 그 기능이 변화와 관련이 있는가? 아니면 무엇을 따뜻하게 하거나 식히는 것과 관련이 있는가? 3)이 변화의 원리는 무엇이며 그것이 혈액, 공기, 정기와는 어떤 관계가 있는가?[15]

‘호흡의 목적은 무엇인가?’라는 수수께끼를 푸는 일은 폐의 구조에 관한 세부적인 지식이 부족한 탓에 별다른 진전이 없었다. 그리스인들은 폐가 스펀지와 비슷하고, 간이나 췌장처럼 과립상(顆粒狀) 또는 소엽(小葉) 구조와 비슷하다는 사실을 알고 있었다. 또한 그들은 간과 마찬가지로 수많은 혈관이(때로는 큰 혈관도) 폐를 지나간다는 것도 알고 있었다. 따라서 폐와 간이, 보다 구체적으로는 폐의 가볍고 거품 같은 부분과 간의 무겁고 두꺼운 부분이 혈액으로 만들어졌다고 추론했다.

이런 관점은 안드레아스 베살리우스뿐만 아니라 하비의 생각과도 일치했다. 하비는 폐와 간의 유일한 차이점이 밀도라고 주장했다. 하지만 그 당시에는 맨눈으로 아무리 자세히 살펴봐도 폐의 해부학적인 구조를 세세하게 알기는 어려웠다. 이는 확대경을 이용해도 마찬가지였다. 과학자들은 훗날 현미경이 발명되고 나서야 폐 조직의 미세한 세부사항을 관찰하고 호흡의 기능을 더 심도 있게 연구할 수 있었다.

처음으로 현미경을 이용해서 폐를 조사하고 연구 결과를 보고한 사람은 이탈리아의 해부학자 마르첼로 말피기였다. 그는 자신의 초기 현미경으로 개구리의 폐를 관찰했고, 허파꽈리와 같은 폐의 미세한 구조를 살펴본 뒤 명확히 설명할 수 있게 되었다. 말피기는 연구 결과를 친구이자 생리학자였던 알폰소 보렐리(Alfonso Borelli)가 볼 수 있도록 긴 편지 두 통의 형태로 신문에 실었다. 편지는 1661년에 피렌체에서 『폐에 관한 연구(De pulmonibus)』로 출판되었다. 말피기는 첫 번째 편지에서 이렇게 언급했다. "나는 줄기가 하나로 된 관이 있는 허파가 대단히 얇은 막의 집합체라는 것을 발견했다. 이 막은 늘어나고 접히면서 무수히 많은 둥근 주머니 모양의 조직을 형성한다."

말피기는 이런 주머니 모양의 조직이 벌집에서 볼 수 있는 8각형 구조와 비슷하다고 생각했다. 현대를 사는 우리는 이런 주머니 모양의 조직, 즉 허파꽈리가 폐의 기능적인 구성단위를 나타낸다는 사실을 안다. 허파꽈리에서는 공기와 혈액 간의 가스 교환이 일어난다. 말피기는 공기로 가득한 이 기관이 처음에는 2개, 그다음에는 4개, 그 뒤에는 8개 등 더 얇은 관으로 나뉘는 현상도 관찰했는데, 이러한 관은 결국 말피기가 말하는 '둥근 주머니 모양의 조직'과 합쳐졌다. 말피기는 외부의 공기와 허파꽈리 사이의 연결고리를 처음으로 제시한 것이다.

말피기는 두 번째 편지에서도 혈액이 폐를 통과해서 흐르는 과정을 묘사했다. 처음으로 동맥과 정맥을 연결하는 매우 가느다란 혈관인 모세혈관에 관해 상세하게 설명함으로써, 마침내 장기와 근육의 불가사의한 변화 없이도 혈액이 체내에서 어떻게 순환하는지를 밝혀낸 것이다. 이러한 발견을 기반으로 호흡의 목적에 관한 새로운 설명이 등장했는데, 말피기는 폐가 팽창하고 수축하는 이유가 혈액을 섞은 뒤 이것이 부드러운 폐를 통과해서 심장으로 돌아가는 일을 돕기 위해서라고 생각했다.

폐가 팽창과 수축을 반복하는 이유는 영국 과학자 로버트 훅(Robert Hooke, 1635~1703년)이 밝혀냈다. 훅은 실험에 능하며 현실적인 사람이었고 여러 분야에 이바지한 박식가였다. 그는 새로운 영역을 연구할 때마다 자신의 지식과 전문 지식을 활용했다. 훅은 동식물을 현미경으로 관찰해서 상세하게 그린 것으로 유명한데, 이러한 그림을 모아서 『마이크로그라피아(Micrographia, 1665년)』라는 책을 출판하기도 했다.

그는 옥스퍼드대학교에서 영국 과학자 로버트 보일(Robert Boyle)과 일했는데, 보일이 공기의 물리적인 특성을 연구하는 동안 동물의 호흡을 연구했다. 1667년에 훅은 32세의 나이에 정교한 구조의 풀무를 이용해서 움직임이 없는 폐에 공기를 불어 넣는 실험을 진행했다. 이 실험을 통해, 그는 동물이 살기 위해서는 흉벽의 움직임뿐만 아니라 신선한 공기도 필요하다는 것을 보여주었다.

훅은 의사인 리처드 로워(Richard Lower)와 함께 일하기도 했다. 로워는 실험을 통해 혈액이 공기가 들어있는 폐를 통과하면서 암적색에서 밝은 다홍색으로 변한다는 사실을 알아냈다. 색의 변화는 동물이 살아 있든 죽어 있든 똑같이 일어났는데, 이와 같은 연구들은 공기 속에 로워가 '질소성 정기'라고 명명한 무언가가 들어있다는 것을 보여줬다. 펌프질하는 심장 대신 호흡이 필수 물질을 제공한다는 관찰 결과는, 폐와 호흡이 고유한 기능을 수행한다는 이론을 뒷받침하는 첫 증거가 되었다. 폐가 단순히 혈액을 식히거나 혈액 순환을 돕기 위해 존재하는 기관이 아님을 밝혀낸 것이다.

17세기가 되자, 공기는 바람처럼 더는 영묘한 힘이 아닌, 밀도나 압력과 같은 물리적인 물질로 여겨졌다. 하지만 여전히 공기의 정확한 화학적인 구성은 미스터리였고, 명확한 정의조차 내려지지 않았다. 보일은 그의 논문 「공기의 전반적인 역사(The General History of the Air, 1692년)」에서 이렇게 언급했다. "나는 공기가 숨 쉬고 살아가는 '공간'이라고 이해하고 있다. 공기는 얇고 투명하며 압축할 수 있고 팽창하기도 한다." 이때의 '공간'은 공기를 뜻한다.

오늘날 우리는 공기가 질소, 산소, 아르곤, 이산화탄소 등 여러 기체로 구성되어 있다는 사실을 알고 있다. (아르곤을 제외한) 이런 기체는 수소나 탄소 같은 원소와 결합하면 공기 부피의 93%를 차지하게 된다. 산소는 화학기호 O, 수소는 H, 탄소는 C로 나타낸다. 자연적인 형태의 기체 산소(두 개의 원자로 이루어진 기체 분자 7개 중 1개)는 서로 붙어 있는 두 개의 원자로 구성되어 있는데 이는 이산소(Dioxygen)라고 불리며 O_2로 표기한다.

산소는 혈액에 녹으면 세포에 전달되며 거기서 곧바로 에너지를 생성하는 데 쓰인다. 체내의 신진대사에 동력을 공급하는 것이다. 산소는 체내에서 극히 적은 양만 저장되기 때문에 우리는 끊임없이 숨을 쉬어야 한다. 산소는 지방이나 당과 같은 유기 화합물을 연소시키는 데 쓰이며 아데노신 3인산(ATP)과 같은 에너지 함유 화합물을 생성한다. 이런 화학 반응의 부산물로 열이 발생하여 우리의 혈액과 몸이 따뜻해진다. 산소와 결합하여 얻는 에너지 함량은 칼로리로 계산하는데 바로 우리가 음식의 열량을 따질 때 사용하는 그 단위이다.

일련의 복잡한 화학 작용을 거치고 나면 두 개의 산소 원자가 (음식물 섭취를 통해 얻은) 탄소와 결합해서 폐가스인 이산화탄소(CO_2)가 생성되거나, 산소 원자 한 개가 수소와 결합해서 물 분자(H_2O)를 형성하기도 한다. 이원자 산소와 달리 이산화탄소는 물에 쉽게 녹는데, 이런 성질 덕분에 폐가스인 이산화탄소가 혈액으로 쉽게 스며들 수 있게 된다.

모든 혈액은 대략 몇 분 만에 허파꽈리에 있는 모세혈관을 거쳐 폐를 통과하여 허파꽈리에 있는 공기와 밀접하게 접촉한다. 이 공기는 습하고 따뜻하기는 하지만 이산화탄소를 거의 함유하지 않는다. 결과적으로 혈액에 가득했던 이산화탄소는 허파꽈리로 빠르게 이동한 뒤, 곧이어 날숨을 통해서 외부 공기로 배출된다.

산소, 이산화탄소, 물은 모두 밀도가 높을수록 독성이 생긴다. 특히 산소는 그 자체로 에너지가 매우 많으며, 원자가 한 개만 있을 때는 이러한 경향이 더욱 강하게 나타난다. 세포 내 산소 농도가 너무 높으면 세포가 파괴되고 마는데, 예를 들어 산소를 너무 많이 투여받은 미숙아는 실명하거나 폐가 손상될 우려가 있다. 이는 이산화탄소의 가용성과 물에 녹는 특성이 전하를 띠는 다원자 화합물, 즉 탄산수소염을 형성할 수 있다는 사실을 의미한다.

중탄산염이라고도 불리는 탄산수소염은 HCO_3로 표기하며, 대사작용을 거친 이산화탄소 대부분이 혈액 속에서 이동하는 방법으로 활용된다. 문제는 이런 화합물에 들어있는 수소는 얼마든지, 그것도 자연적인 이원자 형태인 H_2가 아니라 양전하를 띤 단일 원자 H+의 형태로 자유로워질 수 있다는 점이다. 이 같은 형태의 수소는 격렬한 화학 반응을 일으키며 고농도에서는 용액을 더욱 산성화시킨다.

고농도의 산은 신체 조직에 해를 끼치기 때문에, 우리의 인체는 호흡, 폐환기, 세포 호흡의 과정을 통해 세포에 산소를 공급하고 난 뒤, 다 쓴 산소를 탄소 혹은 수소와 결합해서 밖으로 내보낸다. 이처럼 음식물에서 얻은 탄소를 이산화탄소의 형태로 제거하는 일은 우리가 체중을 줄이는 주요 수단 중 하나다. 소변만으로는 체내의 탄소를 쉽게 배출할 수 없기 때문이다.

보일과 동시대에 살았던 영국의 생리학자 존 메이오(John Mayow, 1641~1679년)는 실험을 통해 공기가 크게 두 성분으로 구성되어 있다는 사실을 발견했다. 이 중 한 성분은 체내 연소를 도왔고(산소가 발견되기 이전으로, 메이오는 산소를 '니트로 에루스(nitro-aereus)'라고 불렀다), 다른 성분은 돕지 않았다. 메이오는 밀폐된 병 안에 생쥐와 불을 붙인 촛불을 넣어서 쥐가 호흡할 때, 그리고 촛불이 탈 때 산소가 소비된다는 사실을 증명했다. 이 실험을 통해 메이오는 산소 입자가 혈액을 통해서 운반된다고 가정할 수 있었다. 산소 입자가 열을 생성하기 위해 체내에서 연소 과정을 거친다는 것이다.

메이오는 다음과 같은 연구 결과를 『의학과 물리학에 관한 다섯 편의 논고(Tractatus quinque medico-physici, 1674년)』라는 책으로 출판했다. 이 책은 라틴어로 쓰인 논문 다섯 편으로 구성되어 있었는데, 그중 한 편은 호흡에 관한 것이었다. 하지만 안타깝게도 메이오는 30대 후반의 나이에 요절했고 그의 연구는 금세 잊히고 만다.

르네상스 이후

약 120년 동안 도서관의 책장에 잠들어 있던 메이오의 논문은 1790년, 의사이자 과학 저술가인 토머스 베도스(Thomas Beddoes, 1760~1808년)에 의해 재발견되었다. 그 당시에는 메이오의 연구가 알려지지 않았기 때문에 대부분의 사람들은 플로지스톤설(phlgiston theory)을 공기의 이중적인 성질을 설명하는 가장 설득력 있는 이론으로 여겼다.

플로지스톤설은 1667년에 독일 화학자 요한 요아힘 베허(Johann Joachim Becher)가 제시했는데, 엠페도클레스가 주장한 네 가지 요소(흙, 물, 바람, 불)에 관한 이론에 바탕을 두었다. 베허는 공기가 플로지스톤(고대 그리스어로 '타오르다'라는 의미)이라고 알려진 가연성 물질을 함유하고 있다고 생각했다. 그는 플로지스톤이 연소하면 비가연성 기체인 '탈플로지스톤 공기'로 바뀌며, 동식물이 플로지스톤을 흡수하고 탈플로지스톤 공기를 만들어낸다고 여겼다. 이 이론은 나무가 불에 타는 이유를 그만큼의 플로지스톤을 포함하기 때문이라고 설명했다.

화학 원소가 인기를 끌기 시작하면서 여러 과학자가 플로지스톤의 정체를 밝혀내려고 노력했고, 세 명의 유럽 과학자가 성공을 거두었다. 우선, 1772년에 스웨덴 화학자 칼 빌헬름 셸레(Carl Wilhelm Scheele, 1742~1786년)가 산소를 발견했다. 그는 산소를 '불의 공기'라고 불렀으며 1777년에 연구 결과를 소논문 「공기와 불에 관한 논문」에 실었다.

한편, 스코틀랜드에서 화학자, 목사, 교사로 활동했던 박식가 조지프 프리스틀리(Joseph Priestley, 1733~1804년) 역시 셸레와 별개로 산소를 발견했다. 프리스틀리는 산소를 (플로지스톤이 아니라) '탈플로지스톤 공기'라고 불렀다. 그는 자신의 발견을 『다양한 종류의 공기에 관한 실험 및 관찰 결과(Experiments and Observations on Different Kinds of Air)』라는 책에 실었는데, 이 책은 1774년부터 1786년까지 총 여섯 권으로 출판되었다.

1774년 프리스틀리는 파리에 살고 있던 프랑스의 유명한 화학자인 앙투안 라부아지에(Antoine Lavoisier, 1743~1794년)를 찾아가, 그의 앞에서 산소를 발견한 과정을 재현했다. 연구 결과에 감명을 받은 라부아지에는 자신만의 실험을 진행하는 한편, 프리스틀리가 산소를 새로운 화학 원소로 정의하는 데 도움을 주기도 했다.

라부아지에는 『플로지스톤에 관한 고찰(1783년)』을 통해 당시의 플로지스톤설을 반박했는데, 산소를 완전히 이해하지 못한 탓에 이를 산

어니스트 보드(Ernest Board)의 '산소의 발견자 조지프 프리스틀리'(1912년). 캔버스에 유화
버밍엄 자택에 있는 프리스틀리의 모습.
그는 반급진주의적인 폭도의 공격이 임박했다는 소식을 이제 막 접했다.

(酸)에서 얻을 수 있다고 잘못 생각했다. 이러한 착각 때문에 산소는 프랑스어로 'oxygène(그리스어로 '신맛이 있다'와 '발생하다'라는 말에서 유래)'으로 불리게 되었다.

이후에도 라부아지에는 자신의 아내이자 마찬가지로 화학자였던 마리 안(Marie-Anne)과 함께 산소와 호흡에 관한 연구를 부지런히 이어갔다. 그러나 라부아지에는 화학자인 한편, 혁명기를 살아가는 급진적인 사고의 귀족이기도 했다. 이러한 급진적인 사상은 프랑스 혁명으로 인해 파멸을 맞게 되는 원인이 되었고, 라부아지에는 1794년에 50세의 나이로 단두대에서 처형당했다. 그와 동시대에 살았던 수학자 조제프 루이 라그랑주(Joseph-Louis LaGrange, 1736~1813년)는 참수 소식을 듣고 비탄에 잠긴 채 다음과 같은 말을 남겼다.

"그들이 머리를 잘라낸 것은 한순간이었지만 프랑스는 100년이 지나도 그런 머리를 또 보지 못할지도 모른다."[16]

한편, 스코틀랜드의 화학자 조지프 블랙(Joseph Black, 1728~1799년)은 이산화탄소를 (재)발견했다. 그는 이산화탄소를 '고정된 공기(fixed air)'라고 불렀는데, 100년 전에 네덜란드의 얀 밥티스트 판 헬몬트(Jan Baptiste van Helmont)가 이산화탄소를 이미 설명한 후였다. 1754년에 블랙은 백악, 마그네슘염, 산을 혼합하고 가열하는 실험을 통해서 특정한 기체가 방출된다는 것을 알아냈다. 원래의 혼합물이 실험 전과 비교해 얼마나 가벼워졌는지 측정한 것이다(1760년대 리즈(Leeds)의 양조장 근처에 살았던 조지프 프리스틀리 역시 맥아의 발효 작용이 일어날 때 '고정된 공기'가 많이 생성된다는 사실을 알게 되었다).

하지만 산소와 이산화탄소가 혈액 속에 있다는 사실은 1799년에 이르러서야 확인되었는데, 이를 밝혀낸 사람이 바로 험프리 데이비(Humphry Davy, 1778~1829년) 경이었다. 21세의 그는 콘월의 펜잰스(Penzance)에서 의사 조수로 일하면서 뜨거워진 혈액에서 나오는 기체를 모았다.

데이비는 화학사에 여러 가지 업적을 남겼는데, 그중 하나가 옅은 녹색의 기체에 황록색을 뜻하는 그리스어의 'chloros'를 따서 염소(chlorine)라고 이름 지은 것이다. 본래 염소는 셸레가 1774년에 처음 발견했다. 그런데 셸레는 염소가 산소의 화합물이라고 생각했기에 '탈플로지스톤 해양 공기'라고 불렀다.

유럽에서는 이러한 화학과 물리학의 발전에 힘입어 호흡과 의학에 관한 새로운 기계론적 관점이 탄생했다. 영국에서는 영향력 있는 두 스코틀랜드 의사인 윌리엄 컬런(William Cullen, 1710~1790년)과 그의 제자 존 브라운(John Brown, 1735~1788년)이 새롭고 영향력 있는 의료 체계를 지지했다. 컬런은 신경계가 체내에서 발생하는 질병의 주요 환부라고 생각했다. 그래서 그는 질병을 크게, 신경계가 지나치게 자극을 받아 생기는 경우와 신경계가 지나치게 진정돼서 생기는 경우로 나누어 분류하기 시작했다.

한편, 브라운은 나아가 스승의 이론을 확장하고 단순화했다. 그는 모든 질병이 생리의 균형이 깨져서 발생한다고 생각했으며 이와 같은 주장을 1780년에 『기초 의학(Elementa medicinae)』이라는 책으로 엮어냈다. 하지만 컬런은 브라운의 주장을 감당하기 어려워했고 두 사람은 좋지 않은 분위기 속에서 결별했다.

두 사람은 치료용 아편이 지닌 성질에 관한 시각도 완전히 달랐다. 컬런과 그의 추종자들은 치료용 아편이 진정제라고 주장했지만, 브라운과 그의 추종자들은 그것이 자극제라고 생각했다. 단, 양측 모두 폐렴, 백일해, 천식과 같은 질병이 몸이 약해져서 생긴다는 데는 동의했다. 그래서 이런 질병을 치료하기 위해 토근(ipecac) 시럽처럼 강력한 구토 증세를 유발하는 구토제를 처방해 몸을 자극하거나 흥분시켰다.

크게 주목받지 못한 컬런식 의학과 달리, 브라운식 의학은 유럽과 북아메리카에서 인기를 끌기 시작했다. 머릿속이 온통 혁명과 개혁으로 가득한 젊은 의사들은 브라운의 시각에 호응했다. 브라운은 입신출

세의 길을 걷기 위해 1786년 스코틀랜드를 떠나서 런던으로 향했지만 2년 뒤 뇌졸중으로 사망하고 말았다.

브라운식 의학을 믿었던 영국 의사 토머스 베도스는 그 당시에 막 발견되었던 기체인 산소, 수소, 이산화탄소를 실험했다. 그는 산소를 들이마시면 몸이 흥분되고, 반대로 이산화탄소 등의 다른 기체를 들이마시면 진정된다고 생각했다. 이러한 산소 중심적인 시각은 산소를 발견한 프리스틀리와 라부아지에의 영향을 받은 것으로, 베도스는 이 두 사람을 여행 또는 공부 중에 만났다.

베도스는 괴혈병과 비만의 원인으로 산소 부족을 지목했으며, 결핵과 기관지염은 산소 과다로 생긴다고 생각했다. 따라서 신선한 공기로 괴혈병을 치료하거나 산소 섭취량을 줄여 호흡기 질환을 치료할 수 있다고 믿었다. 그는 환자의 산소 섭취량을 줄이기 위해 기체에 질소, 수소, 이산화탄소와 같이 '무해한 기체'를 첨가했는데, 특히 수소를 첨가하는 것이 산소의 영향을 줄이는 가장 좋은 방법이라고 생각했다.

베도스는 브리스틀에 새로 생긴 '기체 연구소(Pneumatic Institute)'에서 험프리 데이비와 함께 연구를 계속했다. 이 연구소는 나중에 '병들고 의기소침한 빈자를 위한 의료 기관(Medical Institution for the Sick and Drooping Poor)'이라고 불렸는데, 치료비를 내지 않는 환자와 직원들을 상대로 기체 혼합물을 실험하는 일이 잦았다.

데이비는 아산화질소라는 기체를 마취용으로, 그리고 사람들에게 행복감을 주는 용도로 쓰길 장려했는데, 이 기체는 공기와 같이 마시

강의를 들으러 온 관객들이 '웃음 가스(아산화질소)'의 효과를 즐기고 있다.
존 스코펀(John Scoffern)을 위해서 조지 크룩생크(George Cruikshank)가 그림.
'신비 아닌 화학(1834년)'

면 기분이 좋아지고 머리가 살짝 핑 돌아서 '웃음 가스'라는 별명을 얻었다. 1800년대 부유층에서는 이 가스를 이용한 '웃음 가스 파티'가 유행하기도 했다.

베도스는 스코틀랜드의 기계 공학자이자 발명가로, 오늘날 산업혁명의 일등공신 중 한 명으로 불리는 제임스 와트(James Watt)와도 함께 일했다. 와트는 1794년에 딸 재닛(Janet)을, 그리고 1804년에는 아들 그레고리(Gregory)를 모두 결핵으로 잃고 말았다. 와트는 딸을 잃은 슬픔을 계기로 결핵을 물리칠 방법을 찾아 나섰다.

와트 역시 브라운식 의학을 신봉했으며 베도스가 주장한 '기체의 화학적인 성질'이 옳은 치료 방향을 제시한다고 생각했다. 그는 결핵 환자가 들이마시는 공기에 수소를 첨가하면 증상이 완화될 것으로 여겼다. 그래서 수소를 만드는 법, 그리고 공기에 수소를 안전하게 첨가할 수 있는 인공호흡기를 만드는 법을 연구했다.

하지만 베도스는 다른 기체를 더하는 것이 그다지 좋은 방법이 아니라는 결론에 금세 도달했고, 산소만 이용하는 것이 좋겠다고 제안했다. 베도스는 결국 브라운식 의학에 열의를 잃었지만, 와트는 브라운의 시각을 여전히 고수했다. 그는 베도스 없이도 이산화탄소 등의 다른 기체로 실험을 계속했다. 이러한 시각 차이에도 불구하고 두 사람은 『인공 기체의 의학적인 사용과 대량 생산 방법에 관한 고찰(Considerations on the Medicinal Use of Factitious Airs, and the Manner of Obtaining them in Large Quantities)』이라는 책을 같이 쓰기도 했다. 이 책은 1794년에 두 부분으로 나뉘어 출판되었는데, 첫 번째 부분은 베도스가 집필했고, 두 번째 부분은 와트가 집필했다. 와트는 83세의 나이로 생을 마쳤지만, 비만이었던 베도스는 심장마비로 48세에 세상을 떠났다.

그 당시에 신경학 분야에서도 훌륭한 업적이 많이 나왔는데, 이를 토대로 호흡의 리듬과 패턴에 관한 새로운 관찰 결과가 등장했다. 갈렌은 동물의 신경을 절단하면 호흡에 변화가 생긴다는 사실을 알아냈다. 어떤 신경을 절단했느냐에 따라서 호흡에 미치는 영향도 다르게 나타났는데, 문제의 신경은 바로 횡격막 신경(횡격막을 수축하게 하는 신경)과 늑간 신경이었다. 늑간 신경을 절단하면 통증이 생기고, 횡격막 신경을 절단하면 마비가 온다.

갈렌은 헤로필로스와 에라시스트라투스의 연구 결과를 바탕으로 연구를 진행했다. 그들은 횡격막(주요 호흡근)의 수축 및 이완과 흉곽의 오르내림이 호흡에서 중요한 역할을 한다는 사실을 밝혀낸 바 있다. 갈렌은 검투사들을 치료하면서 그들의 부상을 관찰한 결과, 뇌간이 호흡을 조절하며 '호흡 중추'가 있는 곳일지도 모른다는 첫 번째 단서를 발견했다. 연수(延髓)에 있는 이 작은 부분은 호흡의 리듬과 패턴을 조절한다. 비록 호흡 중추가 심장 박동을 조절하지는 않지만, 심장 박동 역시 뇌간에 있는 작은 부분에서 조절한다(심장은 폐와 달리 내부에 박동원이라는 독립적인 심장 박동 조절 장치가 있다. 따라서 뇌와 관계없이 뛸 수 있으며, 가슴에서 꺼내더라도 스스로 뛸 것이다).

뇌간과 (횡격막과 같은) 호흡근 사이의 신경 연결이 끊기면 호흡은 즉각 멈추게 된다. 오늘날 우리는 호흡 중추에 관해서 옛날보다 훨씬 더 많은 사실 즉, 호흡 중추가 연수의 어디에 있는지, 그리고 숨을 쉬려는 욕구와 호흡이 가쁜 느낌이 어떻게 생기는지 알고 있다. 척수 C1과 C4(척추뼈) 사이의 공간을 다치면 호흡에 방해를 받는다. 이러한 부상의 정도가 심할 경우 호흡 보조 장치를 필요로 한다. 하지만 척추의 더 아랫부분인 C5와 C6를 다치면 단지 숨을 쉬기가 더 어려워질 뿐이다.

레오나르도 다 빈치와 베살리우스는 둘 다 흉곽을 상세하게 해부했다. 레오나르도가 1508년과 1509년에 공개한 폐 해부도를 살펴보면 그가 '디아플라마(diaflamma)'라고 칭했던 횡격막이 보인다. 단 척수 해부도에서는 척수 신경과 늑간 신경은 보이지만 횡격막 신경은 찾아볼 수 없다(다 빈치는 척수를 '신경 나무'라고 불렀다). 베살리우스가 그린 '신경 인간(nerve-man)'이 세상의 빛을 본 1543년에 이르러서야 횡격막 신경은 늑간 신경과 함께 그림에 나란히 등장하게 된다.

스코틀랜드 의사이자 신경학자인 로버트 위트(Robert Whytt)는 신경계와 반사 반응에 관심이 있었다.[17] 그 당시는 신경 작용이 동물의 생존에 필수적인 정기인 영의 영향을 받으며 체내에서 작용하는 지각 있는 힘이 신체 작용을 책임진다는 견해가 여전히 지배적이었다. 그리고 같은 맥락에서 호흡 행위는 일종의 반사 반응으로 여겨졌다. 이에 따르면, 호흡 행위는 자동으로 일어나는 과정이었으며 '갈망이나 욕구' 또한 생겨났다. 숨을 참으면 이런 '갈망'을 일시적으로 조절할 수 있지만 완전하게 극복할 수는 없었다. 갈렌의 연구를 통해서 연수가 호흡을 조절한다는 사실은 당시에도 이미 알려져 있었다. 하지만 이제는 이런 기능 일부가 뇌가 아닌 폐에서 일어난다는 사실을 모두가 알고 있다. 실제로 뇌는 폐로부터 기능과 관련된 피드백을 받기도 한다.[18]

이 시기에, 특히 프랑스에서는 숨을 쉬고자 하는 욕구가 정신적으로, 그리고 해부학적으로 어디서 생겨나는지 밝혀내고자 했다. 숨을 쉬고 심장이 뛰는 것은 살아 있다는 활력 징후로 여겨졌으며, 반대로 이 두 가지 징후가 없다는 것은 죽음을 의미했다. 영국 의사이자 영향력 있는 해부학자였던 토머스 윌리스(Thomas Willis, 1621~1675년)는 호흡 중추가 소뇌에 있다고 오판했다. 이처럼 윌리스가 갈렌의 업적을 간과하는 바람에 호흡 중추의 실제 위치는 프랑스 의사이자 생리학자인 안 샤를 로리(Anne Charles Lorry, 1726~1783년), 줄리앙 장 세자르 르 갈로와(Julien Jean César Le Gallois, 1770~1814년), 마리 장 피에르 플루랑스(Marie-Jean-Pierre Flourens, 1794~1867년) 세 사람에 의해 재발견되었다.

세 사람 중 가장 앞선 이는 로리였다. 그는 뇌가 사라질 때까지 뇌의 여러 부분을 체계적으로 제거함으로써 '생명이 있는 곳(seat of life)'이 '뼈가 딱딱한 두개골(뇌)'이 아니라 척수에 있음을 증명했다. 로리는 동물 실험을 통해 고양이가 뇌 없이도 숨을 쉴 수 있지만, 척수를 절단하면 더는 호흡할 수 없다는 사실을 알아냈다. 그의 연구 덕택에 호흡 중추는 소뇌에서 척수의 첫 번째와 네 번째 척추뼈 사이에 있는 부분으로 옮겨 갔다.[19]

다음은 르 갈로와의 차례였다. 그는 머리가 이제 막 절단된 토끼를 실험하여 호흡 중추가 여덟 번째 신경 한 쌍의 기시점 근처에 있다는 사실을 좀 더 정확하게 밝혀냈다. 르 갈로와의 뒤를 이어 플루랑스는 토끼 뇌의 여러 부분을 망가뜨리는 조잡한 절제 실험을 진행하였고, 연수를 망가뜨리면 토끼가 죽는다는 사실을 증명했다. 이 실험은 연수가 호흡과 혈액 순환에 얼마나 중요한지를 입증했다.[20] 플루랑스는 이 부분을 '필수 연결점(vital node)'이라고 불렀다. 다만 그는 호흡을 조절하는 조직의 위치를 밝혀내기는 했지만, 생명력에 관한 철학적인 질문에 답을 제시하지는 못했다.

호흡과 해프닝

오늘날에도 우리는 호흡 조절에 관해서 점점 더 많이 알아가고 있으며, 여전히 호흡 중추와 관련된 신경 조직의 중요한 부분들을 발견하고 또 설명하고 있다. 이러한 성과 중 하나가 바로 뵈트징어(Bötzinger)와 전(前) 뵈트징어 복합체다. 1991년에 잭 펠드먼(Jack L. Feldman)과 LA에 있는 캘리포니아대학교의 동료들, 독일 괴팅겐대학교의 동료들이 이 두 복합체를 설명했다. 복합체의 공식 명칭은 펠드먼이 충동적으로 만들었는데, 라이벌 과학자가 자신의 이름을 따서 작명하는 일을 막고 싶었기 때문이다. 펠드먼은 독일에서 열린 학회에서 복합체를 소개하는 도중에 근처 테이블 위에 있던 와인병을 발견했다. 와인은 뵈트징어 포도주 양조장(호평 받는 바덴(Baden)의 와인 브랜드)의 제품이었다. 펠드먼은 즉석에서 새로운 세포들을 뵈트징어 복합체라고 부르기로 했다. 결국, 그 이름은 오늘날까지 이어지고 있다.

호흡 중추의 해부학적인 위치를 밝히는 연구가 계속되는 가운데, 신경 활동이 호흡의 패턴과 리듬에 어떤 변화를 주는지 연구하는 이들도 있었다. 이들이 밝힌 호흡 이상 중 하나가 바로 체인-스토크스 호흡이다. 이 호흡 패턴은 산소 공급과 이산화탄소 배출에 문제가 있을 때 발생하는데, 심부전 등의 질병이나 고고도에서의 취침과 같은 환경 때문일 수도 있다.

이 증상은 1809년 스코틀랜드 외과 의사였던 존 체인(John Cheyne, 1777~1836년)이 처음으로 설명했다. 체인은 후두염인 크루프(기관에 염증이 생겨서 기침이 심하게 나고 목소리가 쉬는 질병)에 관심이 있었으며 아일랜드 의사 윌리엄 스토크스(William Stokes, 1804~1878년) 경과 『후두막과 기관지에 관한 병리학(On the Pathology of the Membrane of the Larynx and Bronchia)』이라는 책을 집필하기도 했다. 두 사람은 아일랜드에서 만났는데, 체인이 부와 명예를 좇아 더블린으로 거처를 옮긴 덕택이었다.[21]

체인-스토크스 호흡은 흔히 나타나는 증상이 아니다. 처음에는 호흡량이 점차 늘어나다가 최고조에 달하고, 그다음에는 반대로 호흡량이 점차 줄어들다가 최저점을 찍는다. 그러고 나면 호흡이 몇 초 동안 정지되고(무호흡증) 이후부터는 동일한 사이클이 처음부터 반복된다.

체인-스토크스 호흡이라는 명칭은 1953년 이후에 세간에 더 널리 알려졌다. 소련 연방의 국영 방송사들이 이오시프 스탈린(Joseph Stalin)의 죽음이 임박했다고 보도하는 대신 그가 체인-스토크스 호흡 증세를 보인다고 보도했기 때문이다. 당시에는 이 말이 무엇을 뜻하는지 이해하는 이들이 많지 않았다. 하지만 젊은 수학자 유리 가스테프(Yuri Gastev)는 결핵으로 병원에 오랫동안 입원해 있으면서 한 의사가 '이 말은 인기 없는 지도자의 인생이 끝났다는 뜻'이라고 설명하는 것을 엿들었다. 이 말을 듣고 나서 유리의 병동에서는 축하의 말이 오갔으며, 유리는 퇴원한 뒤에도 매년 친구들과 함께 체인과 스토크스를 위해 건배했다. 심지어 그는 나중에 인공 두뇌학에 관해서 책을 쓰면서 다음과 같은 문구를 참고 문헌처럼 덧붙였다. '존 체인과 윌리엄 스토크스: 죽음의 호흡 덕택에 정신의 부활을 맞이하다(1953년 3월).' 이 책은 소련 당국이 농담을 발견하고 출판을 취소하기 전까지 5,000부가 인쇄되고 배포되었다. 소련 당국의 보복으로 유리의 편집자는 일자리를 잃었다. 막상 유리 본인은 해고를 면했는데, 출판사가 그를 이미 해

고한 뒤였기 때문이다.[22]

호흡의 이야기에 이바지한 또 다른 과학자들은 독일 의사 칼 에발트 콘스탄틴 헤링(Karl Ewald Konstantin Hering, 1834~1918년)과 조지프 브로이어(Josef Breuer, 1842~1925년)이다. 두 사람이 함께 쓴 논문 「미주신경을 통한 호흡의 자동 조절」은 1868년에 출판되었다. 헤링과 브로이어는 숨을 들이마셔서 폐가 팽창할 때, 폐를 돕는 횡격막 신경의 기능이 억제돼서 팽창 속도가 느려진다는 사실을 알아냈다. 이처럼 폐가 지나치게 팽창하지 않도록 돕는 음성 피드백 시스템을 오늘날 헤링-브로이어 반사라고 부른다. 이러한 성과에도 불구하고 당시의 두 사람은 각기 다른 업적으로 기억되었는데, 헤링은 색채 지각으로, 브로이어는 지그문트 프로이트(Sigmund Freud)의 동료로 각각 유명했다. 특히 브로이어와 프로이트는 정신분석학의 발전에 큰 영향을 끼친 『히스테리 연구(Studies on Hysteria, 1895년)』라는 책을 함께 출판하기도 했다.

호흡에 관한 연구에서 헤링은 브로이어보다 여덟 살 많은 선배였기 때문에 헤링-브로이어 반사에서 이름을 앞에 붙일 수 있었다. 한편 헤링에게는 하인리히 에발트(Heinrich Ewald, 1866~1948년)라는 아들이 있었는데, 그 역시 훗날 의사가 되었고 나중에 심장의 미주 신경 조절을 연구했다. 때문에 아버지인 헤링의 논문이 출판되었을 때 하인리히는 고작 두 살이었음에도, 무려 2014년까지 아버지가 발견한 반사를 그의 공적으로 오해하는 저술가들이 있었다.

호흡의 이해에 관한 역사에서 또 다른 핵심 질문은 '무엇이 호흡을 멈추게 하는가?'이다. 영국의 의사인 에드먼드 굿윈(Edmund Goodwyn,

1756~1829년)은 호흡의 메커니즘이 지닌 본질보다는 부차적인 문제, 엄밀히 말하면 익사, 침수, 교살과 같이 '숨을 쉬지 않는' 일에 관심이 더 많았다. 이러한 사실은 굿윈이 1788년에 쓴 책의 제목인 『삶과 호흡의 연관성; 즉, 살아 있는 동물을 대상으로 한 침수, 교살, 다양한 종류의 독기(毒氣)에 관한 실험적인 연구; 독기가 유발하는 질병의 성질에 관한 설명; 질병과 죽음 그 자체의 구분; 가장 효과적인 치료법(The Connexion of Life with Respiration; or, An Experimental Inquiry into the Effects of Submersion, Strangulation and Several Kinds of Noxious Airs, on Living Animals; with an Account of the Nature of Disease They Produce; Its Distinction from Death Itself; and the Most Effectual Means of Cure)』에서 여실히 드러난다.

굿윈과 그의 동료 과학자들은 익사의 원인을 조사하고 있었는데 그 당시에는 질식사, 즉 산소 부족이 그다지 주목받지 않았던 것으로 보인다. 대부분은 익사가 몸이 차가운 물에 잠기는 바람에 신경 활동이 마비되어 발생한다고 생각했다. 이런 이론에 도달하기까지의 과정은 영국 외과 의사 앤서니 칼라일(Anthony Carlisle, 1768~1840년) 경이 1805년에 생애 두 번째로 진행한 '영국 왕립 크루니언 강연(Royal Society's Croonian Lecture)'에서 설명한 바 있는데, 당시 강연 주제는 근육 운동이었다.

칼라일은 기온이 낮아지면 겨울잠을 자는 동물들이 있다는 사실을 알아냈으며, 이들이 물에 빠져도 익사하지 않으리라고 추측했다. 동물이 더 낮은 온도에 노출되면 신경계와 호흡계의 기능이 일시적으로

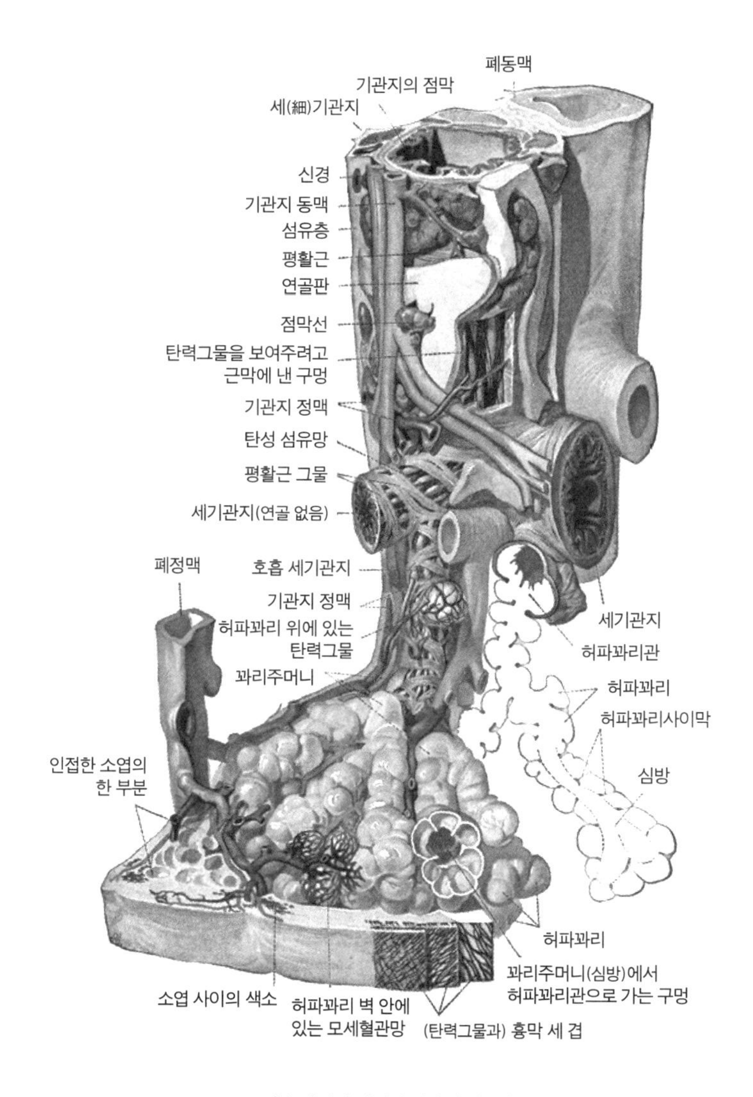

젊은 남자의 폐에서 떼어낸 폐소엽을 보면
기도, 동맥, 정맥이 서로 얼마나 가까이 있는지 볼 수 있다.
이 삽화는 『조직학 교과서(Textbook of Histology, 1943년)』에 실려 있다.

중지될 것이라는 게 그의 주장이었다. 칼라일은 물에 잠긴 '동면하는 고슴도치'에 관한 연구를 통해서 주장을 뒷받침했다. 이 연구에 따르면, 동면 상태에 있는 고슴도치 성체는 몸을 완전히 만 채 찬물이 담긴 그릇 안에서 30분 동안 살아남았다. 반면에 동면 상태에 있지 않았던 다른 동물은 따뜻한 물이 담긴 그릇 안에서 몸이 축 늘어지고 이완된 채 10분 만에 죽었다고 한다.

폐의 기능적 특성

이와 같은 다양한 연구 분야는 호흡의 생물학적인 특성에 관해서 그 어느 때보다도 명확한 통찰력을 제공했다. 폐의 상세한 구조와 세부사항이 밝혀진 덕분에, 학자들은 거의 공학자와 다름없는 시각으로 호흡을 이해할 수 있게 되었다.

폐는 압력과 발산에 의지해서 기능하는 펌프의 역할을 한다. 폐는 체내의 장기 중에서는 물론이거니와, 피부보다도 표면적이 크다. 평균적인 성인의 피부 표면적은 약 1.7㎡으로 알려져 있는데 사실, 정확한 폐의 표면적은 지금까지도 밝혀지지 않았다. 대신 간접적으로나마 표면적을 계산하는 방법이 다양하게 등장했는데, 최근에는 생물수학 모델과 엑스레이 CT 스캐너라는 최신 기계가 주로 쓰인다.

폐의 표면적을 처음으로 추정한 학자 중에는 구스타프 본 휴프너(Gustav von Hüfner, 1840~1908년)라는 독일 튀빙겐의 생리 화학 교수도 있었는데, 그는 폐의 총 표면적이 140㎡라고 추정했다. 그 당시에 유명한 생리학자였던 찰스 셰링턴(Charles Sherrington, 1857~1952년) 경이 설명한 것처럼 140㎡는 "가로 15m, 세로 6m짜리 방과 같은 넓이다."[23]

이와 같은 추정치는 시간이 지나며 여러 차례 수정되었는데 1970년대에는 폐의 표면적이 테니스코트의 크기와 비슷하다는 주장이 나왔다. 오늘날의 학자들은 폐의 표면적이 테니스코트보다는 단식 배드민턴코트(가로 5.2m, 세로 13.4m)에 더 가까운 것으로 보고 있다. 배드민턴코트의 면적은 약 70㎡로, 폐는 접었을 때 부피가 약 4~6리터밖에 안 되지만 허파꽈리 3억 개 모두가 공기와 혈액에 직접 접촉할 수 있다.

폐의 놀라운 점이 단순히 거대한 표면적만은 아니다. 공기를 혈액으로부터 분리해주는 허파꽈리의 벽은 매우 얇아 그 두께가 약 300㎚밖에 되지 않는다. 이러한 사실에 대해 셰링턴은 다음과 같이 언급했다.

> 폐동맥을 통과하는 혈액(폐로 들어가는 혈액)이 혈구 한 개만큼의 두께 정도밖에 안 되는 막으로 순식간에 퍼져나간다는 사실을 이해하는 게 중요하다. 혈액은 이렇게 넓은 영역에 걸쳐서 공기에 노출되며 폐정맥으로 모인 뒤 심장으로 돌아간다. 우리는 혈액과 특정한 부피의 공기 간의 가스 교환이 이렇게 빨리 일어나는 현상을 결코 인공적으로 흉내 내지 못한다.[24]

허파꽈리는 약 2,400km 길이의 기도와 그보다 훨씬 더 긴 모세혈관들로 서로 연결되어 있다.

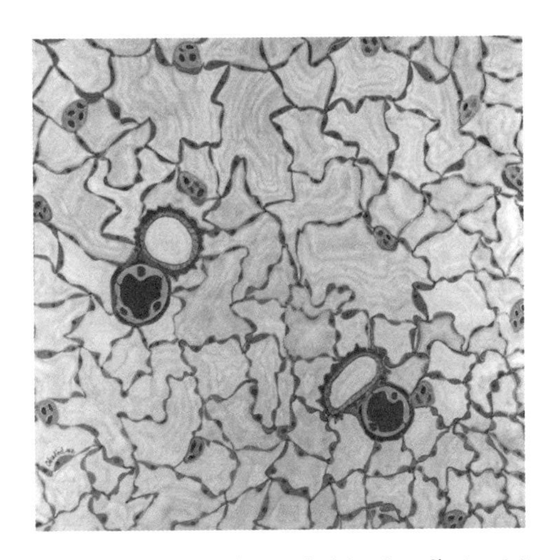

오드라 노을(Odra Noel)의 '심호흡할 때의 호흡 조직' (연도 미상).
실크에 물감. 폐는 대체로 아주 작은 허파꽈리들이 스펀지처럼
공기구멍 여러 개로 이루어진 구조를 형성한다.

폐의 힘과 탄력 역시 중요한 요소다. 우리는 풍선을 불 때 숨을 깊이 들이마셔 폐에 있는 공기구멍을 전부 채운 뒤 숨을 불어넣는데, 폐에는 탄력이 있어 풍선 안으로 숨을 강제로 불어넣을 수 있다(호흡근이 수축하면서 양압이 생긴다). 이때 폐가 찢어지는 불상사를 막기 위해서는 막이 튼튼해야 한다. 따라서 폐의 매우 얇은 허파꽈리 벽은 4중 구조로 되어 있다.[25] 이러한 구조 덕택에 폐는 힘이 생겼고, 가스 교환이 효율적으로 일어나며, 중력의 영향을 덜 받게 되었다.

인간은 동물 중에서 유일하게 직립보행이 가능하며 잘 때를 제외하면 주로 서 있거나 앉아 있다. 그래서 대체로 폐가 가로로 누워 있는 동물들과 달리, 눕지 않으면 폐의 꼭대기와 바닥이 같은 수직 선상

에 위치한다. 폐는 대부분 공기로 가득한 관과 공간으로 이루어져 있는데, 조직 자체의 무게가 대단히 가벼운 만큼 중력의 역할이 중요하다. 그런데 폐에는 1리터 정도의 혈액이 차 있어서 가벼운 조직에 부담을 준다. 따라서 폐의 꼭대기보다 바닥에서 환기가 더 활발하게 일어난다.

인긴의 수면 중 호흡수가 스케일링 법칙(동물의 몸집이 작을수록 숨을 더 빨리 쉰다는 법칙)을 따른다는 것은 자연의 신비 중 하나다. 인간은 자연계에서 몸집이 중간 정도 되는 포유동물로, 성인은 평균 체중이 50~100kg이고 수면 중 호흡수는 분당 약 14~30회다. 이 수치를 체중이 2g밖에 안 되는 사비왜소땃쥐(Suncus etruscus)의 수치와 비교해보자. 사비왜소땃쥐는 분당 호흡수가 600~700회에 이를 정도로 매우 빠르게 숨을 쉰다.[26] 한편, 흰긴수염고래는 체중이 150톤이며 목구멍 뒤에 있는 분수공을 통해서 1~2분에 한 번씩만 숨을 들이마신다. 게다가 숨을 무려 30~90분 동안이나 쉽게 참을 수 있다.[27]

몸집과 마찬가지로 키 역시 호흡수와 연관이 있다. 조너선 스위프트(Jonathan Swift)가 1726년에 쓴 『걸리버 여행기』에는 주인공인 레뮤엘 걸리버(Lemuel Gulliver) 선장이 소인국인 릴리퍼트(Lilliput) 사람들을 만나는 장면이 나온다. 걸리버는 이들의 키가 약 14cm로 자기 검지만 하다고 추측한다. 만약 릴리퍼트 사람들이 실존한다면 호흡수가 신생아처럼 분당 68회 정도 될 것이다.[28] 걸리버는 나중에 릴리퍼트보다는 덜 알려진 거인국 브로브딩내그(Brobdingnag) 사람들도 만나는데, 이들의 키는 약 20.5m이므로 휴식 중인 코끼리처럼 분당 호흡수가 5회 정도 될 것이다.

우리는 성장하고 성숙해지는 과정에서 몸집에 따른 호흡수의 변화를 관찰할 수 있다. 신생아의 경우 앞서 말했듯 분당 호흡수가 68회 정도인데, 이런 점을 걱정하는 초보 부모가 많다. 아기의 호흡수는 6개월이 지나면 분당 25~40회로 감소하고 이후 성인이 될 때까지 계속 떨어진다(호흡수가 3세에는 분당 20~30회, 6세에는 18~25회, 10세에는 17~23회로 감소한다). 그러다가 성인이 되면 호흡수가 분당 14~20회로 자리 잡으며, 그 후로는 안정을 유지하다가 가스 교환의 효율성이 떨어지면 다시 숨이 차면서 증가하게 된다.

아이가 성장하면 호흡수는 줄어들지만 반대로 폐는 커지며 아이의 키 역시 자란다. 키가 100cm 정도 되는 남자 어린이의 폐는 부피가 약 1.8리터지만, 이 어린이가 자라서 키가 150cm가 되면 폐 용적도 약 3.5리터로 늘어난다(단, 여자는 남자와 키가 똑같더라도 폐 용적이 더 작은 편이다).

19세기의 호흡

19세기가 되자 호흡의 목적이 산소와 이산화탄소의 교환이며, 뇌가 호흡수와 호흡의 리듬에 변화를 주면서 가스 교환의 균형을 맞춘다는 이론이 보편적으로 받아들여졌다. 또한 호흡을 측정하는 방법이 점점 더 정교해지면서 들숨과 날숨의 양이 거의 항상 다르다는 사실 역시 드러났다. 그러나 정작 산소가 폐, 혈액, 조직에 들어가서 어떤 일을 하는지에 대해서는 명확하게 밝혀지지 않은 상황이었다.

산소의 역할에 대한 과학자들의 주장은 제각각이었다. 소화기 계통에서 쓰인다고 생각한 과학자들은 산소가 음식물을 '연소'한다고 주장했다. 또 산소가 폐에만 작용하며 혈액에 변화를 준다고 생각한 과학자들은 결과적으로 산소가 열의 생성에 도움이 된다고 주장했다. 또 다른 과학자들은 우리가 마시는 산소와 내쉬는 이산화탄소의 양이 다른 이유가 폐가 들숨에 들어있던 산소 일부를 물로 변환하거나 질소가 날숨에 섞여서 나가기 때문이라고 생각했다.

여러 젊은 과학자가 이 문제를 해결하고자 도전했다. 그들은 상충하는 다양한 이론을 명확하게 밝혀내기를 갈망했는데, 이런 문제들을 해결하기 위해서는 우선 들숨과 날숨의 양과 숨에 들어있는 기체의 농도를 정교하게 측정할 필요가 있었다. 결과적으로 우리가 소비하는 산소와 생산하는 이산화탄소 사이의 불균형은 '호흡률'이라는 비율로 알려지게 되었다. 인간의 호흡률은 약 0.8로 이는 날숨의 양이 들숨의 양보다 적다는 것을 뜻한다.

음식물이 체내에서 연소한다는 생각은 이내 몸 안에서 연소의 흔적인 검댕을 찾는 작업으로 이어졌다. 피어슨(Pearson)이라는 한 의사는 1813년 65세 이상 고령자의 시신을 부검한 뒤 이들의 폐가 "균일하게 까만" 경우가 많다고 보고했다. 또한, 피어슨은 약 20세 청년의 시신의 폐가 "까만색과 남색 얼룩 때문에 얼룩덜룩하거나 대리석 무늬가 있는 것처럼 보인다."고 언급했다.[29]

피어슨은 이 '미스터리한' 검은색 탄소질 물질을 분석한 끝에 아마도 검댕일 것이라는 결론을 내렸는데, 적어도 산소 소비에 따른 미스터리한 대사 산물은 아니라고 주장했다. 그러나 건강한 사람의 폐는 나이와 상관없이 분홍색이다. 따라서 이러한 피어슨의 연구 결과는 산소 소비의 미스터리에 관한 통찰력을 제공하는 대신 그 당시에 대기오염이 얼마나 심했는지를 보여주는 증거가 되었다.

거의 19세기 내내 호흡에 관한 연구는 영국 에딘버그와 프랑스 파리에 있는 과학자들이 지배했다. 의사뿐만 아니라 화학자와 물리학자들 역시 중요한 성과를 거두었으며, '생기론'을 신봉하던 시대가 막을 내리고 낙관적인 시대가 열렸다. 사람들은 이제 화학 방정식과 물리 법칙만으로 삶을 완전하게 설명할 수 있다고 생각했다.

빅토리아 시대의 영국인들과 프랑스 공화주의자들은 모두 폐의 기능을 설명하고자 애썼다. 물리학자들은 최근에 발견된 기체 법칙을 바탕으로 호흡을 통해 기체가 발산된다고 생각했고, 화학자들은 호흡이 열을 생성하는 일종의 연소 작용이라고 생각했다. 수은이 함유된 가스계량기처럼 기체의 부피를 정확하게 측정하는 도구들이 발명되면서 그 어느 때보다도 호흡을 정밀하게 측정할 수 있게 되었다.[30]

새로운 도구들은 정확하고 정밀했지만, 정작 실험 방법이 형편없는 나머지 매번 상충하는 결과가 나오기 일쑤였다. 이런 현실은 에딘버그와 파리의 라이벌 의식을 부추겼다. 엎친 데 덮친 격으로 오늘날과 달리, 두 도시에서는 사용하는 측정 단위조차 통일되지 않았기 때문에 서로의 출판물을 비교하는 작업은 오류투성이였다.

예를 들면, 기체의 부피를 잴 때 스코틀랜드에서는 영국식 세제곱 인치를 사용했지만 프랑스에서는 파리식 세제곱 인치를 사용했다(이는 오늘날 각각 세제곱센티미터와 리터에 해당한다). 공기와 날숨에 들어있는 수증기의 양은 트로이 그레인(Troy grain)이나 트로이 파운드(Troy pound)로 측정되었고, 기체의 압력과 진공의 강도는 수은주의 높이와 비교해서 측정되었다. 하지만 수은주의 눈금은 서로 다른 단위로 표시되어 있었다. 영국에서는 인치를 사용했고, 프랑스에서는 파리 라인(line: 1인치의 12분의 1 -역주)을 사용했다.

결국에는 둘 사이에서 합의가 점진적으로 이루어졌고, 물리학자와 화학자 양측의 연구 결과가 모두 옳은 것으로 드러났다. 물리학자들의 말대로 호흡은 대체로 무의식적이고 물리학에 바탕을 둔 작용이었고, 화학자들의 말대로 호흡이나 신진대사는 화학적인 과정이었다.

19세기 당시에는 혈액이 산소를 운반하는 방법 역시 알려지지 않은 상황이었다. '생기론'을 믿었던 독일 화학자 유스투스 폰 리비히(Justus von Liebig) 남작은 산소가 호흡에서 중심적인 역할을 한다고 주장했다. 산소가 혈액 속에 있는 섬유소와 화학적으로 결합한다는 '섬유소 결합' 이론을 지지한 것이다. 그러나 이러한 리비히의 주장은 동료 화학자의 마샹(R. Marchand)에 의해서 틀린 것으로 밝혀졌다. 그래서 리비히는 네덜란드 화학자 게라두스 뮬더(Geradus Mulder)가 처음으로 주장했던 '단백질 결합' 이론으로 방향을 틀게 되었다.[31]

19세기가 이어지면서 호흡 연구의 세계를 뒤덮었던 안개가 서서히 걷혀나갔다. 학자들이 폐의 정교한 구조적인 기능을 하나하나 밝혀내면서 우리가 오늘날 호흡에 관해 알고 있는 여러 가지 사실이 알려지기 시작한 것이다. 이즈음 현대적인 생리학 교과서가 처음으로 모습을 드러냈는데, 전 세계적으로 여러 의과대학에서 젊은 의사와 간호사들을 가르칠 때 사용되었다. 초판은 회화체에 가깝게 쓰였고 오늘날의 교과서처럼 해부학과 생리학에 관한 정보를 검토하는 대신 학자들의 최신 견해를 제공했다.

초기 교과서 중 하나는 『보스톡의 생리계(Bostock's System of Physiology(1824년)』라는 이름의 책으로, 신경계, 혈액 순환, 호흡 등 여러 세부 항목으로 나뉘어 있었다. 책의 초판에서는 의사인 존 보스톡(John Bostock)이 편집자의 역할을 했는데, 사실에 바탕을 둔 정보를 제공하기보다는 학자들의 최신 견해를 검토하는 식이었다.

시간이 흐르며 생리학 교과서는 점차 사실에 초점을 맞추게 되었고 신예 작가들도 대거 등장했다. 그중 한 명이 1847년부터 1849년까지 『해부학 및 생리학 백과사전(Cyclopedia of Anatomy and Physiology)』을 출판한 로버트 벤틀리 토드(Robert Bentley Todd)다. 이 책에 실린 설명을 몇 가지 살펴보면 이전에 출판된 책보다 사실에 초점을 맞추었다는 점을 알 수 있다.

첫째로 이 책에는 호흡이 공기 중의 산소 함유량에 미치는 영향에 관해서 다음과 같이 적혀 있다. "(호흡이) 대기 중의 산소 함유량에 감지할 수 있을 만큼의 영향을 미치려면 지구상에 사람이 10억 명 있다고 가정할 때 1만 년이 걸릴 것이다." 둘째로, 호흡기 질환과 대기 오염에 관해서는 이렇게 적혀 있다. "인류에게 그토록 치명적이고 유해할 수 있는 불쾌한 공기와 악취가 대기를 통해서 전파된다는 데는 의심의 여지가 없다." 마지막으로, 호흡의 메커니즘에 관해서는 이렇게 적었다. "남자는 거의 다 가슴의 아랫부분으로 숨을 쉬고, 여자는 가슴의 윗부분으로 숨을 쉰다. 이런 현상은 옷차림과 별개로 일어난다!"

호흡에 관한 지식이 늘어난 것은 영국 학술원(Royal Society)의 두 회원 덕분이기도 했다. 한 명은 잉글랜드 퀘이커 교도이자 약사인 윌리엄 앨런(William Allen)이었고, 다른 한 명은 과학자이자 유명한 일기 작가 새뮤얼 피프스(Samuel Peypys)의 후손인 윌리엄 해슬딘 피프스(William Haseldine Pepys)였다. 두 사람은 탄소 화학을 공부했지만, 그보다는 호흡의 작용에 관심이 더 많았기 때문에 1808년 6월 16일에 영국 학술원에서 자신들이 호흡에 관해 관찰한 사항을 발표했다. 두 사람이 쓴 4페이지짜리 보고서는 사실과 발견을 다룬 내용으로 가득했다. 그들은 이러한 조사 내용을 토대로 당시에 만연했던 폐의 기능에 관한 여러 오해를 바로잡았다.[32]

앨런과 피프스는 폐 속에서 산소와 수소를 결합한다고 해서 물이 만들어지는 것은 아니며, 이산화탄소의 농도가 날숨에서 높게 나타난다는 사실을 증명했다. 또한, 왼쪽 폐와 오른쪽 폐 용적을 각각 측정해서 보고하기도 했다. 두 사람은 사강(死腔: 우리가 숨 쉴 때 이용하지 않는 공기의 양), 1회 호흡량(숨의 양), 잔여 폐용적(숨을 최대로 내쉬고 나서 남은 공기의 양)도 측정했으며 수면 중 평균 호흡수가 분당 19회라고 보고했다.

이러한 보고는 개별적으로는 대단치 않아 보였지만, 하나로 합쳐짐으로써 우리가 오늘날 당연시하는 호흡의 기계론적이고 분석적인 이해의 시대를 여는 원동력이 되었다. 또 한편으로는 19세기 후반에 등장할 위대한 전염병학자와 신인 동형론자(인간이 신의 형태를 본떠서 만들어졌다고 믿는 사람 -역주)들을 위한 발판이 되기도 했다.

19세기는 주로 개인의 재산을 바탕으로 연구가 이루어졌지만 동시에 제약업계가 막 탄생하던 시절이기도 했다. 윌리엄 앨런은 20세기까지 활동했던 '앨런&핸버리스(Allen&Hanburys)'라는 제약회사를 설립했다. 이 회사는 천식 치료제 개발에 큰 공을 세웠고 글락소스미스클라인(GSK: GlaxoSmithKline)이라고 알려진 회사에 인수되었다. 이 GSK는 오늘날에도 여전히 호흡기 치료제를 전 세계적으로 공급하는 회사이며 2018년에 69억 파운드(약 11조 1,900억원)의 매출액을 기록했다.

정치 혁명이 유럽, 북아메리카, 세계 각지로 퍼져나가는 동안 영국에서는 산업혁명이 자리 잡았다. 혁명은 우리가 인간의 정신을 바라보는 방법을 달라지게 했다. 특히 과학자와 철학자들은 개인의 영혼을 들여다보는 대신 시선을 밖에 두고 대중을 살펴보기 시작했다. 이제 그들의 화두는 '유럽 사람들이 활력이 넘치는 이유가 그들의 호흡법 때문인가?'와 같이, '무엇이 사람들을 똑같이 만드는지'가 아니라 '무엇이 그들을 다르게 만드는지' 알아내는 것으로 바뀌었다(당시에는 누군가의 계급이 그 사람의 유전과 생명 작용에 의해 미리 정해진다고 생각하는 사람이 많았다). 다음 장에서는 호흡의 역학이 이런 '잘못된 시각'을 뒷받침하게 된 이야기를 다루고자 한다.

3

사회: 산업혁명과 숨

● 19세기가 도래하면서 세상은 중대한 변화를 겪었다. 농경 경제에서 산업 경제로 사회가 바뀐 것이다. 영국에서는 산업혁명이 일어나면서 도시의 인구가 폭발적으로 증가했고, 높아진 인구밀도는 도시의 위생 수준을 급격히 떨어뜨렸다. 한편, 미국에서는 남북전쟁(1861~1865년)이 벌어지고 있었기 때문에 참전할 수 있는 나이의 건강한 남자들을 '공급'하는 것이 가장 중요한 사안이 되었다.

남북전쟁의 여파로 미국 사회는 물론 시민권과 인종의 다양성에 관한 시각에도 변화가 생겼다. 유럽과 미국에서는 그 후로 수년 동안 과학적이고 정치적인 사고방식을 형성하는데 영향을 미친 '두 사건'이 일어났다. 첫 번째는 1865년에 미국에서 노예 제도가 폐지된 것이었고, 두 번째는 찰스 다윈이 자연 선택에 의한 진화론을 발표한 일이었다.

의사와 생리학자들은 상세하며 기계론적이고, 해부학적이며, 병리학적인 실험을 계속했다. 그들은 관찰과 생체 해부를 통해 호흡의 조절 방법과 폐의 기능을 연구했다. 이것은 19세기 중반에 새로이 피어난 연구 분야였다. 몇몇 과학자와 의사들은 사람들의 호흡 기관이 지닌 활력이 어느 정도인지 궁금해했고, 저소득층에서 호흡기 질환의 유병률이 더 높은 이유가 덜 발달한 폐 때문인지도 알고 싶었다. 이 새로운 연구 분야를 일으킨 단 하나의 도구는 바로 폐활량계였다. 1840년대에 발명된 폐활량계는 수많은 사람의 삶에 영향을 미쳤는데, 처음이 도구는 폐의 용적과 호흡수를 정확하게 측정하는 간단한 의료 기기의 형태를 띠었다.[1]

미국의 대통령인 토머스 제퍼슨(Thomas Jefferson, 1743~1826년)은 노예 제도, 특히 노예들이 감당해야 했던 장기 노동이 그들 스스로에게 유익하다고 생각했다. 노동이 노예들의 '혈액에 활력을 불어넣는다고' 생각했기 때문이다.[2] 이와 같은 시각은 화학자이자 의사인 어데어 크로포드(Adair Crawford)의 견해에 바탕을 두고 있었다.

크로포드는 1779년에 『동물의 체열에 관한 실험과 관찰 결과(Experiments and Observations on Animal Heat)』라는 책을 출판했다. 이 책에서 그는 호흡이 열을 조절하기 위한 메커니즘으로 기능한다는 고대 그리스인의 시각을 반영했다. 그래서 제퍼슨은 흑인이 폐 기능이 상대적으로 떨어지는 바람에 숨을 들이마실 때 열을 덜 흡수하고 내쉴 때 열이 더 손실된다고 생각했다.[3] 그 당시는 아직 산소가 발견되기 전으로 플로지스톤이 공기에 에너지와 생명력을 부여한다고 생각하던 시절이었다.

새로운 측정의 시대

폐활량계는 간단한 원칙 몇 가지에 따라서 작동된다. 폐활량계의 주요 용도는 사람이 숨을 불어넣었을 때 기계로 들어오는 기체나 공기를 수집하는 것이다. 초기 모델의 경우 중탕 냄비 안에 거꾸로 떠 있는 금속 통에 날숨을 수집했는데, 날숨으로 가득 찬 통이 떠오르면 통이 올라간 높이와 들숨의 양이 같다고 볼 수 있었다.

사람들은 이 실험을 표준화하기 위해 심호흡을 통해 폐를 최대한 부풀린 뒤 평소보다 숨을 오래 내쉬어서 공기를 모두 비워야 했다. 그러려면 숨을 내쉴 때 마지막에 폐 속에 있는 공기를 모두 내보내면서 횡격막을 세게 쥐어짜려고 의식적으로 노력해야 한다. 이것은 몸이 건강할 때는 쉽게 할 수 있지만, 평소에 자주 하지 않는 동작일뿐더러 폐 질환에 걸려서 몸이 안 좋을 때는 통증을 유발하기도 한다.

또한, 호흡수를 측정할 때는 폐활량계 안으로 숨을 불어넣어서 통이 오르내리는 속도를 기록했는데, 초기 폐활량계에는 통에 연결된 펜이 종이에 움직임을 자동으로 기록할 수 있었다. 가스의 용적을 통에 추가하면 통의 진폭(excursion)에 따라 눈금을 매길 수도 있었다. 폐활량계는 실험실 밖에서도 사용할 수 있는 간단하고 정밀한 도구였다.

FREQUENCY AND CHARACTER OF RESPIRATORY MOVEMENTS 479

the abdominal muscles in expiration gives rise to much higher values. This is also true of those expiratory blasts of air which are made use of in speaking, singing, coughing, and sneezing. Inasmuch as the peritoneal cavity contains no air, the individual organs are packed closely together. By closing the glottis and simultaneously contracting the diaphragm and abdominal muscles, they may be subjected to a considerable pressure, which greatly aids in the expulsion of the feces and urine. This action, which is commonly designated as the "abdominal press," also constitutes an important factor in childbirth.

Quantitative Determination of the Respired Air.—The volume of air which is taken into our lungs during a given period of time, varies with the respiratory needs of our body. Obviously, a much greater quantity of air is required when the tissues are active than when they are inactive. But while the extent and frequency of the respiratory movements may serve at any time as an indication of the intensity of the gas interchange, a direct volumetric determination of the air respired is only possible by calibration. The instrument used for this purpose is known as the *spirometer*. The one devised by Hutchinson[1] is a modified gasometer (Fig. 248). It consists of a cylindrical receptacle (*B*) filled with water, in which is suspended a second cylinder (*A*) containing air. The latter is counterbalanced by weights (*G*) in such a manner that it may be made to move with the least possible resistance. The tube (*C*) enters through the outside cylinder, and is continued upward to a level above the surface of the water in the inside compartment. If air is expired through this tube, the inside cylinder rises a certain distance out of the water, while if air is inspired through it, the cylinder sinks to a lower level. The amounts of air added or subtracted in this way are indicated by a pointer upon a neighboring centimeter scale.

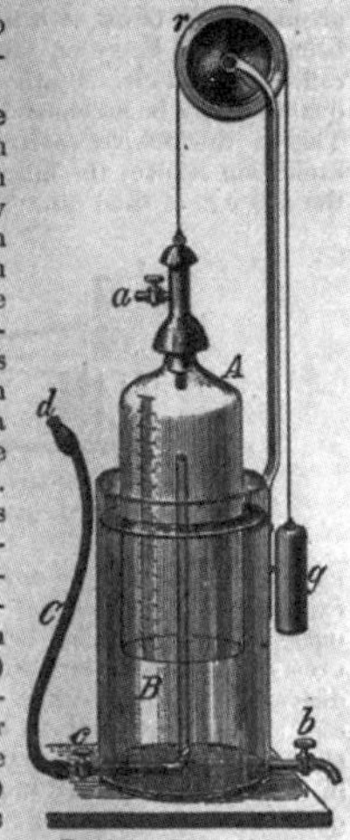

FIG. 248.—WINTRICH'S MODIFICATION OF HUTCHINSON'S SPIROMETER. (*Reichert.*)

In order to be able to determine the volume of the air breathed in the course of a long period of time, it is necessary to know two factors, namely, the average frequency of the respiratory movements and the average volume of air respired each time. It is also possible to solve

[1] Med.-chirurg. transact., xxix, 1846, 137.

1854년에 독일 의사 막스 안톤 윈트리히(Max Anton Wintrich) 박사는
허친슨의 폐활량계를 개조했는데, 이 도구가 더 사용이 쉬운 것으로 평가받았다.
튜브(d) 안으로 숨을 불어넣으면 눈금이 매겨진 채 떠 있는
반구형 통(A)을 이용해서 날숨의 양을 쉽게 읽을 수 있었다. 윌리엄 하웰(William Howell)의
『의대생과 의사를 위한 생리학 교과서(A Text-book of Physiology for Medical Students
and Physicians, 1917년)』에 실린 삽화.

폐활량계는 존 허친슨(John Hutchinson)이라는 의사가 발명한 것으로 널리 알려져 있다. 허친슨은 1844년에 초기 연구를 신망 있는 런던예술협회(London Society of Arts)와 런던통계협회(Statistical Society of London)에 각각 증거로 제출하면서 이 기계의 발명을 공식적으로 발표했다.

존 허친슨은 런던에서 의학을 공부하고 의사로 일했다. 아버지가 고향 뉴캐슬어폰타인(Newcastle upon Tyne)에서 석탄 상인으로 일했기 때문에 허친슨은 탄광업과 광부들의 건강에 해로운 먼지투성이 환경에 관해 잘 알고 있었다. 그는 자신이 만든 기계를 '폐활량계'라고 불렀고 폐활량계가 측정하는 폐 용적을 '폐활량'이라고 불렀다. 허친슨은 호흡 자체에 그다지 관심이 있지는 않았다. 대신 그는 폐활량과 키의 관계, 특히 빅토리아 시대에 런던에서 일하던 노동자의 폐활량과 키의 관계에 관심이 있었다.

허친슨이 폐 용적을 측정한 최초의 학자는 아니었다. 과학 문헌을 살펴보면 이러한 기능을 하도록 만들어진 기계는 과거에도 많았다. 이탈리아의 생리학자이자 수학자인 조반니 알폰소 보렐리(Giovanni Alphonso Borelli, 1608~1679년)는 폐 용적을 측정한 초기 학자 중 한 명이었다. 나중에는 영국의 외과 의사 찰스 터너 테크라(Charles Turner Thackrah, 1795~1833년)가 짧은 일생을 잉글랜드 중부 지방에서 보내면서 폐의 기능을 평가하기 위해 폐활량계를 이용하기도 했다. 그는 자신의 관찰 결과를 1831년에 긴 제목의 책인 『주요 미술, 무역, 직업, 그리고 시민 국가와 생활 습관이 건강과 장수에 미치는 영향(The Effects of the Principal Arts, Trades and Professions, and of Civic States and Habits of Living, on Health and Longevity: with a Particular Reference to the Trades and Manufactures of Leeds, and Suggestions for the Removal of Many of the Agents, which Produce Disease, and Shorten the Durations of Life)』에 담았다. 그 당시에 좋은 반응을 얻었던 이 책은 다양한 직업과 관련된 건강 문제를 다루었는데, 직업 149개를 등장시킨 초판과 달리 1832년에 나온 재판에서는 소개하는 직업이 269개로 늘어나기도 했다.[4]

테크라는 경력 초기에 해부학교를 독자적으로 운영했는데, 그는 학생들이 해부용 시신을 구할 때 도굴을 하도록 권한 것으로 알려져 있다.[5] 1831년에 리즈 의과대학이 설립되면서 테크라는 연구에 몰두했다. 리즈는 방적 공장의 부상으로 세계에서 처음으로 산업화를 겪은 도시 중 하나였는데, 테크라는 특히 노동자들이 일하는 동안 끊임없이 노출되는 먼지를 폐 질환의 원인으로 꼽았다. 그는 먼지에 대하여 다음과 같이 언급했다. "먼지가 많은 곳에서 일하는 사람들이 전반적으로 건강이 좋지 않고 폐에 염증이 생기는 경우가 많다. 그들이 들이마신 먼지는 기관을 자극한다."[6]

성인 노동자보다 더 우려되는 것은 아동 노동자들의 건강이었다. 그들은 7세부터 일주일에 6일, 아침 6시 반부터 저녁 8시까지 13시간씩 먼지에 노출되었다. 이러한 사실은 하원 의원 마이클 새들러(Michael Sadler)가 노동 시간을 제한하는 법안을 제정하는 데 도움이 되었다. 15년간의 제정 운동 끝에 1847년 '10시간 노동법' 또는 '공장법'이 제정되었다. 비록 공장주들은 이 법안을 좋아하지 않았지만, 직물 공장에서 일하는 여성과 청소년(13~18세)의 노동 시간은 하루 10시간으로 제한되었다. 이 법안을 필두로 오랜 시간에 걸쳐서 노동자들의 전반적인 근무 환경을 개선하는 법안이 제정되었고 아동 노동은 법적으로 완전히 금지되었다.

이 시기의 분위기, 그리고 테크라와 허친슨의 연구에서 나타나는 차이에는 의학의 바탕이 연역적인 추측에서 경험적인 관찰로 옮겨가는 시대의 흐름이 반영되어 있다. 허친슨은 1844년에 직업 및 사회적인 지위가 다른 남성 1,012명의 폐 용적과 키를 측정한 결과를 발표했는데, 남성의 수는 추후에 2,130명으로 늘어났다.[7]

또한 허친슨은 최근에 사망한 사람 60명을 연구에 포함했는데, 구체적으로는 그들의 폐 용적을 측정하기 위해 풀무를 이용해서 영안실에 있는 시신의 폐를 완전히 부풀린 뒤 폐활량계를 통해서 공기를 내보냈다. 이렇게 하면 비록 시신이더라도 폐의 탄력 덕택에 공기가 자연스럽게 빠져나왔다.[8] 허친슨은 폐에서 나온 공기의 양을 '폐활량'이라고 불렀는데, 이러한 그의 말에는 폐에서 나온 공기의 양이 건강 상태를 나타낸다는 시각(폐활량이 줄어드는 것은 일찍 사망할 전조로 여겨짐)보다는 활력에 관한 다윈의 시각이 더 반영되어 있었다.

빅토리아 시대에는 여성의 신체에 민감한 분위기가 있었기 때문에 그들의 폐 용적을 측정하기가 쉽지 않았다. 그래서 당시에는 여자들이 입는 '몸에 꽉 끼는 옷'이 호흡 운동에 제약을 가한다고 막연하게만 생각하고 있었다. 놀랍게도 허친슨의 보고서에는 여성도 26명 포함되어 있는데 이는 그가 영안실에 있는 여자 시신의 폐를 측정한 덕분이었다.

허친슨의 주요 업적은 폐의 크기가 사람의 직업, 계급, 체중과 관계없이 '키'와 관련 있다는 사실을 밝혀낸 것이었다. 그의 연구에서 획기적인 측면은 사람의 건강을 평가하기 위해서 인체 측정학을 이용한 것이다. 몇몇 환자의 사례 연구나 동물 실험을 통해서 얻은 실측적인 데이터를 이용하는 대신, 상관관계를 확립하기 위해 데이터를 통계적으로 분석한 것 또한 파격적인 시도라고 할 수 있다. 허친슨은 '무엇이 정상인가?'라는 질문에 대한 해답을 찾고 '정상인 상태'를 확립하기 위해 노력하기도 했다. 그는 정상적인 폐의 용적과 호흡수가 무엇인지 알아내고자 했고, 통계 분석을 통해 사람의 키가 커질수록 폐의 용적도 커진다는 사실 역시 밝혀내었다.

오늘날 우리는 폐의 용적이 흉곽의 크기에 따라 달라진다는 사실을 알고 있다. 흉곽의 크기는 키와 비례하며, 유아 시절에 다양한 신체 부위가 균형 있게 자란다. 두 다리가 같은 길이로 자라는 것 역시 이와 같은 이치다. 남녀의 키가 같을 때 남자의 폐가 여자보다 더 큰 경향이 있으며, 나이 역시 폐의 기능에 영향을 미친다. 폐는 기능은 약 23세에 최고조에 달했다가 떨어지기 시작한다. 처음에는 낮은 속도로 떨어지지만 60세가 넘으면 빨라진다.

허친슨은 호흡수의 폭이 느리게는 분당 6회부터 빠르게는 분당 40회에 이르기까지 넓다는 사실을 알아냈다. 남자의 경우 대체로 분당 호흡수는 16~24회로 나타난다.[9] 이것은 우리가 1분 동안 들이마시고 내쉬는 공기의 양(분당 호흡량)이 평소에는 분당 6~7리터에서 매우 격렬한 운동을 할 때는 분당 약 150리터까지 치솟는다는 것을 의미한다. 중거리 달리기 선수가 뛸 때 폐환기량이 30배 증가하면 분당 75리터, 즉 시간당 4,500리터로 늘어날 수 있다. 물로 따지면 욕조 하나를 충분히 채울 수 있는 이 호흡량은 놀랍도록 적은 양으로, 우리가 얼마나 효율적으로 호흡하는지를 나타낸다.

허친슨의 연구에는 18개 직업군에 속하는 사람들이 등장하는데, 그들의 직업은 선원이나 군인, 거지와 장인, 경찰과 소방관, 권투 선수와 레슬링 선수, 시종까지 다양했다. 이들 중에는 질병이 있는 사람 60명뿐만 아니라 왜소증이 있는 사람이 2명, 거인증이 있는 사람도 2명 있었다. 허친슨은 키가 보통의 범위를 벗어나는 이 네 명 중 세 명에게 이름을 붙여주기도 했다.

현대 과학자들에게는 이러한 행위가 다소 이상해 보일 수도 있겠지만, 그 당시 빅토리아 시대의 사람들은 키가 유달리 크거나 작은 이들에게 '관심'이 많았다. 사회로부터 천대받던 소인과 거인 다수가 대중에게 자신의 모습을 선보이는 일을 생계 수단으로 삼았다. 이들은 여럿이 모여서 훗날 '기형 인간 쇼'라고 알려진 쇼에 출연하거나 단독으로 후원자들을 찾기도 했다.

허친슨이 언급한 미국인 거인 프리먼(Freeman) 역시 이런 사례에 해당했다. 프리먼은 원래 1840년에 프로 권투 선수로서 영국을 찾아왔지만, 나중에는 관객을 끄는 거리의 명물이 되었다. 당시 광고와 포스터에는 프리먼이 홀번에 있는 술집인 '라이언 앤 불(Lion and Bull)'에서 일한다고 나와 있다. 한편, 그는 올림픽 극장(Olympic Theatre)에서 자신을 위해 제작된 연극에 출연하기도 했다.[10] 프리먼은 자신의 키를 229cm라고 홍보했지만, 허친슨은 그의 키가 '212cm 이상'이라고 추측했다. 사실, 그의 실제 키는 206cm인 것으로 밝혀졌다. 프리먼이 결핵으로 사망한 뒤, 그의 해골은 런던에 있는 왕립 외과대학 박물관에 기증되었다. 프리먼의 키에 대한 추정치는 다양했지만, 그의 폐활량은 7.6리터로 측정되었다. 이러한 기록은 오늘날의 기준에서 보더라도 대단히 인상적이다.

허친슨은 8년 동안 연구를 진행하다가 1852년 41세의 나이로 런던에서의 삶을 등지고는 오스트레일리아로 향했다. 그는 아내와 자녀 3명을 런던에 남겨둔 채 홀로 이민을 떠났는데, 비록 정확한 이유가 알려지진 않았으나 아마도 폐활량계가 의사들 사이에서 그다지 인기를 얻지 못했기 때문이 아니었을까 추측된다. 한편으로는 허친슨이 결핵에 걸려 신선한 공기와 햇빛을 찾아 열대지방으로 이주했다는 설도 있으며(당시에는 신선한 공기와 햇빛으로 결핵을 치료할 수 있다고 생각했다), 그가 사실 알코올 남용에 시달리고 있었다는 추측도 있다.

이유가 무엇이든 허친슨은 멜버른으로 향했다. 당시 소도시에 불과했던 멜버른은 이제 막 골드러시가 일어나면서 투기꾼들이 몰려들고 있었다. 그러나 정작 허친슨은 골드러시에 관심이 없던 것으로 보인다. 그는 50세에 피지로 여행을 간 뒤 그곳에서 넓은 면적의 삼림 지역을 샀다. 하지만 정작 땅을 개발하기도 전에 이질에 걸려서 세상을 뜨고 말았다(부검에서 결핵이나 간 질환의 징후가 발견되지 않은 것으로 보아 살해당한 것일지도 모른다).[11] 결국 그는 유언장도 없이 묘비 없는 묘에 묻

히게 되었다. 불명예스러운 마지막이었다.[12]

아무튼, 직업에 대한 관심은 군 지원자들이 건강의 정점에 있는 남자들을 상징하며 건강하고 활력이 넘친다는 시각에 의해 활발해졌다. 거지와 장인은 정반대의 이미지였다. 폐가 건강한 사람은 숨이 차다고 불평하지 않았으므로, 호흡이 원활하다는 것은 곧 건강하다는 징후로 여겨졌다. 대기가 오염되고 연기로 가득한 산업화된 유럽 도시에서는 더욱 그랬다.

폐활량계는 전 세계적으로 과학자와 의사들에 의해 사용되기 시작했다. 이 정밀 기기는 만들기 쉽다는 장점도 있었다. 그래서 폐활량계를 만드는 회사가 수도 없이 생겼는데, 19세기 말에는 제조회사의 수가 27개나 되었다. 폐활량계의 가격은 원화로 약 8,000원이었지만 의사들이 개인적으로 구매하기에 그리 비싼 금액은 아니었다.[13]

18세기 중반부터 미국에서는 호흡과 폐의 기능에 관한 연구가 드물어지는 듯했지만 남북전쟁(1861~1865년)이 4년 동안 이어지면서 상황은 달라졌다. 미국 남부 주 11개가 남부연합(Confederacy)을 형성하여 대부분 북부 주로 구성된 북부연방(Union)을 공격했다. 전쟁이 일어난 이유는 다소 복잡했지만, 그 중심에는 노예 제도에 대한 철폐 논쟁이 있었다. 남부연합은 노예 제도 철폐를 반대하는 입장이었다.

1861년 6월에 북군이 불 런 전투(Battle of Bull Run)에서 일찍 패하자 에이브러햄 링컨(Abraham Lincoln) 대통령은 구호 활동과 군의 위생 환경을 감독하기 위한 정부 기구를 창설했다. 전쟁이 계속되자, 이 정부 기구(미국보건위생위원회: United States Sanitary Commission)는 북군의 사회적인 특징과 신체적인 특징을 조사하기로 했다. 조사는 건축가 프레더릭 로 옴스테드(Frederic Law Olmsted) 사무장이 시작했고, 1864년에 보스턴 출신의 명망 있는 천문학자 벤저민 앱소프 굴드(Benjamin Apthorp Gould)가 이어서 진행했다.

굴드는 가능한 한 최고의 데이터를 수집하기 위해 군인의 키, 안색, 머리와 몸의 비율, 체중, 호흡수와 맥박, 폐활량을 측정하기로 했다. 그가 2만 1,752명의 군인을 상대로 시행한 조사 결과는 1869년에 『미군의 군사적 · 인류학적 통계 조사(Investigations in the Military and Anthropological Statistics of American Soldiers)』에 실려 출판되었다.

굴드는 군인들을 하나의 동일 집단으로 간주하는 대신 태생, 나이, 인종에 따라 분류했다. 인종의 경우, 백인, 흑인, '물라토(백인과 흑인 사이에서 태어난 사람 -역주. 또는 혼혈인)', '인디언'으로 나누었다. 이렇듯 굴드는 백인 1만 8,580명과 북미 원주민 511명의 폐의 기능을 조사했는데, 그 결과 백인 군인의 평균 폐활량은 3리터였고, 흑인과 혼혈 군인 2,661명의 평균 폐활량은 2.6리터였다.

폐활량뿐만 아니라 호흡에 관한 데이터에서도 인종 간의 차이는 유사하게 나타났다. 백인 군인의 평균 호흡수는 분당 17회였고, 흑인 군인의 평균 호흡수는 조금 더 빠른 분당 18회였다(흑인 군인의 경우 날씨가 더 따뜻한 남부 지역에서 측정이 이루어졌다고 쓰여 있었다). 당시의 흑인 군인들은 대체로 북군에 입대하기 전에 농장에서 노예로 일하며 형편없는 생활 환경에서 살았을 것이다. 그들은 백인 군인보다 사망률이 더 높았고 의료 혜택도 충분히 받지 못했다. 따라서 호흡기 질환에 걸릴 확률도 더 높았다. 흑인과 백인의 생활 환경이 분명한 차이를 보였는데도 인종 간에 호흡에 관한 데이터가 다르다는 연구 결과는 흑인이 생물학적으로 열등하다는 그 당시 백인의 인식을 확고히 굳히는 결과를 낳았다.

훗날 미 육군성(Bureau of the War Department)의 최고 의료 담당자 제드다이아 백스터(Jedediah H. Baxter)는 군인 100만 명을 대상으로 추가적인 연구를 시행했다. 연구 결과는 1875년에 육군 장관의 명령으로 수집되어 표로 만들어졌고 『남북전쟁 당시 100만 명 이상의 신병, 징집자, 대리 복무자, 입대자로 구성되었던 미군의 신체검사 기록 통계(Statistics, Medical and Anthropological, of the Provost-Marshall-General's Bureau, Derived from Records of the Examination for Military Service in the Armies of the United States during the Late War of the Rebellion of Over a Million Recruits, Drafted Men, Substitutes and Enrolled Men)』라는 제목의 책 두 권으로 출판되었다.

이 대규모 연구에서는 폐활량계를 쓰는 대신 가슴둘레와 숨 쉴 때 가슴이 팽창되는 정도를 측정했다. 연구 결과 유럽의 백인과 흑인 신병 사이의 차이는 발견되지 않았고, 이 데이터는 아프리카계 미국인이 체력적인 면에서 좋은 군인이 되기에 적합하다는 주장에 힘을 실어주었다. 폐활량이 적으면 활력도 적다고 여겨졌기 때문이다. 뉴올리언스 출신의 역사학자이자 전직 농장주, 남부연합 동조자인 샤를 가야레(Charles Gayarré)는 다음과 같이 적었다. "흑인이 나중에 멸종된다면(멸종될 확률이 높으므로) 폐가 약하고 그들에게 적합한 공기가 부족해서일 것이다. 흑인은 고도가 더 낮은 지역에서 자랐기 때문에 공기가 적은 지역에서는 익숙해지지 못한다. 흑인의 멸종은 그들이 부당한 대우를 받아서 그런 것이 아님을 알린다."[14]

19세기 중반 이후에는 여러 의사가 폐활량이 부족하고 호흡기 질환의 소인이 있는 흑인이 열등한 존재라는 주장을 펼쳤다.[15] 이처럼 유럽인의 폐활량이 정상적인 폐 기능의 기준이라는 생각은 20세기 말까지 이어졌다. 그들은 영양 섭취와 의료 혜택이 백인과 흑인의 폐 기능 차이를 만들어낸 이유라고 여기지 않았다.

빅토리아 시대 사람들은 흑인이 생물학적으로 열등하다고 굳게 믿었고, 계급과 인종 간의 신체적인 차이점은 백인 우월주의를 강화하는 구실로 쓰였다. 또한, 노동자 계층보다 신분이 높은 사람들이 우월하다는 믿음도 더 확고해졌다. 이로 인해서 미국에서는 건강과 운동에 관한 캠페인이 벌어졌고 결과적으로 우생학이 출현하는 계기가 되었다.

폐활량을 측정하는 일은 인체 측정에 있어 중요한 척도로 여겨졌다. 폐활량 측정이 정상적인 폐의 크기에 관한 관점을 제시했기 때문이다. 폐활량 측정법 덕분에 일반인 중 신병을 가려내는 사람들은 건강한 폐의 크기를 정의할 수 있었다.

폐의 크기는 활력과 동일시되었다. (주로 앵글로색슨족 남자들에게서 얻은) '정상적인' 수치가 밝혀지면서 특히 미국에서 '활력'과 인종의 관계에 관한 연구가 이루어졌다. 이 데이터는 정치적으로는 미국 정책에 영향을 끼치는 데 쓰였고, 상업적으로는 생명 보험 비용을 책정하는 데 쓰였다.

다만 유럽에서 폐활량 측정은 인종이 아닌 직업적인 차이를 살펴보는 데만 적용되었다. 따라서 사람들이 계급에 따라 나뉘기는 했지만, 이미 계급 간의 분열이 흔한 시절이었으므로 폐활량 측정이 사회에 미친 영향은 그리 크지 않았다.

호흡기 질환의 이해

빅토리아 시대에 흔한 호흡기 질환 중 한 가지는 결핵이었다. 결핵은 감염병이지만 그 원인은 분명하게 밝혀지지 않았었다. 과거 결핵은 소모성 질환(phthisis: 그리스의 쇠약의 신의 이름에서 유래. '야위다' 또는 '쇠약해지다'라는 뜻이 있다)이나 폐병(consumption)이라고 불리기도 했다. 결핵에 걸리면 몸이 점점 쇠약해지고 기침이 계속 났으며, 핏빛 가래가 생기고 밤에 식은땀을 흘리는 경우도 많았다.

결핵의 현대적인 명칭은 1882년에 만들어졌다. 독일 의사이자 미생물학자인 로베르트 하인리히 헤르만 코흐(Robert Heinrich Hermann Koch)가 '결핵균(Mycobacterium tuberculosis)'이라는 박테리아가 결핵의 원인 인자라는 사실을 밝혀낸 것이다. 결핵은 주로 가난한 사람들을 따라다녔고 특히 인구 밀도가 높은 곳에서 쉽게 전파되었다. 사람이 많이 모여 살수록 결핵에 걸릴 확률이 높아졌다.

19세기에는 전 세계적으로 7명 중 1명이 결핵으로 사망했다고 알려져 있었다. 영국에서는 1881~1890년에 사망한 524만 4,771명 중

58만 9,390명이 결핵으로 사망한 것으로 밝혀졌다. 11명 중 1명꼴로 결핵으로 인해 세상을 뜬 것이다.[16] 1939년이 되자 북아메리카에서는 결핵 사망자가 6만 1,000명(인구 10만 명당 42명꼴)에 이르렀다. 유럽에서는 사망률이 더 높았다. 결핵으로 세상을 떠난 사람이 총 44만 2,000명에서 52만 2,000명(인구 10만 명당 110~200명꼴) 정도였다.

오늘날에는 백신과 항생제 덕택에 영국에서 결핵 환자를 찾아보기가 어려워졌다. 2018년에 5,900명(인구 10만 명당 9명꼴)이 결핵에 걸렸고, 2012년에 약 282명(인구 10만 명당 0.4명)이 결핵으로 사망했다. 물론 국가마다 사정은 다르다. 남아프리카공화국은 결핵 환자의 비율이 가장 높은 데 반해 미국은 가장 낮다. 오늘날에도 여전히 결핵은 전 세계적으로 사망자를 가장 많이 양산하는 질병 10위 안에 들며, 단일 감염성 병원체로 인한 사망 원인 1위이다(2018년에 약 150만 명이 결핵으로 사망했다). 아직도 전 세계적으로 17억 명이 결핵균을 보유하고 있지만 뚜렷한 증상은 보이지 않고 있다.[17]

19세기에는 신선한 공기, 즉 '오염되지 않은 공기'가 결핵의 치료법으로 널리 알려졌다. 따라서 오염된 도시를 떠날 여력이 있는 사람들은 지중해처럼 날씨가 따뜻하고 건조한 시골이나 외국을 자주 방문했다. 유럽의 알프스산맥이나 미국의 애디론댁산맥처럼 공기가 순수하다고 여겨진 장소 역시 인기를 끌었다. 나중에는 결핵 요양원이 설립되면서 결핵에 걸린 사람이라면 누구나 신선한 공기를 최대한 많이 마시면서 요양원에서 (몇 달씩) 지낼 수 있었다. 이런 요양원은 인구 밀집 지역에서 떨어졌으며, 신선한 바람과 좋은 날씨를 즐길 수 있는 곳

다니엘 에르난데스(Daniel Hernández, 1856~1932년)의 '바람 부는 날(A Windy Day)'.
캔버스에 유화
결핵에 걸린 사람들은 도심을 떠나서 공기가 더 깨끗하다고 여겨졌던 바닷가나
날씨가 더 따뜻한 지역이나 고지대로 이동하도록 권유받았다.

에 지어졌다. 결핵 환자들은 가족과 기존의 삶을 떠나서 요양원으로 들어갔다. 그러다가 1950년대 이후에 항생제 치료법이 등장하면서 결핵 요양원은 차츰 사라지기 시작했다.

도시의 공기가 아직 신선하다고 여겨지던 시절에는 결핵을 치료하

는 여러 가지 방법이 제시되었다. 그중에는 (피부에 물집이 생기게 하는) 겨자 연고나 (주로 알코올이 들어 있는) 토닉을 이용하는 위험하고 잘못된 치료법도 있었고, 생활 방식의 변화를 꾀하는 방법도 있었다. 결핵이 있는 사람들은 폐가 약한 것으로 여겨졌기에, 건강을 유지하는 비결 중 하나로 질 좋은 호흡이 권장되었다.

그 당시 영향력 있는 생리학 교과서에서는 폐의 해부학적이고 생리학적인 특성을 묘사하고, 동시에 결핵과 기관지염에 걸리지 않으면서 건강하게 사는 방법도 다루었다. 에드워드 히치콕(Edward Hitchcock)과 에드워드 히치콕 주니어 부자가 쓴 『대학교, 전문학교, 기타 학교들을 위한 기초 해부학 및 생리학(Elementary Anatomy and Physiology, for Colleges, Academies and Other Schools, 1860년)』에 따르면, 서 있을 때 가슴을 앞으로 내밀고 밤에 잘 때 창문을 열어놓으면 신선한 공기를 최대한 많이 마실 수 있다고 한다. 그뿐만 아니라 가슴을 압박하면 병이 생기는 경우가 많으므로, 남자들은 숄을 걸치지 않는 것이 좋다고 적어놓았다.

> 남자들이 숄을 걸치면 몸을 완전히 감싸기 위해 어깨를 앞으로 모으게 되는데 이때 폐가 압박당하기 때문에 건강에 대단히 나쁘다. 게다가, 숄은 사람의 어깨가 둥글게 말리게 하며 그로 인해 젊은 나이에도 나이가 들어 보일 우려가 있다.

숄도 그렇지만, 스카프와 넥타이는 건강에 더 나쁘다고 했다. "(목을) 꽉 조이는 스카프와 넥타이는 기관(후두)의 기능을 저해한다. 이렇게 후두가 자극을 받으면 기관지염이나 폐결핵에 걸릴 수 있다."

매사추세츠주 보스턴의 디오클레션 루이스(Diocletian Lewis)가 쓴 『약한 폐와 폐를 튼튼하게 만드는 방법(Weak Lungs and How to Make Them Strong; or, Diseases of the Organs of the Chest with Their Home Treatment by the Movement Cure, 1864년)』은 그 당시에 많은 인기를 끈 책이었는데, 앞서 살펴본 내용보다도 더욱 괴상한 조언이 담겨 있다. 이 300페이지짜리 책은 폐결핵에 걸리지 않는 여러 가지 방법으로 가득한데, 리넨 대신 양모를 입는 것처럼 하나같이 기이한 것들이었다. 예를 들어 루이스는 신발에 대해서 다음과 같이 조언했다.

> 발 건강이 폐의 건강과 관련이 깊은 만큼 조언을 한두 가지 제시하고 싶다. 우선, 신발의 밑창은 넓고 튼튼해야 하며 굽은 넓고 길어야 한다. 가장 중요한 것은 밑창의 폭이다. 요즈음에 나오는 폭 좁은 밑창보다 터무니없고 잔인한 것은 없다. 앞코가 넓은 부츠와 신발은 생리학적으로 몸에 영향을 미친다.

루이스는 여성용 구두의 폭이 너무 좁다고 생각했으며, 특히 머리카락과 폐결핵의 연관성에 관해서는 이보다도 더 극단적인 견해를 드러내기도 했다.

> 머리를 관리하는 일은 호흡 기관의 건강과 관련이 깊다. 머리 뒤쪽

을 짧게 자르면 척추의 윗부분이 대기의 변화에 노출된다. 이는 후두와 후두 안에 있는 발성 기관에 악영향을 끼친다. 요즈음에 유행하는 여자들의 헤어스타일은 머리를 그물망에 넣어서 목 뒤로 늘어뜨리는 것이다. 이러한 헤어스타일은 생리학적인 관점에서도 유익하고 개인적으로도 아주 우아하다고 생각한다.

루이스의 조언은 여기서 그치지 않는다.

수염을 깎으면 후두와 기관이 그대로 드러난다. 누군가 남자가 여자보다 이러한 보호가 더 필요한 이유를 묻는다면 나는 여자의 후두는 밖으로 드러나지 않고 부드러운 부분에 둘러싸여 있지만, 남자의 후두는 돌출되고 노출되어 있기 때문이라고 대답하고 싶다. 목이 휑하면 대기의 영향을 크게 받을 수밖에 없다. 하지만 좀 더 설득력 있는 이유가 있다. 수염은 신이 남자의 목을 보호하기 위해 선사하신 선물이라는 것이다. 남자들이 이런 보호 장치를 하는 것은 신의 뜻이다. 이것이 창조주가 수염을 주신 분명한 목적이다.

운동, 특히 호흡 운동은 또 한 가지 중요한 요인으로 여겨졌다. 루이스는 어떤 운동이더라도 시작하기 전에 폐활량계를 이용해서 준비운동을 하기를 권했다. 폐활량계를 이용하면 허파꽈리를 전부 열고 숨을 크게 들이마시도록 완전히 준비할 수 있다는 이유에서였다. "근육 훈련의 효과를 최대한으로 보기 위해서는 심호흡을 하는 것이 대단히 중요하다." 만일 폐결핵에 걸린 사람이 폐활량계를 갖고 있지 않으면 "폐에 공기를 최대한 가득 채우고 공기가 빠져나가지 못하도록 입을 손으로 막아 후 불더라도 상당히 비슷한 효과를 볼 수 있을지 모른다."

루이스가 권장한 체조 동작들은 역기와 곤봉을 드는 것과 같은 다양한 스트레칭이었다. 그중에는 다른 사람의 도움이 필요한 저항 운동이 많았다. "운동할 때 조수 한두 명이 필요한 경우가 많다. 조수는 성격이 온화하고 인내심이 큰 사람이어야 한다. 만일 하인이 있다면 하인을 조수로 쓰는 것이 가장 좋다. 하인은 당신과 티격태격하지 않고 지시 사항을 조용히 따를 것이다."

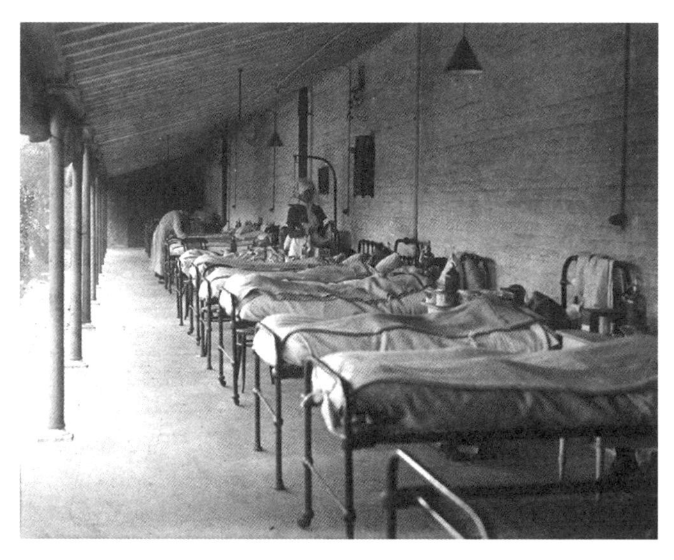

1700년대부터 군인들이 머물렀던 잉글랜드 고스포트, 해슬러.
여러 환자가 여전히 소속 연대를 나타내는 베레모를 착용하고 있다.

호흡 운동을 돕기 위한 '더 타워(The Tower)'.
구스타프 젠더(Gustav Zander) 박사가 고안한 운동 기구로,
어깨가 확실하게 고정된 채 등에 압력이 가해진다.
사진의 출처는 알프레드 레버틴(Alfred Levertin)의 『젠더 박사의 의료 기기 겸 체조 기구(Dr G. Zander's Medico-mechanische Gymnastik, 1892년)』다.

운동이 끝나자마자 옷을 따뜻하게 입고 한두 시간 누워서 쉬어야 한다. 가능하다면 낮잠을 자는 것이 좋다. 그러면 운동 효과가 두 배로 늘어날 것이다. 환자를 재촉하거나 동요하게 해서는 안 된다. 모든 것이 조용하고 쾌적한 환경에서 이루어져야 한다.

당시 루이스는 영향력 있는 인물이었을지도 모른다. 그는 금주주의 리더, 전도사, 남녀 동권주의자, 사회 개혁가, 그리고 식품 및 건강에 관한 일시적인 유행을 따르는 사람이었다. 하지만 그는 의사가 아니었음에도 의사 행세를 하며 환자를 불법으로 치료한 적도 있었다. 어쩌면 루이스는 의사가 아니었기 때문에 체형과 기능과 결핵 사이의 연관성을 지나치게 생각했는지도 모른다. 아무튼, 그가 제시한 여러 조언의 핵심은 심호흡이 건강한 폐를 유지하는 데 중요하다는 것이었다.

폐활량 측정법의 다양한 쓰임새

폐활량계를 이용한 폐활량 측정법은 군대에서 잠재적인 신병을 가려낼 때 쓸 수 있는 유용한 건강 지표로 여겨졌다. 따라서 이런 측정법이 다른 집단에서도 쓰였다는 것은 그닥지 놀랍지 않은 일로, 특히 젊은 남자 대학 졸업생들에게는 당연한 선택이었다. 이러한 시각은 특히 미국에서 인기 있었던 대학의 운동 프로그램과 부합했다. 미국뿐만 아니라 다른 국가의 대학교 캠퍼스에 체육관이 하나둘 생겨났으며, 1880년대가 되자 사실상 미국의 모든 주요 대학교와 유럽의 일부 대학교에 체육관이 들어섰다.

학생들은 의무적으로 매일 운동하거나, 그렇지 않으면 (폐활량 부족으로) 퇴학당할 위험을 감수해야 했다. 학생들의 폐활량은 정기적으로 측정되었으며, 체육 트레이너들은 호흡 운동이나 '폐 체조'를 권장했다. 심호흡을 몇 분 동안 하면 호흡이 자극받는 것으로 여겨졌으며, 이는 곧 정신적인 자극으로 이어진다고 보았다. 심호흡은 결과적으로 몸이 굼뜬 느낌이나 졸음도 완화하는 것으로 알려졌다.[18]

산업화 시대답게 투자자들은 곧 호흡을 돕는 기계의 사용을 권장하기 시작했다. 이러한 기계는 우리가 오늘날 헬스클럽에서 사용하는 운동 기구의 조상이라고 볼 수 있다. 현대적인 운동 기구는 심혈관 운동을 돕거나 근력과 근육량을 늘릴 수 있도록 고안되었다. 이를 위해서는 역기를 들어 올리거나, 트레드밀(런닝머신) 위를 달리거나, 실내자전거 또는 자전거 에르고미터(ergometer: 체력이나 작업 능력을 측정하는 장치 -역주)를 타면 된다. 달리기 기구와 사이클 기구(와 스키 · 로잉(rowing) 기구와 같은 파생 기구)를 이용하면 호흡수와 호흡의 깊이가 증가한다. 이런 운동 기구를 만든 초기 선구자들은 사람들이 '기계 요법'을 이용해서 건강해지기를 바랐다.

스웨덴 의사 요나스 구스타프 빌헬름 젠터(Jonas Gustav Wilhelm Zander)는 초기 선구자 중 한 명이었다. 그는 1890년대에 스톡홀름에 최초로, 그 후 뉴욕에 '젠터 연구소(Zander Institute)'를 설립했는데, 1900년대 초에는 미국 각지에서도 젠터 연구소를 찾아볼 수 있었다. 젠터가 만든 기구 중에는 잔인한 것이 많았는데, 당시에는 전동 패들과 페달이 그다지 세련되지 않았기 때문이다. 1930년대가 되면서 이러한 기계들은 더 정교해졌고, 오늘날 우리가 쉽게 만나볼 수 있는 운동 기구와 점차 닮아갔다.

'더 타워'는 호흡 운동을 돕기 위해서 젠터가 고안한 기구 중 하나다.[19] 이 기구는 양쪽 어깨를 쫙 펴서 고정하고 등의 한가운데에 규칙적으로 양압을 가하는데, 기구 사용자는 압력 때문에 강제적으로 숨을 내쉬게 된다. '쿼터 서클(Quarter Circle)'이라는 이름의 기구는 사용자가 곡선 모양의 판에 등을 대고 누워서 역기를 들어 올리는 방식으로 작동되었다. '테일러의 척추 보조기(Taylor's Spinal Assistant)'라는 기구는 사용자의 팔을 잡고 매달아서 체중이 옆구리에 실리거나, 엎드리거나, 등을 대고 눕게 했다. 오늘날 이런 기구가 등장했다면 운동 기구보다는 고문 도구로 여겨졌을 듯하다.

제1차 세계대전의 발발, 특히 1918년에 영국 공군(RAF)이 창설됨으로 인해 폐의 기능을 평가하는 문제가 다시 표면화되었다. 공군의 권한이 점점 막강해지면서 전투기 조종사들의 건강이 그 무엇보다도 중요해졌다. 높은 고도에서의 비행이 조종사에게 미치는 문제를 해결하기 위해 산소 부족에 관해서 더 자세히 알아야 할 필요가 생긴 것이다.

당시에는 조종사가 추락사하면 단순히 체력이나 조심성이 부족했기 때문이라고만 생각했다. 폐 기능을 평가하는 것 이상으로, 조종사들이 저산소증(높은 고도에서 산소가 부족해지는 현상)으로 인해서 의식을 잃고 사망한다는 사실을 파악하는 일은 중요했다. 결과적으로 호흡과 폐활량 등의 폐 기능과 조종사의 수행 능력 사이의 상관관계는 그들의 잠재적인 성과를 나타내는 지표라는 생각이 확고해졌다. 이후 산소 공급과 저산소증의 영향을 통제하기 위한 혁신 기술의 발전이 추진되었다. 영국 공군의 경우 덴마크 출신의 의사이자 과학자인 조르주 드레이어(Georges Dreyer)가 기술 발전을 이끌었다.

폐활량 측정은 다양한 분야에서 호흡기가 건강한 사람들을 가려내는 유용한 도구로 쓰이게 되었다. 허친슨이 시작한 연구가 후임들에 의해 이어지면서 나이, 키, 성별을 알면 그 사람의 폐 기능이 어느 정도일지 추측할 수 있다는 사실이 알려졌다. 이러한 연구 결과의 덕을 가장 많이 본 것은 바로 광부들이었다. 제1차 세계대전 직후부터 1930년대까지 석탄은 산업, 운송 수단, 가정용 난방 장치에 쓰이는 중요한 연료였다. 영국에서는 매년 석탄을 2억 5,000만 톤가량 채굴했으며, 1920년대에 채굴이 가장 활발하던 시기에는 광부를 119만 1,000명이나 고용하기도 했다.

20세기 초에 광부들은 석탄가루와 돌가루가 가득한 광산 지하에서 매일같이 오랜 시간 일했다. 그 당시에는 탄소를 함유한 석탄가루가 비활성 상태라고 여겼기 때문에 광부들의 건강에 해를 끼치리라고 예상하지 못했다. 그래서 의사들은 폐 질환에 걸린 광부들을 앞에 두고도 석탄가루가 아닌 다른 곳에서 원인을 찾으려고 했다. 그들은 광부들이 폐 질환에 걸리는 이유는 돌가루에 들어있는 이산화규소 때문이며, 폐에서 규폐증을 일으킨다고 생각했다.

하지만 의사들의 이론이 틀렸음을 뒷받침하는 증거가 서서히 쌓이기 시작했다. 그로부터 얼마 지나지 않아 석탄가루가 광부들이 폐 질환에 걸리는 원인임이 밝혀졌다(게다가 담배를 자주 피우는 광부들도 많았다). 이런 질환은 진폐증('먼지'를 뜻하는 그리스어 'konis'에서 유래)이라고 불렸다. 석탄가루를 몇 년씩 들이마시다 보면 폐에 상처가 생기는데, 진폐증은 이러한 환경에 오랫동안 노출된 후에야 증상이 나타난다. 진폐증에 걸린 사람은 숨이 차고 마른기침이 나며, 폐에 염증과 상처가 생겨 산소가 혈액으로 쉬이 공급되지 못하게 된다.

제2차 세계대전이 끝난 뒤 광부들은 노동조합을 결성한다. 특히 영국에서는 (1945년에 결성된) '전국 광부 노동조합(National Union of Mineworkers)'이 회원들의 건강에 관심을 보였다. 그로부터 얼마 지나지 않아서 폐활량 측정법이 진폐증에 걸린 사람들을 가려내는 데 쓰일 수 있다는 사실이 알려지게 된다. 결과적으로 광부들의 폐 기능을 감지하는 기술은 국가적으로 광산업계의 진폐증 보상 제도를 마련하는 데 도움이 되었다.

광산 지역에서는 노동조합과 변호사들이 진폐증으로 인해 일할 수 없게 된 손해배상 청구자들을 대변하기 시작했다. 영국의 국민의료보험(NHS)에서 광부들의 폐 기능을 테스트해야 할 필요성이 생기자 의료 서비스 수요가 증가했다. 광부들이 실제로 진폐증에 걸렸는지의 여부를 의사들이 확인해야 했기 때문이다. 이때의 유산은 오늘날까지 이어지고 있다. 보험 회사는 노출 위해성을 참고하여 보험 계약을 인수한다. 그리고 먼지가 많은 환경에서 일하는 직원이라면 누구나 폐활량 측정을 매년 실시하여 폐 기능을 모니터해야 한다. 이러한 사항은 오늘날 산업 재해 분야의 초석이 되었다.

아프리카 남부 지역에서는 금과 다이아몬드를 채굴하다가 폐 질환에 걸리는 사람이 많았다. 1886년에 이곳에서 금이 발견되자 골드러시가 일어났다. 특히 콘월(Cornwall)과 데번(Devon)에서 광부들이 많이 왔는데, 두 지역에서 채굴하는 주석과 구리의 수익성이 떨어졌기 때문이다. 물론 유럽의 광부들 외에도 현지로 이민 온 광부가 많았으며, 나중에는 도제 계약 문서를 작성한 중국인 광부들도 유행에 합류했다. 1910년이 되자 갱도 87군데에서 일하는 광부들은 유럽인이 1만 명, 흑인이 12만 명에 이르렀다. 당시에만 벌써 금을 수백만 톤이나 채굴한 뒤였다.

콘월에서 온 광부들은 고향으로 돌아가기 전까지 5년 동안 광산에서 일했는데, 귀향하는 광부들에게서 규폐증의 초기 증상이 처음 포착되었다. 광부들이 너무 많이 사망하자 스코틀랜드 생리학자 존 스콧 홀데인(John Scott Haldane, 1860~1936년)의 지휘 아래 영국의 왕립 위원회(Royal Commission)가 진상 조사에 나섰다. 해당 질환은 '광부 소모성 질환'이라고 불렸는데, 처음에는 의사들이 이 질환을 채굴 활동으로 인해서 유발되는 결핵이라고 생각했기 때문이다. 특히 암석을 드릴로 뚫는 광부들이 이 질병에 많이 걸렸으며, 광산주들조차 유병률을 무시할 수 없을 정도였다.

이에 따라 폐 질환에 시달리는 광부들을 위한 건강 보상 제도가 마련되었다. 단, 유럽 출신의 광부들이 매달 일정한 금액을 수당으로 받은 것과 달리, 흑인 광부들은 규폐증을 부상의 일종으로 평가받은 탓에 수당을 일시금으로 받게 되었다. 1950년대에 석탄으로 인해 발생하는 진폐증의 심각성과 예방에 관한 연구 결과가 임상 문헌으로 출판되자 아프리카 남부 지역에 있는 임상의들이 추가 연구를 진행했다. 그제야 비로소 채굴 활동이 호흡과 폐 질환에 미치는 영향이 완전히 알려지게 됐다. 이후 정부는 먼지에 노출되는 정도를 규제했지만,

1994년에 인종 차별 정책(아파르트헤이트)이 철폐될 때까지 남아프리카공화국 광부들에 대한 이중적인 대우는 달라지지 않았다.[20]

본래 폐활량계의 발명 목적은 빅토리아 시대 런던에 거주하는 사람들의 호흡 능력과 폐활량이 직업과 계급에 따라서 어떻게 다른지 그 차이를 수치화하는 것이었다. 하지만 이 기계는 최초의 목적을 넘어서서 중요한 문화적인 영향력을 행사했다. 간단한 원리로 작동하는 단순한 장치였던 폐활량계는 생물 의학, 생명 보험, 운동 문화, 군대, 자선 활동, 우생학, 인체 측정학, 노동자를 위한 보상제도 등 '다양한 국가적 · 사회적 영역'에서 주목받았다.[21]

20세기 호흡에 관한 연구

20세기는 앞서 200년 동안 축적된 호흡에 관한 지식과 함께 시작되었다. 폐의 전체적인 해부학적 구조가 알려져 있었으며, 호흡의 메커니즘에 대한 과학자들의 이해도도 높았다. 게다가 이미 혈액 순환과 혈액의 산소 운반 사이의 연관성까지 명확하게 밝혀진 시절이었다. 적어도 당시의 사람들은 그렇게 생각했다. 하지만 호흡에 관한 우리의 이해는 이내 완전히 새로운 국면을 맞이한다. 기술의 발전과 함께 더 기발하고 상세한 연구가 이루어졌고, 과학자들은 폐와 심혈관계의 정교한 미세 구조에 주의를 기울이면서 호흡에 관한 새로운 통찰력을 얻었다.

다만 호흡과 체열의 연관성이 밝혀지지 않았기 때문에 인체 자연 발화론을 믿는 사람들이 더러 있었다. 인체 발화는 오늘날에도 논란이 많은 현상으로, 몸에 불이 나면서 사망에 이르는 질환으로 여겨졌다. 이러한 생각은 영국 소설가 찰스 디킨스(Charles Dickens)의 『황폐한 집(Bleak House, 1852~1853년)』에 실리면서 대중화되었다.

이 책에는 꾀죄죄한 알코올 중독자이자 집주인인 크룩(Krook)씨가 등장하는데, 그는 응접실에서 혼자 술을 마시다가 몸에 갑자기 불이 붙었다. 거리를 걷고 있던 스낵스비(Snagsby)는 "불에 구운 갈빗살" 냄새를 맡았고, 위층에 사는 세입자들은 그을음이 올라왔으며 "걸쭉하고 누런 액체"가 생겼다고 말했다. 이를 읽은 디킨스의 독자들은 인체 발화를 사실로 받아들였지만, 과학계와 의학계에서는 디킨스가 미신과 영합했다며 비판하는 목소리를 높였다. 하지만 디킨스는 자신의 의견을 굽히지 않았고, 불에 타 사망한 이들의 검시에 수십 번씩 참석하기도 했다.

2011년까지만 해도 아일랜드 검시관 키아란 맥러플린(Ciaran Mc-Loughlin)이 원인이 명확하지 않은 사망 사건을 인체 발화로 인한 것이라고 보고한 기록이 남아 있다. 피해자인 76세의 마이클 플래허티(Michael Flaherty)가 자신의 벽난로 옆에서 불에 타서 사망한 사건이었다. 그의 몸이 저절로 불탔다고 주장한 사람은 없었지만, 아무도 외부의 발화 물질을 찾지는 못했다.

산소는 화학 반응이 잘 일어나며, 수소와 혼합하여 로켓 연료로도 활용될 수 있는 위험한 물질이다. 그렇다면 숨 쉴 때 산소를 그토록 많이 들이마시는데도 폐에서 불이 나지 않는 이유는 무엇일까? 이러한 궁금증은 최근 미국 화학자들에 의해서 해결되었다. 체내에서 만난 산소와 수소는 로켓 연료처럼 폭발적인 반응을 일으키는 대신 활성 산소를 발생시킨다. 이 활성 산소는 비록 세포와 DNA를 파괴한다는 것이 밝혀지면서 세간의 혹평을 받고 있지만, 한편으로는 체내에서 과잉 연소가 일어나지 않도록 인체를 보호하는 데 중요한 역할을 할지도 모른다.

스코틀랜드 생리학자 존 스콧 홀데인은 호흡의 이해에 지대한 공헌을 했다. 그에게는 공중위생의 수준을 향상하고자 하는 열망이 있었다. 유독한 환경에 노출되는 바람에 건강이 나빠진 광부들에게 사회가 관심을 별로 보이지 않았기 때문이다. 홀데인은 실험을 통해서 탁해진 공기(실내 공기와 날숨의 혼합물)가 특이한 유기 화합물을 함유하지 않으며 날숨은 그저 들숨보다 이산화탄소와 물을 더 많이 함유할 뿐이라는 사실을 보여주었다.

그의 연구에 따르면 문제를 일으키는 물질은 대체로 일산화탄소(CO)였다. 일산화탄소는 석탄이나 담배처럼 탄소가 함유된 물질을 태울 때 발생한다. 이런 물질을 밀폐된 장소에서 태우면 일산화탄소의 양이 아무도 모르는 사이에 위험 수준(약 2%)까지 올라갈 수 있다.

홀데인은 산소 결핍증(산소 부족)이 호흡에 미치는 영향도 조사했다. 연구를 통해 홀데인은 석탄불이 있는 공간, 환기가 잘 안 되는 갱도, 철도 터널과 건강 악화 및 죽음의 연관성을 밝혀낼 수 있었다. 또한 그는, 탄소를 함유한 기체(이산화탄소와 일산화탄소)와 산소가 혈액에

집에서 탄내가 나자 구피(Guppy)씨와 토니 조블링(Tony Jobling),
즉 위비(Weevie)씨는 하얀 잿더미를 향해서 공격적인 자세를 취하는 고양이를 지켜보고 있다.
잿더미는 집주인 크룩 씨의 유해다.
그는 "가능성이 있는 다른 모든 사망 원인을 제치고 인체 발화"로 사망했다.
찰스 디킨스의 『황폐한 집(1852~1853년)』을 위해 피즈(Phiz)가 그린 삽화

의해서 운반되는 방법도 조사했다.

허파꽈리에 있는 산소는 혈액으로 들어가서 붉은색을 띠는 헤모글로빈이라는 단백질과 결합한다. 포유동물은 헤모글로빈 분자 1개당 철 원자를 4개씩 함유하도록 진화했다. 각각의 철 원자는 산소 원자와

가역 결합(reversibly bind)할 수 있다. 혈액이 붉은 이유는 바로 이 헤모글로빈 때문이다. 붉은색은 철과 산소의 화합물이 띠는 색이다. 헤모글로빈으로 가득한 세포는 적혈구라고 부르는데, 각각의 적혈구에는 약 2억 7,000만 개의 헤모글로빈이 들어있으며, 성인의 경우 평균적으로 적혈구의 수가 20~30조 개에 이른다. 이 헤모글로빈은 소량의 이산화탄소도 운반할 수 있는데, 홀데인은 이러한 헤모글로빈의 능력이 산소의 농도에 따라서 달라진다는 사실(홀데인 효과)을 보여주었다.

우리가 숨 쉬는 공기에 관해서는 여전히 밝혀낼 것이 많았다. 레일리(Rayleigh) 경(본명은 존 윌리엄 스트럿(John William Strutt, 1842~1919년))은 수년 동안 공기 중의 산소와 질소의 양을 측정했다. 하지만 다른 과학자들과 마찬가지로 산소와 질소의 정확한 비율을 알아내지 못했다. 기체를 준비하는 방법에 따라서 비율이 달라지는 것 같았기 때문이다.

스트럿은 스코틀랜드 화학자 윌리엄 램지(William Ramsey, 1852~1916년) 경과 일하기 시작하면서 비율 문제를 해결할 수 있었다. 비활성 기체이자 새로운 원소인 특정 불순물이 공기에 추가로 들어있다는 사실을 알아낸 것이다. 두 사람은 이 물질을 아르곤(Ar: '비활성의' 또는 '게으른'을 뜻하는 그리스어 'aergon'에서 유래)이라고 불렀다.

그들은 1894년에 아르곤의 발견을 세상에 알렸다. 이 새로운 기체는 그 당시에 알려진 다른 원소들과 물리적 · 화학적 특성이 달랐으며, 주기율표에 들어갈 만한 자리도 없었다. 상황이 이렇게 되자 다른 화학자들은 아르곤이 실제로 존재하는지, 그리고 아르곤이 원소이기는 한지를 의심했다.

하지만 램지는 굴하지 않고 연구를 계속했으며 나중에는 기체 상태의 다른 원소들도 발견했다. 그는 헬륨(He)뿐만 아니라 헬륨과 유사한 성질이 있는 주기율표의 18족 원소들도 발견하는 데 성공한다. 18족에는 크립톤(Kr: '숨겨진'을 뜻하는 그리스어 'krypos'에서 유래), 크세논(Xe: '낯선 사람'을 뜻하는 그리스어 'xenos'에서 유래), 네온(Ne: '새로운'을 뜻하는 그리스어 'neos'에서 유래), 방사능을 띄는 라돈(Rn)이 있다. 아르곤은 주기율표에서 네온과 크립톤 사이에 위치한다.

1904년에 레일리는 이 발견을 계기로 노벨 물리학상을 받았고, 램지는 '공기 중에 있는 비활성 기체를 발견한 공을 인정받아' 노벨 화학상을 받았다(그러나 램지는 평생 독가스를 맡은 탓인지 안타깝게도 비강암으로 사망했다). 그가 발견한 기체들은 다른 원소와 반응하지 않는 것으로 여겨져 '비활성' 기체라 불리며 주기율표에서 18족에 속하게 되었다.

우리가 숨 쉬는 공기에는 극소량의 크세논(동위 원소 9개)이 포함되어 있다. 이 크세논의 80%는 처음부터 지구에 있었고, 20%는 혜성끼리 충돌할 때 지구 밖에서 온 것이다.[22] 지구 밖에서 온 크세논의 대부분은 36억 년 전에 지구에 도착했는데, 당시는 지구와 달이 혜성의 강렬한 폭격을 받고 있던 시기다. 이런 사실은 유럽우주국(ESA)의 로제타(Rosetta) 탐사선 덕분에 최근에야 밝혀졌다. 유럽우주국은 2014~2016년에 로제타 탐사선을 67P/츄류모프-게라시멘코(Churyumov-Gerasimenko) 혜성으로 보냈고, 탐사선은 이 혜성에 지구의 것과는 다른 크세논 동위 원소가 많다는 사실을 알아냈다.

19세기 말과 20세기 초에는 호흡에 관한 연구가 유럽, 그중에서도 오스트리아, 덴마크, 독일에서 활발하게 이루어졌다. 제1차 세계대전 이전에는 유럽 내에서 왕래하는 일이 쉬웠기 때문에 다양한 분야의 과학자들이 국제회의에 참석했다. 이때 호흡의 역사가 생화학자와 생리학자들의 손에 넘어가게 되었다. 그들은 각자의 전문 기술을 활용하여 호흡 작용을 분자와 세포의 단계에서 살펴보았고 새로운 사실을 발견했다.

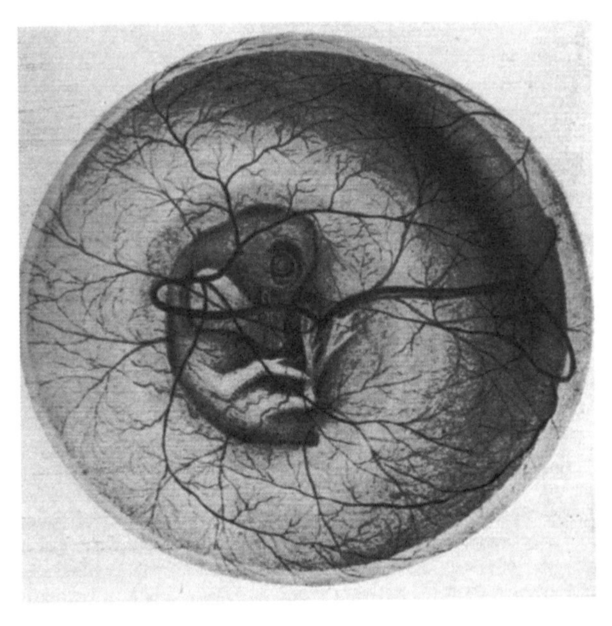

껍질 속에 들어있는 거위의 배아.
요막과 요막의 혈관이 보인다. 껍질에 작은 구멍이 많이 있어
안에서 공기가 널리 확산하며 배아의 호흡이 가능해진다.
윌리엄 벨(William Bell, 1793년)의 삽화.

그 당시에 과학자들이 가장 궁금해했던 것은 '산소와 이산화탄소가 어떻게 공기, 혈액, 조직을 통과하는가?'라는 질문에 대한 답이었다. 여러 학자가 두 기체를 정밀하게 측정해보았지만, 상반되는 결과만 나올 뿐이었다.

이론은 크게 두 가지로 좁혀졌다. 첫 번째 이론을 내세운 학파는 공기 중에 있던 산소가 혈액으로 들어가는 것은 오로지 자연적인 물리 과정인 '확산' 때문이라고 생각했다. 산소는 확산을 통해서 농도 기울기에 따라(농도가 높은 데서 농도가 낮은 데로 움직임) 허파꽈리의 세포막을 거쳐서 혈액까지 이동한다. 특히 신선한 공기를 들이마실 때 허파꽈리에 있는 산소의 농도가 혈액에 있는 산소 농도보다 높아진다.

두 번째 이론을 지지하는 학파는 폐에 있는 산소를 허파꽈리의 세포막을 거쳐서 혈액까지 능동적으로 운반하기 위해서는 에너지가 필요하다고 주장했다. 홀데인은 이 능동적 분비 이론을 믿었는데, 그가 측정한 혈중 산소 농도를 살펴보면 폐동맥혈의 산소 농도가 공기 중에 있는 산소의 농도보다 높았다. 따라서 확산이 일어날 수 없는 환경이었고, 산소가 허파꽈리에서부터 능동적으로 운반되어 혈액 속으로 분비되어야 했다.

이러한 홀데인의 시각은 여러 과학자의 선택을 받았는데, 그중에는 명망 높은 덴마크 생리학자 크리스티안 하랄드 로리츠 페테르 에밀 보어(Christian Harald Lauritz Peter Emil Bohr)도 있었다. 코펜하겐에서 연구하고 있던 보어는 홀데인과 정기적으로 서신을 주고받는 사이로, 서로의 실험실을 자주 왕래하기도 했다.

보어는 혈액이 산소를 운반하는 과정을 연구함으로써 호흡의 이해에 공헌했다. 정밀한 실험을 통해, 그는 산소가 적혈구의 헤모글로빈과 결합할 때 1:1의 단순한 직선 모양이 아니라 S자 모양을 나타낸다는 것을 보여주었다. 이런 현상이 나타나는 것은 각각의 헤모글로빈 분자에 있는 4개의 철 원자 간의 상호 작용 때문이다. S자 모양의 곡선이 나타난다는 것은 혈액 속에 이미 있는 산소의 양에 따라서 혈구가 산소를 흡수하는 속도가 달라진다는 것을 뜻한다. 혈액이 폐로 들어갈 때처럼 혈중 산소 농도가 낮을 경우, 철 원자 다수가 산소와 결합하지 않은 상태이기 때문에 산소를 더 쉽게 흡수할 수 있다. 반면 철 원자가 산소와 이미 결합한 상태라면 산소를 흡수하는 속도가 느려진다.

보어는 S자 모양이 이산화탄소의 영향을 받는 모습도 보여주었다. 이런 현상은 오늘날 보어 효과라고 알려져 있다.[23] 우리는 이제 이 S자 모양이 헤모글로빈의 분자 구조와 적혈구 안에서 헤모글로빈을 감싸는 겔(세포질)의 상태 때문에 나타난다는 사실을 알고 있다. 세포질의 상태는 다양한 환경에서, 즉 산꼭대기에 있을 때나 자궁 속에서 태아로 있을 때 특히 중요하다.

그러나 모두가 보어와 홀데인의 분비 이론을 받아들이지는 않았는데, 이러한 '확산파' 학자 중 한 명은 바로 보어의 학생인 덴마크의 샤크 아우구스트 스틴베리 크로그(Schack August Steenberg Krogh)였다. 크로그는 훗날 코펜하겐대학교에서 1916~1945년에 동물생리학 교수로 일하기도 했다.

그는 1897년에 대학원생 신분으로 보어와 함께 일하기 시작했고 동맥의 산소 농도 측정법의 정확도를 높이고자 애썼다. 크로그와 그의 조수이자 의사인 마리 요르겐센(Marie Jørgensen)은 신중하게 연구한 끝에 확산 경로가 산소의 운반을 추진하기에 충분하다는 결론에 이르렀다.

1905년에 결혼한 크로그와 마리는 부부로서 보어의 이론을 뒷받침하는 증거를 찾기 위해서 조용히 함께 연구했다. 하지만 그들의 노력은 매번 실패했으며 기대와는 정반대의 결과만을 보여주었다. 두 사람이 그 어느 때보다도 정교한 실험으로 보어의 주장이 옳다는 것을 증명하려 하면 할수록 결과는 보어가 틀렸다는 증거만을 보여주었다.

결국, 크로그 부부는 1910년에 침묵을 깨고 연구 결과를 발표했다. 한 해 전인 1909년에 보어가 산소 분비 이론을 옹호하는 내용을 발표하는 바람에 어쩔 수 없이 그의 의견에 반대해야만 했던 것이다.[24] 크로그 부부는 『스칸디나비아의 생리학 기록 보관소』라는 이름의 학술지에 이 주제에 관한 논문을 일곱 편 발표했다. 이 논문들은 나중에 아우구스트 크로그에 의해서 '일곱 악마(Seven Devils)'라는 별칭을 얻었다.[25]

크로그 부부가 이 주제에 관해서 처음 쓴 논문에는 「동맥혈에 들어있는 가스의 팽창력에 관하여」라는 간단한 제목이 붙었다. 이 논문에서 크로그 부부는 폐동맥의 혈중 산소 농도가 폐에 들어있는 공기의 산소 농도보다 낮다는 것을 밝혀냈다. 그 정도 농도 차이면 확산만으로도 산소를 운반할 수 있다는 주장이었다.[26] 특히 일곱 편의 논문 중에서 마지막 두 편은 보어의 견해가 틀렸다는 사실을 분명하게 지적

했다(보어는 자신이 틀렸다고 믿지 않았으며 1911년 2월에 56세의 나이로 세상을 뜨기 전까지 의견을 바꾸지 않았다).

이 논쟁을 해결할 수 있는 한 가지 방법은 고지에서 산소 농도를 측정하는 것이었다. 그래서 학자들은 고도가 높은 지역으로 원정을 가는 방법을 고려했다. 고지의 산소압이 해수면보다 낮아 허파꽈리의 산소 농도와 혈중 산소 농도의 차이가 두드러지게 나타날 것이라는 생각에서였다. 결국, 고도를 조금씩 높이면서 원정을 여러 번 떠나야 한다는 결론에 이르렀다.

첫 번째 원정은 1910년에 이루어졌으며, 영국의 고지 전문 생리학자 조지프 바크로프트(Joseph Barcroft)가 원정대를 이끌었다. 원정대는 카나리아 제도의 테네리페섬에 있는 화산인 테이데산의 정상(해발 3,718미터)에 올랐다. 두 번째 원정대는 1911년에 떠났고, 홀데인, 더글러스, 헨더슨(Henderson), 슈나이더(Schneider)가 참여했다. 원정대는 미국 콜로라도주에 있는 로키산맥의 파이크스산(해발 4,302미터)에 올랐다. 같은 해에 바크로프트는 유럽에서 두 번째로 높은 이탈리아 알프스산맥의 몬테로사산(해발 4,634미터)을 방문했다. 결과적으로 여러 원정대가 수집한 데이터는 산소 분비 이론에 도움이 되지 않았고, 홀데인마저도 분비 이론이 과연 정확한 것인지 의구심을 느끼기 시작했다.

분비 이론을 무너뜨린 결정타는 두 곳에서 날아왔다. 첫 번째는 마리 크로그가 1915년에 「인간의 허파를 통한 가스의 확산」이라는 짧은 제목의 박사 학위 논문을 발표하면서였다. 그녀는 일산화탄소가 능동적인 운반 수단 없이 확산만으로 폐에서 혈액으로 이동할 수 있다는 것을 보여주었다.

두 번째 결정타는 1921년에 조지프 바크로프트가 또다시 이끈 원정대로부터 날아왔다. 원정대는 페루의 안데스산맥에 있는 은광 지역인 세로데파스코(해발 4,330미터)로 떠났다. 이 고지대 도시는 철도로 연결되어 있었기 때문에 원정대원들은 도착하자마자 객차를 완전하게 기능하는 실험실로 개조했다. 그러나 훌륭한 실험 시설에도 불구하고 원정대원 8명은 분비 이론을 뒷받침하는 증거를 전혀 찾아내지 못했다. 하지만 보어와 마찬가지로 홀데인 역시 1936년에 세상을 떠날 때까지 자신의 주장을 굽히지 않았다.

남편인 아우구스트 크로그는 1920년에 노벨 생리의학상을 받았는데, 폐가 아닌 근육에서 일어나는 산소의 확산에 관한 연구 성과를 인정받았기 때문이었다. 그는 1946년에 72세의 나이로 교수직을 그만두었다. 한편, 아내인 마리는 당뇨병에 걸린 이후로 아우구스트와 한스 크리스티안 하게돈(Hans Christian Hagedorn)과 함께 '노보 노디스크(Novo Nordisk)'라는 제약회사를 설립하여 스칸디나비아 국가들에 인슐린을 공급했다. 1943년 마리가 유방암으로 세상을 떠난 뒤에도 노보 노디스크는 오늘날 여전히 존재한다. 직원이 약 4만 3,000명, 연간 수익은 1,120억 덴마크 크로네(약 20조 4,600억원)를 기록했다.

호흡에 관한 우리의 이해에 도움을 준 마지막 정보는 혈액에서 비롯됐다. 물론 혈액의 색이 정맥에서는 암적색을 띠고, 동맥에서는 다홍색을 띤다는 사실은 일찌감치 밝혀져 있었다. 하지만 정작 혈색의 차이가 우리가 들이마시는 산소와 관련이 있다는 사실은 시간이 어느 정도 흐른 뒤에야 알려졌다.

다홍색은 산소가 철 원소 4개와 결합해서 나타나는 색이고, 암적색은 비결합 상태의 헤모글로빈이나 헤모글로빈이 감소한 혈액, 주로 정맥혈이 나타내는 색이다. 산소를 운반하는 이 복잡한 단백질의 기능을 분석하기 위해서는 이것을 결정화하는 작업이 필요했는데, 1850년에 다람쥐와 다른 동물들의 혈액을 이용해서 수행되었다.[27]

혈액에 있는 철 성분은 18세기부터 알려져 왔는데, 당시에는 '헤마틴'이라고 불렸다. '헤모글로빈'이라는 용어는 1862년에야 독일 화학자 펠릭스 호페-세일러(Felix Hoppe-Seyler)에 의해서 만들어진 것이다. 호페-세일러는 결정화된 헤모글로빈을 이용해서 분광학 실험을 활발하게 진행했고, 그 결과 산소와 결합하면 헤모글로빈 분자의 구조가 달라진다는 사실을 발견했다.

호페-세일러는 수학자이자 물리학자인 조지 가브리엘 스토크스(George Gabriel Stokes)와 함께 헤모글로빈에 두 종류의 형태 또는 산화 상태가 있다는 것을 알아냈다. 스토크스는 이것을 각각 '진홍색 크루오린(cruorine)'과 '보라색 크루오린'이라고 불렀다.[28] 호페-세일러는 오늘날 흔히 쓰이는 '옥시헤모글로빈(oxyhaemoglobin)'과 '디옥시헤모글로빈(deoxyhaemoglobin)'이라는 용어를 만들었다. 옥시헤모글로빈은 진홍색 크루오린을 말하고, 디옥시헤모글로빈은 보라색 크루오린을 말한다. 그때쯤에 독일 화학자 구스타프 본 휴프너가 산소가 헤모글로빈 분자와 결합한다는 사실을 증명했다. 그 후로 100년에 걸쳐서 헤모글로빈 분자의 크기가 밝혀졌다.

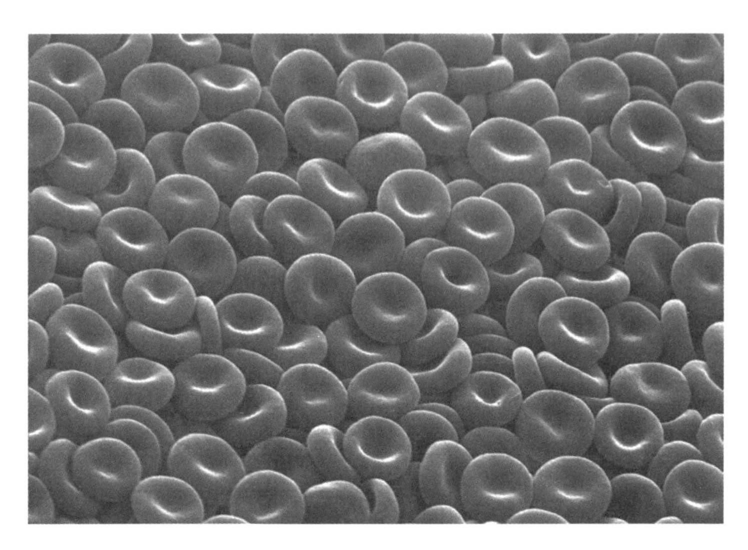

적혈구는 산소를 운반하며 특유의 오목한 형태 덕택에
좁은 모세혈관 사이를 비집고 들어가고 가스 교환을 위해서 넓은 표면적을 제공할 수 있다.
애니 캐버나(Annie Cavanagh)가 촬영한 전자현미경상(날짜 미상)

헤모글로빈 분자는 약 580개의 아미노산으로 구성되어 있다. 이 단백질은 더 작은 단위인 글로불린으로 이루어져 있고 이들은 총 4개가 있는데, 각각의 글로불린에는 철을 함유한 탄소 고리 구조의 화합물인 포르피린이 있다. 따라서 우리의 몸에 기본적인 철분이 부족하면 호흡에 심각한 영향을 끼칠 우려가 있다. 빈혈이 생기면 헤모글로빈이 부족하고 산소 운반체가 적어지면서 숨이 가쁘고 무기력해진다.

오스트리아 화학자 막스 페르디난트 페루츠(Max Ferdinand Perutz)는 그다음으로 중요한 발견을 한 주인공이었다. 페루츠는 케임브리지 대학교에서 동료인 생화학자 존 켄드루(John Kendrew)와 함께 일하고 있었다. 그는 1938년에 오스트리아가 독일에 의해서 합병되자 조국을 떠났고, 케임브리지에 자리 잡은 뒤 노벨상 수상자이자 캐번디시 연구소(Cavendish Laboratory)의 책임자였던 로런스 브래그(Lawrence Bragg)의 밑에서 일하기 시작했다.

이후 페루츠는 헤모글로빈의 3차원 구조를 규명하기 위한 오랜 여정을 시작했다. 윌리엄 브래그와 그의 아들인 로렌스 브래그 부자가 확립한 엑스레이 결정학은 단백질의 구조와 유명한 DNA의 이중 나선 구조를 밝히는 데 쓰였다. 특히 1959년에 헤모글로빈의 입체구조를 발견해내는 데 도움을 주었고, 결국 페루츠와 켄드루는 헤모글로빈의 구조를 알아내는 작업에 관한 연구 성과를 인정받아 1962년에 노벨 화학상을 받았다.

20세기에는 호흡의 역할과 호흡과 관련된 병리학에 관한 연구가 노벨상 수상으로 이어지는 경우가 많았다. 1905년에 독일 세균학자 로베르트 코흐가 결핵에 관한 연구로 노벨 생리의학상을 받았으며, 아우구스트 크로그는 노벨 생리의학상을 1920년에 받았고, 오토 마이어호프(Otto Meyerhof)는 1922년에 근육의 젖산 대사와 산소 소비에 관한 연구로 노벨 생리의학상을 받았다. 1931년에는 독일의 생화학자 오토 하인리히 바르부르크(Otto Heinrich Warburg)가 세포의 산소 소비와 세포에 들어있는 호흡 효소에 관한 연구로 노벨 생리의학상을 받았고, 그다음 해인 1932년에는 찰스 셰링턴 경과 에드거 에이드리언(Edgar Adrian)이 뉴런의 기능과 관련된 발견으로 노벨 생리의학상을 받았다(두 사람의 연구 중에는 금붕어의 호흡에 관한 실험도 있었다).

그다음에는 1938년에 벨기에 생리학자 코르네유 하이만스(Corneille Heymans)가 호흡을 조절하는 감지 메커니즘에 관한 연구로 노벨 생리의학상을 받았다.

2019년에는 노벨 생리의학상이 윌리엄 케일린(William G. Kaelin Jr), 피터 랫클리프(Peter J. Ratcliffe), 그레그 서멘자(Gregg L. Semenza)에게 돌아갔다. 세 학자는 세포가 산소를 얼마나 얻을 수 있는지 감지하는 방법, 그리고 그러한 환경에 적응하는 방법을 발견했다.

18세기에 전 세계적으로 사회가 산업화되면서 기술이 진보했고, 이는 곧 호흡을 측정하는 새로운 방법으로 이어졌다. 폐활량계와 같은 측정 장치를 대량생산하면서 측정 또한 한꺼번에 할 수 있게 되었고, 전염병학이라는 분야가 새롭게 탄생했다. 간단하게 사용할 수 있는 폐활량계는 집단과 사회에 '무엇이 정상적인 기능인가?'와 '비정상을 어떻게 정의할 것인가?'라는 질문을 던져주었다.

같은 시기에 화학과 물리학에 혁명이 일어나면서 과학자들은 호흡의 생리를 면밀하게 분석하게 됨은 물론, 호흡의 메커니즘을 어느 때보다도 정확하게 측정할 수 있게 되었다. 의학과 과학의 발전 덕택에 우리는 인간이 어떻게 숨 쉬는지를 배웠고, 건강을 유지하기 위해 깨끗하고 상쾌한 공기를 마셔야 한다는 사실도 깨닫게 되었다.

하지만 동시에 우리의 시대에는 산업화와 기술의 발전으로 역사상 유례없는 수준의 대기 오염과 스모그가 나타나고 있으며 호흡기 질환으로 사망하는 사람의 수 또한 증가하고 있다.

4

오염: 미아즈마와 더러운 공기

● 우리는 신중한 조사를 거쳐서 호흡에 관해 조금씩 더 이해하게 되었다. 숨 쉬는 공기가 늘 똑같다는 생각이나 공기의 질이 건강에 필수적인 요소라는 사실은 사회 전반, 특히 정부에게 가장 큰 영향을 주었다.

오랜 세월 더러운 공기는 악한 것으로 여겨졌으며 귀신이나 사악한 마술, 기이한 도깨비와 관련이 있었다. 또한, 호흡기가 나빠지는 이유는 일반적으로 진창, 습지, 물이 고여 있는 늪지 주변이나 오염된 지역과 관련 있는 것으로 여겨졌다. 인간이 공기의 질을 좋은 상태로 유지하는 역할을 직접 떠맡게 된 것은 산업혁명이 도래한 후의 일이었다.

탁한 공기

우리는 호흡과 질병이 긴밀하게 연관되어 있다는 생각을 수 세기에 걸쳐 받아들였다. 너무 뜨겁거나, 차갑거나, 건조하거나, 습한 공기를 들이마시는 일은 여러 질병과 열의 원인으로 지목되었다. 이처럼 더러운 공기를 지칭하는 용어 중 한 가지는 바로 '미아즈마(miasma)'였다. 이 단어는 고대 그리스어 동사 'miaino'에서 유래한 것으로, 핏자국과 같은 '얼룩이 생기다'라는 뜻을 지녔다.[1]

기원전 5세기까지만 해도 미아즈마는 의학계에서 쓰이던 말이 아니었지만, 이후부터는 감염병을 유발하는 공기를 나타내는 말로 쓰이기 시작했다. 히포크라테스는 인간의 본성에 관한 논문에서 이렇게 말했다. "(질병은) 우리가 살기 위해서 숨 쉬는 공기에서 비롯된다." 그는 자신의 논문 「숨(Breaths)」에서 감염병의 주요 원인은 우리가 들이마시는 공기라고 주장했다. 공기가 여름에 화장하지 않은 시신의 부패 또는 늪이나 호수에서 올라오는 연무(煙霧)에서 비롯된 악취에 오염되었기 때문이라는 것이다.[2]

고대 로마 시대의 의사 갈렌은 이러한 히포크라테스의 주장을 바탕으로 흑사병에 걸린 이들과 함께 사는 일이 위험하다고 언급했다. 흑사병 환자들이 오염된 공기를 내쉰다고 주장한 것이다.[3] 더러운 공기에 관한 이런 악의적이고 단순한 시각은 19세기까지 별다른 이견 없이 받아들여졌다. 더러운 공기가 기후와 계절의 영향을 받는다는 보편적인 생각은 사람들의 사고를 지배했고, 이런 더러운 공기를 없애려고 애쓰는 사람은 거의 없었다.

영국의 목사이자 생리학자 스티븐 헤일스(Stephen Hales, 1677~1761년)는 기존의 사고방식에서 벗어나 더러운 공기의 영향을 방지하는 방법을 깨닫고 공중위생을 개선하기 위해 최초로 노력한 이들 중 하나다. 헤일스는 1740년대에 배의 갑판, 감옥, 병원에 공기를 순환시키는 거대한 환풍기를 설치하자고 제안했다. 이런 곳에서는 수용 인원 과다로 인해 사망자가 흔하게 나왔는데, 그의 제안을 기초로 '위생을 위한 환기'라는 개념이 탄생했다.

19세기에 미아즈마 이론에 반대한 이들 중에는 사회 개혁가 에드윈 채드윅(Edwin Chadwick)도 있었다. 그는 기존의 구빈법이 개선되도록 힘썼으며, 도시 위생 및 공중위생과 관련한 주요 개혁을 추진했다.

간호사 플로렌스 나이팅게일(Florence Nightingale)은 질병이 공기로 전파된다는 주장을 계속해서 펼쳤다. 공기가 부패하는 유기 물질이나 하수, 오염된 물 때문에 더러워진다는 것이었다. 이제 탁한 공기의 주범은 도시의 빈민가에 과도하게 몰려서 사는 사람들이 되었고, 습지와 늪지는 누명을 벗게 되었다. 도시 근처에 있는 습지나 늪지에서는 물을 다 빼버렸고, 그나마 남아 있는 것들 역시 인구 중심지로부터 이미 멀리 떨어져 있었기 때문이다.

플로렌스 나이팅게일의 『간호 노트(Notes on Nursing, 1859년)』에는 깨끗한 공기가 건강을 증진하고, 반대로 더러운 공기가 질병으로 이어진다는 사실에 관한 조언이 수십 페이지씩 담겨 있다. 나이팅게일은 다음과 같이 적었다. "공기는 정체되어 있고, 퀴퀴한 냄새가 나며, 더할

남자가 미아즈마를 들이마시지 않으려고 코를 잡은 그림(17세기경)

나위 없을 정도로 오염되었다. 그래서 천연두, 성홍열, 디프테리아, 혹은 그 어떤 질병이든 일으킬 수 있을 정도로 더럽다."

그녀의 간호 노트는 다음과 같은 확신으로 시작한다.

간호의 첫 번째 규범은 간호사가 신경 써야 하는 처음이자 마지막 원칙이다. 이것은 환자에게 가장 필요한 것이며, 이것이 없다면 간호사가 다른 모든 것을 해주더라도 아무런 의미가 없다. 이것 말고 다른 것에는 신경 쓸 필요가 없다고 말하고 싶을 정도다. 간호사에게 가장 중요한 이것은 바로 환자가 춥지 않도록 주의하면서 환자가 들이마시는 공기를 외부 공기만큼 깨끗하게 유지하는 것이다.

깨끗한 공기는 방의 환기를 통해서 공급되었다. 따라서 깨끗한 공기가 들어올 수 있다고 생각될 때는 창문을 최대한 오랫동안 열어두면 되었다. 환자가 잠이 들고 공장이 문을 닫은 밤은 밀폐된 방을 환기하기에 좋은 시간이었다. "밤에는 연기가 없고 조용하기 때문에 환자의 방을 환기하기 가장 좋다. 결핵과 기후에 관한 최고 권위자 중 한 분도 런던 공기는 밤 10시 이후가 가장 좋다고 말씀하셨다."

더러운 공기에 관한 나이팅게일의 시각은 병동을 넘어섰다. 그녀는 공중위생에 관해서 다음과 같이 언급했다.

하인들의 침실에 관해서 한마디 하고 싶다. 침실이 지어진 방식도 문제지만, 관리하는 방식이 더 문제일 때가 많다. 하인들의 침실은 탁한 공기의 소굴인 경우가 대부분이며, 시골에서도 '하인들의 건강'은 '설명할 수 없는' 방식으로 나빠진다. 하인들이 지하나 옥상에서 많이 사는 런던의 집만 지적하는 것이 아니다. 나는 시골 저택에서 사는데도 성홍열 환자와 같은 침실에서 잠을 잔 하녀를 세 명이나 알고 있다. 그들이 한 말은 당연히 "굉장히 쉽게 옮더라고요."였다. 그 방을 한번 보고 냄새를 한번 맡는 것만으로도 성홍열이 얼마나 쉽게 전파될지 짐작할 수 있었다.

의료인뿐만 아니라 과학자와 정치인들도 깨끗한 공기의 중요성을 설파했는데, 그중에는 벤저민 프랭클린(Benjamin Franklin)도 있었다. 조너선 쉬플리(Jonathan Shipley)는 성 아사프(St Asaph) 성당의 주교(1769~1788년)이자 벤저민 프랭클린의 친구였다. 그는 미국 독립 전쟁 당시 식민주의 동조자였으며 윈체스터에 살았다. 프랭클린은 윈체스터에서 지낼 때 쉬플리의 집에 머물면서 그의 가족과 친해졌고, 떠난 뒤에도 주교의 세 딸과 정기적으로 편지를 주고받았다.

1786년에 세 딸 중 둘째였던 캐서린(Catherine)은 프랭클린에게서 긴 편지 한 통을 받았다. 당시 필라델피아에 있던 프랭클린이 보낸 편지에는 「즐거운 꿈을 꾸는 기술」이라는 제목이 달려 있었다. 편지는 식사를 잘하고, 소화를 잘 시키고, 운동하는 것의 중요성에 관한 조언으로 시작되었고, 뒷부분에는 건강하게 지내려면 "침실에 깨끗한 공기가 끊임없이 공급되어야 한다."라고 쓰여 있었다. 그러고 나서 프랭클린은 환기가 잘되지 않은 방의 공기는 더럽고 오염되었다고 적었다.

그는 깨끗한 공기가 몸에 나쁘다는 일부 의사들의 의견을 반박했으며, 모두 야외에서 자거나 침실의 창문을 항상 열어놓아야 한다고 주장했다. 그는 여행할 때도 "기차 객차의 창문을 내려야 한다."라고 말했다. 프랭클린은 환기하는 것에 반대하는 사람들을 가리킬 때 '혐기증(嫌氣症)'이라는 말을 사용하기도 했다(오늘날 혐기증이 있는 사람은 비행 공포증이 있는 사람을 뜻하지만 프랭클린이 살던 시대에는 비행이라는 개념이 아직 존재하지 않았다). 프랭클린은 편지를 끝맺으면서 밤에 잘 자려면 "다른 무엇보다도 양심에 거리낌이 없어야 한다."라고 적었다.

질병의 주된 원인이 미아즈마라는 이론은 영국의 내과 의사이자 마취과 의사인 존 스노우(John Snow)의 연구가 발표되고 나서야 인기가 시들해졌다. 스노우는 에세이 『콜레라가 전파되는 방식에 관하여(On the Mode of Communication of Cholera, 1849년)』에서 자기 생각을 처음으로 대중에게 소개했다. 그는 1855년에 한 논문을 통해서 1853년과 1854년 사이에 런던에서 콜레라가 유행한 것은 더러운 공기가 아니라 나쁜 수질 때문이었다는 사실을 설득력 있게 입증했다. 이것이 바로 '세균 이론'의 시작이었다. 세균 이론의 등장과 현미경 사용법의 발달로 인류는 유기체나 세균을 호흡기 질환의 원인으로 지목하게 되었다.

과거에는 날숨이 더러워진 공기이며 "부패성 분해의 산물"과 같은 독성 물질을 함유하고 있다고 여겼다.[4] 때문에 폐에서 산소가 나오고 탄소를 함유한 독소가 색이 더 어두워진 정맥혈로 돌아갔다고 생각했다. 사망한 광부들을 부검한 결과, 탄소를 함유한 시커먼 찌꺼기가 폐에서 검출되었다. 산소 결핍을 문제라고 여기는 대신, 과학자들은 19세기 말에야 오늘날 흔히 쓰이는 과학 기술을 이용해서 더러워진 공기를 면밀하게 조사했다. 이처럼 더러워진 공기에 관한 사람들의 두려움과 편견을 바꾸는 데 가장 크게 이바지한 사람은 생리학자 홀데인이다. 그는 자신과 동물을 상대로 실험한 결과 호흡수가 증가한 것은 미지의 유기 화합물이 아닌 이산화탄소 때문이라는 사실을 입증했다.

하지만 빅토리아 시대의 생물학자이자 찰스 다윈과 진화론의 지지

자로 유명한 토머스 헉슬리(Thomas H. Huxley)는 더러워진 공기나 날숨이 역겨운 것은 이산화탄소를 함유해서가 아니라 정체불명의 화합물 때문이라는 생각을 여전히 고집했다. 헉슬리가 1866년에 쓴 의학 교과서 『기초 생리학 수업(Lessons in Elementary Physiology)』에는 다음과 같은 구절이 있다. "게다가, 날숨은 소량의 동물질이나 대단히 쉽게 부패하는 유기 불순물을 함유한다."

이러한 시각과 철저한 조사에도 불구하고 그 누구도 이 '물질'이 무엇인지 밝혀내지 못했다. 하지만 이 '물질'은 여전히 질병을 일으키는 원인으로 지목되었다(물론 빅토리아 시대의 대중은 박테리아, 균류, 바이러스와 같이 질병을 일으키는 병원체에 관해서 아무것도 알지 못했다). 헉슬리는 다음과 같은 말을 남겼다.

"이와 같은 병원체의 특징에 관해 알려진 것은 아무것도 없다. 하지만 이 병원체는, 한 번 호흡한 공기를 다시 들이마시는 것이 건강에 대단히 해로운 주요 원인일 것이다."

말라리아

'말라리아(malaria)'라는 용어는 이탈리아어의 구어적인 표현인 'mal'과 'aria'에서 파생되었다. 이 단어는 말 그대로 '나쁜 공기('mala'가 '나쁜', 'aria'가 '공기'를 뜻한다.)'를 의미한다. 말라리아라는 말은 18세기 초에 이탈리아 의사 프란치스코 토르티(Francisco Torti)가 처음 사용한 것으로 추정되며 1827년에 존 맥클로흐(John MacCulloch)에 의해서 영국에 소개되었다.[5] 과거에는 습지 미아즈마, 습지열, 학질과 같은 이름으로 알려져 있었으며, 말라리아에 걸리면 삼일열, 사일열이라고 불리는 열이 주기적으로 발생한다.

말라리아는 인류와 역사를 함께한 오래된 질병으로, 지금도 매년 50만 명이 이 병으로 인해 목숨을 잃는다. 아프리카와 아시아의 일부 지역에서 심각한 건강상의 위험을 초래하며, 특히 아기와 어린아이들이 가장 취약하다. 말라리아는 플라스모듐(Plasmodium)속에 속하는 작은 혈액 매개 기생충에 감염될 때 나타나는 복잡한 질병이다. 플라스모듐속에 속하는 기생충 중에서 모두 네 가지 종이 인간에게 말라리아를 옮기는데, 이 기생충은 암컷 모기의 침샘에 있다가 모기가 인간의 피부를 뚫고 피를 빨 때 체내에 들어간다.

사실 암컷 모기는 알을 낳을 때를 제외하면 인간을 물지 않고, 평소에는 수컷처럼 초식 동물로 생활한다. 게다가 기생충을 옮기는 얼룩날개모기(Anopheles)속의 모기 중 400여 종의 모기는 인간에게 해를 끼치지 않는다. 다만 나머지 모기 30종은 플라스모듐, 즉 말라리아 원충을 옮길 수 있다는 점에서 위험하다.

기생충의 생애 주기는 복잡하다. 처음에는 모기의 몸 안에서, 그다음에는 인체 안에서 여러 생애 단계를 거친다. 모기는 주로 늪, 못, 물웅덩이와 같은 따뜻하고 고인 물에 알을 낳는다. 이 때문에 습지 근처에 사는 사람들이 말라리아에 많이 걸렸고, 사람들은 습지와 고인 물에서 올라온 더러운 공기 때문에 말라리아가 생긴다고 생각하게 되었다.

말라리아의 원인은 단계를 거쳐 발견되었다. 우선, 1880년대에 프랑스 군의관 샤를 루이 알퐁스 라브랑(Charles Louis Alphonse Laveran)이 인간에게 전염병을 옮기는 혈액 매개 기생충을 발견했다. 라브랑은 1907년에 기생충을 발견한 공로를 인정받아서 노벨 생리의학상을 수상했다. 그다음에는 영국의 로널드 로스(Ronald Ross) 소령이 인도에서 조류 말라리아를 연구하다가 모기의 몸속 기생충의 생애 주기와 모기가 기생충을 인간에게 옮기는 과정을 밝혀냈다.[6] 로스는 이런 놀라운 발견 덕택에 1902년에 노벨 생리의학상을 받았다.

이처럼 땅에서 나오는 유독한 미아즈마를 들이마셔서 생긴다고 여겨졌던 열병은 상상 이상으로 복잡한 질병이었다.

호흡, 독감, 코로나바이러스, 공기 전염성 질병

성경은 호흡의 영적인 역할만 알려주는 것이 아니라 의학적인 정보도 제공한다. 레위기 13장 45절에는 나병에 대한 다음과 같은 충고가 담겨 있다. “문둥 환자는 (중략) 윗입술을 가리우고 외치기를 ‘부정하다, 부정하다’ 할 것이요.” 이 구절을 살펴보면 나병이 사람들의 숨을 통해서 전파되는 것으로 여겨졌다는 사실을 알 수 있다. 최근에서야 감염의 원인이 나병균(Mycobacterium leprae)이라는 것이 밝혀졌지만, 이 병이 환자의 숨이나 콧물을 통해서 전파되는 점을 생각하면 성경 구절에도 일리는 있다.[7]

나병이 이와 같은 경로로 전파될 수 있다는 것을 아는 사람은 거의 없다. 반면에 우리가 가장 친숙하게 여기는 공기 전염성 질병은 바로 감기다. 감기는 바이러스에 의해서 전파되는데, 가장 흔한 감기 바이러스는 바로 코감기 바이러스이다.

코감기 바이러스는 상기도(코와 목)를 감염시킨다. 이 바이러스에 걸리면 코가 막히고 콧물이 흐르며 목과 머리가 아프다. 숨쉬기가 어려워질 때도 있다. 코가 막히면 재채기와 기침이 날 때가 많은데, 이러한 행위는 막힌 기도를 뚫어주는 대신 바이러스가 공기 중으로 널리 퍼지도록 돕는다. 만약 감기 환자와 가까이 있는 사람이 그 공기를 들이마시게 되면, 감염 과정은 새로운 환자의 몸에서 처음부터 다시 반복된다. 한편, 바이러스가 하기도(폐)를 감염시키면 감기 증상은 훨씬 더 심각해지고 기침과 콧물도 더 많이 나게 된다. 어른이 될 때쯤이면 북반구에 사는 거의 모든 사람이 감기를 경험하게 된다.

감기 증상이 심할 경우 사람들은 독감이나 인플루엔자에 걸렸다고 생각한다. 인플루엔자 바이러스에 감염되면 코감기에 걸린 것처럼 호흡에 변화가 생기지만, 그 증상이 더욱 심하게 나타날 수 있으며 고령층, 임산부, 어린이와 같은 의료 취약층한테 치명적일 우려가 있다.

전염성이 유달리 강한 호흡기 바이러스가 출현할 경우 전 세계적으로 팬데믹이 일어날 수 있는데 최근에 일어난 코로나19 팬데믹이 바로 그런 경우다. 이 때문에 여러 국가에서는 바이러스 전파를 최소화하기 위해서 사회적 거리두기를 시행했다. 주로 다른 사람과의 간격을 2미터로 유지하거나, 또는 최대한 사람을 만나지 않고 집에서 머무는 보다 효과적인 방법이 권장되었다.

1864년에 일어난 파리 인플루엔자 "파리 독감" 유행.
1864년 2월 18일자 〈르 샤리바리(Le Charivari)〉에 실린
오노레 도미에(Honoré Daumier, 1808~1864년)의 삽화.

인류 역사상 사망자를 가장 많이 낸 팬데믹은 1918년에 전 세계를 휩쓸었던 인플루엔자(독감) 팬데믹이다. 이 팬데믹은 제1차 세계대전 때 서부 전선에서 시작해서 전쟁이 끝나고 나서 몇 차례의 유행을 거친 후 종식되었다. 이때 첫 사망자, 즉 지표 환자(때로는 최초 감염자라고

도 불린다)는 이등병 해리 언더다운(Harry Underdown)으로 알려져 있다. 언더다운은 2017년 2월에 병원 24호에서 세상을 떠났으며 그의 무덤은 프랑스 북부 지역 파드칼레의 에타플 국군묘지에서 찾을 수 있다. 에타플에서는 언더다운 이후로 몇 주 동안 156명의 군인이 독감으로 목숨을 잃었다.

독감이 왜 에타플에서 시작되었는지 확실하게 밝혀진 바는 없다. 하지만 에타플은 해안에 있는 부대 기지였고, 보급품 창고로도 쓰였기 때문에 철도망이 잘 연결되어 있었다. 말 수천 마리가 이곳에서 지냈기 때문에 말의 배설물로 만든 거름이 산더미처럼 쌓여 있었으며, 양돈장 또한 많았고 오리, 거위, 닭과 같은 가금류도 많이 키웠다. 이런 가축들은 영국군이 고용한 중국 노동자들이 주로 돌보았는데, 아마도 가축의 배설물로 만든 거름이 자리 잡은 비위생적이고 비좁은 거주 환경 때문에 '조류 인플루엔자'가 종을 건너뛰어서 인간을 감염시켰을 것으로 추정되고 있다.

이 독감은 고작 몇 주 만에 제1차 세계대전 기간을 통틀어서 전사한 군인의 수보다 더 많은 사망자를 양산했다. 겨울에는 막사 내부의 공기가 습하고 먼지, 동물의 비듬, 세균, 진균 포자, 바이러스로 가득했을 것이므로, 들이마신 사람들이 호흡기 질환을 더욱 쉽게 퍼뜨렸을 것으로 추측할 수 있다.

대개 독감 전염병의 이름은 최초 감염 사례가 기록된 지리적인 장소를 따서 짓는다. 그러나 1918년에 유행한 팬데믹은 프랑스 독감이 아니라 스페인 독감이라고 알려져 있으며, 나중에는 스페인 여인

(Spanish Lady)으로 불렸다. 전쟁이 끝나갈 무렵 영국, 미국, 프랑스의 언론은 심각한 검열 때문에 부정적인 뉴스를 보도하지 못했다. 그래서 독감이 연합군 군인들의 건강과 사망률에 미친 파괴적인 영향은 일반 대중의 귀에 들어가지 못했다. 독감은 연합군뿐만 아니라 독일군에게도 치명적인 피해를 주었지만, 독일 역시 이 소식을 보도하지 않았다. 이 때문에 영국군에 소속된 일부 군인들은 독감이 독일의 계략이라고 생각하기도 했다.

결국, 독감은 유럽을 휩쓴 뒤 전 세계로 퍼져나갔다. 스페인과 포르투갈에서는 독감 감염자의 약 10%가 사망했다. 독감에 걸린 사람 중에는 스페인 국왕 알폰소 13세도 있었는데 다행스럽게도 무사히 회복했다. 전쟁에 참여하지 않은 중립국이었던 스페인은 연합국의 언론이 독감의 새로운 변종이 가하는 위협에 대하여 보도하는 것을 허락했다. 그래서 이 독감의 이름은 스페인 독감이 되었다.[8]

이 독감은 전 세계적으로 퍼져 약 5억 명을 감염시켰고, 그중에서 5천만 명을 죽음으로 몰아넣은 것으로 추정된다. 팬데믹이 정점에 이르렀을 때는 사망자가 하루에 6만 명씩 발생하기도 했는데, 오늘날 이와 유사하게 치명적인 팬데믹이 발생하면 사망자 수가 약 수억 명에 이를 것으로 추정된다. 물론 우리는 그 시대에 살았던 사람들보다 방역이나 치료 등의 준비가 더 잘 되어 있다. 매년 유행할 확률이 가장 높은 변종 몇 가지를 바탕으로 독감 백신이 만들어지며, 이 백신을 맞음으로써 독감에 어느 정도 대비할 수 있다.

당시에도 독감은 오늘날과 마찬가지로, 처음에 갑자기 퍼져나갔다가 2~3주가 지나면 사태가 서서히 진정되는 양상을 보였다(단, 1918년에 유행한 독감은 몸이 아픈 노인이 아니라 젊고 건강한 사람들을 공격했다는 점에서 차이가 있었다). 독감은 감염에 대항하는 몸의 면역 반응을 지나치게 자극했는데, 때로는 합병증으로 폐렴이 나타나면 환자를 사망에 이르게 할 정도로 그 증상이 심각했다.

면적당 수용 인원이 지나치게 많은 군 기지, 병사를 나르는 수송선, 극장 같은 곳은 특히 더 위험했다. 미국의 일부 도시에서는 독감 사망자의 수가 평균보다 6배나 증가하여 공공 인프라가 완전히 휘청이고 말았다. 시신을 보관할 곳도 없었고, 관도 모자랐으며, 무엇보다 독감 환자를 돌볼 의료진의 수가 부족했다. 영국에서는 노팅엄이 특히 큰 타격을 입었는데 '흉포한 전염병'의 사망률이 너무 높은 나머지 빅토리아 수영장의 물을 빼내어 임시 영안실로 써야 할 정도였다. 결국, 노팅엄에서만 보고된 독감 사망자가 6만 명이 나왔는데, 이는 영국에서 가장 높은 사망자 수였다.[9]

독감에 걸린 사람들은 대체로 머리가 아프고 열이 났다. 하지만 독감을 심하게 앓은 사람들은 더욱 위험한 증상을 보였다. 얼굴과 입술이 파랗게 질리는 청색증이 나타난 것이다. 청색증은 공기 기아(空氣飢餓)로 인해서 발생하며 환자의 폐가 고름으로 서서히 차게 된다. 숨쉬기가 어려워질 뿐만 아니라 코피도 많이 나고 기도에 피가 넘친다. 그래서 독감 환자는 일반적으로 "얼굴이 허클베리 열매만큼 파랗고 피를 토한다."라고 묘사되었다. 그 누구도 환자를 위해서 해줄 수 있는 일이 없었고, 환자는 그저 누워서 쉴 수밖에 없었다. 다행히 독감의 증상을 모두 이겨내면 며칠 안에 열이 떨어지고 몸 상태가 정상으로 돌아왔다. 독감에 도움이 되는 치료법은 여러 가지가 있었는데, 특히 바르는 감기약 '빅스 베이포럽(Vicks VapoRub)'과 함께 위스키와 같은 알코올음료의 판매량이 급증하기도 했다. 뜨거운 물에 옥소(OXO: 영국의 유명 쇠고기 고형 육수 브랜드) 큐브를 녹여서 마시라고 추천하는 의료진도 많았다.

당시는 아직 바이러스의 존재가 발견되기 전이었으며 모든 전염병의 원인은 박테리아라고 알려져 있었다. 의학계에서는 독감을 일으키는 박테리아를 두고 의견이 분분했는데, 일부 학자들은 독감이 파이퍼 바실루스(Pfeiffer's bacillus), 즉 인플루엔자 바실루스(Bacillus influenzae)라는 박테리아 때문에 생긴다고 생각했다.

독일의 뛰어난 세균학자 리하르트 파이퍼(Richard Pfeiffer)가 1892년에 감염 환자의 콧물에서 이 균을 처음으로 분리하는 데 성공했다. 문제는 모두가 이 박테리아를 찾을 수는 없었다는 것이며, 설령 이 균을 찾은 경우에도 환자에게 2차 합병증인 폐렴과 같은 다른 세균성 감염과 연관돼서 나타났다.

독감 바이러스는 1933년에 흰담비의 몸속에서 처음으로 분리되었는데, 흰담비가 기니피그와 함께 사람과 똑같은 방식으로 바이러스 감염에 반응하기 때문이었다.[10] 1940년대 초가 되자 과학자들은 독감 바이러스를 배양한 뒤 수태한 달걀 안에서 키웠고, 그렇게 초창기의 원시적인 백신이 만들어졌다.[11]

전쟁과 독감을 둘 다 이겨낸 젊은 생존자 중에는 훗날 유명해진 사람들도 많이 있었다. 월트 디즈니(Walt Disney), 존 스타인벡(John Steinbeck), 프랭클린 루스벨트(Franklin D. Roosevelt) 대통령, 영국 총리 데이비드 로이드 조지(David Lloyd George)가 바로 그런 사람들이었다. 그 당시에 살아남는다는 것은 마치 복권에 당첨되는 것과 같았다. 조지프 버지스 윌슨(Joseph Burgess Wilson)은 전쟁에서 돌아왔지만, 아내와 딸이 독감으로 세상을 떠나고 아들만 가까스로 남아 있는 것을 발견했다. 훗날 이 아들은 자라서 나중에 소설가 앤서니 버지스(Anthony Burgess)가 된다. 그의 대표작 중 하나인 『시계태엽 오렌지(A Clockwork Orange)』에는 가족이 독감으로 사망한 일에 관해서 다음과 같은 구절이 등장한다.

> 어머니와 누이가 세상을 떠났다. 스페인 독감 팬데믹이 하퍼히(Harpurhey)를 강타한 탓이다. 신이 존재한다는 사실에는 의심의 여지가 없었다. 오직 신만이 역사상 유례없는 고통과 파괴로 얼룩졌던 4년간의 본 연극 뒤에 그토록 훌륭한 막간극을 만들어낼 수 있었기 때문이다. 알고 보니 나는 같은 방에 있던 어머니와 누이가 침대에 누운 채 죽은 줄도 모르고 간이침대에서 낄낄거리고 있었다.[12]

스페인 독감 이후로 주요 인플루엔자 팬데믹은 총 세 차례 출현했다. 최근의 코로나19 이외에도 인플루엔자 바이러스 A형(H2N2)이 일으킨 '아시아 독감(1957~1958년)'과 A형(H3N2) 바이러스가 일으킨 '홍콩 독감(1968~1969년)'이 있었다. 각각의 팬데믹은 100만에서 400만

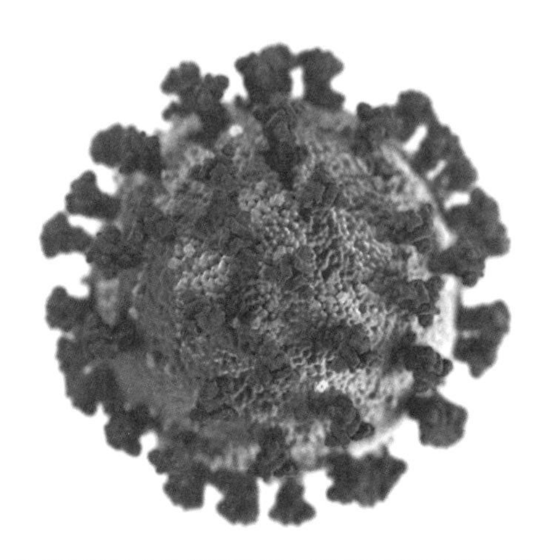

제2형 중증급성호흡기증후군 코로나바이러스(SARS-CoV-2)는
2020년에 시작된 코로나19 팬데믹의 원인이었다.
표면에 있는 스파이크 단백질 때문에 코로나 계열 바이러스의 이름이
'코로나('왕관의'를 뜻하는 coronal에서 유래)'가 되었다.

명의 사망자를 낸 것으로 추측되며, 두 팬데믹 모두 조류, 특히 닭이 감염원으로 지목되었다. 사람들이 닭을 키우는 지역에서 감염이 활발하게 일어난 것이다. 2009~2010년에도 H1N1 바이러스가 나타났지만, 백신 덕분에 사망자는 약 10만에서 40만 명에 그쳤다. 역시 면역력이 약한 어린이와 고령층의 사망률이 가장 높았다.

코로나19 바이러스

최근에 일어난 세 번째 코로나 팬데믹은 여전히 모두의 기억 속에 생생하게 남아 있다. 전 세계는 2020년의 대부분을 멈춘 채 바이러스의 전파를 막는 데 온 힘을 다했다. 이 바이러스는 '제2형 중증급성호

흡기증후군 코로나바이러스(SARS-CoV-2)'라고 불리며 인간을 감염시키는 코로나바이러스 여섯 가지 중 하나다. 코로나19 바이러스는 2019년 11월에 중국 후베이성 우한에서 수개월 동안 사람들을 감염시켰다. 그러다가 불과 몇 주 만에 사실상 전 세계 모든 국가와 지역사회로 퍼져나갔다. 바이러스는 주로 비행기 이용객을 통해서 다른 국가로 전파되었고, 결국 수백만 명이 감염되고 사망에 이르렀다. 단지 바누아투와 같이 태평양에 있는 외딴 섬나라 국가들만이 코로나19 바이러스로부터 자유로울 수 있었다.

전 세계적으로 모든 대도시에 코로나가 창궐하면서 감염자 수가 급격하게 증가했지만, 그중에서도 감염자와 사망자가 가장 많이 나온 지역은 유럽과 미국이었다. 1918년에 일어난 독감 팬데믹과 달리 이 바이러스는 젊고 건강한 사람들보다는 노인들에게 더 큰 타격을 입혔는데, 특히 심장병과 같은 기저 질환이 있는 남성 노인들이 바이러스의 주요 희생양이 되었다(그다음으로 화를 많이 입은 이들은 요양시설과 양로원에 모여 사는 노인들이었다).

심지어 여러 의료계 종사자도 병원 병동의 공기를 효과적으로 여과할 수 있는 시설이 부족한 탓에 코로나19에 감염되고 말았고, 바이러스에 과도하게 노출된 다수의 의료인이 목숨을 잃고 말았다. 이는 100년 전이었던 1918년에 팬데믹이 발생했을 때 얼마나 많은 의사와 간호사가 환자들을 돌보다가 사망했을지 짐작할 수 있는 대목이다.

바이러스에 노출된 시점과 증상이 나타나기 시작하는 시점 사이의 잠복기는 사람마다 달랐다. 코로나19의 평균 잠복기는 약 5~6일인 것으로 밝혀졌는데, 잠복기가 지나면 바이러스를 다른 사람에게 옮길 위험이 있었다. 그래서 코로나19에 감염된 환자는 약 2주 동안 격리해야 했다. 그러나 격리되지 않은 환자를 기점으로 바이러스는 공기 중, 또는 다른 사람과의 접촉을 통해서 쉽게 전파되었다. 대체로 코로나19 환자 한 명이 2~3명에게 바이러스를 옮겼는데, 이는 결국 감염이 폭발적으로 증가하는 원인이 되었다.

감염은 중국에서 시작되어 사람이 사는 지구 내 거의 모든 지역으로 퍼져나갔다. 폭발적인 감염 속도를 늦추기 위해서 여러 국가에서 지역사회가 '봉쇄되었고' 통금 시간이 생겼다. 가족 단위로 사람들을 격리함으로써 바이러스가 사람에서 사람으로 전파되는 일을 어느 정도 막을 수 있었다(그렇지 않았다면 감염률은 스페인 독감만큼이나 폭발적이었을 것이다). 그 대신 모두가 집에 머물게 되면서 산업 대부분이 멈춰버렸기 때문에, 코로나19 팬데믹은 세계 경제에 심각한 타격을 입히고 말았다.

코로나바이러스 팬데믹의 경우, 감염되었을 때 생기는 질병을 '코로나19'라고 불렀다. 코로나19에 걸린 환자 대부분은 감염 사실을 몰랐을 정도로 약한 증상을 보였지만, 바이러스에 더 격렬한 반응을 보인 환자들은 주로 마른기침이 계속 나고, 체온이 높아지고, 미열이 생기고, 몸살 증상이 나타났다. 콧물이 줄줄 나거나 호흡이 가쁜 환자는 매우 드물었다. 대부분의 환자들은 이런 증상이 며칠 동안 이어지다가 나중에는 가래를 뱉어내고 체온도 정상으로 돌아왔다. 대체로 약한 진통제로 치료할 수 있는 증상들이었다.

하지만 상대적으로 몸이 약한 사람들은 부차적인 증상도 보였다. 바이러스가 산소 교환을 방해할 정도로 기도에 심각한 타격을 준 것이다. 이 시점에 이른 환자는 호흡이 어려워지고 숨이 가빠졌는데, 바이러스에 대항하는 체내 면역 반응 때문에 더욱 아프고 약해졌다. 문제는 감염된 환자들이 자가 격리를 해야 할 때 더욱 두드러졌다. 환자 대부분은 첫 증상이 나타난 지 1~2주 안에 회복되었지만, 증상을 더 심하게 겪은 환자들은 병원 중환자실에 입원하여 산소 호흡기의 도움을 받아야 했다. 의료진은 산소마스크를 통해서 환자에게 산소를 추가로 공급하고, 동시에 체내에 수분을 보급해주고자 노력했다.

코로나19 중증 환자의 약 15%는 심각한 폐렴 증세를 보였다. 이들은 폐의 기도가 액체로 차서 호흡이 매우 어려워졌다. 한편, 중증 환자의 5%는 급성 호흡곤란증후군(ARDS), 패혈 쇼크, 다발성 장기 부전 등으로 고통을 겪거나 끝내 사망하고 말았다.

1918년에 발생한 독감 팬데믹의 경우 부차적인 박테리아 감염으로 인해 폐렴 증상이 나타났고 환자들은 저산소증으로 일찍 사망했다. 하지만 2019년에 발생한 코로나19 팬데믹의 경우 폐렴은 이전과는 다른 특징을 보였다. 이 폐렴은 바이러스가 자가 면역 반응을 유도함으로써 환자의 몸이 감염에 지나치게 격렬히 대항하는 결과를 불러일으켰는데, 이러한 차이 때문에 소염제가 증상 완화에 효과적으로 사용되었다.

의사들은 팬데믹 초기에 소위 '사이토카인 폭풍'을 겪고 있는 환자들을 마취시켜 의식을 완전히 잃게 하는 것이 가장 간단한 치료법이라는 사실을 알게 되었다. 따라서 그들은 환자의 호흡을 기계적인 산소 호흡기로 보조하고 ET 튜브를 통해서 숨을 불어넣기로 했다. 그런데 정작 팬데믹 상황이 이렇게 오래 흘러갈 것이라고는 의료진도 예상하지 못했기 때문에, 산소 호흡기 부족난이 극심해질 것이라는 우울한 예측이 나오게 되었다.

코로나19가 습격하기 전까지 사용되던 산소 호흡기는 영국을 통틀어서 고작 몇천 개밖에 되지 않았다. 그러나 팬데믹이 정점을 찍으면서 런던에서만 산소 호흡기 수천 개가 필요해졌고, 산소 호흡기 부족으로 사망한 환자가 늘어갔다. 영국 총리인 보리스 존슨(Boris Johnson)이 미국 대통령 도널드 트럼프(Donald Trump)에게 남는 산소 호흡기를 달라고 부탁한 일은 유명하다. 그로부터 며칠 뒤 존슨은 코로나19에 감염되어 10일 동안 자가격리를 하게 됐는데, 감염병의 두 번째 단계에 접어들면서 호흡이 어려워지는 불상사가 발생하여 산소마스크를 쓴 채 병원 중환자실에 3~4일 동안 입원해야만 했다(의료진은 존슨의 상태를 계속 모니터했고 기계적인 산소 호흡기는 한 번도 처방하지 않았다).

중국에서 코로나19 바이러스에 맨 처음 감염되었던 환자들의 대다수는 살아 있는 동물을 판매하는 수산물 도매 시장 근처에 일하거나 거주했다. 동물들은 주로 비위생적인 환경에서 식용으로 판매되었기 때문에, 바이러스가 퍼지기에 이상적인 조건이 성립되고 말았다.

공기를 통해서 전염될 다음 바이러스가 언제, 어디서 생길지, 그리고 동물을 매개체로 삼을지 알 수는 없다. 하지만 다음에 팬데믹이 또 발생했을 때 전염병을 더 효과적으로 차단할 준비가 되어 있어야 한다. 우리는 아직 이 새로운 호흡기 감염병이 독감이나 결핵과 같은 다른 호흡기 감염병과 서로 어떤 영향을 미치는지, 그리고 만성 폐쇄성 폐질환을 앓는 흡연자에게 어떤 영향을 미치는지 정확히 알지 못한다.

현대의 미아즈마와 유독가스

현대의 우리가 생활 중에서 당연하게 여기는 또 한 가지 측면은 바로 전기 조명을 사용하는 것이다. 스위치만 누르면 방에 불이 켜지면서 밝은 백색광이 공간을 가득 채운다. 물론 인간이 전기 조명을 처음부터 사용한 것은 아니었다. 전기가 발명되기 전에는 불꽃을 이용해 어둠을 밝혔다. 처음에는 나무를 태웠고, 그다음에는 촛불을 켰다. 불꽃은 그 자체로는 호흡에 영향을 주지 않지만, 불꽃이 내뿜는 연기와 그을음 때문에 숨쉬기가 어려워진다. 밀폐된 공간에서 그을음이 있는 공기를 밤마다 들이마시면 만성 폐쇄성 폐질환(COPD)에 걸릴 위험이 있다.

만성 폐쇄성 폐질환은 기관지염과 폐 공기증이 함께 나타나는 병이다. 아프리카 일부 지역에서는 요리할 때 여전히 나무를 태우는데, 이처럼 나무를 태워 불을 쓸 때는 세심한 주의가 필요하다. (요리를 주로 담당하는) 여자들은 연기에 가장 많이 노출되기 때문에 만성 폐쇄성 폐질환도 많이 걸린다.

18세기 유럽에서는 과학자들이 새로운 가연성 기체를 발견하고 합

주 반 크레스벡(Joos van Craesbeeck)의 '담배 피우는 사람(The Smoker)'.
1635~1636년경. 화판(畵板)에 유화

성했다. 그 덕분에 가정과 공공장소의 전기 사용에 혁명이 일어났는데, 첫 번째 단계는 바로 '수소(원자 기호는 H)'를 발견한 것이었다.

수소는 1766년에 영국 화학자 헨리 캐번디시(Henry Cavendish)가 발견했다. 캐번디시는 어느 날 새로운 실험 장비인 발전기를 이용해서 미지의 '가연성 공기(사실은 공기와 수소)'로 채운 유리그릇에 불꽃을 갖다 댔다. 불꽃이 유리 위를 가로지르는 동안 극적인 일이 일어나는 대신 유리의 내부 표면에 김이 조금 서렸다. 캐번디시는 이것의 정체를 알아보기 위해서 조사를 진행했고 그 결과, 김의 주요 성분이 물인 것으로 밝혀졌다.

오늘날 우리에게는 이 소식이 전혀 놀랍지 않지만, 그 당시에는 획기적인 발견이라고 할 수 있었다. 두 기체(수소와 산소)가 결합하면 액체를 생성할 수 있다는 사실이 밝혀졌기 때문이다. 더욱 놀라운 점은 두 기체 중 한 가지(수소)가 (산소와 마찬가지로) 가연성이 있다는 것이었다. 이 연구는 메탄(CH_4)과 같이 탄소와 수소로 이루어진, 더 단순하면서도 (산소가 없는) 가연성 있는 유기 가스의 발견으로 이어졌다.

메탄보다도 불이 더 잘 붙는 이 기체는 바로 아세틸렌(C_2H_2)으로, 1836년에 험프리 데이비의 사촌이자 화학 교수였던 에드먼드 데이비(Edmund Davy)가 우연히 발견했다. 아세틸렌은 태우면 연기가 없는 밝고 하얀 불꽃이 생기는데, 이런 특징으로 인해 가로등과 등대를 밝히는 데 주로 사용되었다. 탄화칼슘(CaC_2) 가루에 물을 조금씩 떨어뜨리면 아세틸렌을 얻을 수 있는데, 맑은 공기에서 깨끗하게 연소시키면 호흡과 호흡계에 눈에 띄는 영향을 미치지는 않았다(다만 아세틸렌이 타면서 약하게 '마늘' 냄새를 풍긴다는 사실이 밝혀졌다). 가루에 물을 첨가해서 아세틸렌을 생성하는 방법은 대중화하기에는 그다지 실용적이지 않았기 때문에 촛불을 대체하지는 못했다.

이맘때쯤에 탄소를 기반으로 하는 가연성 가스 혼합물이 또 한 가지 등장했으니, 바로 훗날 도시가스로 불리는 석탄 가스다. 산소 없이 석탄에 열을 가하면 칙칙한 가연성 가스 혼합물이 생성되는데, 이 가스 혼합물은 코크스 생산의 부산물이었으며(코크스는 철광석을 제련할 때 사용한다), 대규모로 만들어낼 수 있었다.

그러던 어느 날 누군가가 석탄 가스를 압력이 가해진 커다란 가스 저장소에 쉽게 보관할 수 있다는 사실을 알아냈다. 가스 저장소에 보관된 석탄 가스는 필요한 곳 어디로든 파이프를 통해서 쉽게 보낼 수 있었다. 이러한 발견을 시작으로 곧 가정용 배관망의 규모가 커졌으며, 도시와 산업 전반에서 석탄 가스가 대중화되었다. 거대한 가스 저장소는 비교적 최근까지도 번화가와 도심부에서 쉽게 볼 수 있었다.

파이프를 통해 도시가스를 공급받은 가정에서는 가장 먼저 가스를 이용해 집의 불을 밝혔고, 다음에는 요리와 난방을 했다. 그 전에는 가정집 벽에 걸린 등 안에서 채 가공되지 않은 석탄 가스의 불꽃을 볼 수 있었는데, 이런 불꽃은 암모니아, 황, 일산화탄소와 같은 불순물을 소량 내뿜었다. 그 때문에 석탄 가스를 들이마신 뒤 몸이 아프고 속이 메스꺼운 경험을 하는 이들이 많았다. 게다가 불꽃이 실내에 있는 산소를 소비하는 바람에 사람들은 기나긴 어두운 겨울밤에 환기가 잘 안 되는 방에 모여 앉아 두통에 시달리곤 했다.

가스가 새기라도 하면 질식과 같이 더욱 심각한 건강 문제도 생길 수 있었다. 물론 석탄 가스 공급자들은 석탄 가스의 유독성에 관해서 알고 있었다. 석탄 가스를 흡입하고 자살한(굳이 예를 들면, 불을 켜지 않은 오븐 속에 머리를 집어넣는 방법이 있다) 사람들에 관한 보고가 몇 있었기 때문이다. 가스 공급자들은 매출에 타격이 있을 것을 우려해 이런 정보를 적극적으로 감추기로 했다. 하지만 결국 도시가스에 관한 사실이 언론에 새어나갔고, 도시가스 중독은 사회적으로 흔한 자살 방법이 되고 말았다.

한편, 가스 회사에서는 냄새가 나지 않는 가스가 유출되면 폭발이 일어날 것을 우려해 가스에 메르캅탄을 소량 첨가하기 시작했다. 메르캅탄은 극소량일 때도 썩은 양배추 같은 냄새가 나며 황이 함유된 무

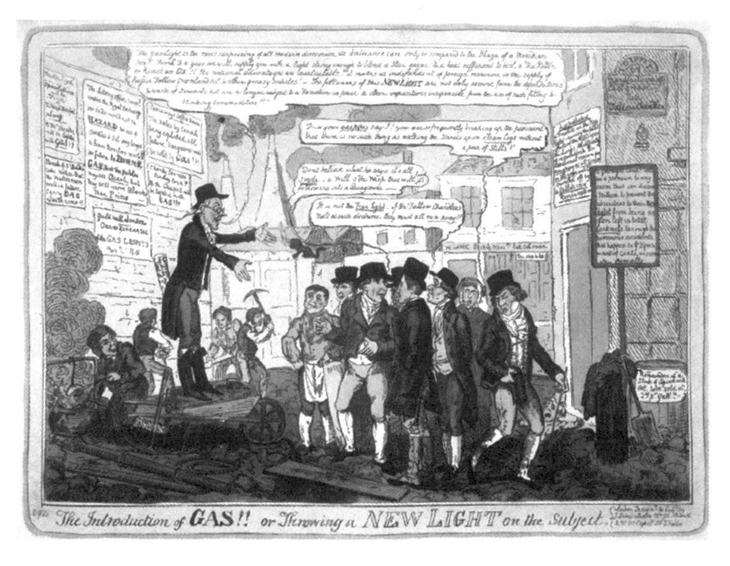

1815년에 그려진 풍자적인 그림.
'가스 도입! 이 문제를 새로운 시각으로 살펴보기'
한 연설가가 런던의 길거리에서 대중에게 파이프를 통해서 공급받는
도시가스의 장점을 자세히 설명하고 있다.

색 가스다. 덕분에 우리는 가스가 아주 조금 누출되어도 금세 알아챌 수 있다.

도시가스는 점차 천연가스로 대체되었다. 주로 메탄으로 구성된 천연가스는 수증기와 이산화탄소를 생성하면서 더 깨끗하게 연소되는데, 지표면 아래 깊은 곳에 있는 암석에 스며들며 가스정(gas well)에서 얻을 수 있다. 바로 이때 생성되는 이산화탄소가 기후 변화의 주범으로 지목되고 있다.

집에서 탁한 공기를 들이마셔서 생긴 건강상의 문제는 그 누구도 의도한 바가 아니었지만, 머지않아 화학자, 군 관계자, 정치인들은 유독가스로 사람을 '고의'로 죽일 수 있다는 사실을 알아차렸다.

유독가스를 이용한 대량 살상은 제1차 세계대전 때 시작되었다. 대량살상무기(WMD; Weapon of Mass Destruction)로 유독가스를 처음 사용한 것은 독일군이었다. 이들은 1915년 4월 22일에 프랑스 랑게마르크 마을 근처에서 유독가스 실험을 시행했다. 그날 독일, 영국, 프랑스군은 온종일 서로를 포격했고 실험은 늦은 오후에 이루어졌다. 독일군의 실험은 바람이 독일군 참호 쪽이 아니라 영국과 프랑스군 참호 쪽으로 불 때 시작되었다.

독일군의 제23군단과 제26군단에 속한 네 개의 사단이 길이 6.5킬로미터의 전선에서 일정한 간격을 두고 서 있었다. 그러다가 명령이 떨어지자 가스 용기 6,000개의 밸브를 열었는데, 그 안에는 압력을 가한 액체 염소가 들어있었다. 공기 중으로 방출된 액체 염소는 금세 증발했고 곧 녹색 염소 가스로 이루어진 커다란 구름이 형성되었다. 염

아이작 크룩생크(Isaac Cruikshank)의 '탄산 가스의 순기능(1807년)', 수제 에칭.
독가스를 생성하는 도시가스를 이용한 가로등이 도입되는 상황을 풍자하는 판화.
주민들이 잠옷 차림으로 냄새에 관해서 불평하고 있으며,
공급자들이 돈을 벌고 있다는 것을 곡예사가 보여주고 있다.

소 가스는 공기보다 무거워서 바람이 조금 불면 땅에 달라붙는다. 이 녹색과 노란색이 섞인 구름은 약 1분 만에 무인 지대를 건너 아무런

낌새도 느끼지 못한 연합군 군인 수천 명을 에워쌌다.

현대에 만들어진 다양한 신경가스와 달리 염소는 매우 간단한 독이다. 고농도의 염소에 노출되면 폐의 내벽이 파괴된 뒤에 맑은 물빛의 삼출액이 가득 찬다. 삼출액은 공기와 섞이면 거품이 생겨 기도를 막고, 기도가 막힌 이들은 결국 자기 체액 때문에 질식사하고 만다.

독일군이 살포한 염소 가스는 한 시간 만에 적의 전선 너머로 16킬로미터나 이동했다. 나중에는 가스의 농도가 많이 희석돼서 상당수의 군인은 눈과 입이 조금 불편한 정도의 증상만을 보였다. 이 염소 가스 공격으로 인해 연합군 군인 5,000명이 목숨을 잃었고 1만 명이 영구 장애를 얻은 것으로 추정된다. 독일군의 실험은 큰 성공을 거둔 셈이었고, 고작 한 시간 안에 연합군 방어선에 큰 구멍이 뚫렸다. 하지만 독일군은 실험이 이토록 놀라운 효과를 거두리라고 예상하지 못한 탓에 전진할 기회를 놓치고 말았고, 연합군은 염소 가스가 소멸한 것을 알아차린 뒤 참호에 빠른 속도로 새로운 군인들을 투입했다.

36시간 후 독일군은 두 번째 염소 가스 공격을 감행했다. 이때도 기상 조건은 완벽했기 때문에 약한 바람이 염소 가스를 몰고 캐나다군의 제8대대를 덮쳤다. 수천 명의 군인은 가스 구름을 피할 길이 없어 참호에서 죽음을 맞이했다. 가스 구름에 둘러싸이면 도망가는 것은 별 소용이 없었다. 빨리 달릴수록 호흡 속도가 증가해 염소 가스를 더 빠른 속도로 들이마시게 되고, 결과적으로 폐만 더 빨리 망가질 뿐이었다. 결국, 군인 5,000명이 또다시 목숨을 잃고 말았다. 대부분은 수 시간 안에 사망했지만, 일부 군인들은 폐에 회복할 수 없는 손상을 입은 채 며칠에 걸쳐서 서서히 죽어갔다.

연합군이 염소 가스 공격을 예상하지 못한 사이, 독일군은 5월 내내 더 많은 양의 염소를 이용하여 공격에 나섰다. 이후에는 유독성이 무척이나 강한 고농도의 가스 구름이 만들어졌는데, 이 구름은 16킬로미터 이상 이동한 뒤에도 여전히 치명적일 정도였다. 연합군은 급한 마음에 군인들에게 거즈를 소다 석회에 적셔 만든 조잡한 방독 마스크를 지급했는데, 문제는 소다의 양이 너무 많으면 그 자체만으로 군인들이 질식해 죽을 수 있다는 점이었다. 일부 군인들은 자신이 염소 가스 때문에 죽어간다고 생각해 거즈에 소다를 더 많이 묻히는 바람에 더 빨리 질식하고 말았다. 이후 영국군이 독일군에게 보복하기까지 그리 오랜 시간이 걸리지는 않았는데, 9월 25일에 그들은 벨기에 루에 있는 전선에서 염소 가스 150톤을 방출하며 복수에 성공한다.

제1차 세계대전이 일어나는 동안 유독가스로 인한 사상자는 수천 명을 기록했다. 영국에서만 사상자가 18만 983명에 달했는데, 사망자 수는 낮게 보고된 탓에 6,062명으로 기록되었다.[13] 전쟁이 끝나자 화학전은 공식적으로 국가 기밀이 되었다. 이와 관련된 모든 정부 문서는 50년 넘게 기밀로 남아 있다가 1972년에서야 사실로 밝혀지게 된다.[14]

전쟁이 이어지는 동안 유독가스에 관한 연구도 빠르게 진행되었다. 그다음에 쓰인 가스는 염소, 탄소, 산소 분자를 결합해서 만든 포스젠(phosgene)이었다. 포스젠은 험프리 데이비가 발견하여 이름도 직접 지었는데, 그는 1812년에 일산화탄소와 염소를 햇빛에 노출하여 이 화학 물질을 합성했다. 'phos'는 그리스어로 '빛', 그리고 'gene'은 '태어나다'라는 뜻이다. 따라서 포스젠은 '빛에서 태어나다'라는 의미를 지니고 있었다. 이 가스의 유일한 장점은 이름이 멋지다는 것뿐으로, 연합군과 독일군 양측에서 사용되어 염소 가스보다 더 많은 사상자를 양산했다.

포스젠이 더욱 치명적이었던 이유는 들이마셨을 때 폐에 자극이 덜 가서 기침이 잘 나지 않았기 때문이다. 그래서 군인들은 포스젠의 존재를 인식하지 못하고 가스를 더 깊이 들이마셨고, 염소 화합물인 포스젠은 폐의 내벽을 파괴하여 군인들을 질식사시켰다. 게다가 즉사하는 사람보다는 수일 동안 고생하다가 죽는 사람이 많았다. 결과적으로 많은 군인이 다치고 죽어 전선에 있는 병력의 규모가 감소했는데, 불행 중 다행으로 포스젠에는 독특한 냄새가 나서 가스의 존재를 알아차리는 데 약간의 도움이 되었다. 포스젠은 때로는 염소와 동시에 쓰이기도 했다.

1917년에 독일군은 러시아 전선에서 새로운 신경가스를 사용했다. 이번에는 염소와 황을 결합해서 겨자나 마늘 냄새가 나는 화합물이 만들어졌는데, 이 가스의 화학명은 '2-클로로에틸 황화물'로 머지않아 '겨자가스'로 알려지게 되었다. 2-클로로에틸 황화물은 지용성 기름이기도 했기에 가스로 쓰면 호흡기를 통해서 체내에 침투할 수 있었고, 기름으로 쓰면 피부를 통해서 체내에 침투할 수 있었다. 또 다른 혁신 기술은 화합물을 포탄에 집어넣는 것이었는데, 대포를 이용하면 먼 거리에서도 정확하게 원하는 곳에 화합물을 투하할 수 있었다.

겨자가스에 노출되면 몸 안팎에 물집이 생겼고 수 시간 동안 고생하다가 사망에 이르렀다. 겨자가스의 장점이자 단점은 토양에 스며든다는 것으로, 가스 공격에 성공하여 전진하는 군인들 역시 겨자가스의 영향을 받았다. 1917년 말이 되자 쏘아지는 포탄의 3분의 1 이상이 어떤 형태로든 유독가스를 포함하게 되었는데, 만일 전쟁이 계속되었다면 그 비율은 50%에 육박했을 것으로 예측된다.

전쟁이 끝나기 며칠 전인 1918년 10월 14일에 연합군의 마지막 공격이 이루어졌다. 영국군은 벨기에 마을인 워릭을 향해서 겨자가스가 든 포탄을 발사했는데, 당시 마을은 16 바바리안 예비 보병 연대가 점령한 상태였다. 격렬한 공세를 입은 독일군의 피해는 막심했는데, 사상자 중에는 겨자가스를 맞아서 다치고 눈이 먼 '아돌프 히틀러(Adolf Hitler)'라는 이름의 젊은 군인도 있었다.[15]

전쟁이 막바지에 이르러 군인들에게 지급된 방독 마스크가 점점 정교해지자 단순한 형태의 유독가스는 효과를 잃게 되었다. 이는 곧 화학 무기 군비 경쟁의 심화로 이어졌으며, 소위 '신경가스'라고 불리는 더욱 치명적인 화학 물질이 개발되는 계기가 되었다. 신경가스는 극소량만 들이마셔도 호흡근이 마비되면서 목숨을 잃게 되는데, 몇 시간이나 며칠이 아니라 단 몇 분 만에 호흡 부전이 일어나 질식사에 이른다.

냉전 기간 내내 이어지던 화학 무기 군비 경쟁 도중 소련이 노비촉(Novichok)이라는 신경가스를 개발했다. 노비촉은 극소량만 흡입해도 호흡근이 제 기능을 못 하게 하는 가루인데, 근육의 수축과 이완을 조절하는 효소인 아세틸콜린에스테라아제의 기능을 억제한다. 노비촉을 들이마시면 심장이 멈추고 횡격막과 같은 호흡근이 마비된다. 그러다가 폐가 분비된 체액으로 가득 차면서 질식사하게 된다. 참으로 몸에 나쁜 공기가 아닐 수 없다.

2018년에 러시아는 이 신경가스를 자국의 국민 두 명을 암살하는 데 쓰기로 했다. 한 명은 전직 러시아 육군 장교이자 이중간첩이었던 세르게이 스크리팔(Sergei Skripal)이었고, 다른 한 명은 그의 딸 율리아(Yulia)였다. 당시 스크리팔은 망명하여 영국 솔즈베리에 살고 있었고, 율리아는 마침 아버지를 만나기 위해 집에 들른 상황이었다. 두 사람은 노비촉으로 오염된 대문 손잡이로 인해 신경가스에 노출되었고, 3월 3일에 솔즈베리 중심가에 식사하러 갔다가 두 시간 뒤, 근처 공원에서 입에 거품을 물고 호흡 곤란 증상을 보인 채 발견되었다. 다행히 지나가던 의사와 간호사가 그들을 발견했고, 두 사람은 각각 병원으로 이송되어 중환자실에서 치료를 받았다. 율리아는 4월에 퇴원했고, 스크리팔은 병원에 한 달 더 머문 뒤 퇴원할 수 있었다.

같은 해 6월에는 돈 스터지스(Dawn Sturgess)와 찰리 롤리(Charlie Rowley)가 노비촉에 노출되었다. 그들은 (솔즈베리 근처) 에임즈베리에 있는 공원에서 버려진 병을 하나 발견했는데, 스터지스는 마치 향수병처럼 보인 이 병에 담긴 '기름기 있는' 내용물을 몸에 뿌렸다. 증상은 곧바로 나타났고 스터지스는 8일 뒤 세상을 떠났다. 다행히 함께 있었던 롤리는 목숨을 건질 수 있었다(2019년 8월에 일어났던 알렉세이 나발니(Alexei Navalny) 사건을 보면 이 신경가스는 사람들을 독살하는 데 여전히 사용되고 있는 것으로 보인다).

제1차 세계대전이 발발하기 전인 1899년에 발표된 헤이그 성명서(Hague Declaration)는 그 당시에는 현대전이었던 전쟁의 범위를 정의하기 위해서 만들어졌다. 무엇이 문화적인 행동이고 무엇이 문화적이지 않은 행동으로 여겨지는지 규명하는 것이 성명서의 목적이었다. 독일은 헤이그 성명서에 서명했음에도 불구하고 가스전과 관련해서는 싱명서의 내용을 부시했는데, 성명서에는 "질식가스 또는 유독가스를 살포할 목적으로 만들어진 발사체의 사용을 자제하겠다."라는 서약이 포함되어 있었다. 당시 독일은 협정을 위반한 사실을 부인했는데, 처음에 발사체를 사용하지 않았기 때문에 협정 위반이 아니라는 논리였다.

독일은 유독가스만 사용하는 것은 비문화적인 행동이 아니라고 생각했으며 새로운 무기를 사용할 수밖에 없었다고 주장했다. 연합군이 해상을 봉쇄하는 바람에 수입 질산염이 독일로 들어오지 못해 폭탄을 만드는 데 한계가 있다는 것이었다. 반면 독일은 화학 산업이 발달해서 염소 가스를 대량 생산할 수 있을 만큼 설비가 잘 갖춰져 있었다. 게다가 그들은 연합군이 염소를 대규모로 생산하는 능력이 없어 쉽게 보복하지 못하리라는 것도 잘 알고 있었다.

호흡의 역사를 살펴 올라가다 보면 독일의 화학자 프리츠 하버(Fritz Haber, 1868~1934년)와 마주하게 된다. 화학전의 창시자인 그는 1923년에 다음과 같이 적었다. "앞으로 벌어질 그 어떤 전쟁에서든 군은 독가스를 무시할 수 없을 것이다. 독가스를 사용하는 것은 더 고차원적인 형태의 살상이다."[16]

하버는 1909년에 완성한 연구로 50세의 나이로 1918년에 노벨 화학상을 받았다. 질산(N_2)과 수소(H_2)로부터 암모니아(NH_3)를 직접 합성하는 놀라운 연구 성과를 인정받은 덕분이었다. 식물은 단백질과 DNA를 생성할 때 암모니아를 질소원으로 이용할 수 있다. 하버 공정을 대규모로 적용함으로써 독일과 나머지 국가들은 저렴한 비료를 무제한으로 합성할 수 있게 되었다. 하버는 이 공정에 대한 권리를 팔아 부자가 되었다.

하버는 독일을 사랑하는 애국자로서 제1차 세계대전이 발발하자 전쟁부에 합류했다. 거기서 그는 자신이 개발했던 공정을 변환하여 폭탄을 제조하고, 석탄으로부터 휘발유를 합성하는 연구에 몰두했다. 하버는 이 시기에 가스전으로 전향하여 염소 가스를 무기화했는데, 이 가스가 1915년에 이프르에서 처음 쓰일 때 현장에 직접 나서기도 했다. 그는 염소 가스가 처음 살포되는 것을 목격한 뒤 가스전의 열렬한 신봉자가 되었다.

러시아 전선으로 가는 길에 하버는 며칠 동안 휴가를 내서 고향을 방문했다. 바로 아내 클라라(Clara)를 보러 간 것이었는데, 그녀 역시 화학자였다. 클라라는 남편의 맹목적인 애국주의에 맹렬하게 반대했으며, 하버가 집에 온 첫날 밤, 그가 자는 사이 남편의 업무용 권총을 들고 정원으로 나가서 자신의 머리를 쏘았다(안타깝게도 그녀의 자살 장면을 어린 아들 헤르만(Hermann)이 목격하고 말았다). 하지만 클라라의 자살은 하버에게 별다른 영향을 주지 않았고, 그는 곧 재혼했다.

전쟁이 끝난 뒤 하버는 시안화 가스를 개발하는 작업을 감독했다.

살충제로 쓰기 위한 평화적인 목적이었지만, 치클론 A(Zyklon A)나 사이클론 A(Cyclone A)라고 불린 이 가스는 이미 전쟁에서 화학 무기로 쓰인 적이 있었다. 하버는 65세의 나이로 1934년 1월에 팔레스타인으로 향하던 도중 스위스에서 세상을 떠났는데, 팔레스타인에 있는 시에프 연구소(Sieff Research Institute: 현재는 바이츠만 연구소(Weizmann Institute)라고 불림)에서 제안한 이사직을 수락하기 위해서였다.

훗날 치클론 A보다도 더 새롭고 치명적인 독가스인 치클론 B가 만들어졌다. 이 독가스는 나치 당원들이 아우슈비츠와 같은 강제 수용소에서 유대인 수백만 명을 독살하는 데 주로 쓰였는데, 유대인이었던 하비는 이 가스 때문에 많은 친척을 잃고 말았다. 나중에 그의 아들인 헤르만은 미국으로 이주한 뒤 1946년에 자살로 생을 마감했으며, 하버의 손녀이자 헤르만의 딸이었던 클레어 역시 1949년에 스스로 목숨을 끊었다. 그녀는 염소 가스의 영향을 무력화하는 해독제를 만들기 위한 연구를 하고 있었는데, 이러한 연구가 더는 필요하지 않다는 말을 들은 게 원인이었다. 당시 미국에서는 해독제보다 원자 폭탄에 관한 연구를 더 중요하게 여겼다.

현대의 미아즈마

오늘날에도 특이하고 신비로운 미아즈마가 불현듯 나타날 때가 있다. 이런 현상은 1986년 8월 21일에 카메룬에서 나타났다. 마치 성경의 한 장면처럼 니오스호(Lake Nyos)에서 대규모 자연재해가 발생한 것이다. 니오스호는 카메룬 북서부 오쿠(Oku) 평원에 있는 화산호로,[17] 모두가 잠든 밤중에 가스를 함유한 거대한 미아즈마 덩어리가 호수 밑바닥에서부터 뿜어져 나왔다. 이 재해로 말미암아 해안가에 있던 거의 모든 생물이 죽고 말았다. 기록된 사망자 수는 1,746명이었고, 약 6,000마리의 소가 폐사했다. 그날 공기 중에 방출된 이산화탄소의 양은 약 25만 톤이었던 것으로 추정되는데, 아무도 모르는 사이에 대량의 이산화탄소가 수년 동안 호수 바닥에 천천히 쌓여왔던 것이다.

수증기와 이산화탄소가 섞인 해로운 혼합물은 폭발적으로 방출되어 호수와 주변의 산비탈뿐만 아니라 계곡 아래에 있는 마을도 덮쳤고, 잠들어 있던 마을 주민들은 순도가 거의 100%에 달하는 이산화탄소에 무방비로 노출되고 말았다. 공기 중에 이산화탄소 농도가 약 30% 이상이 되면 들이마신 사람이 의식을 잃기 충분하다. 따라서 주민 수천 명은 의식을 잃은 채 침대 위에서 혼수상태로 누워 있을 수밖에 없었다. 이후 가스 구름이 걷히면서 수천 명의 주민이 의식을 되찾았지만, 그렇지 못한 1,746명은 목숨을 잃고 말았다. 오늘날에는 당국에서 직접 호수를 모니터하는데, 이산화탄소 수치가 또다시 위험한 수준으로 올라가지 않도록 펌프를 이용하여 심층수를 수면 위로 퍼 올려 표층수와 섞이게 한다.

니오스호의 재앙은 사람들이 잠을 자는 한밤중에 일어나는 바람에 그 피해가 더욱 컸다. 우리는 잠들어 있을 때 유독가스를 감지하는 감각이 떨어지기 때문에 더욱 쉽게 질식할 위험이 있다. 따라서 실내에

1986년 8월에 카메룬공화국 북서부에서 일어난 니오스호(Lake Nyos)의 재앙.
이산화탄소 구름이 호수에서 피어올라서 시골 마을을 덮쳤다.
그 결과, 주민 약 1,700명, 가축, 지역 동물들이 대거 질식사했다.

서 유해 물질을 들이마신 뒤 사망에 이르는 사고는 일반적으로 밤에 일어난다. 이 같은 사망 사건은 대체로 보일러와 같은 가정용 가스 설비와 관련이 있지만, 모든 사고가 그랬던 것은 아니다. 오히려 가스 질식과 관련된 가정의 역사에서 큰 문제를 일으킨 것은 다름 아닌 냉장고이다.

냉장고가 효과적으로 기능을 발휘하기 위해서는 저온에서 끓거나 가스 증기로 변하는 액체 냉각제가 있어야 한다. 1920년대에 만들어진 초기의 상업용 냉장고는 증기에 독성이 있어서 흡입하면 위험했는데, 주로 염화메틸, 아황산가스, 암모니아와 같은 냉각제가 사용되었기 때문이다.[18] 이런 액체는 압축된 상태로 냉장고를 빙 둘러서 작용했기 때문에, 자칫 배관이 새면 치명적인 가스가 공기를 금세 가득 채우게 되었다. 안타깝게도 당시에는 이런 사고가 자주 일어났으며, 많은 가족이 수면 도중 냉장고의 배관 사고로 유독가스를 들이마셔 목숨을 잃고 말았다.

알베르트 아인슈타인(Albert Einstein)을 비롯한 여러 과학자가 더욱 안전한 냉장고를 만들기 위해서 노력했지만 제한적인 성공만 거두었을 뿐이다. 가장 성공적인 접근법은 처음부터 흡입해도 위험하지 않은 냉각제를 사용하는 것이었다. 이처럼 안전한 냉각제는 1928년에서야 등장했는데, 제너럴 모터스(General Motors)의 직원이자 화학자였던 토머스 미즐리 주니어(Thomas Midgley Jr.)와 그의 동료 찰스 프랭클린 케터링(Charles Franklin Kettering)이 프레온을 합성하는 데 성공했기 때문이다.

프레온은 석유와 마찬가지로 탄소를 기반으로 하는 물질이지만, 탄소 사슬이 수소 원자 대신 플루오린과 염소 원자로 장식되어 있으며 무색, 무취, 불연성, 비부식성 액체 또는 기체의 형태를 띤다. 프레온의 합성은 위대한 발견으로 평가받았고, 미즐리는 이 업적으로 찬사를 받았다. 그는 프레온이 불활성 물질이라고 자신했다. 그래서 미국 화학학회(American Chemical Society)에서 자신이 개발한 새로운 냉각제의 특징을 설명하면서 프레온가스를 한가득 흡입한 뒤 촛불을 향해서 숨을 천천히 내쉬면서 불을 *끄*기도 했다.

1980년대에 들어서야 프레온은 완전한 불활성 물질이 아닌 것으로 밝혀졌다. 프레온이 대기권보다 위에 있는 성층권에서 자외선에 노출되면 오존(O_3)층에 반응했던 것이었다. 지구상의 거의 모든 생물은 과도한 양의 자외선에 노출되면 위험해지는데, 오존층은 이러한 자외선을 막아주는 역할을 한다. 냉각제로 쓰이는 프레온과 그와 화학 성분이 유사한 다른 물질들은 결국 남극 대륙 위에 있는 오존층에 커다란 구멍을 내고 말았다. 이 구멍이 매년 커지자 결국, 1987년에 몬트리올의정서(Montreal Protocol)가 전 세계적으로 채택되면서 프레온의 사용이 전면 금지되었다.

1921년에 토머스 미즐리는 본의 아니게 또 다른 유독성 물질인 테트라에틸납을 개발한다. 이 물질을 첨가하면 휘발유가 더욱 효율적으로 연소하여 엔진의 성능이 향상되었다. 물론 알코올이나 에탄올로도 이런 효과를 거둘 수 있었지만, 두 물질과 달리 테트라에틸납은 특허를 낼 수 있었다. 대량 생산이 가능해지자 테트라에틸납은 엄청난 수익을 올렸다.

납을 첨가한 휘발유는 보편적으로 쓰이다가 2000년대 초반에 유럽에서 금지되었다. 미국과 영국에서는 1990년대 후반에 이미 사용 금지 처분을 받은 상황이었다. 어린이들의 혈중 납 농도가 위험할 정도로 높아졌기 때문이다. 특히 주도로 근처에 살면서 자동차 배기가스에 자주 노출되었던 아이들의 피해가 컸다. 납은 호흡기에 해로운 물질이었기 때문에 납 연구를 계속하던 토머스 미즐리는 폐가 영구적으로 손상되고 말았다. 그는 1923년에 이렇게 적었다. "내 폐가 타격을 입었다는 사실을 알게 되었다. 따라서 나는 일을 전부 멈추고 신선한 공기를 잔뜩 들이마실 필요가 있다."

미즐리는 평생 이런 호흡 장애를 숨겼다. 하지만 그리 오래 살지 못하고 1940년에 51세의 나이로 생을 마감했다. 미즐리는 호흡 장애 외에도 소아마비를 앓았었는데, 역경을 극복하기 위해 도르래와 밧줄을 이용한 복잡한 장치를 직접 개발했다. 그는 이 장치를 이용해서 아침마다 다른 사람의 도움 없이도 침대에서 일어날 수 있었지만, 어느 날 안타깝게도 일이 완전히 꼬이고 만다. 밧줄에 몸이 감기고 목이 졸려 질식사한 것이다.

납의 독성은 수백 년 동안 알려져 왔다. 납에 오랜 기간 노출되면 신경계와 신장 기능이 손상되었다. 납은 흔히 볼 수 있는 연질 금속이며 작업하기도 쉬웠으므로, 납에 노출되는 일은 흔히 일어났다. 사람들은 납을 휘발유에 첨가하고, 납으로 된 파이프로 식수를 운반하고, 도자기에 납이 든 유약을 바르고, 통조림을 납땜하고, 전통적인 약재로도 납을 사용했다.[19]

탄산납은 연백 안료라고 불리는 새하얀 안료의 구성 물질이다. 이 안료는 고대부터 전 세계적으로 페인트에 쓰였다(이제는 독성이 더 약한 이산화타이타늄으로 대체되었다). 연백 안료를 만들기 위해서는 납을 식초에 담갔다가 공기에 노출해야 하는데[20] 이러한 생산 과정은 페인트 제조자에게 치명적이었다. 1677년에 필리베르토 베르나티(Philiberto Vernatti) 경은 〈런던 왕립 학회의 철학 회보(Philosophical Transactions of the Royal Society of London)〉에 「백연 제조와의 연관성(A Relation of the making of Ceruss)」이라는 논문을 발표했다. 그는 논문에 다음과 같이

게오르그 프리드리히 케르스팅(Georg Friedrich Kersting)의 '창가에서 수놓는 여인', 1817년, 화판에 유화. 셸레 그린(Scheele's green)으로 칠한 가정집 방.

적었다. "납에 중독되면 급성 열병, 심한 천식, 숨 가쁨이 나타난다."[21] 그 이후로도 여러 사람이 납 증기에 노출되면서 폐를 망가뜨리고 말았다.

호흡에 영향을 미치는 또 다른 염료는 바로 셸레 그린으로, 산소를 발견한 스웨덴 화학자 칼 빌헬름 셸레가 발명했다. 셸레 그린은 아비산(亞砒酸) 구리 화합물이며 선명한 황록색을 나타낸다. 셸레 그린은 그 특유의 색 때문에 곧 안료와 염료로 인기를 끌었는데, 특히 벽지 색으로 인기가 많았으며 1860년대에 인기의 정점을 찍었다.

그러나 이후 셸레 그린의 독성에 관한 우려스러운 보고가 언론에 등장하기 시작했다. 거실과 침실을 셸레 그린 색의 벽지로 장식한 사람들은 어딘지 모르게 몸이 아프기 시작했으며, 셸레 그린 색의 방에만 들어가면 불편한 기분이 든다고 호소했다. 그들은 그 방에 몇 시간만 있어도 숨이 가쁜 느낌이 든다고 주장했다. 이는 축축했던 벽이 벽지를 바를 때 쓰인 밀가루 풀과 만나 생겨난 곰팡이(사상균: Scopulariopis brevicaulis)가 비소를 만나 신진대사를 일으키고, 마늘 냄새가 나는 트리메틸아르신이라는 유독가스를 생성했기 때문이었다. 이 유독가스는 호흡을 통해 혈액으로 쉽게 침투한다.

언론에서는 대대적인 캠페인이 진행되었고, 셸레 그린의 사용은 곧 금지되었다. 이후 셸레 그린의 독성은 곧 잊혔지만, 추리소설 작가 애거사 크리스티(Agatha Christie)가 1951년에 발표한 『그들은 바그다드로 갔다(They Came to Baghdad)』에 언급되며 독자의 뇌리에 남았다. 소설에서 루퍼트 크로프턴 리(Rupert Crofton Lee) 경은 바그다드 비행장에 도착한 뒤 영국 대사관에서 나온 젊은 직원 라이어넬 슈리브넘(Lionel Shrivenham)을 만나는데, 직급이 더 높은 직원이 마중 나올 것이라 기대했기 때문에 모욕감을 느낀다. 하지만 동양 전문가 라이스 씨(Mr Rice)가 "격렬한 증상이 나타나는 위장염"으로 몸져누웠으며, "바그다드에서 흔히 겪는 배앓이보다 조금 더 심각한 증상"을 보였다는 소식에, 루퍼트 경은 얼굴을 찌푸리면서 라이스 씨가 "혹시 셸레 그린에 노출됐거나" 비소에 중독된 것은 아닌지 묻는다.

이처럼 자연적이든, 혹은 인위적으로 만든 것이든 유독가스에 노출되는 사고는 자주 발생한다. 이중 가장 흔하면서도 치명적인 유독가스는 일산화탄소(CO)다. 일산화탄소 중독 증상은 상대적으로 서서히 나타난다. 숨을 들이쉴 때마다 혈액에 흡수되는 일산화탄소의 양이 천천히 증가하다가, 혈중 일산화탄소 농도가 위험한 수준(공기 중 농도가 0.08% 이상일 때)에 이르면 졸음이 몰려온다. 일산화탄소에 노출된 사람들은 질식사하는 경우가 많은데, 이들은 흡사 잠들어 있는 것처럼 보이지만, 일산화탄소 농도가 1%에 이르면 목숨을 잃게 된다.

일산화탄소와 이산화탄소는 화학식이 비슷하다. 두 분자의 차이는 산소 원자 하나뿐인데 왜 일산화탄소가 이산화탄소보다 훨씬 유독할까? 일산화탄소는 들이마시면 폐를 빠른 속도로 거쳐 혈액으로 들어간 뒤 적혈구에 들어있는 헤모글로빈 분자와 결합한다. 일산화탄소가 산소보다 헤모글로빈 분자와 더 단단하게 결합하는 바람에 산소와 헤모글로빈 분자의 결합이 치환되거나 불가능해져서 옥시헤모글로빈이 아닌 카복시헤모글로빈이 형성된다. 따라서 조직에 도달하는 산소의 양이 줄어들게 되고 세포가 질식사한다. 일산화탄소에 중독된 이들의 피부는 홍조가 돌아 겉으로는 건강해 보이는 경우가 많다. 마치 부끄러워서 얼굴을 붉힐 때처럼 혈액에 산소가 완전히 공급된 것과 구분하기 어려운 것이다.

인류의 역사에서 일산화탄소 중독 사고는 너무나도 자주 일어났다. 인간이 불 앞에 모여 앉아서 요리하고, 체온을 유지하며, 대화를 주고받을 때부터 이러한 사고가 발생해왔는데, 대체로 사람들이 연기가 많이 나는 불을 환기가 잘 안 되는 공간에서 피웠기 때문이다. 로마 황제였던 배교자 율리아누스(Julian the Apostate, 331~363년) 역시 집에 화로를 설치했다가 일산화탄소 중독으로 목숨을 잃을 뻔했다. 다행히도 누군가가 의식 잃은 황제를 발견하여 밖으로 데리고 나갔고, 율리아누스는 신선한 공기를 마시면서 건강을 완전히 회복했다.

현대에서도 마찬가지로 환기가 충분히 되지 않은 공간에서 일산화탄소 중독 사고가 자주 일어났는데, 특히 증기 기관차가 다량의 연기를 내뿜는 철도 터널에서의 사고가 흔했다. 예를 들면, 1944년에 이탈리아 발바노에서 터널 안에 머물렀던 열차의 승객 5,000명이 사망하는 사고가 있다. 한편, 제2차 세계대전이 벌어지는 동안 나치 당원들은 일산화탄소의 잠재력을 깨닫고 1930년대부터 1940년대에 걸쳐 약 70만 명을 이 유독가스로 살해하기도 했다.

오늘날 일산화탄소 중독으로 목숨을 잃는 사람들은 주로 가스보일러나 가스레인지를 잘못 관리하거나 굴뚝의 연통이 막혀서 죽는다. 연통이 막히면 일산화탄소의 농도가 순식간에 치명적인 수준으로 올라갈 위험이 있다. 미국에서는 1999년과 2012년 사이에 일산화탄소와 관련된 사망 사건이 6,136건이나 있었다. 매년 438명이 일산화탄소 중독으로 세상을 떠난 것이다. 영국에서도 2017년에 148명이 일산화탄소 중독으로 목숨을 잃었다.[22]

일산화탄소로 인해서 생성되는 카복시헤모글로빈은 저산소증이 나타나는 한 가지 원인이다. 또 하나는 메트헤모글로빈인데, 아질산 이온(NO_2)이 헤모글로빈과 결합한 뒤 산소를 대체하면서 만들어진다. 이 화합물은 아질산염이 헤모글로빈에 들어있는 철을 산화시켜서 다른 형태(3가 상태라고 불림, 3^+)가 된다. 이 형태는 녹이 슨 철처럼 혈액에 갈색이 돌게 하고, 정맥을 통해서 보면 조직이 파란색이나 라벤더색으로 보이게 되는데, 정상적으로 헤모글로빈이 감소한 혈액에서 볼 수 있는 연보라색이나 보라색과는 다른 색이다.

메트헤모글로빈혈증으로 인한 사망 사례는 1945년에 최초로 기록되었는데, 미국 아이오와 시티에서 소아과 의사로 일하는 헌터 콤리(Hunter Comly)가 신생아 두 명이 아이오와 시골에서 유아 메트헤모글로빈혈증으로 사망했다고 보고한 것이다. 구체적인 사망 원인은 알려지지 않았지만, 콤리는 이 질환을 "유아 청색증"이라고 불렀다. 그는 유아 청색증의 원인이 무엇일지 고민하다가 오염된 우물물 때문이라고 생각하게 되었다. 아이가 먹을 분유를 탈 때 쓰는 우물물에 질산염이 너무 많이 들어있으며 질산염이 결국 체내에 축적되었다는 주장이었다.[23]

이후 농장에 있는 우물의 물을 정밀하게 조사한 결과, 매우 비위생적이고 농장의 하수 처리 시설과도 제대로 분리되지 않은 것으로 밝혀졌다. 이 연구는 미국에서 1951년에 시행된 48개 주에 걸친 조사로 이어졌다. 그 결과 총 278건의 유아 청색증 사례가 수면 위로 드러났고, 그중 39명은 사망한 것으로 드러났다. 반면, 제2차 세계대전 이전

에 태어난 아기나 모유를 먹은 아기에게서는 유아 청색증이 단 한 건도 나타나지 않았다.[24]

조사 결과를 토대로 식수에 들어있는 질산염의 최고 허용 수치에 관한 새로운 국제 지침이 생겼다. 사람들이 이런 지침을 잘 따른 덕분이었는지 유아 메트헤모글로빈혈증(유아 청색증의 공식적인 명칭)은 사라졌다. 그러다가 알 수 없는 이유로 1983년부터 1996년 사이에 93건의 새로운 사례가 보고되었다. 당시로써는 영문을 알 수 없는 일이었는데, 물속에 있는 질산염이 전염병과 아무 상관도 없어 보였기 때문이다. 1996년 이후로 유아 청색증에 걸린 사례는 두 건밖에 보고되지 않았고, 이 질환은 그 등장만큼이나 갑작스럽게 사라졌다. 1999년에 미국 환경운동가 알렉스 에이버리(Alex Avery)는 이 유아 메트헤모글로빈혈증이 유아 염증성 장질환과 관련되어 있다고 추측했는데, 염증성 장질환은 장내 세균이 질산염을 아질산염으로 바꿔버려서 생기는 질병이다.[25] 만일 이것이 실제 원인이라면 물의 질산염 농도를 낮게 유지할 필요가 없을지도 모른다.

유해한 화학 작용과 거리가 멀다고 생각됐던 또 다른 광물은 바로 석면이다. 석면은 섬유질의 규산염 광물로 신석기 시대부터 건축 재료로 쓰였으며, 최근까지도 불연성 절연체로 파이프와 천장의 안을 댈 때 사용되었다. 석면은 섬유로 되어 있고, 부드러우며, 쉽게 부서져 입자가 작은 먼지가 되는데, 이를 들이마시면 폐 깊숙이 들어가서 폐의 내벽에 영구적으로 들러붙는다. 석면에 오랫동안 노출되면 (진폐증과 비슷한) 석면증, 폐암과 같은 치명적인 암, 악성 중피종에 걸릴

2016년에 석면 오염 지역인 오스트레일리아 위트눔에 있었던 경고 표지판.
해당 지역에 출입하기 전에 호흡기를 보호할 수 있는
마스크와 방호복을 착용하도록 경고하고 있다.

수 있는데, 특히 악성 중피종에 걸리면 숨쉬기가 고통스럽고 몸이 쇠약해진다.

1937년에 오스트레일리아 서부에 있는 위트눔(Wittenoom)에서 광물 탐사자들이 다량의 청석면을 발견했다.[26] 당시 청석면의 국제 가격이 높았기 때문에 이를 캐내는 일은 충분히 수익성이 있었다. 이 작업의 첫 번째 단계는 표면에 노출된 석면을 파서 320킬로미터 떨어진 가장 가까운 항구까지 당나귀로 운반하는 것이었다.

제2차 세계대전 때문에 석면의 수요가 증가하자 오스트레일리아 청석면 유한 책임회사(Australian Blue Asbestos Ltd)는 수요를 충족시키기 위해서 채굴 사업을 확장하게 되었다. 광상(鑛床)이 외딴곳에 있었기 때문에 광부 대부분은 근처에 있는 위트눔에서 가족과 함께 살았다. 위트눔은 상점은 여러 개 있었지만, 경찰서와 호텔은 하나뿐인 인구 2만 명의 소도시였다.

1950년대에 광부들이 석면증에 걸린 사실이 최초로 보고된 뒤 1966년에 광산이 폐쇄되었음에도, 2013년이 되자 광부 143명과 주민 10명이 석면증에 걸려 목숨을 잃은 것으로 나타났다. 악성 중피종에 처음으로 걸린 사람들은 석면증보다 좀 더 늦은 1960년대에 증상이 나타났다. 석면 때문에 처음으로 폐암에 걸린 사람들 역시 이맘때가 되어서야 증상이 나타났다. 2015년이 되자, 사망자 수가 급격하게 증가해서 노동자 3,822명과 주민 1,443명이 세상을 떠났다. 위트눔에 거주했던 주민들의 사망률이 높았던 이유는 석면 먼지가 마을을 뒤덮었기 때문이다. 마을에서 먼지가 몰려오는 것을 막거나 이를 치우려고 애쓴 사람은 많지 않았다. 아이들은 뒤뜰에서 자유롭게 뛰놀았고 위트눔 협곡으로 수영하러 갔다. 마을 전체가 석면 먼지로 뒤덮여 있었는데도 말이다.

위트눔은 이제 유령 도시가 되어버렸다. 건물은 철거되었으며 도로도 없어졌다. 주민 대부분은 인근 지역인 퍼스로 삶의 터전을 옮겼다. 물론 도시가 지도에서 공식적으로 없어지고 나서도 남아 있는 주민은 몇 명 있다. 그들은 석면을 치우는 비용이 너무 많이 든다는 이유로 방치된 이 지역을 찾아오는 여행객에게, 방독 마스크 없이는 해당 지역에 출입하지 말라고 경고한다. 이 산업 재해는 오늘날에도 이어지고 있다. 주민 상당수가 그 당시에 마을을 떠날 때 어린아이였기 때문이다. 이제 주민들은 깨끗하고 신선한 공기를 마시고 있지만, 향후 그들의 몸 상태가 어떻게 달라질지는 지켜봐야 하는 상황이다.

유독한 공기를 마시는 사고는 여전히 일어난다. 영국 노샘프턴셔에 있는 철강 도시 코비의 경우가 그렇다. 1985년에 매립장에서 날아온 카드뮴이 함유된 먼지를 매립장 근처에 사는 몇몇 임산부가 흡입한 사건이 있었는데, 카드뮴에는 독성이 있으며 폐를 통해서 혈액으로 들어갈 위험이 있다. 결과적으로 카드뮴 먼지를 흡입한 임산부가 낳은 아이들은 손가락이 부족한 수족 변형 장애를 안고 태어났다. 이 사건은 배 속에 있는 태아가 대기 오염의 영향을 받은 첫 사례로 기록되었다.

환기와 신선한 공기

빅토리아 시대에는 산업혁명이 한창 진행되고 있었다. 연기, 열악한 위생 상태, 부패가 통제되지 않았고, 신선한 공기를 마시는 데 제약이 따랐다. 큰 도시든 작은 도시든 다를 것 없이 공기가 오염되었고 악취도 났다. 이는 곧 위생을 위한 환기라는 개념이 탄생하는 계기가 되었다. 이 개념은 곧 건설업계에 적용되었는데, 당시에 건설이 대규모로 이루어지고 있었기 때문이다.

사람들이 도시에 있는 공장에서 일하려고 시골에서 도시로 이사하는 바람에 도시의 규모가 유례없는 속도로 커졌다. 따라서 건축업자는 위생을 위한 환기가 가능하고 건강에 좋은 집을 짓기 위해 주변의 기후학적이고 지리적인 환경을 고려해야 했다.[27] 여기에는 집을 둘러싼

토양을 살펴보고 벽의 두께를 확인하는 작업도 포함되었다. 벽의 두께는 공기가 창문을 통해서 얼마나 원활하게 환기될 수 있을지를 결정했기에 거주자들의 건강에 중요한 요소로 여겨졌다.

당시의 권고 지침에 따르면, 토양은 배수가 잘 되어야 하고 벽에 방습재를 추가해야 했다. 하지만 가장 중요한 점은 외부의 벽이 '공기의 흐름'에 노출되고 환기가 잘되도록 충분히 '투과성이 있어야 한다는' 것이었다. 이러한 지침은 교외나 시골에 사는 사람들에게는 큰 문제가 되지 않았지만, 런던이나 맨체스터와 같은 대도시의 사람들에게는 사정이 달랐다. 대도시에서는 집과 테라스가 일렬로 촘촘하게 붙어 있었고 환기나 녹지에 신경 쓰는 이는 많지 않았다. 게다가 이러한 집에는 대가족이 사는 경우가 많았다. 당대에 쓰인 어느 글에 따르면 대도시의 집에는 환기를 위한 공간이 거의 없었다고 한다. "산소 공급이 충분하지 않은 탓에 사람들이 위황병을 비롯하여 여러 가지 질병에 걸리는 경우가 많았다. 인구가 많은 지역에서는 이런 질병이 맹위를 떨쳤다."[28]

그렇다고 해서 상황이 마냥 암울하기만 한 것만은 아니었다. 파리와 같은 몇몇 도시에서는 과밀 거주에 관한 규정이 있었는데, 대표적으로 파리에서는 길의 폭이 집의 높이와 일치해야 했다. 영국에서도 이와 비슷한 규정을 만들려는 시도가 있었지만, 환기할 공간을 확보하는 것보다는 햇빛을 충분히 받는 것을 더욱 중요시했다. 당시에는 햇빛을 충분히 받기 위해 낮에 쓰는 방은 남동쪽, 침실은 동쪽, 식당, 부엌, 옷방과 같이 자주 안 쓰는 방은 북쪽을 보는 것이 좋다고 생각

구스타브 도레(Gustave Doré)의 '위에서 바라본 런던- 기차를 타고 가며(1872년)', 목판화.
빅토리아 시대에 런던에서 도시화가 이루어지고 한집에 사는 사람의 수가 많아지면서
거주 환경이나 공중위생의 수준이 떨어지게 되었다.

했다.

호흡을 건강하게 하기 위해서는 방의 크기가 가장 중요한 요소로 꼽혔다. 1인당 공간이 28㎥, 즉, 3x3x3m가 필요한 것으로 추정되었는데, 이 정도 크기의 공간에는 신선한 공기가 시간당 85㎥ 공급되어야 했다. 이같이 넉넉한 공간은 부유층이 사는 에드워드 7세 시대나 빅토리아 시대의 건축 양식으로 지어진 집에서 볼 수 있었다. 그러니 가난한 사람들이 사는 집에는 이만한 공간이 있을 리 없었다. 환기에 관한 수치는 날숨이 아직 밝혀지지 않은 유독 물질이나 '탁한 공기'를 함유

하고 있다는 당시의 생각에 바탕을 두었다. 여기서 말하는 유독 물질은 훗날 이산화탄소, 일산화탄소, 석탄 연기인 것으로 밝혀졌고, 이상적인 환기 속도 역시 상황에 맞게 새로이 계산되었다.

방에 있는 사람들이 1인당 이산화탄소를 시간당 17리터 배출한다고 가정해보자. 환기가 잘 안 되는 방(신선한 공기가 시간당 28㎥밖에 공급되지 않는 방)에서는 이산화탄소 농도가 몇 시간 만에 (공기가 깨끗했을 때였던 0.03%에서) 0.1%로 올라갈 것이다. 이때 깨끗한 공기를 시간당 85㎥ 공급해야만 방 안의 이산화탄소 농도가 용인할 수 있는 수준인 0.06%로 떨어진다. 오늘날에도 전문가들이 권장하는 실내 이산화탄소 한계 수치가 있지만 0.1%보다는 훨씬 높다. 빅토리아 시대와 에드워드 7세 시대에 계산된 한계 수치가 지나치게 낮았던 이유는 추측건대 몸에서 나는 악취를 옅어지게 하고 없애는 데 주력했기 때문일 것이다(당시에는 목욕과 세탁이 오늘날만큼 흔한 활동이 아니었다).

오늘날에도 우리는 집 안의 여러 방을 환기한다. 특히 욕실, 부엌, 침실을 자주 환기하는데, 겨울에는 온풍기로 따뜻한 공기를 공급하고, 여름에는 에어컨으로 시원한 공기를 공급한다. 또한, 원하지 않는 냄새를 제거하고 싶을 때는 계절과 관계없이 환풍기를 돌리기도 하는 등, 전반적으로 들이마시기 쾌적한 공기를 제공한다. 우리는 쾌적한 느낌을 만끽하기 위해서 향기가 좋은 에어 스프레이 혹은 용매를 구매한 뒤 집에서 좋은 향이 나게 한다(특히나 인기가 많은 것은 식물성이다). 집에서 향을 맡기 위해 향초를 피우는 사람들도 있는데, 비록 좋은 향기가 나기는 하지만 눈에 보이지 않는 연기와 그을음을 만들어낼 수 있다. 이처럼 우리는 세탁기에 꽃향기가 나는 세제나 섬유 유연제를 투입하고, 데오도란트, 비누, 향수로 몸에서 향기를 낸다.

환기가 잘 안 되는 공간과 더러워진 공기 때문에 건강이 나빠지고 전염병에 걸린다는 생각은 언론에 자주 등장하는 소재였다. 1846년 4월에 〈픽토리얼 타임스(Pictorial Times)〉에 실린 한 기사에서는 교회에 정기적으로 가는 사람들에게 예배가 길어지는 것의 위험성에 관해서 경고했다.

> 예배를 드리는 교회 건물보다 환기에 더 취약한 건물도 없다. 교회 안의 공기는 가스, 석유, 촛불을 사용한 데 따른 잔여물, 거대한 유리를 통해서 들어오는 으스스한 외풍, 따뜻한 공기의 불균형적인 분배, 묘지나 가끔 교회 정중앙에 있는 신도 좌석 아래에 안치된 시신에서 올라오는 유독가스, 교회 복도에 있는 화로에서 나오는 유독가스가 예배당으로 흘러 들어가는 구조 등으로 인해서 건강에 아주 해로운 영향을 끼칠 위험이 있다.

실제로 교회에서 오염된 공기로 사망한 사건이 대중에게 널리 알려지기도 했다. 1812년에 요크셔의 한 교회 묘지에서 우물을 파던 노동자 세 명이 목숨을 잃은 일이 있었는데,[29] 이들은 불행하게도 다음과 같은 상황에 의해 죽게 되었다.

> 세 사람은 마턴(Marton)에 있는 한 우물에 들어갔다. 그 우물은 탄

산가스, 즉 고정 공기로 가득 차 있었다. 이 불행한 사고를 반면교사로 삼아 우물에 함부로 들어가서는 안 될 것이다. 노동자는 촛불을 켜고 우물의 바닥에 도달할 때까지 켜져 있는지 확인한 뒤에 안전하게 들어가야 한다. 촛불이 꺼져버리면 노동자의 목숨도 장담할 수 없다.

런던이나 파리와 같은 대도시에서는 인구 밀집도가 높아지면서 묘지가 포화 상태에 이르렀고, 머지않아 일부 교회 묘지는 공간 부족으로 인해서 지하로 내려갈 수밖에 없었다. 무덤은 점점 더 깊이 내려갔고, 규모가 가장 큰 무덤에는 관이 18개 정도 들어있었다. 관은 두 개씩 세로로 쌓여 있었는데, 무덤을 채우는 동안에는 구덩이를 메우지 않고 그대로 열어두는 것이 관행이었다. 그래서 묘지 근처에 사는 주민들이 시신 썩는 냄새가 난다며 불평하는 일이 많았다.

날씨가 더울 때는 악취가 더 고약할 수밖에 없었다. 부패가 시작된 시신은 여러 종류의 가스를 방출한다. 그중에는 이산화탄소, 메탄, 황화수소와 같이 구조가 단순한 가스도 있고, 불쾌한 냄새가 나며 구조도 더 복잡한 유기 가스 역시 있다. 푸트레신(1,4-디아미노부탄)이 바로 이런 유기 가스 중 하나다.

푸트레신은 오늘날 나일론을 만들기 위해서 인위적으로 합성하는데, 사실은 우리 몸속 세포에 의해서도 자연적으로 만들어진다. 체내에서는 적은 양만 만들어지는 이 유기 가스는 구취에 영향을 끼치기도 한다. 냄새가 좋지 않은 또 다른 유기 화합물은 카다베린인데, 이러한 화합물은 농도가 높으면 자칫 독성을 띨 수 있다. 따라서 무덤을 파

사우스뱅크(South Bank)에서 바라본 영국의 국회 의사당.
중앙 환기탑이 조명을 받고 있다.

는 사람들은 흙이 부분적으로 채워진 무덤이 안전하고 충분히 환기되었는지 확인하고 나서 들어가야 한다. 하지만 이런 안전 규정이 항상 잘 지켜지지는 않았기 때문에 사망 사건이 발생하기도 했다.

그중 하나는 1838년 9월에 토머스 오크스(Thomas Oakes)가 흙이 부분적으로 채워진 무덤 구덩이의 바닥에서 사망한 사례이다. 이 무덤 구덩이의 깊이는 무려 17미터가 넘은 데다, 엎친 데 덮친 격으로 오크스를 구하려고 맨 처음에 나선 젊은이 에드워드 러뎃(Edward Luddett)이 역시 구덩이 속으로 들어가자마자 사망하고 말았다. 결국, 두 사람의 시신은 밧줄과 동네 정육점 주인이 빌려준 고기용 갈고리로 겨우 꺼낼 수 있었다.

오크스와 러뎃의 죽음과 그 후에 이루어진 사인 규명에 관한 내용은 언론을 통해서 전국적으로 알려졌고, 이에 따라 시신을 매장하는 방법이 달라졌다. 무덤을 깊이 파는 것이 법으로 금지되었고, 1860년대가 되자 런던에 있는 묘지 대부분이 문을 닫았다. 시신은 하이게이트(Highgate) 묘지처럼 시외에 새로 생긴 묘지공원으로 옮겨졌다. 한편, 파리는 런던과는 다른 해결책을 선택했는데, 1780년대부터는 유해가 도시의 길 아래에 있는 지하 묘지로 옮겨졌다.[30]

환기가 심각한 문제로 떠오르면서 새로 짓는 건물은 전부 사람들이

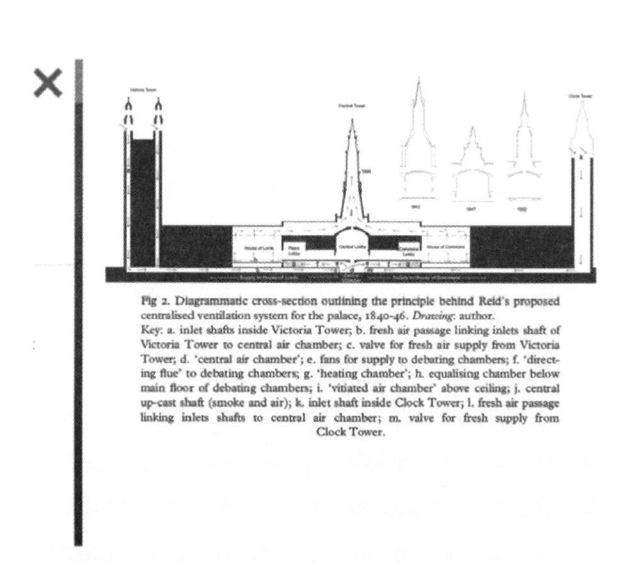

영국 하원 의사당(1840~1852년)의 역사적인 환기 시스템을 나타낸 그림(1840~1846년).
공기가 궁전의 양 끝에서 올라와서 빅토리아 타워부터
엘리자베스 타워(빅 벤(Big Ben))까지 거친 후에 중앙 타워를 통해서 배출된다.

숨을 편히 쉴 수 있게 신선한 공기를 제공하도록 설계되었다. 이러한 건물에서는 사람들이 내쉰 신선하지 않은 공기도 자연스럽게 환기할 수 있어야 했다.

1840년~1876년에 웨스트민스터 궁전을 새로 지었을 때 스코틀랜드 의사 데이비드 보스웰 리드(David Boswell Reid)는 이런 사실을 염두에 두었고 1840년대에 대규모 환기 시스템을 설계했다. 그의 디자인은 신선한 공기가 바닥 근처에 있는 환기구로 올라와서 회의실을 통과하게 했다. 이때 탁해진 공기는 천장에 있는 환기구로 올라간 뒤, 타워를 통과하여 대기 중에 배출된다. 이 디자인은 호흡에 관한 리드의 의학적인 시각에 바탕을 두었다. 하지만 안타깝게도 건축기술의 한계와 비용, 현직 정치인들의 견해가 궁전의 전체적인 디자인을 결정짓게 되었다. 1876년에 완공된 궁전에서 리드가 설계한 환기 시스템은 극히 일부분만 작동했으며, 심지어는 설치가 되지 않은 구역도 있었다. 당시 리드의 환기 시스템은 '외풍이 너무 심하게 들어오는 것으로' 여겨졌다.[31]

더러워진 공기와 미아즈마라는 개념은 현대 사회에서 '대기 오염'이라는 용어로 대체되었다. 대기 오염은 21세기에 탄생한 현상으로 여겨지지만, 사실은 이미 수백 년 넘게 존재해왔다. 빅토리아 시대에는 모든 가정집에 벽난로와 굴뚝이 있었는데, 이러한 장치는 신선한 공기를 많이 공급해주었기 때문에 환기에 큰 도움을 주었다. 하지만 겨울에는 오히려 실내 공기에 악영향을 주었는데, 난로에서 태운 석탄과 나무에서 굵고 짙은 연기가 많이 발생했기 때문이다.

산업혁명에서 석탄은 주요 동력원이었다. 거의 모든 도시의 공장 굴뚝 수십 개에서 온종일 연기를 뿜어냈고, 일렬로 다닥다닥 붙어 있는 가정집에서도 밤낮으로 불을 땠다. 그나마 바람이 부는 날에는 연기가 날아가 도시에 사는 사람들도 깨끗한 공기를 들이마실 수 있었다. 하지만 바깥 공기가 차갑고 정체되어 있을 때는 안개가 꼈는데, 이 안개는 공기 중의 매연과 섞여 우리가 흔히 '스모그'라고 부르는 짙은 혼합물을 만들어냈다.

스모그는 도시 위에 있는 따뜻한 공기층이 차가운 공기를 아래에 가두는 현상, 즉 '기온 역전'이 일어날 때도 발생했다. 빅토리아 시대의 런던에서는 황의 함유량이 높은, 저렴하고 품질이 떨어지는 석탄을 태웠기 때문에, 스모그에도 역시 그을음(탄소)뿐만 아니라 이산화황 같은 성분이 포함되어 있었다. 이 같은 이유로 런던의 스모그는 녹색 혹은 노란색을 띠었으며, 녹색이 나는 짙은 스모그에는 '농무(濃霧)'라는 별명이 붙기도 했다. 당시에 런던에서는 스모그 때문에 공기에서 유황 냄새가 났던 것은 물론이거니와 입에서 금속성 맛이 나거나 눈, 코, 입이 불편해지기도 했다. 눈에서는 마치 양파 껍질을 벗길 때처럼 눈물이 났고, 담배마저도 기분 좋게 피울 수 없었다. 만성 호흡기 질환이 있는 사람들은 숨쉬기가 더욱 고통스러웠으며, 증상이 특히 심각하게 나타났던 사람들은 일찍 죽음을 맞이하기도 했다.

스모그가 지나치게 자주 발생하자 대중들이 먼저 행동에 나섰다. 영국의 산업화된 도시 대부분에서 굴뚝 연기를 규제(Smoke Abatement)하려는 단체들이 새로이 만들어졌다. 이러한 초기의 환경운동가들은 모두를 위하여 연기가 섞이지 않은 공기를 되찾아오는 것을 목표로 삼고 캠페인을 벌였으나 그 인원이 소수에 불과했다. 그들이 지지를 받지 못한 이유는 대다수가 스모그보다는 자신의 일자리를 걱정했기 때문이다. 지역에서 일자리가 가장 많은 곳은 대체로 공장과 관련이 있었으므로 그 당시의 사람들은 대부분 다음과 같이 생각했다. "노동자들은 제조업체가 박해를 당하기 시작하는 모습을 보면 후회하게 될 것이다. 제조업체가 도시에서 내쫓기면 노동자가 먹을 빵이 어디서 오겠는가?"[32]

정부는 이 문제에 관심이 없었다. 그들이 생각하기에 공기를 깨끗하게 유지하는 일은 지역 정부나 지방 의회가 해결해야 할 일이었다. 정부의 이런 태도는 대기 오염 통제를 더욱 어렵게 만들었다. 도시의 연기는 여러 행정 구역을 넘나들었으며 지역 정부의 관할권 밖에서 날아오는 경우도 많았다. 결국, 1914년에 영국에서 전국 단위의 조치가 취해지는 듯했다. 하지만 때마침 제1차 세계대전이 발발했고, 전쟁이 산업화되었을 때 아무런 조치도 취해지지 않았다.

커다란 연기 구름

대기 오염은 결코 새로운 현상이 아니다. 런던은 지리적인 위치와 기후로 인해서 도시가 주기적으로 정체된 공기에 뒤덮이곤 했다. 이런 환경에서는 연기가 공기 중에 그대로 머무르게 된다. 이와 같은 현상은 사람들이 석탄을 태우기 시작했던 13세기부터 나타났다. 1600년대에도 런던의 공기가 나쁘기는 했으나, 1900년대에 들어서면서 스모그는 본격적으로 건강에 해를 끼치기 시작했다.[33]

런던 스모그의 위력은 1952년에 정점을 찍었다. 런던은 4일 동안 밤낮으로(12월 5일 금요일부터 9일 화요일까지) 짙은 황록색 스모그에 갇히고 말았다. 당시에는 시계(視界)가 불과 몇 미터밖에 되지 않아 차를 운전하는 속도보다 걷는 속도가 더 빠를 판이었다. 심지어 도보 이용자들도 자신의 발밑이 보이지 않아 통행에 어려움에 겪었다. 그들은 인도와 차도 사이에 있는 연석(緣石)에 걸려서 넘어지지 않기 위해 빙 둘러서 걸어가야 했다. 런던 시민들은 호흡에 어려움을 겪었으며 (비록 아무 소용도 없었지만) 마스크를 쓰거나 손수건을 입에 대고 숨 쉬는 이들도 나타났다.

1952년에 스모그가 발생하자 런던에 있는 병원은 호흡기 문제로 찾아오는 환자들로 북새통을 이루었다. 15만 명이라는 런던 역사상 유례없는 수의 호흡기 환자들이 병원에 입원했고, 이중 약 1만 2,000명이 목숨을 잃었다. 사람들의 건강을 악화시킨 것이 황색의 짙은 스모그에 들어있는 유독한 기체 혼합물이라는 사실이 금세 밝혀졌다. 이러한 끔찍한 사망률로 인해서 정부와 의회는 행동에 나서야 했고, 1956년에 엘리자베스 2세 여왕이 '대기 오염 방지법(Clean Air Act)'을 제정하기에 이른다. 이 공해 방지법은 반대하는 사람들이 많았기 때문에 특별 위원회를 어렵게 통과했으며, 평의원들의 지지가 요구되기도 했다. 보수당 내각은 끝까지 회의적인 반응을 보였다. 하지만 결과적

1952년 12월 8일에 런던에 스모그가 짙게 깔린 동안
교통 통제를 하기 위해서 조명탄을 사용하는 경찰관.

으로 대기 오염 방지법이 통과됨으로 인해 인구 밀집 지역에서는 무연탄만 사용할 수 있게 되었다.

스모그의 정확한 구성 성분은 최근에야 밝혀졌다. 최신 연구에 따르면, 공기 중에 침투한 황이 황산염을 형성하며 주변에 있는 아산화질소가 황산염에 촉매로 작용한다고 한다. 여기에 높은 습도, 낮은 온도, 안개의 큰 물방울이 만나면 짙은 스모그가 완성된다.[34] 스모그가 짙게 깔리면 안개와 스모그 속 황산 농도가 상당히 높아지는데, 1952년에 기록적인 스모그에 노출된 런던 시민들은 이 산(酸) 때문에 폐에 화상을 입었다. 오늘날 중국과 인도의 대도시에서 주로 볼 수 있는 스모그는 과거의 스모그와 구성 성분은 같지만 훨씬 더 광대하고 더 치명적이다. 중국과 인도에서는 매년 수십만 명이 스모그 때문에 목숨을 잃는다.

2019년에 세계보건기구(WHO)가 발표한 자료에 의하면, 매년 대기 오염으로 인한 사망자가 700만 명에 달한다. 이는 뇌졸중이나 폐암, 심장 질환으로 인한 사망자의 3분의 1을 차지하는 경악스러운 수치임에도 불구하고, 어린아이들의 90% 이상이 매일 유독한 공기를 들이마시고 있다. 오늘날 유럽에서는 석탄을 태우는 산업에서 배출되던 황 대신, 아산화질소와 교통으로 인하여 발생한 나노 크기의 탄소 입자가 공기 오염 문제를 일으키고 있다. 이러한 오염 물질은 자동차, 벤, 버스, 트럭과 같이 휘발유와 디젤로 작동하는 교통수단의 배기관을 통해서 공기로 배출된다.

이처럼 오늘날에도 도시에 사는 사람 대부분이 오염된 공기를 마시며, 그중에서도 어린아이들이 더러운 공기에 가장 취약하다는 사실은 큰 비극이다. 정치적인 우선순위와 예상하지 못한 결과 때문에 여전히 이런 일이 벌어지고 있다.

1990년대에 휘발유에 첨가된 납이 어린이의 신경에 특히 해롭다는 사실이 밝혀지자 전 세계적으로 납을 첨가한 휘발유의 생산이 중단되었고, 2000년대 초에는 휘발유에 납을 첨가하는 행위 자체가 전 세계적으로 금지되었다. 그런데 이런 조치는 안타깝게도 교통으로 인한 대기 오염이 더는 걱정거리가 아니라는 인상을 사람들에게 심어주고 말았다. 스모그가 예전처럼 자주 나타나지 않았기 때문이다.

그러다가 '지구 온난화'나 기후 변화에 관한 걱정이 수면 위로 떠오르기 시작했다. 특히나 우려스러운 부분은 대기 중에 있는 이산화탄소의 농도를 너무 높이는 바람에 '온실 효과'가 나타나 기온이 상승했다는 점이었다. 지구촌 모든 곳의 기온이 재앙에 가까운 수준으로 상승함에 따라 극지방의 빙원이 녹았으며, 기후와 날씨의 패턴에 변화가 생겼다. 지구가 위험에 처한 것이다. 따라서 1990년대 후반에는 대기 중 이산화탄소의 농도를 낮추고 오존층을 복구하는 문제가 우선순위 높은 사안이 되었다.

최근까지 공기 중에 있는 이산화탄소(농도 0.04%)의 대부분은 지질학적인 풍화 작용과 인간의 호흡 때문에 생성되었다. 물론 동물이 내쉬는 숨도 수십억 년 동안 이산화탄소의 양을 늘리는 데 일조했다. 대기 중에 있는 탄소는 식물이 고정하고, 수역이 격리하며, 암석에 침전되어 탄산염이 된다. 이러한 탄산염은 지표면 아래에 가둬지고 매장된다.

우리가 발전, 난방, 교통수단의 운행을 위하여 불태우는 천연가스, 석탄, 석유는 전부 분해된 유기 물질로부터 생성되었다. 이때 말하는 유기 물질은 재순환되지 않고 지표면 아래에 묻혔던 동물의 사체, 죽은 식물, 미생물을 말한다. 전 세계적으로 산업화가 일어나면서 소위 '화석 연료'라고 불리는 유기 물질을 마구 태우게 되는 바람에, 그 어느 때보다도 많은 양의 이산화탄소가 대기 중에 방출되는 실정이다. 산업으로 인해 발생하는 이산화탄소의 양은 지구가 격리할 수 있는 자연적인 이산화탄소의 양보다 많다.

따라서 사람들은 이산화탄소의 배출량을 줄이기 위해서 휘발유보다 디젤(경유)을 선호하게 되었다. 디젤 엔진은 휘발유로 작동하는 엔진보다 적은 양의 탄소를 공기 중으로 방출하였으므로, 많은 이들이 디젤 차량으로 갈아탔다. 디젤유와 디젤 자동차는 세금도 덜 들었기 때문에, 금세 전 세계적으로 모든 자동차 제조업체가 홍보하는 인기 자동차가 되었다. 물론, 길거리에는 이미 트럭과 버스 같은 대형 디젤 자동차가 많이 다니고 있었다. 21세기 초가 되자, 휘발유 엔진은 언제라도 지구상에서 사라질 것만 같았다. 그 누구도 디젤 자동차가 내뿜는 매연이 대기 오염을 악화시킬 것이라고는 예상하지 못했다(아니면 사람들이 이런 예상을 모른 체했거나). 디젤 엔진은 추가적인 오염 물질을 아주 미세한 크기의 탄소 입자 형태로 공기 중에 방출한다.

오늘날 디젤 자동차와 택시는 교통으로 인한 대기 오염의 가장 큰 원인으로, 전 세계적으로 대기 오염의 약 35%를 차지한다. 디젤 연료는 휘발유만큼 효율적으로 연소하지 않기 때문에 탄소 미립자가 생성되는데, 자동차 배기관에서 뿜어져 나오는 검은색 연기가 바로 그것이다. 최근의 디젤 자동차에는 크기가 상대적으로 큰 연기 미립자를 제거하기 위한 필터가 설치되어 있다. 하지만 크기가 더 작은 미립자들은 필터를 지나 공기 중으로 빠져나간 뒤 그대로 떠다니게 되며, 이 공기를 마시는 사람은 폐 속 깊숙이 이런 미세한 입자들을 들이마시게 된다. 안타깝게도, 미립자들은 폐의 축축한 환경 때문에 날숨에 딸려 나오는 대신 폐 속에 침전된다.

폐 속에 침전된 이런 미립자들은 PM10과 PM2.5라고 불린다. PM10은 크기가 2.5~10마이크론인 굵은 미립자(미세먼지)고, PM2.5는 크기가 2.5마이크론 이하인 고운 미립자(초미세먼지)로, 1마이크론은 1밀리미터의 1천 분의 1에 해당한다. 크기가 정말 작은 미립자들은 나노 입자라고 불리는데, 1나노미터는 무려 1마이크론의 1천 분의 1에 해당한다. 이런 나노 입자들은 혈액으로 침투해서 체내 어디로든 운반되고 침전될 수 있다. 배기가스에 노출된 시간이 길수록 폐와 조직에 쌓이는 탄소 미립자의 수도 많아지게 되며, 흡연자의 경우에는 여기에 담배 연기에 들어있는 탄소 미립자(타르)까지 섞이게 된다.

무연 휘발유의 등장에 이어서 새로 만들어진 모든 자동차에 촉매 변환 장치가 설치되었다. 이 장치 덕택에 사람들은 오염된 공기를 조금은 덜 마실 수 있게 되었다. 자동차의 엔진과 배기관 사이에 위치한 촉매 변환 장치는 대기 오염의 주범인, 엔진의 유독 가스를 감소시키는 역할을 한다. 도자기와 금속으로 만들어진 간단한 매트릭스로 구성된 이 장치는, 엔진이 내뿜는 배기가스를 거른 뒤 자동차 뒤쪽에 있는 배기관으로 내보내게 한다. 매트릭스에 쓰이는 금속은 백금이나 알루미늄이며, 이런 금속은 연료 속 연소하지 않은 수소와 탄소를 공기 중에 있는 일산화탄소와 산소와 결합시키는 촉매로 작용해 이산화탄소와 물을 생성한다. 변환 장치는 질소 산화물(NOx)을 질소와 일산화탄소로 분해하기도 하는데, 장치가 100% 효율적인 것은 아니라서 미처 변환되지 않은 배기가스가 공기 중으로 방출되기도 한다.

오늘날에는 이런 변환 장치에도 불구하고 자동차의 수가 너무 늘어나는 바람에 질소 산화물의 농도가 오히려 높아지는 등 문제가 되고 있다. 이제 질소 산화물은 천식과 같은 호흡기 질환을 악화시키며, 특히 어린이의 건강에 영향을 끼치는 유해물질로 평가받는다. 해가 나고 구름이 없는 날씨에는 추가적인 태양 복사열이 이 질소 산화물을 이용하여 오존 가스를 만들어내는데, 문제는 이 오존이 폐를 추가로 손상시킨다는 것이다. 도시에 사는 이들은 꼼짝 없이 가스가 포함된 공기를 마실 수밖에 없는데, 오존은 아무런 맛이 나지 않으며 귀에 들리거나 눈에 보이지도 않는 물질이기 때문이다. 최근에 일어난 코로나19 팬데믹으로 인해서 도로에 차가 다니지 않을 때 어떻게 되는지 알 수 있었다. 정부가 실시한 자가격리 기간이 긴 지역에서는 대기 오염 수치가 급격하게 떨어진 것으로 나타났다.

천식과 만성 폐쇄성 폐질환은 증기, 가스, 먼지, 매연을 흡입해서 생기는 대표적인 호흡기 질환이다. 업무 현장에서는 이 네 가지 기체에 노출되어 걸리는 다른 호흡기 질환도 많은데,[35] 여기에는 특발성 폐섬유증(IPF), 폐포 단백질증(PAP), 과민성 폐렴(HP), 유육종증, 결핵과 같이 우리에게 낯설면서도 다양한 호흡기 질환이 포함된다. 빵집에서 밀가루 먼지를 들이마시거나 농장에서 건초 먼지를 들이마시면 '제빵사 폐' 또는 '제빵사 천식'이나 '농부 폐'라는 이름의 병으로 이어질 수 있다. 새똥에 노출되면 '새 사육가 폐' 또는 앵무병이라고 불리는 질병에 걸릴 위험이 있고, 페인트 살포, 금속 용접 등의 일을 하면 폐 질환과 숨 가쁨이 찾아올 우려가 있다. 베릴륨 중독증처럼 최근에서야 알려진 호흡기 질환도 있다. 이 중독증은 원소 베릴륨(Be)의 금속성 먼지를 들이마실 때 걸리는 병이지만, 정작 베릴륨의 독성은 1940년대 전에는 드러나지 않았다. 베릴륨 중독증에 처음 걸린 것으로 기록된 환자 중 한 명은 미국의 핵물리학자 허버트 앤더슨(Herbert L. Anderson)이으로, 그는 맨해튼 프로젝트(Manhattan Project)를 진행하다가 베릴륨에 노출되었다.

이런 미립자들은 대부분의 사람이 숨을 쉬는 방식에 변화를 주지 못한다. 하지만 이러한 환경에 만성적으로 노출될 경우 폐의 깊은 곳, 특히 공기와 혈액 사이에 산소와 이산화탄소를 교환하는 연약하고 얇은 세포막이 손상될 수 있다. 오늘날 도로나 교통 중심지 근처에 사는 많은 사람은 이런 미립자들이 폐에 천천히 쌓이고 있으므로 언젠가 호흡기 질환에 걸릴지도 모른다. 호흡 장애는 도로 근처에 사는 사람들, 특히 어린이에게서 점점 더 흔하게 나타나는 추세이며, 이 때문에 주요 도로 근처에 있는 학교의 문을 닫거나 학교를 나무로 에워싸는 방안이 제시되었다. 아예 도로를 학교에서 멀어지도록 재편하는 방법도 나왔다.

앞으로 전기차 시장이 더 커지게 되면 이러한 대기 오염 문제는 점차 줄어들 것이다. 하지만 모든 입자성 물질이 그러하듯이, 이런 미립자들 역시 한번 들이마셔서 폐와 조직에 안착이 되고 나면 체내에서 평생 배출되지 않는다.

미아즈마와 빅토리아 시대에 활약했던 '위생을 위한 환기'라는 개념은 오늘날 더는 주목받지 못한다. 오늘날 우리는 외풍을 막기 위해서 유리창에 유리를 두세 겹씩 끼우고, 문틈으로 바람이 새어 들어오지 않도록 문의 크기를 정확하게 맞추며, 매캐한 연기를 뿜어내던 개방형 굴뚝이 없는 세상에 살고 있다. 우리는 '조절되고', 필터로 걸러지고, 온도가 맞춰진 공기를 들이마신다.

반면 우리는 도시를 돌아다니며 질소 산화물, 오존, 미립자들을 마신다. 옛날과 비교해서 현대인이 이런 미립자와 '더러운 공기'를 흡입하는 양은 때에 따라 줄기도, 또는 늘기도 했다. 공공장소에서 흡연이 금지된 국가들도 더러 있는데, 이런 곳에서는 사람들이 들이마시는 미립자의 수도 줄었을 것이다. 하지만 사실 들숨에는 꽃가루, 진균 포자, 피부 세포, 먼지와 같은 자연적인 미립자도 들어있으며, 우리는 이러한 미립자들과 오랫동안 함께 살아왔다.

대기 중의 이산화탄소 농도는 너무 낮아서 호흡에 영향을 주지 못한다. 하지만 열을 가두는 다른 화학적인 특성 때문에 사람에게 치명적인 가스가 될 수 있다. 인류는 탄소로 인한 오염을 줄이려고 노력하고 있다. 두 종류의 탄소 가스(일산화탄소와 이산화탄소)와 자동차 배기관에서 공기 중으로 배출되는 탄소를 포함한 미립자 물질은 큰 문제이며, 대기 오염은 후손들의 건강에 가장 큰 위협 요소로 자리 잡았다.

빅토리아 시대 이후로 신선한 공기를 마시는 것은 더는 당연한 일이 아니게 되었다. 농경 사회에서 산업 사회로 변화하면서 도시 인구가 폭발적으로 증가하자, 한때 당연시되었던 깨끗한 공기는 대도시에서 구하기 어려워졌다. 다량의 신선한 공기를 찾을 수 있는 지역은 해발 고도가 높은 지역이나 극지방, 넓은 바다, 사람이 살지 않는 사막으로 국한되었다. 해발 고도가 높은 곳에서 살게 되면 여러 가지 신체적인 문제가 발생하지만, 인류는 이러한 문제를 서서히 극복해냈다. 오늘날 수백만 명이 고도가 높은 곳에서 살아가고 있다.

조제프 뒤크뢰(Joseph Ducreux)의 '자화상', 1783년, 캔버스에 유화.
하품하면 입을 크게 벌리고 숨을 크게, 천천히 들이마시게 된다.
하품하다가 팔을 쭉 뻗어서 기지개도 켜게 되는 경우가 많다.
하품은 전염성이 있어서 하품하는 사람을 보면 자기도 하품이 나온다.

2부
Breathing

Breathing

5

질식: 산소호흡기의 발명

● 호흡은 우리가 당연하게 여기는 활동이다. 사람들은 자연스러운 리듬에 맞춰서 숨을 쉴 때 가장 편안함을 느낀다. 하지만 이러한 리듬이 깨지는 경우가 여럿 있는데, 그중 하나가 바로 몸을 많이 움직일 때다.

우리는 계단을 오른 뒤 숨을 약간 헐떡이거나 짧은 거리를 뛰고 나서 숨을 몰아쉰다. 하지만 이런 숨 가쁜 느낌은 금방 사라지며, 대체로 1분 정도의 시간이 지나면 호흡이 정상적인 리듬으로 다시 돌아온다. 어느 새 우리는 숨이 가빴다는 사실조차 조용히 잊어버린다. 한편, 직장에서 일할 때나 아침에 커피숍에서 줄 서 있을 때 자기도 모르게 하품이 나오는 경우가 있는데, 이때도 호흡의 리듬이 일시적으로 달라지는 것뿐이므로 크게 걱정할 필요는 없다.

반면에 소아마비에 걸려 숨 쉬는 일이 어려워지거나 목숨이 위태로워지는 경우도 있으며, 만성 폐쇄성 폐질환이나 폐쇄성 수면 무호흡증으로 인해 호흡에 장애가 생기기도 한다. 그럼에도 발명가와 과학자들의 기발함 덕택에, 우리는 깨어 있을 때나 자고 있을 때, 심지어 의식이 없을 때도 편히 숨 쉴 수 있도록 도움을 주는 여러 가지 방법을 개발했다. 이러한 결과물은 제1차 세계대전 때 과학자들이 가스 병기와 같이 호흡을 '방해'하는 방법을 개발한 것과 대조를 이룬다.

비정상적인 호흡

불규칙한 호흡의 여러 형태 중에서 우리 모두가 한번쯤은 경험한 적이 있는 호흡이 바로 딸꾹질이다. 몇 분 만에 끝나는 딸꾹질은 조금 불편한 해프닝으로 끝나지만, 딸꾹질이 더 길어지면 이야기가 달라진다. 심한 딸꾹질은 개인의 행복에 지장을 주는 것은 물론, 사회적 고립으로 이어질 우려도 있다. 사람이 많은 곳에서 딸꾹질을 크게 하면 그들이 동료, 친구, 가족이더라도 짜증을 낼지 모른다. 게다가 주의를 흐트러뜨리기 때문에 딸꾹질을 하는 동안에는 다른 것에 집중하기가 어렵다. 그러니 미국 아이오와주에 살았던 찰스 오스번(Charles Osborne)이 얼마나 힘들었을지 한번 상상해 보라. 『기네스 세계 기록(Guinness World Records)』에 따르면 오스번은 무려 68년 동안 딸꾹질을 했다고 한다. 그의 딸국질은 28세였던 1922년에 가벼운 뇌 손상을 겪으면서 시작되었고, 세상을 뜨기 1년 전인 1991년에 알 수 없는 이유로 멈추었다고 한다.

건강할 때는 몇 분 동안 숨이 차더라도 생활하는 데 지장이 (거의) 없다. 하지만 건강하지 않다면 전혀 움직이지 않았거나 고작 몇 미터를 걸었다 해도 숨이 차오를 수 있다. 안타깝게도 숨 가쁨은 여러 질환에서 나타나는 증상 중 하나이며, 병에 걸렸을 때 나타나는 숨 가쁨 또는 호흡 곤란(dyspnoea: '호흡이 어려움'을 뜻하는 그리스어에서 온 의학 용어) 증상은 건강에 큰 타격을 입힌다.

호흡 곤란이 오면 마치 방 안에 공기가 충분하지 않은 것처럼 느껴진다고 하여 '공기 기아(air hunger)'라는 표현을 사용하기도 한다. 격한 활동으로 인하여 숨이 찬 것과는 다른 느낌으로 질식하는 것 같은 아주 불쾌한 기분이 든다고 하는데, 정작 이러한 기분을 직접 경험한 사람들은 저마다 증상을 다르게 표현한다. 숨을 너무 많이 들이마시게 된다는 사람도 있고, 숨을 충분히 들이마시기 어렵다는 사람도 있다. 심호흡하거나, 숨을 헐떡이거나, 질식하는 것 같다고 하거나, 목이나 가슴이 답답하다고 호소한 사람도 있다.[1]

장기적 또는 만성적으로 숨이 가쁜 증상은 폐 혹은 심장 질환과 연관되어 있을 가능성이 있어, 원인을 밝히는 일이 항상 쉽지는 않다. 숨이 가쁜 증상이 나타나는 가장 흔한 병은 만성 폐쇄성 폐질환(COPD)이다. 이 질환은 건강상의 여러 가지 문제가 뒤섞여 있는 질병이며 그 심각성에 따라서 증상이 다양하게 나타난다. 만성 폐쇄성 폐질환은 흡연과 관련이 깊은데, 대체로 담배를 수년 동안 피우다 이 질병에 심하

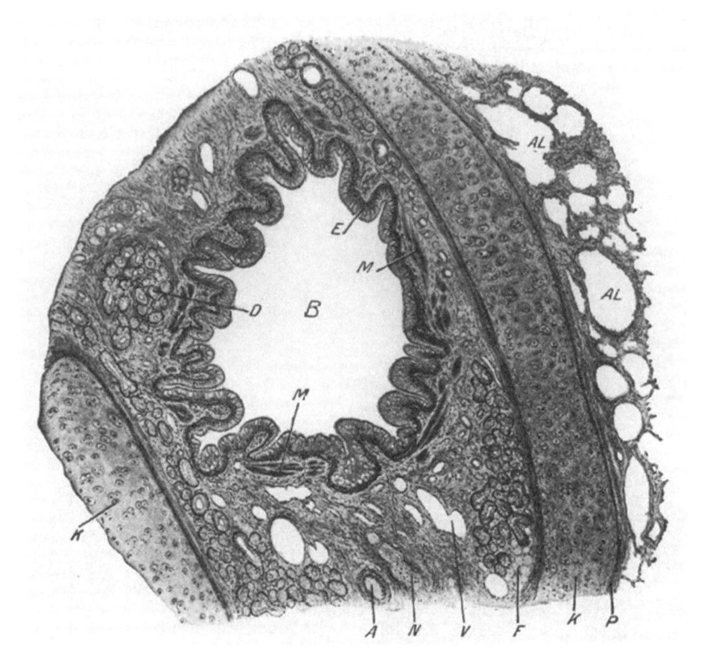

사람의 세기관지를 30배로 확대한 횡단면.
반 유연한(semi-flexible) 모양을 볼 수 있다.
B: 기관지 또는 기도, AL: 허파꽈리, K: 연골, M: 윤상근, E: 섬모 상피.
『핵심 조직학(1943년)』에 실린 삽화.

게 걸린 이들은 몸이 약해질 정도의 호흡 곤란을 호소한다.

흡연은 폐를 대대적으로 망가뜨려서 폐 공기증을 유발한다. 폐 공기증은 폐에 커다란 빈 공간이 생기는 질병으로, 산소가 폐를 거쳐서 혈액으로 운반되는 과정을 방해한다. 만성 폐쇄성 폐질환에 심하게 걸린 환자는 쉬고 있을 때도 산소를 추가로 공급받아야 하는 경우가 많은데, 보통 코에 끼우는 마스크나 비강 캐뉼러를 이용한다.

흔히 접할 수 있는 또 다른 호흡기 질환은 바로 천식이다. 천식에 걸리면 주로 숨이 차는 증상이 나타나는데, 오늘날에는 천식 유발 요인을 멀리하고 흡입기를 사용함으로써 천식을 스스로 관리할 수 있다. 이처럼 관리가 수월해진 덕분에 지난 30년 동안 유럽에서 천식으로 사망한 환자의 수는 급격하게 감소했다. 우리는 이제 단기적으로, 그리고 장기적으로 천식의 증상을 약으로 다스리는 방법을 더 많이 알고 있다.[2] 환자의 나이가 어릴 경우 대체로 치명률이 낮으며, 나이가 들고 나서 천식을 앓으면 만성 폐쇄성 폐질환이나 심장병과 같은 합병증이 나타나는 경우가 많다.[3]

천식은 기원전 2세기부터 인간에게 알려진 병이다. 기원후 1세기에 살았던 카파도키아(Cappadocia) 출신의 그리스 의사 아레타에우스(Aretaeus)는 천식 발작에 관해서 처음으로 글을 남겼다.[4] 중세 시대에는 세파르디(Sephardi) 유대인 철학자 모세스 마이모니데스(Moses Maimonides, 1136~1204년)가 천식에 관해서 「천식의 고통과 맞서는 책(Tractus contra passionem asthmatis)」이라는 논문을 썼는데, 그는 이 논문에서 기후, 식단, 천식의 관계를 설명했다. 마이모니데스는 깨끗한 공기가 건강에 좋다고 앞서 주장한 사람 중 한 명이기도 했다.

이후 18세기 전까지는 천식을 진지하게 연구하는 사람이 없었다. 그러다가 1769년에 영국 의사 존 밀러(John Millar)가 『천식과 백일해에 관하여(Observations on the Asthma and on the Hooping Cough)』라는 책을 출판했다. 이 책에는 천식의 주요 증상이 실려 있는데, 가장 대표적인 증상은 바로 '호흡의 어려움'이었다(밀러는 천식과 백일해가 증상이 비슷하다고 생각했다). 그는 이 책을 샬럿 왕비(Queen Charlotte)에게 바치며 천식은 아이들이 많이 걸리는 질병이라고 설명했다.

밀러가 책에서 언급한 또 한 명의 군주는 바로 오렌지 공 윌리엄 3세(William of Orange, 1650~1702년)이다. 이 왕은 평생 천식을 심하게 앓았는데, 밀러는 왕이 1690년에 보인 전투(Battle of the Boyne)에서 다친 어깨의 궤양을 치료하자 천식 증상이 없어졌다고 주장했다. 그 당시에는 사혈(瀉血)이 모든 질병을 치료하는 데 쓰였는데, 피를 흘리면 몸 속 네 가지 체액의 균형이 다시 맞춰진다고 생각했기 때문이다. 천식 역시 이런 체액의 불균형으로 인해서 나타난다고 여겨지던 시절이었다.

윌리엄은 나이가 들면서 천식이 나아질 방법을 찾으려고 애썼다. 그래서 메리 왕비(Queen Mary)와 함께 런던 웨스트민스터의 소택지(沼澤地)에 있던 집에서 햄프턴 코트 궁전으로 거주지를 옮겼다. 1702년 2월의 어느 날, 윌리엄은 말을 타다가 땅에 떨어졌는데, 두더지가 파 놓은 흙 두둑에 말의 발이 걸려 넘어졌기 때문이다. 낙마하면서 빗장뼈가 부러진 윌리엄은 근처에 있는 켄싱턴 궁전으로 즉시 옮겨졌으나 안타깝게도 휴식을 취하다가 감기에 걸렸고, 감기는 천천히 폐렴으로 진행되었다. 결국 윌리엄은 같은 해 3월 8일 51세의 나이로 세상을 떠났다. 그가 마지막으로 남긴 말 중에 알아들을 수 있었던 것은 "나는 끝을 향해 나아가고 있다."였다. 왕의 시신을 부검한 결과, 왼쪽 폐는 "고름과 거품이 떠 있는 림프액"으로 가득 차 있었다고 한다.

여러 신경 질환이 호흡에 영향을 끼치는데, 상대적으로 숨이 가쁜 느낌을 동반하는 경우가 많다. 폐의 호흡근을 조절하는 신경이 타격을 입으면 호흡에 변화가 생기는데, 이러한 현상은 근육이 쇠약해지는 근육 위축증에 걸렸을 때 나타난다. 호흡근이 힘을 못 쓰고 약해지면 숨쉬기가 어려워지고, 호흡 작용이 산소화 과정을 유지하기에 충분하지 않을 때, 호흡근이 기능을 상실하여 숨이 멈추고 호흡 곤란으로 죽음에 이르는 것이다.

호흡을 어렵게 만드는 또 한 가지 질병은 급성 신경 질환인 길랭-바레 증후군이다. 이 질병은 프랑스 신경학자 조지 길랭(Georges Guillain), 장 알렉산드르 바레(Jean-Alexandre Barré), 앙드레 스트롤(André Strohl) 세 사람의 이름을 땄다. 이들은 1916년에 제1차 세계대전이 일어나는 동안 프랑스 제6군에서 복무하면서 군인 두 명이 보이는 특이한 증상을 처음으로 묘사했다.

허리 천자(穿刺) 기술의 초기 선구자이기도 했던 세 의사는 허리 천자로 채취한 환자의 뇌척수액 검체를 이용해서 진단을 내렸다. 시간이 흐르자 '스트롤'은 이 증후군의 이름에서 사라지고 말았다.[5] 길랭-바레 증후군은 제2차 세계대전이 발발하기 전까지 상대적으로 주목받지 못했다. 그러다가 워싱턴에 있는 미 육군 병리학 연구소(Armed Forces Institute of Pathology)에 길랭-바레 증후군으로 사망한 군인들의 검체 약 50개가 수집되었다. 검체는 미국 전역에 있는 여러 군 병원에서 온 것이었다.

길랭-바레 증후군은 인체에 드물게 나타나는 자가면역질환이다. 이 증후군에 걸리면 신체에서 건강한 신경을 공격하며 금세 근육이 약해지는 증상이 나타난다. 처음에는 사지에 감각이 없고 얼얼한 느낌이 들다가 결국에는 마비가 온다. 환자의 25%는 뇌신경이 공격을 받기 때문에 호흡을 유지하기 위해 호흡 보조 장치의 도움을 받아야 한다. 길랭-바레 증후군에 걸려도 완치되는 경우는 많지만, 환자의 약 10%는 호흡에 문제가 발생하여 목숨을 잃는다.[6]

독감 바이러스가 길랭-바레 증후군의 원인으로 의심되는 사례들도 있었다. 1976~1977년에 독감이 유행할 당시 길랭-바레 증후군에 걸린 환자의 수가 급증했던 것이다. 1976년 초에 '돼지 독감'이 연말에 유행할 것이라는 추측이 있었고, 약 4,500만 명이 독감 백신을 접종했다. 그런데 길랭-바레 증후군이 미국에서만 약 1,100건이 돌연히 나타나면서 미 당국이 조사에 나섰고, 이후 백신과의 연관가능성이 제기되었다. 급히 백신 접종을 중단하자 길랭-바레 증후군에 걸리는 환자가 더는 나오지 않게 되었다.

하지만 이런 발 빠른 대응에도 불구하고, 백신이 길랭-바레 증후군 환자들의 사망 원인이었을 가능성이 있다는 사실이 알려지면서 대중은 격렬하게 항의했다. 이 사건과 관련해 미국 연방 정부를 상대로 무려 4,000건, 총 30억 달러어치의 손해배상 청구 소송이 제기되었다. 하지만 미 법무부가 피고를 변호했고, 원고들은 결국 질병 치료비만 받을 수 있었다. 결과적으로, 정부가 배상해야 할 금액은 수천만 달러로 줄어들었다.

이 시기에 길랭-바레 증후군 환자가 폭발적으로 증가했다는 사실 자체를 의심하는 사람은 없다. 하지만 이 현상이 진정 백신 때문이었는지, 혹은 순전히 우연이었는지는 여전히 명확히 밝혀지지 않았다. 심지어 오늘날 백신이 안전하며 여러 질병으로부터 완전하게 보호해준다는 확고한 증거가 있음에도, 소수의 대중은 여전히 회의적인 태도를 보이고 있다. 이러한 불신 때문에 홍역이나 소아마비 바이러스 등의 감염률이 전파를 차단할 수 있을 만큼 떨어지지 않아 오늘날까지 근절이 어려운 상황이나.

토니 벤(Tony Benn)이라는 이름으로 더 유명한 영국 노동당 소속 정치인 앤서니 닐 웨지우드 벤(Anthony Neil Wedgwood Benn, 1925~2014년)은 정당에서 정치적으로 유달리 격변의 시기를 보냈던 50대의 나이에 길랭-바레 증후군에 걸렸다. 벤은 급히 병원에 입원했는데, 이 때문에 누군가가 그를 독살하려 했다고 주장하는 이들도 있었다. 다행히 벤은 목숨을 건졌지만 석 달 동안 정치를 내려놓고 쉬어야 했다. 이 사건으로 벤은 평생 귀가 약간 먹은 채로 살아야 했으며 가끔 균형을 잃고 비틀거리기도 했다. 잘 모르는 사람이 보면 술에 취해서 휘청거리는 것처럼 보였을 것이다(토니 벤은 술을 전혀 마시지 않는 사람이었다). 이런 건강상의 어려움에도 불구하고 벤의 정치 경력은 이어졌고, 88세의 나이로 생을 마감했다.

뇌간에 부상을 입을 경우 인공호흡기를 이용하여 호흡해야 할 수도 있다. 호흡근이 마비되었기 때문이다. 때로는 환자가 며칠이나 몇 주 뒤에 의식을 천천히 되찾았음에도 여전히 사지를 움직이지 못하는 경우도 있다. 호흡을 의식적으로 조절하는 능력은 아직 돌아오지 않았으나, 호흡기 없이 자연스럽게 호흡하는 능력은 되찾은 덕분이다. 이러한 환자는 호흡을 자동으로 조절할 수는 있지만 자발적으로 조절하기는 어려우며 아직 말도 하지 못한다. 목소리를 내는 일 역시 자발적인 조절 능력에 해당하기 때문이다. 이때 유일한 의사소통 방법은 눈동자를 움직이거나(눈을 위아래로 움직임) 눈을 깜빡거리는 것(예를 들면, 눈을 한 번 깜빡이면 '예', 두 번 깜빡이면 '아니오'를 뜻함)이다.

1966년에 프레드 플럼(Fred Plum)과 제롬 포스너(Jerome B. Posner)가 '감금 증후군(LIS: locked-in syndrome)'이라고 이름 붙인 이 질환은 가성 혼수라고도 불린다.[7] 감금 증후군을 처음으로 언급한 의학 논문은 1875년에 프랑스 의사 다롤레스(M. Darolles)가 발표한 것으로, 알렉상드르 뒤마(Alexandre Dumas, 1844~1845년)의 유명 소설 『몽테크리스토 백작』에도 등장했다. 소설 속 등장인물 누아르티에 드 빌포르(Noirtier de Villefort)씨는 "눈만 살아 있는 시체"로 묘사되며 오직 눈의 깜빡임만으로 의사소통할 수 있다.[8]

감금 증후군에 걸린 사람들은 눈으로 의사소통하면서 책을 쓰기도 했는데, 그중에서 가장 유명한 책은 아마도 프랑스 기자 장 도미니크 보비(Jean-Dominique Bauby)가 쓴 『잠수종과 나비(1997년)』일 것이다. 호흡을 의식적으로 조절하는 능력을 잃어버리는 증상은 다른 신경 질환에서도 나타난다. 천천히 진행되는 근위축성 측생 경화증(ALS: amyotrophic lateral sclerosis)에서도 이런 증상을 볼 수 있다. '루게릭병'이라고도 부르는 이 질환은 영국의 유명 물리학자 스티븐 호킹(Stephen Hawking, 1942~2018년)이 앓았던 것으로 유명하다. 호킹은 자신의 상징이 된 컴퓨터화된 목소리로 의사소통을 했다.

수면 장애

잠을 잘 자는 것은 매우 중요하다. 인간은 제때 충분히 잠을 자지 못하면 신체 건강과 정신 건강 모두 나빠지기 때문이다. 우리는 생리적으로, 그리고 심리적으로 여러 가지 기능을 수행하는 잠을 자지 않고서는 살아갈 수 없다.

자는 동안 우리는 의식과 거리를 두게 되며 반 혼수상태에 접어든다. 이때 주변 환경에 변화가 생기면 알아차릴 수 있는 무의식적인 능력은 유지되지만, 우리가 어디에 있는지 의식적으로 알아차리지는 못한다. 누구나 한 번쯤은 잠에서 갑자기 깨어난 경험이 있을 것이다. 깜짝 놀라서 깼더니 방이 어둡고 조용해서 어찌된 영문인지 모를 때도 있을 것이고, 전화가 울려서, 혹은 천둥소리에 놀라 깬 적도 있을 것이다. 어떤 경우든 깜짝 놀라 잠에서 깨면 숨을 헉하고 들이마시면서 눈을 뜨고, 한동안은 살짝 가쁜 호흡을 하게 된다.

뇌는 자는 동안에도 활동을 유지하며 생명에 필수적인 기능을 계속 수행한다. 바로 혈압과 호흡을 일정하게 유지하는 것이다. 우리는 밤새 수면의 여러 단계를 거치는데, 단계마다 수면의 깊이와 지속 시간이 달라진다. 깊이 잠들 때는 호흡이 느리고, 얕고, 규칙적으로 이루어지며 (입은 다문 채) 코를 통해서 조용히 진행된다. 수면 중에는 깨어 있을 때와는 다른 호흡 사이클이 진행된다. 우선, (횡격막이 수축하면서) 짧고 날카로운 들숨을 쉰다. 그리고 나서 (횡격막이 이완되면서) 짧고 날카로운 날숨이 나오고 아무 일도 일어나지 않는 짧고 편안한 휴지기가 찾아온다. 이후부터는 사이클이 처음부터 다시 반복된다(우리가 깨어 있을 때는 대체로 휴지기가 빠진다).

폐쇄성 수면 무호흡

기도가 좁아지거나 (수면 중 무호흡증이라고 불리는) 숨을 쉬지 않는 시간이 발생해 호흡에 방해를 받으면 혈중 산소 농도가 금세 떨어지고 이산화탄소의 양이 증가한다. 그렇게 되면 호흡이 더욱 어려워진다(노년층에서는 수면 장애로 인해 호흡이 불편한 증상이 제법 흔하게 나타난다). 가장 대표적인 증상이 바로 폐쇄성 수면 무호흡(OSA: obstructive sleep apnoea)으로, 과체중인 남자에게서 가장 자주 나타난다.

남자는 여자보다 목 주위에 살이 찌는 경우가 더 많다. 그래서 폐쇄성 수면 무호흡에 시달리는 남자는 자려고 누우면 상인두, 즉 목구멍이 내려앉으면서 혀가 뒤로 넘어간다. 그러면 상기도(목구멍)가 좁아지고 호흡이 코를 통해서가 아니라 입을 통해서 이루어진다. 입으로 숨을 쉬면 소리가 시끄럽게 날 수 있고 코를 골 때도 있다. 호흡이 별 방해가 되지 않는다면 코골이는 아무도 모르게 조용히 일어나며 심각한 결과로 이어지지도 않는다. 반면 숨쉬기가 어려워질수록 코 고는 소리도 커지고 수면 중 무호흡증이 나타나는 시간도 길어진다. 다만 스스로는 호흡이 그렇게 불규칙한지 알아차리지 못할 수도 있다. 그래서 잠에서 깼을 때 피로를 느끼다가 주변이 조용해지면 다시 스르르 잠들기도 한다.

직업상 운전할 일이 있는 사람들에게는 이런 증상이 매우 위험할 수 있다. 폐쇄성 수면 무호흡에 시달리는 사람들은 운전하다가 '마이크로 수면'을 경험하다 갑자기 깨어나는 지경에 이르러서야 병원을 찾는 경우가 많다. 자신에게 폐쇄성 수면 무호흡증이 있는 줄 모르고 있던 운전자가 교통사고를 내서 사망자가 생길 때도 있다.

장기적이고 근본적인 해결책은 생활 방식을 바꾸는 것이다. 많이 움직이고, 음식을 가려서 먹으며, 체중을 줄이면 된다. 체중 감소에 성공하면, 특히 목 주위에 있는 살을 빼면 인두를 통해서 공기가 다시 정상적으로 흐르고 코도 골지 않게 된다. 단기적인 해결책으로는 자는 동안 인공호흡기(양압기)를 착용하는 법이 있다. 비침입성 호흡기를 이용할 때는 자는 동안 코와 입에 꼭 맞는 마스크를 끼면 된다. 그러면 호흡기가 날숨을 감지하고 목구멍에서 약간의 양압이 있는 상태를 유지하다가 들숨이 시작될 때 산소를 공급한다. 이 양압 덕택에 기도가 열리게 되는 것이다.

비만 호흡저하 증후군

폐쇄성 수면 무호흡을 겪는 사람의 약 10~20%는 비만 호흡저하 증후군(OHS: obesity hypoventilation syndrome)이라고 불리는 또 다른 질환에도 시달린다. 이 질환은 환자가 낮에 깨어 있을 때 호흡에 변화를 주는데, 특히 상체에 살이 많을수록 호흡이 더 어려워진다는 특징이 있다. 따라서 비만 호흡저하 증후군에 걸린 사람은 수면 중 무호흡증과 같은 호흡 문제로 밤에도 고생하고 낮에도 만성적인 호흡저하에 시달린다. 이는 졸음, 코골이, 타액 과분비로 이어진다.

졸음은 혈중 이산화탄소 농도가 높은 것과 관련이 있다.[9] 낮에 계속 잠이 들면 삶의 질이 떨어질 수밖에 없다. 비만 호흡저하 증후군에 걸린 한 환자는 초인종을 눌러놓고는 집주인이 문을 열려고 오는 사이에 문 앞에 서서 잠이 들기도 했다.[10] 오늘날에는 잘 알려졌지만, 1969년까지는 이런 모호한 증상들이 질병으로 인정되지 않았다. 비만이자 수면 과잉(졸음) 증상이 있는 사람을 주제로 한 첫 보고서는 1889년에 발표되었다. 캔턴(R. Canton) 박사라는 사람이 이를 '기면증 사례'로 보고한 것이다.

문제의 환자는 리버풀에 사는 가금류 판매상이었다. 그는 계산대에서 손님을 상대하다가 잠드는 경우가 많았는데, 15분 뒤에 정신을 차리면 여전히 오리나 닭을 들고 있기도 했다. 그는 잠들지 않고서는 제대로 앉아 있지도 못했기에 가장 좋아하는 취미인 연극 관람도 마음 편히 하지 못했으며, 심지어 작업대에서 고기를 자르다가 잠이 든 적도 있다. 다행스럽게도 체중을 줄이자 이러한 기면 증상은 눈에 띄게 호전되었다.

낮에 심하게 졸린 것은 피곤해서가 아니라 호흡이 불충분하기 때문이다. 비만 호흡저하 증후군에 걸리면 혈액에 들어있는 산소의 양은 줄어들고, 반대로 이산화탄소의 양은 늘어난다.[11] 따라서 환자는 잠이 든다기보다는 혼수상태에 빠지는 것에 가까우며 큰소리로 코도 골고 밤에 자다가 숨이 막히기도 한다.

이 증후군은 마침내 1956년에 미국 의사 찰스 시드니 버웰(Charles Sidney Burwell)과 그의 하버드대학교 동료들에 의해서 정식으로 인정받았다. 그들은 찰스 디킨스의 첫 소설인 『픽윅 클럽 여행기(1836년)』에 나오는 등장인물을 토대로 질병의 이름을 '피크위크 증후군(Pick-wickian syndrome)'이라고 지었다. 문제의 등장인물은 다름 아닌 워들(Wardle)씨의 하인 조(Joe)다. 그는 매우 뚱뚱한 젊은 남성으로, 이야기가 전개되는 내내 자꾸 잠에 빠져서 누군가가 깨워줘야 했다. 조는 책에 여러 번 등장하며 이 질환에 걸렸을 때 나타나는 증상을 생생하게 보여주었는데, 정작 이 소설은 1889년에 피크위크 증후군의 첫 임상 사례가 등장하기 전에 출간되었다.

워들 씨는 조의 이름을 크게 부르면서 무의식적으로 대화 주제를 바꿨다.

"이놈의 자식이 또 잠들었나 보네요." 노신사는 이렇게 말했다.

"아주 신기한 아이네요." 피크위크 씨가 말했다. "그 아이는 항상 이렇게 잠이 듭니까?"

"하!" 노신사가 말했다. "조는 항상 잠든 상태예요. 곤하게 잠든 채로 심부름도 가고, 식탁에서 시중을 들면서 코를 골기도 합니다."

"정말 특이하군요!" 피크위크 씨가 말했다.

"특이하고 말고요." 노신사가 말을 받아쳤다. "저는 그 아이가 자랑스럽습니다. 무슨 일이 있어도 내쫓지 않으려고요. 얼마나 신기한 존재예요!"

이러한 조의 증상은 호흡과 비만, 졸음이 원인이라고 밝혀지기 전에는 주로 내분비 이상에 의한 것으로 여겨졌다. 갑상샘 저하증, 뇌하수체기능저하증(프뢰리히씨 증후군)이나 성장 장애 질환인 지방성기성이영양증이 원인일지도 모른다고 생각한 것이다. 하지만 피그위크 증후군, 즉 비만 호흡저하 증후군은 오늘날 호흡기내과에서 진단받아야 하는 질환으로 알려져 있다.

중추 호흡저하 증후군

몹시 드물게 나타나지만 비만 호흡저하 증후군보다 더 치명적인 이 질병의 이름은 중추 호흡저하 증후군(CHS: central hypoventilation syndrome)이다. 이 증후군은 자는 동안 호흡에 영향을 주며 신생아와 성인에게 나타날 수 있다(신생아에게 나타날 때는 원발성 중추 호흡저하 증후군이라고 부른다). 이 증후군에 걸리면 성인이든 아이든 호흡 속도나 환기 작용이 혈중 산소와 이산화탄소 농도를 맞추지 못하는 문제가 발생한다. 체내 감지 메커니즘이 비정상이거나 손상되었기 때문이다. 선천적인 원발성 중추 호흡저하 증후군은 PHOX-2B라고 불리는 변형된 유전자로 인해서 생기는 것으로 여겨진다.

성인의 경우 중추 호흡저하 증후군은 척수성 소아마비와 같은 질병이나 외상 때문에 감지 메커니즘이 손상되는 형태로 나타난다. 중추 호흡저하 증후군이 있는 사람들은 자는 동안 인공호흡기를 이용해야 하는 경우가 많다. 이들은 의식이 없는 상태에서 호흡을 스스로 유지할 수 없기 때문에, 자칫 잘못하면 자다가 호흡이 아예 멈추거나 질식사할 위험이 있다. 의식이 있는 낮에는 '호흡 조율기'를 이용해서 호흡을 보조할 수 있는데, 이 기계는 심박 조율기와 그 생김새나 작용이 비슷하지만 심근 대신 주요 호흡근인 횡격막을 자극한다.

중추 호흡저하 증후군으로 사망한 사람은 고대부터 있었으나, 정작 이 질환은 1955년에 의학계에 처음으로 보고되기 전까지 그리 주목받지 못했고, 그 원인도 1962년까지 밝혀지지 않았다. 그러다가 두 미국인이 세 명의 환자에 대하여 묘사하며 이 증후군은 비로소 주목 받게 되었다. 두 미국인은 바로 마취과 의사 존 세버링하우스(John Severinghaus)와 의사 로버트 미첼(Robert A. Mitchell)이다. 때마침 세버링하우스가 연극 '온다인(Ondine)'을 본 지 얼마 안 된 시점이었으므로 그들은 이 질환을 '온다인의 저주(온다인증후군)'라고 불렀다(하지만 저주라고 부르는 것은 지나치게 극적이라는 생각이 든다).

연극 '온다인'은 물의 요정 운디네(Undine)에 관한 오래된 설화에서 비롯된 이야기로, 여러 형태로 전해져 내려온 인기 있는 설화다. 본래의 신화에서 요정 온다인은 인간 기사인 한스(Hans)를 만나서 사랑에 빠진다. 그래서 다른 요정들의 반대에도 불구하고 모험을 찾아다니는 그와 결혼하지만, 남편이 첫사랑인 인간 베르타(Bertha)를 자기보다 더 사랑한다는 사실을 알게 된다. 온다인은 한스가 영원히 잠들 수 없도록 저주를 내리고, 혹시라도 잠들어 그녀를 잊어버리면 숨을 멈추고 죽게 될 것이라고 경고한다. 즉, 온다인의 저주는 숨 쉬는 법을 잊고 죽음을 맞이하게 된 환자들을 저주받은 한스의 모습에 빗댄 것이다.

갓난아기는 자는 동안 호흡을 혈중 산소와 이산화탄소의 농도와 맞추지 못하면 영아돌연사증후군(SIDS: sudden infant death syndrome)이 나타나거나 원인 불명의 간질로 갑작스럽게 사망할 위험이 있다.[12] 반면 성인인 우리는 쉽고 자유롭게 호흡한다. 숨을 쉴 때마다 흉곽이 아무런 제약 없이 규칙적으로 확장하기 때문이다. 우리는 가슴이 너무 조이는 옷을 의식적으로 피하며, 어쩌다가 그런 옷을 입고 나면 숨을 쉬는 데 불편함을 느낀다.

꽉 조이는 옷이 호흡에 미치는 영향은 코르셋과 관련된 일화를 통해 알 수 있다. 원래 '누비 조끼'라고 불렸던 이 옷은 19세기 초에 남녀 모두에게 사랑받았다. 여자들은 마치 모래시계처럼 보이는 몸매를 만들기 위해 이 옷을 가슴 아래부터 허리까지 꽉 조여서 입었다. 고래수염으로 만든 심지는 많이 조여지지 않아서 호흡에 크게 지장을 주지 않았다. 하지만 훗날 고래수염이 강철로 대체되고, 끈을 꿰는 구멍 역시 철로 만들어지면서 코르셋은 더욱 세게 조일 수 있게 되었다. 그 결과, 패션에 관심이 많은 젊은 여자들이 실신하는 사례가 빈번히 발생했다. 지나치게 꽉 조인 코르셋이 가슴과 배의 움직임을 제한하여 숨을 충분히 쉬지 못했기 때문이다. 그 당시 넓은 집에는 '실신의 방'이 마련되어 있을 정도였는데, 이 방은 코르셋을 입은 여자들이 실신할 것 같은 느낌이 들 때 찾아와 쉴 수 있는 개인적인 공간이었다. 심지어는 어렸을 때부터 코르셋을 입어 성장에 방해를 받고 생식력이 감소하는 경우도 있었다.

오늘날에는 대부분 지나치게 옷을 조여 입는 것이 건강에 좋지 않다고 생각할 것이다. 하지만 그 당시에는 의료인 사이에서도 코르셋이 건강에 미치는 영향에 대한 의견이 갈렸다. 코르셋을 입는 것이 건강에 좋다고 생각하는 전문가도 있었고, 전혀 그렇지 않다고 생각하는 전문가도 있었다. 의학 학술지 〈더 랜싯(The Lancet)〉에는 1890년에 '옷을 끈으로 꽉 잡아매서 사망에 이른' 인물의 사례 연구가 실렸다. 베를린의 한 연극배우가 지나치게 꽉 조이는 코르셋을 입는 바람에 사망한 사건이었다. 이 학술지에서는 "그토록 해로운 관습을 열렬하게 신봉하는, 취향이 천박하고 허영심이 많은 어리석은 사람들"에 대한 경고의 말이 담겨있다.

2년 뒤 〈더 랜싯〉에 「꽉 조이는 코르셋의 영향」이라는 제목의 보고

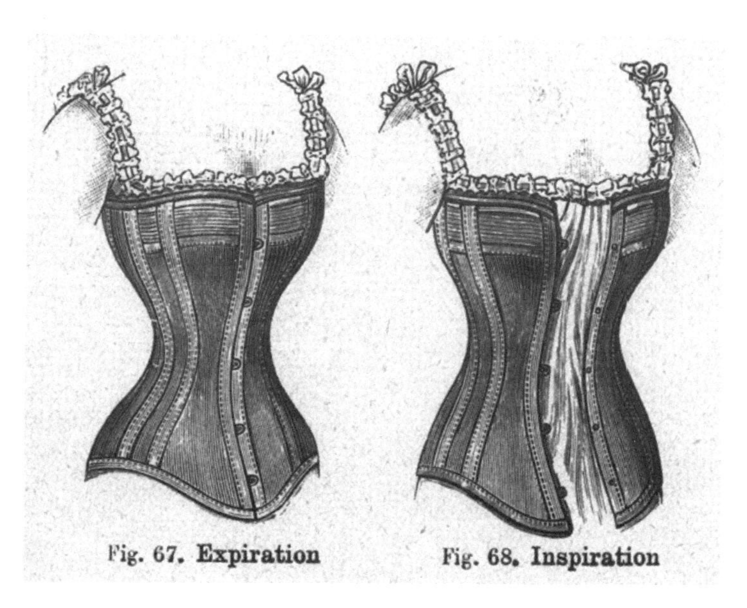

코르셋을 입으면 허리가 날씬해지지만, 복부를 지나치게 누르기 때문에 호흡에 방해가 된다.
『가정의 치료사, 여성(약 1900년)』에 실린 안나 피셔(Anna Fischer)의 삽화.

서가 실렸다. 그 보고서에는 코르셋을 너무 꽉 조여서 사망한 것으로 추정되는 한 50세 여자의 기형적인 흉곽과 복부에 관한 묘사가 나와 있다. 결국, 코르셋 문화는 인기가 시들해졌다. 코르셋을 꽉 조여서 입는 것은 건강하지 못한 습관이자 도덕적으로도 무례한 행위로 인식됐다. 에드워드 7세 시대부터는 더 부드러워지다가 결국에는 거들로 발전했다. 거들은 어떤 식으로든 호흡을 심각하게 방해하지 않았다.

거친 숨과 질식

몸을 꽉 조이는 코르셋이 호흡을 제한하는 것도 위험하지만, 오랜 시간 가슴이 다른 방식으로 압박을 받게 되면 사망에 이를 수도 있다. 안타깝게도 여러 사람이 압사한 비극은 인류 역사에서 수도 없이 일어났다.

사건 사고

가장 악명 높은 대규모 압사 사고 중 하나는 1756년 6월 20일 인도 콜카타에서 일어났다. 영국군 146명과 부인들은 밤새 비좁은 위병소에 갇히게 되었다. '콜카타의 블랙홀'이라는 이름으로 널리 알려진 이 비극적인 사건에서 모두 123명이 질식사하고 말았다. 이들이 갇혀 있던 공간은 가로 6.7미터, 세로 4.6미터짜리 방이었고 불도 꺼져 있었다. 방 안에는 작은 창문이 두 개밖에 없어 환기도 잘 안 되었으며, 주변 온도도 34도로 높았기 때문에 사람들은 금세 목마름을 호소했다.

밤이 깊어지자 사람들이 하나둘 의식을 잃고 쓰러지기 시작했다. 비좁은 공간에 서 있던 사람들은 그들을 밟고 말았고, 더 많은 사람이 기절하면서 이미 바닥에 쓰러져있던 사람들은 더 심하게 짓눌렸다. 아침이 밝았을 때까지 살아남은 사람들은 열린 창문 근처에 서 있던 이들 뿐이었다. 선임 장교였던 존 제파니아 홀웰(John Zephaniah Holwell)은 창문 근처에 위치했기에 살아남은 사람 중 하나다. 그는 나중에 그날 밤의 상황을 글로 상세하게 적었다. 홀웰은 셔츠 소매에 머문 수분과 땀을 마시면서 가까스로 버텼다. 다른 사람들은 안타깝게도 더위를 견디지 못하고 셔츠를 벗었기 때문에 홀웰과 같은 방법을 사용하지 못했다.[13]

비록 앞서 언급한 사건보다는 덜 알려졌지만, 마찬가지로 끔찍하기 그지없는 또 하나의 압사 사건은 어린이 183명이 목숨을 잃은 '빅토리아 홀(Victoria Hall)의 재앙'이다. 이 사건은 1883년 6월 16일 토요일에 영국 타인위어주 선덜랜드에서 일어났는데, 그날 어린이 1,100명은 무료로 마술쇼와 인형극을 보기 위해서 홀에 몰려들었다. 이 행사는 쇼가 끝난 뒤 선물을 주겠다고 홍보했기 때문에 더욱 인기가 높았다.

행사 주최자들은 홀 밖에서 선물을 나눠주기로 했다. 따라서 쇼가 끝난 뒤 아이들을 건물 뒤편에 있는 복도로 향하는 첫 번째 계단으로 안내했다. 복도를 거쳐 두 번째 계단을 내려가면 뒷문을 지나 홀 밖으로 퇴장할 수 있었다. 그러므로 아이들은 안쪽으로 열리는 뒷문을 통해 바깥으로 나가기 전에 두 번째 계단에 줄을 서야 했다.

무대가 막을 내리자 아이들은 흥분되는 쇼를 보고 난 뒤의 여운과 선물을 빨리 받고 싶은 기대감에 첫 번째 계단을 뛰어 올라갔다. 하지만 가장 빨리 달린 아이들이 뒷문에 도착했을 때 문은 살짝 열린 채로 고정되어 꼼짝도 하지 않았다. 뒤이어 다른 아이들이 계단을 뛰어 내려오자, 한 아이가 애매하게 열린 문 사이에 끼인 채 문을 밀고 지나가려는 다른 아이들과 엉켜버렸다. 출입구는 금세 통제 불능의 상황에 이르렀고, 문 뒤에 있던 아이들은 오갈 데 없이 갇히고 말았다. 이런 상황을 전혀 인지하지 못한 채 복도에 있던 아이들은 계속해서 문 앞으로 몰려들었다. 계단 위쪽에 있는 아이들이 밀려나면서 아래쪽에 있는 아이들 위로 떨어졌다. 넘어진 아이들은 순식간에 겹겹이 포개졌고, 맨 밑에 있던 아이들은 몸이 짓눌려 숨을 쉬지 못했다.

결국, 홀에 있던 어른들이 사태의 심각성을 알아차리고 위층 복도에 있던 500명가량의 어린이를 홀로 돌려보낸 덕분에 추가적인 인명 피해가 발생하지는 않았다. 뒷문에서는 어른들이 반쯤 열린 문을 통해서 갇힌 아이들을 정신없이 끌어당겼다. 이 비극적인 사건은 국가적인 재앙으로 영국 전역에 보도되어 사람들의 경악을 자아냈다. 대대적인 수사가 진행되었지만 아무도 이 비극에 대한 책임을 지지 않았다. 다만 영국 의회는 공개적인 오락 시설이 모두 밖으로 열리는 출입문을 여러 개 확보해야야 한다는 새로운 법을 제정했다. 빅토리아 홀은 1941년 4월에 독일군의 공습을 받아 무너졌으며 이후 재건되지 않았다.

대규모 압사 사건은 오늘날에도 여전히 일어나고 있다. 1999년 4월에 영국 셰필드에 있는 힐스버러 경기장(Hillsborough Stadium)에서 열린 노팅엄 포레스트(Nottingham Forest) 대 리버풀(Liverpool)의 축구 경기를 보러온 96명의 관중이 사망하는 사건이 발생했다. 수용인원에 비해 너무 많은 사람이 경기장에 입장한 것이 문제였다. 이 비극은 팬들이 스탠드(계단식 관람석 -역주)를 뒤쪽에서부터 채우면서 시작되었다. 리버풀 팬들이 모인 한 스탠드에 압력이 너무 몰리면서 무너져 관중이 앞으로 쏟아졌다. 경기장 쪽은 펜스로 막혀 있었기 때문에 스탠드 아래쪽에 있던 사람들은 대피할 수 있는 곳이 없었고, 구조대원들이 깔린 관중을 구하기 위해서 애쓰는 동안 어른과 아이들이 목숨을 잃었다.

화재나 화재경보기 때문에 패닉 상태에 빠진 사람들이 압사당하는 사고는 지금도 계속 일어나고 있다. 특히 사람이 바글바글한 나이트클럽과 디스코에서 비극이 발생하는 경우가 많다. 이곳에서 경험할 수 있는 일 중 하나는 무수한 인파가 몰린 공간 속에서 이리저리 휩쓸리는 것이다. 나이트클럽 등에서 일어난 압사 사고는 주로 닫혀 있는 방화문 때문인 경우가 많은데, 입장객이 입장료를 내지 않거나, 앞에서 줄을 서지 않고 몰래 입장하는 것을 방지하기 위해 고의로 막아놓는 것이다.

응급조치

설령 몇 분 동안 숨이 막히거나 호흡이 멈췄더라도, 구강 대 구강 인공호흡법을 통해서 소생하는 사례가 있다. 구강 대 구강 인공호흡법은 시행인(구조자나 구급대원)이 의식이 없는 사람의 폐를 강제로 부풀리는 방법을 사용한다. 이때 구조자는 의식이 없는 피해자의 입에 자신의 입을 대고 숨을 불어넣는다. 즉, 피해자가 억지로 숨을 쉬도록 돕는 응급처치법이다. 이런 인공호흡법은 피해자를 물에서 구조했을 때, 즉 피해자가 물속에 잠겨서 폐에 물이 잔뜩 들어간 상태일 때 특히 효과가 좋다.

구강 대 구강 인공호흡법을 심장 압박과 함께 사용하는 방법도 있다. 심장 압박은 '심폐소생술(CPR)'이라고 불리는 응급 기술이다. 심폐소생술을 할 때는 피해자의 가슴뼈를 두 손으로 규칙적으로 누르면서 구강 대 구강 인공호흡법을 시행해서 폐를 간헐적으로 부풀려준다. 만일 피해자의 심장이 멈춰서 기절했다면 응급처치를 받은 뒤 심장이 다시 뛰기 시작할 것이다. 하지만 이와 같은 응급처치법을 심장 제세동기를 이용하는 기술인 심장 율동 전환술과 혼동해서는 안 된다. 제세동기는 가슴에 전기 자극을 가해서 불규칙적으로 뛰는 심장을 멈추는 기계로, 이 장치를 사용하면 심장이 스스로 어느 정도 규칙적인 리듬을 되찾아 다시 뛰기 시작한다. 이 모든 응급처치법의 목적은 피해자의 뇌와 심장에 산소를 충분히 공급하는 것이다. 피해자가 다시 숨을 쉬기 시작해 혈액이 돌면 회복이 시작되며 의식 역시 돌아오는 경우가 많다.

누군가의 폐에 숨을 불어넣어서 호흡을 자극하는 방법은 1732년에 스코틀랜드 알로아(Alloa)에 사는 외과 의사 윌리엄 토사치(William Tossach)에 의해서 처음으로 보고되었다. 토사치는 의식을 잃은 채로 광산에서 구조된 광부 제임스 블레어(James Blair)를 소생시켰다.[14] 토사치는 "내가 할 수 있는 한 세게 숨을 불어넣었다."라고 설명했다. 다행히 제임스는 금세 숨을 다시 쉬기 시작했고 손목에 맥박도 느껴졌으며 결과적으로 무사히 완쾌할 수 있었다.

이러한 구강 대 구강 인공호흡법의 역사는 사실 구약 성서에 나오

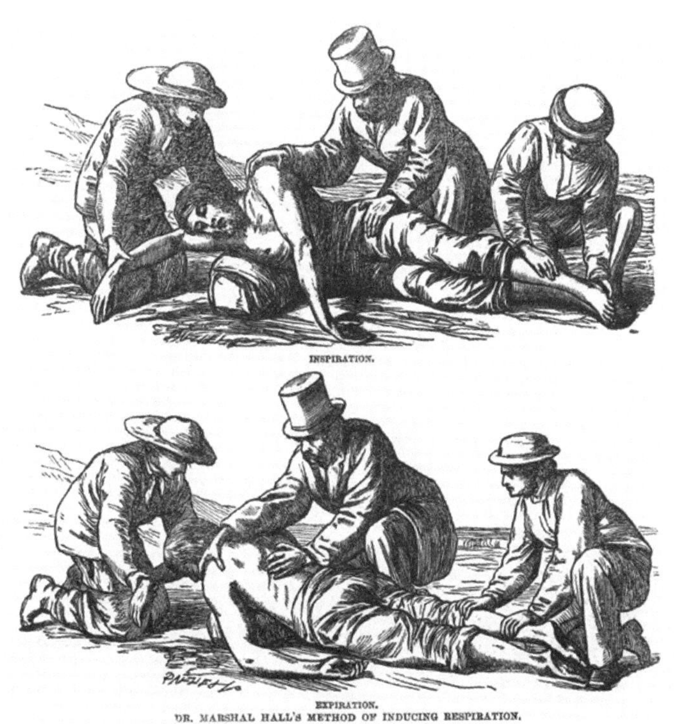

익수자를 소생시키는 마셜 홀(Marshall Hall) 박사의 방법(1864년).
중력을 이용해서 호흡을 자극할 수 있도록 익수자의 몸을 돌리고 있다.

는 한 장면에서 시작된 것으로 여겨진다. 열왕기 4장 32~35절에는 선지자 엘리사(Elisha)가 의식이 없는 수넴(Shunem)인 아이의 폐를 부풀려서 소생시키는 장면이 나온다.[15] 인공호흡을 실시했다고 구체적으로 쓰여 있지 않아 엘리사가 정확하게 어떤 방법을 썼는지는 모른다. 다만 우리가 알고 있는 현대적인 구강 대 구강 인공호흡법과는 달랐을 것이라고 추측할 수 있다. 당시에는 죽어가는 환자를 소생시키는 것을 기적에 가까운 일로 여겼다. 숨에 들어있는 생명력이나 영이 환자의 몸에 들어갔다고 생각한 것이다.

구강 대 구강 호흡법

일반 대중이 의식을 잃은 사람을 구강 대 구강 인공호흡법으로 소생시킨 사례는 많다. 산파들은 중세 시대부터 갓 태어난 아기를 소생시킬 때 구강 대 구강 인공호흡법을 사용했다. 인공호흡법을 가장 많이 시행하는 경우는 단연 익수자를 소생시킬 때였다. 하지만 그 당시에는 구강 대 구강 인공호흡법을 좋지 않은 시선으로 바라보는 이들이 많았다. '비정상적인 죽음'을 맞이한 사람들을 만지는 것이 모멸적인 행위라고 여겼기 때문이다.[16]

이러한 부정적인 시각은 유럽과 미국 전역에 걸쳐서 부유한 독지가들이 설립한 인명 구조회의 등장으로 크게 달라졌다. 최초의 인명 구조회는 1767년에 네덜란드 암스테르담에 만들어진 익수자 회복 협회(Society for the Recovery of Drowned Persons)였다. 이 협회의 설립 목적은 운하에 빠진 사람들을 소생시키는 방법을 대중에게 널리 퍼뜨리는 것이었다.

18세기 영국에서 가장 흔하게 일어나는 사고사는 익사였는데[17] 협회는 구강 대 구강 인공호흡법을 활용하여 설립된 지 4년 만에 무려 150명의 목숨을 구했다. 이후 1774년에는 암스테르담에 이어서 런던에도 '익사자로 보이는 사람을 즉시 구조하기 위한 기관(An Institution for affording Immediate Relief to Persons Apparently Dead from Drowning)'이라는 이름의 자발적인 협회가 생겼다. 이 협회는 훗날 인도 학회(Humane Society)가 되었다.

구강 대 구강 인공호흡법은 비전문가가 익수자를 소생시키는 데 적합하다고 평가받았지만, 의료업계 종사자들은 한편으로 '가사(假死) 상태'의 다양한 원인과 씨름 중이었다. 원인 중에는 익수, 목맴, 유독가스 흡입, 실신, 벼락 맞음, 심지어는 사망한 산모의 몸속에 있는 태아도 포함되었다. 이러한 경우에는 구강접촉 대신 튜브와 풀무를 사용하는 것이 권장되었는데, 입을 맞대는 처치법이 너무 '저속한' 것으로 여겨졌기 때문이다.

이런 이유로 구강 대 구강 인공호흡법은 의료계에서 인기가 떨어졌고, 1840년대가 되었을 때는 인도 학회에서 인공호흡법을 별로 중요하지 않은 처치법으로 간주했다.[18] 19세기에 이르러서는 구강 대 구강 인공호흡법이 사람들의 기억에서 거의 잊히고 말았다. 왕립 인도 학회는 의식이 없는 사람의 몸을 좌우로 돌려서 소생시키는 방법을 선호했다. 중간에는 환자가 등을 바닥에 대고 똑바로 눕도록 했는데, 이는 소위 '쉽게 이용할 수 있는 법'이라고 불렸다.

에이브러햄 링컨 대통령은 구강 대 구강 인공호흡법을 받은 경험이 있다. 1865년 4월 14일 성(聖)금요일에 링컨은 암살자에 의해 머리에 총을 맞고 쓰러졌다. 이때 젊은 의사 찰스 리얼(Charles Leale)이 구강 대 구강 인공호흡법으로 링컨의 심장을 다시 뛰게 했다고 알려져 있다. 리얼 덕분에 링컨은 호텔로 옮겨졌으나 그다음 날 아침 7시 20분에 유명을 달리하고 말았다. 물론 이런 일이 실제로 일어났는지 의심하는 사람들도 있다. 리얼이 자신의 경험을 44년 후인 1909년 전까지 보고하지 않았기 때문이다. 그는 링컨 탄생 100주년을 기념하는 행사에서 인공호흡법에 관한 이야기를 털어놓았다.

구강 대 구강 인공호흡법은 1940년대에 미국 해안 경비대와 시카고, 디트로이트, 로스앤젤레스 소방국의 지지를 받았다. 이곳의 근무자들은 구급차가 도착하기 전까지 피해자에게 구강 대 구강 인공호흡법을 시행했다. 1950년대에 들어서야 구강 대 구강 인공호흡법은 심폐소생술과 함께 사용되기 시작했다(그 당시에는 구강 대 구강 인공호흡법이 사회적으로 다시 용인되던 시기였다). 1960년대에는 이러한 응급처치법이 A-B-C(Airways: 기도, Breathing: 호흡, Circulation: 혈액 순환)를 이용하는 기본적인 생명 유지 권고법에 포함되었다.

기계 호흡

구강 대 구강 인공호흡법이 인기가 없던 시기에 기발한 생각을 지닌 의사, 공학자, 발명가들은 의식이 없는 사람을 소생시키는 다양한 방법을 제시했다. 새로운 인공호흡법을 개발한 사람도 있었고, 풀무와 튜브를 개발한 이도 있었다. 이와 같은 장치들은 짧은 시간 동안만 환자에게 산소 공급, 또는 호흡을 보조하기 위한 목적으로 설계되었는데, 길어봤자 15~30분 안에 환자가 호흡을 되찾을 것이라고 예상했기 때문이다. 기계로 호흡을 돕는 시간이 이보다 길어지면 환자의 폐가 영구적으로 손상될 우려가 있었다. 폐를 부풀릴 때 압력이 너무 큰 경우가 많았던 탓이다. 이 때문에 스코틀랜드 드럼란리그에 사는 존 달지엘(John Dalziel)과 같은 더 창의적인 의사들이 등장했다.

달지엘은 1832년에 출간한 에세이 『수면과 인공적인 산소 공급 장치에 관하여(On Sleep and an Apparatus for Promoting Artificial Ventilation)』에서 자신이 발명한 첫 탱크형 인공호흡기에 대하여 설명했다.[19] 탱크형이라는 이름에서 알 수 있듯이, 이 장치를 사용하기 위해서는 산소가 필요한 환자를 먼저 밀폐된 통 안에 눕혀야 했다. 이후 통 안의 기압이 대기압에서 부압으로 순환되면서 환자의 폐가 부풀고 오므라든다. 이 장치는 풀무와 밸브를 이용해서 환자의 호흡 속도와 깊이를 조절할 수도 있어 분명 효과가 있었지만, 그다지 실용적이지는 못했다. 환자가 통 안에 눕는 것부터가 일이었거니와, 자칫 밀실 공포증을 겪을 우려도 있었다. 훗날 개량을 거친 이 장치에서, 환자는 머리에 딱 붙고 신축성 있는 모자를 덮어써야 했지만, 적어도 얼굴에는 아무것도 덮지 않게 되었다.

1880년 오스트리아 빈에 있는 '조제프 왕세자 어린이 병원'에서 일하는 의사 이그네스 폰 하우케(Ignez von Hauke, 1832~1885년)가 한 여자아이의 생명을 석 달 동안 연장시킨 사례가 있다. 그는 자신이 개발한 탱크형 인공호흡기(pneumatische Apparate)를 이용해서 매일 2~3시간씩 아이의 호흡을 보조해주었다.[20] 하우케는 호흡을 도와줄 또 다른 장치도 개발했는데, 그는 이 장치를 공기탱크라고 불렀다(프랑스어로 갑옷의 가슴받이를 뜻하는 단어 'pancier'에서 따서 'pneumatischer Panzer'라고 부르기도 했다). 이런 종류의 장치는 15세기부터 사용되던 단어인 '동체 갑옷(cuirass)'으로 알려져 있는데, 갑옷에서 가슴을 덮는 부분인 '흉갑' 이라는 뜻도 포함되어 있다. 하우케가 발명한 장치는 환자의 흉곽을 에워싸는 소형 탱크처럼 생겼는데, 이 모습이 마치 몸 앞쪽에 커다란 거북이 등껍질을 매고 있는 것처럼 보인다. 이 동체 갑옷의 원리는 가슴 주위로 음압을 순환시키는 것이다. 대기로 인해 환자의 폐가 부풀면 숨을 들이마시는 일을 적극적으로 도울 수 있다. 숨을 내쉬는 과정은 수동적으로 일어나며, 음압을 방출시키고 동체 갑옷의 압력을 대기압으로 원상 복구함으로써 환자의 폐가 오므라들게 된다.

19세기에 탱크형 장치와 동체 갑옷은 다양한 방식으로 개량되었는데, 알렉산더 그레이엄 벨(Alexander Graham Bell)과 같은 위대한 발명가들도 관련 기술 개발에 합류했다. 1908년에 매사추세츠주 우스터에 살았던 피터 로드(Peter Lord)는 인공호흡실을 통째로 특허 냈다. 특허에 따르면 인공호흡실 천장에 있는 두 개의 커다란 피스톤이 기압 변화를 담당했다. 하지만 이 호흡실은 제작에 너무 많은 비용이 들었기 때문에 실제로 만들어지지는 않았다.

이와 같은 기술은 소수의 환자를 집중적으로 치료하는 전문적인 영역의 일부로 서서히 발전했다. 프랑스에서도 익수자를 위한 기술이 개발되었는데, 알프레드 오이에즈(Alfred Woillez)가 1876년에 나무 대신 철을 이용해서 실제로 작동하는 인공호흡 장치를 처음으로 만들었다. 그는 이 장치를 '스피로포르(Spirophore)'라고 불렀으며, 이러한 박스형 인공호흡기가 센(Seine) 강변에 있어야 한다고 주장했다. 그래야만 강물에 빠져서 의식을 잃은 사람들을 즉시 치료할 수 있다는 이유에서다[21]

1900년대가 이어지면서 인공호흡기의 수요가 급증했다. 척수성 소아마비는 어린이들이 주로 걸리는 전염성이 강한 바이러스성 질환이다. 이 병에 걸린 환자는 마비가 오고 정상적인 생활이 힘들어졌다. 사지 마비가 가장 흔하게 나타났지만, 호흡근이 서서히 마비돼서 죽음에 이르는 경우도 자주 있었다. 전 세계적으로 척수성 소아마비가 유행함에 따라 병원이 포화 상태가 될 우려가 있었다. 이때 구세주처럼 등장한 것이 바로 음압 인공호흡기였다.

치료용으로 음압 인공호흡기를 처음 사용한 사람은 남아프리카공화국의 스튜어트(W. Steuart) 박사다. 그는 1918년에 전염병이 유행하자 음압 인공호흡기를 자기만의 버전으로 설계했다. 압력 펌프에 동력을 공급할 전기 모터를 달기로 한 것이다(하지만 안타깝게도 스튜어트 박사가 호흡기를 완성하기 전에 그가 돌보는 환자가 전부 사망하고 말았다). 박사가 개조한 호흡기의 작지만 큰 차이점은 전기 펌프를 사용하기 때문에 무기한으로 호흡을 보조할 수 있다는 것이었다.

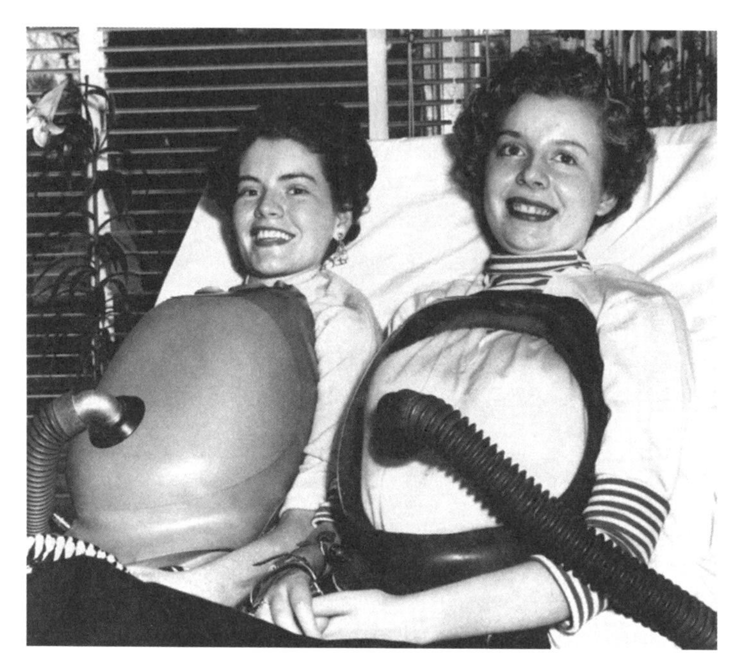

1955년에 소아마비 환자 두 명이 흉갑형 호흡기를 사용하는 모습.
밀폐된 호흡기 덮개 안에서 음압이 발생한다.
음압 덕택에 숨을 들이마시는 것처럼 폐가 부풀게 되면 양압이 작용하여
환자가 숨을 편하게 내쉬도록 돕는다.

음압 인공호흡기

음압 인공호흡기가 처음 빛을 본 것은 1928년이었다. 하버드 의과대학교의 일원 세 명이 음압 인공호흡기를 설명하는 논문 두 편을 발표한 것이다. 이 같은 호흡기는 곧 '철폐(iron lung)'로 알려지게 되었다. 논문을 쓴 사람들은 바로 공학자 필립 드링커(Philip Drinker), 소아과 의사 찰스 맥칸(Charles F. McKhann), 생리학자 루이스 아가시즈 쇼

(Louis Agassiz Shaw)였다. 이번 탱크형 인공호흡기는 판금으로 만든 원통 모양으로 환자가 목과 머리를 내놓은 채 호흡기 안에 들어가면 되었다. 호흡기 안의 압력은 전기 진공청소기의 모터를 이용해서 조절할 수 있었는데, 이 인공호흡기의 경우 보스턴에 있는 기업인 일렉트릭 블로워(Electric Blower)의 도움을 받았다.[22] 이 장치들이 상업적으로 처음 생산된 탱크형 인공호흡기였다.

1930년에 드링커는 자신의 탱크형 인공호흡기를 영국으로 가져왔다. 그 당시에 의료업계 종사자들은 이 기계를 '인공호흡기'라고 알고 있었지만, 〈더 타임스(The Times)〉가 '철폐'라는 별명을 붙여주었다. 로버트 데이비스(Robert Davis) 경은 영국 내 생산을 목적으로 이 기계를 사들인 뒤 디자인을 단순화시켰으며, 사들인 인공호흡기를 여러 병원에 대여하여 인명을 구조하는 데 쓰이도록 했다. 데이비스 경의 노력으로 드링커 인공호흡기의 영국 버전은 1934년에 완성되었고 비용은 약 97파운드(오늘날 시세로 환산하면 약 5,000파운드, 즉 800만원)가 들었다.[23]

오스트레일리아에서는 제한적인 수의 드링커 인공호흡기만이 사람들의 목숨을 구하고 있었는데, 미국에서 수입할 수는 있었지만 가격도 비싸고 관리하기도 어려웠기 때문이다. 혹여 고장이라도 나면 미국에 있는 공장으로 돌려보내서 수리를 받아야 했는데, 기계를 이토록 멀리 보내고 돌려받는 것은 매우 불편한 일이었다.

1937년에 오스트레일리아 애들레이드에 소아마비가 유행한 일이 있었다. 하지만 환자들을 도와줄 인공호흡기의 개수가 턱없이 부족했다. 그래서 사우스오스트레일리아 보건부(South Australian Health Department)는 공학자 형제인 에드워드(Edward)와 도널드 보스(Donald Both)에게 더 저렴한 인공호흡기를 설계해 달라고 요청했다. 두 사람은 애들레이드대학교 물리학과에서 환자를 나무로 만든 밀폐된 캐비닛이나 탱크 안에 눕히는 '보스 인공호흡기'를 만들었다.

이 인공호흡기는 나무로 만들어졌기에 가격이 훨씬 저렴했으며 더 빨리 만들 수 있었고, 더 가벼웠다. 당시 에드워드 보스는 의료 기기 회사인 보스 기기 유한 책임회사(Both Equipment Ltd)를 이미 설립한 상태였는데, 자신이 설계하고 제작한 장치들을 판매하기 위해서였다(그 중에는 초창기 심전도 기록기도 포함되어 있었다). 보스가 만든 기계들은 오스트레일리아에서 인기가 많았다. 하지만 시장이 한정되어 있었기 때문에 그는 기계를 홍보하기 위해서 세계 각지로 출장을 가기로 했다.

1938년에 영국에 있는 동안, 보스와 그의 아내는 소아마비에 걸린 남자아이를 살리기 위해서 드링커 인공호흡기를 구한다는 내용의 BBC 라디오 방송을 듣고 난 뒤 즉시 작업에 착수했다(부부가 셋집에서 곧바로 인공호흡기를 만들어냈다는 이야기도 전해지지만, 현실적으로는 작업장에서 인부들을 고용하여 여러 대의 인공호흡기를 만들었을 확률이 높다). 이때 만들어진 기계 중 한 대는 옥스퍼드대학교 너필드(Nuffield) 의대 마취과에서 제작한 인공호흡기를 다룬 영화에 등장하기도 했다.

너필드 의대 마취과는 세계 최초로 마취를 학문으로 연구한 마취과가 있는 래드클리프 병원(Radcliffe Infirmary)에 있으며 (1938년에 작위를 하사받아 너필드 자작이 된) 윌리엄 모리스(William Morris)가 설립했

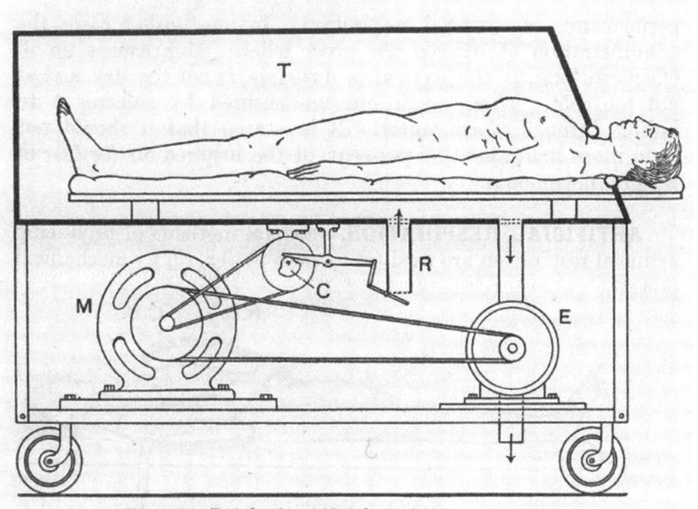

드링커의 인공호흡기 또는 철폐.
환자가 머리를 밖으로 내민 채 관처럼 생긴 상자(T) 안에 눕는다.
그러면 상자 속의 기압이 모터(M)를 통해서 음압과 기압 사이를 오가며 환기를 돕는다.
베인브리지(Bainbridge)와 멘지(Menzie)의
『생리학의 핵심(Essentials of Physiology, 1936년)』에 실린 삽화.

다. 모리스는 '모리스 텐(Morris Ten)'과 같은 자동차를 수천 대씩 생산하는 모리스 모터(Morris Motor) 유한 책임회사의 경영주로, 이 영화를 보고 깊은 감명을 받아 옥스퍼드 카울리에 있는 모리스 모터 공장에서 호흡기를 만들기로 결심했다.

너필드 경이 인공호흡기에 관심을 보이면서 시장의 판도가 달라졌다. 1938년에는 영국을 통틀어서 드링커 인공호흡기가 32대밖에 없었

는데, 1939년 3월이 되자 보스 인공호흡기가 669대 보급되었다. 상황은 크게 개선되었지만, 사실 너필드 경이 계획했던 5,000대에는 한참 못 미치는 숫자였다.

저렴한 인공호흡기의 혜성같은 등장은 여러 논란을 낳았고, 의학 잡지에서는 이와 관련된 투고 건수가 늘어났다. 의료업계 종사자 일부는 기술의 발전을 두 팔 벌려 환영했지만, 다른 사람들은 신중한 태도를 보였다. 인공호흡기를 5,000대나 생산하는 계획에 의문을 표하는 사람도 많았다. 인공호흡이라는 기술에 관해서 알려진 사항이 별로 없었고 기계를 사용하기 시작한 지도 얼마 되지 않았기 때문이다. 설계상 수정이 필요해지면 기계가 곧 무용지물이 될 것이었고, 인공호흡기를 여러 병원에 보내더라도 정작 병원 의료진이 기계 사용법을 알지 못하는 역시 문제였다.

결국, 인공호흡기 대신 철폐 500개를 더 만들자는 제안이 나왔다.[24] 병원 의료진을 훈련하고 전문적인 센터를 세우는 방안도 제시되었지만 도움이 되지 않았다. 너필드 경은 인공호흡기의 대량 생산을 주장했지만 의료계 종사자들, 특히 프레더릭 멘지스(Frederick Menzies) 경과 레너드 힐(Leonard Hill) 경은 크게 반대했다. 사실 양측의 주장 모두 일리가 있었다. 1939년에 가루스(H. N. Garrus) 박사는 다음과 같이 기록했다.

> 우리의 홰 위에는 어린 수탉이 두 마리 있다. 바로 너필드 경이 대표하는 뛰어난 사업 감각과, 프레더릭 멘지스 경과 그의 친구들이 대표하

는 전문적인 지식이다. 양측을 자극해서 싸우게 하는 대신 모두의 이익을 위해서 두 진영이 힘을 합치도록 권해야 한다.[25]

영국 국민의료보험은 곧 대량 구매를 통해 비용을 아끼는 방법을 선택했다. 제2차 세계대전이 시작되었을 무렵에는 전 세계에 수천 개가 넘는 철폐가 있었다.[26]

철폐를 이용한 호흡 보조는 음압 환기에 의지하는 치료법으로, 구강 대 구강 인공호흡법이나 풀무를 이용한 호흡 보조법과 같은 양압 환기와는 정반대의 원리였다. 양압 환기의 문제는 너무 세게 적용했을 때 환자의 폐가 지나치게 부풀 위험이 있다는 것이다. 과한 압력(압력 장애를 유발)이나 너무 큰 용적(용적 손상을 유발)은 폐를 손상시킬 우려가 있었기에, 양압 환기는 짧은 기간 동안만 사용되었다.

양압 환기 치료법

소아마비의 유행이 양압 환기를 이용한 치료법의 분수령이 되었다. 1951년 덴마크 코펜하겐에서 열린 세계 소아마비 회의(World Polio Congress)에 참석한 사람들은 유행의 최초 감염자인 것으로 알려져 있다. 그 이듬해 여름에 코펜하겐에서 소아마비가 확산되었고, 블레그담스 감염병 전담 병원(Blegdams Infectious Hospital)에 소아마비 환자 약 50명이 입원했다. 소아마비 사망률은 약 87%에 이르렀는데, 신부전이 사망 원인으로 의심되기는 했지만 아무도 그 이유를 제대로 알지 못했다. 마취과 의사인 비외른 입센(Bjorn Ibsen)은 소아마비 환자들의 사인이 호흡부전일지 모른다고 생각했지만, 의학계에서는 처음에 입센의 의견을 받아들이지 않았다. 하지만 그가 양압 환기를 이용해서 환자들을 치료하자 사망률이 40%로 크게 떨어졌다.

그 당시 양압 환기 치료법의 가장 큰 문제점은 인공호흡기를 수동으로 조작하면서 주머니를 매번 손으로 눌러야 한다는 것이었다. 이런 인공호흡기는 신축성 있는 저장 주머니와 한 방향으로만 작동하는 밸브로 구성되어 있는데, 저장 주머니를 누르면 신선한 공기가 코와 입위를 덮은 안면 마스크를 통해 폐로 밀려들어가는 원리다. 이후 저장 주머니를 놓으면 폐의 양압 덕택에 폐가 자연스럽게 오므라들어서 휴면 부피로 돌아가며, 그동안 저장 주머니는 신선한 공기로 다시 채워져서 다음 숨을 위해 눌릴 준비를 마친다.

문제는 이런 방식으로 환자의 호흡을 보조하기 위해서는 1분에 약 6~10회씩 앞선 동작을 반복해야 하는데, 그나마도 저장 주머니를 누르는 속도와 용적에 신경 써야 폐가 압력 장애나 용적 손상을 피할 수 있었다. 주머니를 자주 누르지 않으면 환자가 공급받는 산소의 양이 충분하지 않을 것이고, 그렇다고 너무 자주 누르면 가스 교환이 비효율적으로 일어날 수밖에 없다. 따라서 소아마비가 유행했을 때 모든 환자에게 산소를 공급하기 위해서 '주머니 담당자들'이 교대 근무를 해야 했는데, 담당자 한 명당 환자 한 명을 몇 시간씩 돌봐야 했다.

블레그담스 병원에서 문제가 된 것은 저장 주머니를 사용하는 방식이 아니라 치료해야 할 환자의 수가 '너무 많다'는 것이었다. 소아마비 유행이 정점에 달했을 때 이 병원에서 환기 치료를 받아야 하는 환자는 70명이나 되었고, 이런 수요를 맞추기 위해서 의대생들이 대거 투입되었다. 의대생 총 1,500명이 16만 5,000시간 동안 수동으로 환기 치료를 시행했다. 그 당시에 이루어진 조치가 전 세계의 의료계에 미친 영향은 엄청났다. 하지만 이 사건은 최근에 코로나19 팬데믹이 일어나 너무나 많은 환자에게 산소를 공급해야 하는 상황이 일어나면서 상대적으로 빛이 바래게 되었다. 전 세계적으로 중증 코로나 환자 수천 명을 치료하는 데 산소마스크, 인공호흡기, 산소 호흡기가 꼭 필요

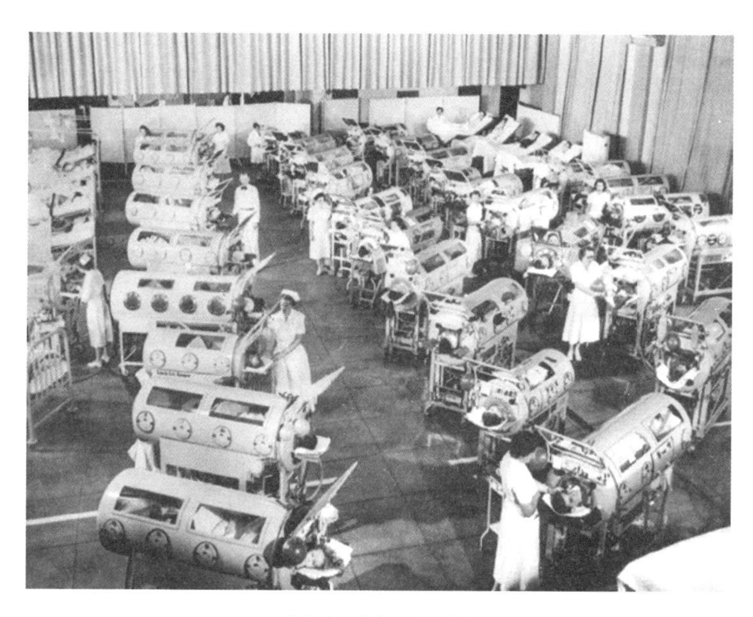

1952~1953년에 미국에서 소아마비가 유행했을 때
마비 증세를 보이는 환자들을 치료하기 위해서 캘리포니아 혼도에 있는
란초 로스 아미고스 호흡센터(Rancho Los Amigos Respirator Center)에서
30개 이상의 철폐 호흡기가 사용되었다.

했기 때문이다.

수많은 소아마비 환자를 성공적으로 치료하면서 양압 환기가 집중 치료를 필요로 하는 환자의 호흡을 대신할 수 있다는 것이 입증되었다. 이후 환기 기술은 더욱 발달했고 부작용도 천천히 극복될 수 있었다. 사실 가해지는 압력이 높다는 것 자체는 큰 문제가 되지 않았다. 트럼펫 연주자도 연주하는 동안 폐에 강한 압력을 가하지만 폐 손상을 입는 일은 거의 없다. 문제는 숨을 압력과 용적의 측면에서 정교하게 조절해서 공급할 수 있어야 한다는 점이다. 환자가 들이마시는 숨은 서서히 쌓여야 한다. 따라서 집중치료실에서는 의식이 없는 환자에게 환기 치료를 시행할 때 성대를 가로지르는 딱딱한 플라스틱 튜브를 환자의 기도에 삽입한다.

이런 기관내관(ET 튜브)이 있어야 기계적으로 만들어내는 숨이 위(胃)와 같은 다른 기관이 아닌 폐에 제대로 전달될 수 있다. ET 튜브의 한쪽 끝에는 부풀릴 수 있는 커프(cuff)가 있는데, 한번 부풀리면 커프가 튜브 주위의 공간을 막아서 기도를 밀폐시킨다. 그러면 특히 폐가 완전히 부풀어 있을 때 공기가 폐로 들어가지 않고 역으로 새어 나오는 일을 막을 수 있다.

기관내관을 기도에 삽입하기 위해서는 삽관이라는 상당히 까다로운 처치가 필요하며, 이를 위해서는 목구멍에 삽입하는 후두경이라는 특수한 기구가 있어야 한다. 후두경은 길이가 길고 약간 굴곡진 블레이드(blade: 성인의 기도에는 길이가 약 15cm인 블레이드를 쓴다)가 딸려 있다. 블레이드는 끝이 뭉툭하며 작은 조명이 박혀 있는데, 목구멍에 삽입하면 환자의 혀를 누르고 후두개를 들어 올릴 수 있다. 그러면 성대와 성문(聲門)이 잘 보이고, 풍선 모양의 주머니가 부풀기 전에 기관내관이 블레이드를 따라서 성대를 지나 기도까지 갈 수 있다. 삽관이 이루어지는 동안 환자가 마취된 경우가 많지만, 응급 상황에서 환자가 의식이 없거나 숨을 제대로 쉬지 못할 때도 삽관할 수 있다.

초창기에 만들어진 휴대용 인공호흡기.
공기나 산소가 고무로 만든 아코디언 모양의 저장 주머니를 통해서 환자에게 전달되었다.
저장 주머니는 작은 전기 모터에 의해서 규칙적으로 꾹 눌렀다.
환자의 침대 옆에 두고 쓰는 이 인공호흡기는 중환자실의 탄생에 이바지했다.
1950년대 이후로 점점 더 정교한 모니터링 장비가 만들어졌기 때문이다.

후두경

1940년대 초 뉴질랜드에서 태어난 마취과 의사 로버트 레이놀즈 매킨토시(Robert Reynolds Macintosh: 옥스퍼드대학교 너필드 의대 마취과에서 처음으로 일한 교수) 경이 '매킨토시 후두경'을 발명하기 전까지, 후두경은 의료현장에서 널리 쓰이지 않았다. 마취과 의사는 오로지 손의 감각만으로 기관내관을 환자의 코나 입으로 밀어 넣어야 했기에 삽관 성공률도 그리 높지 않았다. 매킨토시는 의료기기업계와 상업적으로 연줄이 있었고, 미국의 일류 마취 장비 제조업체 포에거(Foregger)가 매

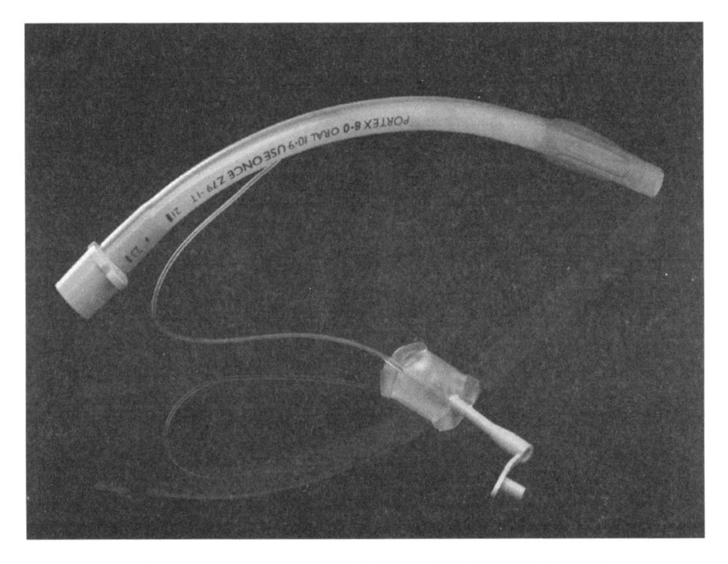

기관내관(ET 튜브)은 주로 환자의 입을 통해서 기관까지 삽입된다.
튜브를 삽입하고 나서 커프를 부풀리면 튜브가 고정되고 밀폐가 확실하게 이루어진다.
그러면 양압 덕택에 폐가 부풀고 산소가 공급된다.
튜브의 윗부분은 인공호흡기와 연결되어 있다.

킨토시 후두경을 공격적으로 홍보했다. 오늘날에는 매킨토시 후두경이 전 세계적으로 널리 쓰인다.[27]

포에거 회사는 리하르트 폰 포에거(Richard von Foregger)가 설립했지만 더는 존재하지 않는다. 이 회사의 영향력이 1950년대 후반에 들어 약해졌기 때문인데, 회사 설립자인 포에거가 젊고 유망한 마취과 의사들이 제안한 새로운 기기의 도입을 거부한 탓이다. 결국, 거절당한 젊은 의사들은 퇴사 후 라이벌 회사를 설립하여 큰 성공을 거두었고 그 여파로 포에거는 1987년에 문을 닫았다.[28] 현대적인 인공호흡기는 폐에 부담을 훨씬 덜 주면서도 수년 동안 사람들의 호흡을 보조할 수 있다.

ET 튜브

영국의 마취과 의사인 아치 이언 제러미 브레인(Archie Ian Jeremy Brain)은 ET 튜브의 성능을 크게 개선했다. 그는 1980년대에 영국 왕립 런던 병원에서 일하는 한편, 집에 온 뒤에도 쉬지 않고 홀로 개발에 몰두하여 후두 마스크의 첫 시제품을 발명했다.[29] 이 튜브는 길이가 더 짧았고 후두 위까지 삽입할 수 있었으며 한쪽 끝에는 부풀릴 수 있는 부드러운 마스크가 달려 있었다. 튜브는 한번 부풀리면 식도에서 이어지는 기도를 밀폐했기 때문에 폐를 보호하였으며 기계적인 호흡도 더 수월히 할 수 있도록 도왔다. 무엇보다 기존 ET 튜브와 달리 기도까지 삽입할 필요가 없었다.

브레인은 이 튜브를 자신이 직접 써본 뒤 1981년에 다른 환자에게 사용했지만 환자의 동의를 받지 않은 것이 문제가 되었다. 이후 그는 연구를 추가로 진행하여 튜브의 성능을 업그레이드했다. 이번에는 환자들의 동의도 받았지만, 그는 여전히 혼자서 일하는 것을 택했다. 브레인이 만든 튜브는 곧 환자 약 7,000명을 치료하는 데 쓰였고, 1983년에 마침내 재정 지원을 받게 되면서 1989년에 후두 마스크가 상업적으로 판매되었다. 그 후로는 후두 마스크의 사용이 급증했고, 1995년에 이르러서는 전 세계적으로 1억 명이 넘는 환자가 이 마스크의 도움을 받았다. 브레인의 삶은 큰 변화를 겪었다. 그는 전 세계를 돌아다니면서 자신의 마스크를 홍보했지만, 경제적으로 큰 이익을 남기지는 못했다.

NIPPV, CPAP

폐쇄성 수면 무호흡증이 있는 사람들이라면 NIPPV(Non-invasive Positive Pressure Ventilation: 비침습적 양압 호흡법)로 알려진 다른 인공호흡법이 좀 더 익숙할 것이다. 이 방법은 CPAP(continuous positive airway pressure: 지속 기도 양압)라고 알려진 치료법과 함께 보조적으로 쓰인다(CPAP는 ET 튜브나 후두 마스크 대신 코에 꼭 맞게 쓰는 마스크를 사용한다). NIPPV는 환자가 의식이 완전히 깨어 있을 때 시술이 가능하며 마스크를 착용한 채 잘 수 있다는 점에서 중요하다.

CPAP는 환자가 자는 동안 목구멍에 양압을 가해서 호흡을 보조하는데, 이 약간의 양압은 환자의 기도가 내려앉지 않도록 돕는다. 다만 CPAP 기계는 익숙해지는 데 시간과 노력이 필요하며, 발생하는 소음 또한 커서 침대를 같이 쓰는 사람에게 방해가 될 수 있다. 그래서 거의 절반에 가까운 사람들이 이 장치를 밤새 벗어두거나 석 달 만에 사용을 그만둔다.[30]

호흡 보조

호흡기 질환이 있는 사람들은 호흡 보조 치료가 필요하며, 이때 산소마스크를 통해서 산소를 추가로 공급받는 것이 가장 흔한 형태의 치료법이다. 대표적인 호흡기 질환은 만성 폐쇄성 폐질환(COPD)으로, 매년 환자 수백만 명이 이 병으로 인하여 사망한다. 다행히 이 질환은 어느 정도 예방이 가능하다. 담배 연기나 마리화나와 같은 물질에서 발생하는 연기, 나무를 태웠을 때(예를 들면, 요리할 때) 피어오르는 연기, 가스레인지에서 나오는 기화물질을 들이마시면 만성 폐쇄성 폐질환에 걸릴 확률이 높은데, 오늘날에는 담배를 피우는 것이 가장 큰 발병원인으로 알려져 있다.

만성 폐쇄성 폐질환은 복잡한 질병으로 흡연자의 체내에서 서서히 진행되다가 한참이 지난 후에야 증상이 나타난다. 필터로 거른 담배 연기 속에도, 시간이 지나면 폐를 자극하여 되돌릴 수 없는 손상을 입히는 여러 가지 화학 물질이 들어있다. 흡연자가 처음으로 느끼는 증상은 숨 가쁨이다. 아침에 가래를 동반하는 기침이 나고, 감기도 더 자주 걸린다. 이러한 증상에도 불구하고 흡연을 계속하면 폐가 기능하는

데 제약이 더 많이 생긴다. 그래서 증상이 나빠지고 숨쉬기도 더 어려워진다. 결국에는 산소를 외부에서 공급받을 수밖에 없게 되며, 흡연자는 옷을 입는 것과 같은 간단한 활동을 할 때도 숨이 차게 된다.

심각한 만성 폐쇄성 폐질환으로 인해서 나타나는 숨 가쁨은 '공기기아'라고 불리며 아주 불쾌한 경험을 선사한다. 만성 폐쇄성 폐질환 환자들은 이러한 경험을 최대한 피하려고 노력할 것이고, 그 과정에서 자연스레 활동량이 줄어들게 된다. 하지만 아이러니하게도 활동이 줄어들수록 정상적인 생활을 하기가 더욱 어려워진다. 만성 폐쇄성 폐질환이 복잡한 질병이라는 사실은 병명만 봐도 알 수 있다. '만성'은 이 병이 장기적으로 진행된다는 뜻이며, 이 경우에는 완치도 불가능하다. '폐쇄성'은 기도가 폐쇄되고 폐의 구조가 손상된다는 뜻으로, 그 결과 숨쉬기가 더욱 어려워진다. 마지막으로 '폐질환'은 곧 체내의 순환 기능과 심장 기능이 떨어진다는 것을 의미한다.

만성 폐쇄성 폐질환의 이름과 현대적인 설명은 이 질병이 특정한 질환으로 차츰 유명해진 뒤 사람들의 합의를 거치면서 발전해왔다. 만성 폐쇄성 폐질환의 대표적인 증상은 두 가지다. 첫 번째 증상은 폐 공기증(emphysema: '불룩해지다'라는 뜻의 그리스어 'emphusan'에서 유래한 말)으로 폐의 해부학적인 특징이 달라진다는 뜻이다. 이로 인해 폐는 본래의 정교한 스펀지 같은 구조를 잃어버리고 파괴되며 가스로 가득 찬 커다란 공간으로 대체된다. 이 공간은 가스 교환이 일어날 때 제 역할을 해내지 못하므로 산소 흡수율과 이산화탄소 교환량이 줄어든다.

쉽게 알아볼 수 있는 또 다른 증상은 만성 기관지염이다. 만성 기관

번버리(H. Bunbury)가 점묘법으로 그린 판화(약 1794년).
조지 왕조 시대에 신사 네 명이 사교 클럽에서 담배를 열심히 피우고 있다.

지염에 걸리면 폐에 염증이 생기고 세균에 감염된다. 게다가 기도가 과도하게 분비되는 점액으로 막히고, 그로 인해 가스 교환이 제한된다. 처음에는 만성 기관지염의 다양한 증상이 서로 다른 질병으로 분류되어 각각 치료되었다.

폐 공기증은 1679년에 제네바에서 일하던 의사 테오필 보네(Théophile Bonet)에 의해서 처음으로 보고되었는데, 그는 환자의 폐가 "매우 커졌다고" 묘사했다. 1769년에는 이탈리아 해부학자 조반니 바티스타 모르가니(Giovanni Battista Morgagni)가 시신의 폐가 공기로 가득하고 부어오른 사례를 19건이나 보고했다.[31] 영국 의사 찰스 배덤(Charles Badham)이 1814년에 쓴『기관지염에 관한 에세이(An Essay on Bronchitis: With a Supplement Containing Remarks on Simple Pulmonary Abscess)』는 기관지염을 개별적인 질환으로 처음 정의한 책이었다. 이 책 덕분에 폐 공기증이나 기관지염을 앓는 환자(또는 둘 다 앓는 환자)는 천식 환자와 다른 치료를 받을 수 있었다.

현대에 들어와서 폐 공기증을 설명한 사람은 프랑스의 르네 라에네크(René Laënnec)로, 최초로 청진기를 발명한 인물로도 유명하다. 그가 1821년에 쓴『흉부 질환과 간접 청진에 관한 논문(A Treatise of Diseases of the Chest and on Mediate Auscultation)』에는 폐 공기증과 만성 기관지염(주로 만성 카타르(catarrh)라고 불림)에 둘 다 걸린 환자들의 사례가 실려 있다. 라에네크는 결핵으로 45세의 나이에 요절했는데, 전염력이 있는 흉부 질환에 걸린 환자들을 치료하다가 감염된 것이 화근이었다.

제1차 세계대전 시기에 흡연의 인기가 높아지기 전까지는 만성 폐쇄성 폐질환에 걸리는 사람이 드물었다. 그 당시에는 유전적인 소인이 있거나 공기로 운반되는 산업 오염 물질, 즉 황, 질소 산화물, 연기 등에 노출된 사람들만이 이 병에 걸렸다. 그런 이유로 여러 의사가 이 질병을 대수롭지 않게 여겼고, 의학 저널에도 만성 폐쇄성 폐질환에 관한 내용은 잘 실리지 않았다. 그러다가 1950년대에 흡연자가 폐 공기증과 만성 기관지염에 많이 걸린다는 사실을 의사들이 깨닫는다. 만성 환자들은 폐 공기증과 만성 기관지염 중에서 어떤 병에 더 심각하게 걸렸는지에 따라서 다양한 증상을 보였지만, 적어도 숨쉬기가 더 어려워졌다는 점만큼은 같았다.

의사들은 환자를 크게 '핑크 퍼퍼(pink puffer: 얼굴이 분홍색이고 숨을 헐떡이는 사람)'와 '블루 블로터(blue bloater: 얼굴이 파랗고 부은 사람) '두 집단으로 분류할 수 있다는 것을 알아차렸다. 핑크 퍼퍼는 주로 나이가 많고 마른 환자들로, 근육이 쇠약해졌고, 정상적인 생활을 하기 어려울 만큼 숨이 끊임없이 찼으며, 폐 공기증에 걸리기도 했다. 반면 블루 블로터는 나이가 더 어린 편이었고 과체중인 경우가 많았다. 그들은 만성 기관지염이 있어서 고름이 나오는 기침을 했고, 심부전이 나타나기도 했다.

핑크와 블루는 환자의 피부색을 두고 하는 말인데, 과체중인 경우가 많은 블루 블로터가 얼굴이 파래지는 것은 혈중 산소 농도가 낮기(저산소혈증) 때문이다. 이런 환자는 혈중 이산화탄소 농도가 더 높아지더라도 감당할 수 있도록 뇌와 체내의 조절 체계가 새로운 환경에 적응한다. 그래서 몸이 정상적인 혈중 가스 농도를 유지하려고 노력하지 않는다. 이 경우에는 호흡 작용이 최소한으로 이루어지기 때문에 체내 에너지를 절약하는 효과가 있다. 이 환자들은 정상적인 속도로 호흡하며 숨이 가쁘다고 느끼지는 않지만, 산소가 여전히 부족한 점은 달라지지 않는다.[32]

핑크 퍼퍼에게서는 다혈증이 나타난다. 때문에 피부의 모세혈관이 충혈되어 환자의 얼굴이 분홍색으로 보이게 된다. 이 경우에는 환자가 혈액에 과하게 들어있는 이산화탄소를 제거하려고 과호흡을 해서(숨을 헐떡거림) 혈액에 산소를 공급한다. 그러다 보니 환자가 숨을 힘겹게 쉬고 있는 것처럼 보인다. 오늘날에는 핑크나 블루와 같은 용어를 더는 사용하지 않는다. 진단과 현대적인 치료법 덕택에 두 증상이 개선되었기 때문이다.

만성 폐쇄성 폐질환이 말기에 접어들면 제1형이나 제2형 호흡부전으로 인해서 죽음에 이를 수 있다. 제1형 호흡부전이 일어나는 원인은 산소 공급의 실패다. 폐 환기가 제대로 이루어지지 않는 것이다. 제1형 호흡부전에 시달리는 환자는 체내에 충분한 양의 산소를 공급할 수 있을 만큼 숨 쉬는 것을 힘겨워한다. 그래서 호흡에 들이는 추가적인 노력이 결국 호흡계의 고장과 죽음으로 이어진다. 호흡부전 초기에는 산소를 추가로 공급하면서 환자의 호흡을 보조할 수 있다. 이렇게 하면 똑같은 속도로 환기하더라도 산소의 공급량이 늘어날 것이다. 제2형 호흡부전 역시 폐 환기가 불충분해서 일어나기는 하지만, 이 경우에는 혈중 이산화탄소 농도가 높고 산소 농도가 낮다. 증상이 심각한 호흡부전 환자를 치료할 때는 인공호흡기를 이용한다.

의료계에서는 더는 핑크 퍼퍼나 블루 블로터와 같은 비유를 사용하지 않지만, 일부 동굴학자는 여전히 이런 말을 쓴다(특히 오스트레일리아에서 많이 쓴다). 다만 그들은 이 용어를 구어로 가볍게 쓴다. 동굴은 광산처럼 공기가 '탁한' 경우가 많다. 정확히는 지질학적인 특성과 형태에 따라서 달라지지만, 동굴에 있는 공기는 비록 산소 농도는 정상이더라도 이산화탄소 농도가 높을 수 있다. 부패하는 유기 물질이 있는 동굴의 경우에는 공기 중에 있는 산소의 농도가 낮거나 메탄의 농도가 상당히 높을 수도 있다.

이런 동굴에 들어가는 동굴학자들은 앞서 설명했던 두 가지 방식으로 반응한다. 대부분은 숨을 더 빨리 쉬어서 피부색이 밝은 사람이라면 얼굴이 분홍색이 된다. 즉, 핑크 퍼퍼가 되는 것이다. 반면에 다량의 이산화탄소를 더 잘 견디는 사람은 호흡 속도가 빨라지지 않는다. 그래서 블루 블로터처럼 얼굴이 파래지고 기절할 위험이 있다(동굴을 혼자 탐험하다가 의식을 잃으면 치명적일 수 있으므로 주의가 필요하다).

담배를 피움에도 불구하고 건강에 아무런 이상이 없는 사람은 의외로 많지만, 흡연의 영향으로 건강이 안 좋아지는 사람이 더욱 많다. 이 경우 흡연자는 만성 폐쇄성 폐질환뿐만 아니라 심혈관 질환이나 암에 걸릴 수 있다. 담배 연기에는 니코틴 말고도 수천 가지의 화합물이 들어있다. 그중 약 250가지는 구강암, 인후암, 방광암, 폐암을 일으킬 수 있다. 지난 세기에 폐암 환자가 급격하게 늘어나면서 의사들은 담배 연기가 건강에 얼마나 해로운지 분명하게 알게 되었다. 폐암은 20세기 전까지만 해도 대단히 드물게 나타나는 질병이었으며 결핵이나 폐렴으로 오진되는 일도 많았다.[33] 나중에는 폐암 환자가 늘어난 것이 제1차 세계대전 때 사용된 독가스 때문이라고 여겨지기도 했다. 그다음에는 1918~1920년에 일어난 독감 팬데믹 때문이라는 주장이 있었고, 새로운 길을 포장할 때 쓰이는 아스팔트 포장재인 타맥(tarmac) 때문이라는 주장도 있었다.

흡연이 건강에 나쁠지도 모른다는 사실은 1930년대에 첫 임상 시험이 진행되며 처음으로 알려졌다. 비폐암군보다 폐암군에 흡연자가 더 많았기 때문이다. 제2차 세계대전이 끝나자 관련 연구가 이어졌고

1950년대에 대규모 연구 두 건이 진행되었다. 하나는 영국에서(담배를 피우는 의사와 피우지 않는 의사를 비교), 다른 하나는 미국에서 이루어졌으며 남자 피험자 총 18만 7,766명이 참여했다. 연구진은 흡연과 폐암의 연관성이 "의심할 여지 없이" 입증되었다고 밝혔다.[34]

동물 실험에서도 마찬가지의 결과가 나오자 대중은 충격을 받았다. 지금까지 흡연이 해롭지 않고 심지어 건강에 좋다는 이야기가 사실이라고 생각했기 때문이다. 그 결과, 흡연에 대한 신뢰와 흡연율이 바닥을 쳤다. 하지만 담배 제조업체들은 상품에 건강 유해성 경고 표시를 하는 대신, 실험 증거와 과학자들의 임상 연구 결과를 반박했다. 흡연과 폐암의 연관성을 대중이 알지 못하도록 적극적으로 방해하기로 한 것이다.[35] 담배 회사들은 막대한 자금력을 바탕으로 캠페인을 성공으로 이끌었다. 결과적으로 1950년대부터는 흡연율이 다시 올라가서 1980년대에 정점을 찍었다.

하지만 그것도 잠시뿐, 상황이 달라지기 시작했다. 유럽과 북아메리카의 여러 선진국에서 공중위생을 담당하는 기관들이 담배 회사들만큼이나 효과적인 캠페인을 벌인 것이다. 정부의 도움으로 흡연에는 무거운 세금이 부과되었고, 다양한 국가에서 공공장소에서의 흡연이 법적으로 금지되었다. 게다가 니코틴 패치, 전자 담배, 베이핑(vaping: 전자 담배처럼 생긴 기기로 향이 첨가된 수증기를 피우는 행위 -역주)과 같은 대체제의 발명 덕택에 흡연율은 더욱 떨어졌다(이러한 발명품은 주로 분무된 니코틴을 이용하는 방식이었다).

영국에서는 흡연율이 꾸준히 감소하여 1950년대 남성의 약 60%,

여성의 약 40%를 차지했던 흡연자가, 2019년에는 인구의 약 15%만 남은 것으로 조사되었다. 유럽과 북아메리카에서는 이후로도 흡연율이 계속 떨어지는 추세다. 하지만 아시아에서는 흡연율이 오히려 오르고 있는데, 특히 중국과 인도에서 눈에 띄게 증가하고 있다. 정부가 담배를 직접 제조하는 중국에서는 1980년과 2010년 사이에 흡연율이 4배나 증가했고, 매년 담배 2조 개가 소비되고 있다. 20세기에 흡연과 관련된 질병으로 사망한 사람은 약 1억 명이었다. 하지만 21세기에는 그것보다 훨씬 많은 사람이 사망할 것으로 예측하고 있다. 흡연을 시작한 지 약 25년이 지나야 본격적인 증상이 나타나기 때문이다.

담배업계의 맹렬하고 비도덕적인 캠페인은 호흡의 역사에 가장 큰 영향을 미쳤다. 처음 담배업계는 사람들에게 담배를 피우면 호흡기 건강이 좋아진다고 이야기했다. 그러다가 과학적인 증거가 정반대의 사실을 증명하자 이번에는 흡연이 사회적으로 멋지고 긍정적인 행위인 것인 양 소비자들을 현혹시켰다. 이를 위해 광고업계에서는 브랜드 충성심이라는 개념을 무자비하게 이용했다. 게다가 사실, 모든 흡연자는 니코틴에 중독되기 때문에 담배를 계속 찾는 고객의 수는 어느 정도 보장될 수밖에 없었다.

20년이라는 세월, 즉 1950년대와 1960년대가 지나고 나서야 숨 가쁨, 건강 악화, 만성 폐쇄성 폐질환의 초기 증상, 폐암 등이 대규모로 나타나기 시작했다. 여전히 우리는 과거에 담배업계가 그래왔듯이, 패스트푸드 업계에서 보내는 광고 메시지에 노출되어 있다. 이들 역시 패스트푸드와 비만의 연관성을 대중이 알지 못하도록 고의로 방해하

의사와 일반 대중을 겨냥한 1940년대 말의 담배 광고.
담배 회사가 의사와 환자들에게 "여러분만의 테스트를 만들어보세요."라고 권하면서
담배가 건강에 좋지 않다는 통계적, 역학적인 증거를 교묘하게 덮어버리려고 했다.

고 있다.

호흡기 질환으로 사망한 환자는 전 세계적으로는 사망자의 5분의 1, 유럽에서는 8분의 1에 해당한다. 매년 60만 명이 호흡기 질환으로 목숨을 잃는데, 이 중 절반은 흡연으로 인한 폐암이나 만성 폐쇄성 폐질환이 원인이다. 젊었을 때부터 담배를 피우기 시작하는 흡연자가 많은데, 이때는 호흡 장애가 몸을 망가뜨리고 암과 같은 심각한 질병을 유발할 수 있다는 것을 전혀 생각하지 못한다. 그런 증상은 나이가 들어서나 생기는 것으로 여겨지기 일쑤다. 이러한 흡연자들이 중년의 나이에 접어들면 그때는 이미 담배에 중독되고 난 후다.[36]

사람은 몇 분 이상 호흡이 멈추면 목숨을 잃는다. 신경 질환 때문에 호흡이 멈추는 일도 있다. 뇌나 흉곽과 관련된 신경에 문제가 생길 수도 있고, 근육의 수축을 관장하는 신경에 문제가 생길 수도 있다. 아니면 부상이나 외상 때문에 호흡이 멈출 때도 있다. 폐에 물이 차거나 압도적인 힘에 몸이 짓눌려 사망할 수도 있다.

호흡을 멈춘 사람이 다시 숨을 쉬도록 돕는 능력은 수백 년의 노력 끝에 얻어낸 결실이다. 연구 결과가 우연히 좋았던 적도 있었고, 수많은 의사, 공학자, 과학자의 노고 덕택에 성과를 올린 적도 있었다. 우리는 커다란 역경이 닥쳤을 때 환자의 폐를 평소보다 큰 음압이나 양압에 노출해서 문제를 극복한 경험이 많다. 수개월 또는 수년 동안 호흡을 보조해줄 기계 장치를 발명하기도 했다. 최근에는 수면 중이나 낮에 깨어있을 때 호흡을 도와줄 수 있는 마스크도 만들어졌다. 이 마스크는 얼굴을 고정하고 압력을 이용해서 기도를 열어주거나, 들이마실 수 있는 산소가 풍부한 공기를 제공해서 혈중 산소 농도를 높이는 원리로 작동한다. 전 세계적으로 흡연 인구가 늘어나면서 호흡에 관한 우리의 인식이 달라졌다. 깨끗한 공기를 마시는 것이 얼마나 값진 일인지 분명하게 알게 된 것이다.

6

환경: 고지대와 저지대에서 숨쉬기

● 호흡은 신체적으로, 그리고 감정적으로 얼마나 지치고 스트레스를 받았는지에 따라서 변화한다. 축구와 같은 팀 스포츠에서든 마라톤과 같은 개인 스포츠에서든 참가자라면 누구나 숨이 가빠진다. 잠깐씩만 숨이 찰 수도 있고, 스포츠 경기가 이어지는 내내 헐떡일 수도 있다. 운동 수행 능력 및 체력의 향상을 위해서는 숨을 더 빠르고 깊게 쉬어야 한다. 수영이나 조정과 같은 스포츠에서는 호흡을 더욱 중시한다. 운동 수행 능력과 호흡률이 긴밀하게 얽혀 있기 때문이다. 한편, 양궁과 같은 스포츠에서는 호흡이 오히려 좋은 성적을 얻는 데 방해가 되기 때문에 활을 쏠 때 숨을 참는다.

고지대에서 거주하거나 운동을 하면 호흡에 변화가 생긴다. 고지대에서는 산소를 많이 얻을 수 없다. 해수면으로부터 높이 올라가면 갈

수록 공기가 적어지기 때문이다. 반대로, 해수면 아래로 내려가면 기압은 증가한다. 다이빙을 하는 것과 같은 극단적인 상황에서는 호흡과 호흡계가 다양한 방식으로 반응한다.

우리는 트럼펫이나 플루트와 같은 악기를 연주하거나 노래를 부르거나 울부짖거나 말할 때처럼, 필요에 의해 의식적으로 호흡에 변화를 주기도 한다. 우리의 무의식은 호흡에 지대한 영향을 미친다. 감정은 호흡에 오랜 기간 영향을 주거나, 짧은 시간 동안 호흡을 장악할 수도 있다. 우리는 기쁠 때 웃고, 슬플 때 울고, 지루할 때 하품을 한다.

숨 가쁨

승강장을 떠나려는 기차를 붙잡기 위해 달릴 때나 100미터 달리기를 할 때처럼, 짧은 시간에 폭발적으로 에너지를 사용할 때 호흡은 잠깐이지만 우선순위가 낮아진다. 모든 정신이 당장 눈앞에 있는 일에 집중하기 때문이다. 우리는 일이 끝나고 나서야 뒤늦게 호흡에 신경 쓴다. 숨을 헐떡거리거나, 호흡이 빨라지거나, 땀을 조금 흘리거나, 회복을 위해 휴식을 취한다. 이러한 상황에서 숨이 가쁜 느낌이 들거나 공기 기아를 겪는 것은 정상적인 반응이라 할 수 있다. 폐암과 관련성은 없지만, 숨 가쁜 느낌이 이어지는 시간과 불편한 정도는 나이, 흡연 여부, 과체중 여부, 감정 상태에 따라 달라진다.

가장 흔한 운동 중 하나인 달리기는 몇 초 동안 폭발적으로 뛰거나,

마라톤처럼 몇 시간씩 수행할 수도 있다. 따라서 우리의 호흡 속도는 보다 다양한 상황에 반응하기 위해서 적응력이 뛰어나야 했다. 현재 100미터 달리기 세계 신기록은 9.572초로, 2009년에 자메이카의 우사인 볼트(Usain Bolt)가 세웠다. 심지어 볼트가 계주 주자로 나서 출발선 몇 미터 전부터 뛰었을 때는 100미터 기록이 놀랍게도 8.7초(시속 약 42킬로미터)였다. 여자 부문에서는 1988년에 미국의 플로렌스 그리피스 조이너(Florence Griffith-Joyner)가 세운 10.49초가 100미터 달리기 세계 신기록이다.

숨을 한 번 쉴 때 평균적으로 약 3~4초를 소요한다는 점을 생각하면, 100미터 달리기를 하면서 호흡할 수 있는 여유는 별로 없다. 따라서 이러한 경주에서는 쏟아낼 수 있는 다량의 에너지를 혈액에 이미 들어있는 산소로부터 얻어야 한다. 이때 필요한 에너지 대부분은 근육에 이미 저장된 화학적인 에너지에서 나온다('무산소의'를 뜻하는 혐기성 대사). 이와 반대되는 호기성 대사(산소에 의지하는 대사)는 이 같은 상황에서 남자의 대사 활동 중 약 10%를 차지한다.[1]

운동 시간이 길어지면 호기성 대사가 차지하는 비율도 커진다. 400미터를 뛸 때는 호기성 대사의 비율이 약 40%를 차지하며, 800미터의 경우에는 남자는 60%, 여자는 70%나 차지한다.[2] 400미터와 800미터 달리기의 공식 최고 기록은 각각 43.03초와 47.06초(각각 남아프리카공화국의 웨이드 반 니커크(Wayde van Niekerk)와 독일의 마리타 코흐(Marita Koch)가 세운 기록), 그리고 100.91초와 113.28초(각각 케냐의 다비드 루디샤(David Rudisha)와 이제는 체코가 된 체코슬로바키아의 자밀라 크라토케

빌로바(Jarmila Kratochvilová)가 세운 기록)다. 대충 계산해보면, 한 번에 운동하는 시간이 75초 미만이라면 산소를 추가로 공급받지 않아도 운동을 수행할 수 있다.[3]

급격한 산소 부족의 영향은 운동이 끝난 다음에 나타난다. 승강장을 막 떠나려는 기차를 타기 위해서 달리는 상황을 떠올려보자. 만일 운 좋게 기차에 올라탔다면 처음 1~2분 동안은 숨을 빠르게 쉴 것이다. 몸이 덥게 느껴지고 숨을 돌리느라 바쁘다. 가만히 앉아 있는데도 마치 여전히 뛰고 있는 것처럼 깊고 빠르게 숨을 내쉬게 된다. 바로 몸이 '산소 부채(oxygen debt)'에 반응하기 때문이다. 혈중 산소 농도가 달리기 전의 수준으로 돌아가고 포도당을 연소하느라 생성된 과잉 이산화탄소가 전부 몸 밖으로 나간 후에야 호흡은 안정적으로 돌아온다.

산소 부채는 운동선수에게서 더욱 명확하게 나타난다. 선수들은 100미터 달리기를 마치고 나면 트랙에 그대로 뻗어버린다. 한동안 몸을 가누지 못하고 대부분이 지친 기색이 역력한 표정으로 드러눕는다. 좋은 성적을 거둔 선수들만이 박수갈채와 함께 환호하는 관중에게 보답하기 위해 고통을 수반하는 산소 부채를 무시하고 제 발로 선다.

보다 오랜 시간이 소요되는 경주나 운동을 할 때는 산소 흡수율과 이산화탄소의 생성 및 배출이 중요하다. 이러한 요인들은 운동 수행 능력을 제한하기도 한다. 산소를 흡수하고 이산화탄소를 배출하는 과정은 폐와 조직에서 가스 교환이 얼마나 빨리 일어나는지에 따라서 결정된다. 운동을 오래 할 때는 산소 부채에 의지할 수 없으므로 폐와 심장이 더 효율적으로 기능하는 수밖에 없다.

2005년 6월에 열린 스피첸 레이흐아틀래티크(Spitzen Leichathletik)의
트랙과 필드 경기에서 앤워 무어(Anwar Moore) 선수가 입을 다문 채 100미터를 달리고 있는 모습.
거리가 짧을 때는 호흡을 한다고 해서 성적이 더 향상되지는 않는다.

운동하는 동안 인간의 호흡수와 심박수는 평소의 3~4배까지 증가할 수 있다. 숨을 한 번 들이마실 때 폐가 흡수할 수 있는 공기의 양은 평소의 약 7배까지 늘어나며, 심장이 한 번 펌프질 할 때 뿜어내는 혈액의 양은 약 3배 많아진다. 따라서 운동 중에 들이마실 수 있는 공기의 최대량은 분당 약 7리터에서 분당 180리터까지 늘어나는데, 이는 무려 평소의 26배나 증가한 수치다. 이때 몸 구석구석으로 가는 혈액의 최대량도 5리터에서 분당 35리터까지 약 7배 증가한다.

공기 7리터에 산소가 약 1.5리터 들어있으며, 평소 우리의 몸은 그

중의 약 17%, 즉 0.25리터의 산소만을 사용한다. 이렇게 계산해보면 공기 180리터에는 산소가 38리터 들어있는 것이며, 평균 체격의 남자가 운동할 때는 가장 격렬한 순간에 산소 약 2.8리터, 즉 7%만 소비할 것이다. 뛰어난 운동선수를 측정한다면 훨씬 더 인상적인 수치가 기록될 것이다. 단, 혈중 산소 농도가 낮아지는 것이 호흡에 영향을 주는 유일한 요인은 아니며, 이산화탄소량의 증가와 혈중 산 부하의 증가 역시 호흡을 자극한다.

1922년에 영국 생리학자 아치볼드 비비안 힐(Archibald Vivian Hill)은 '최대 산소 섭취량'과 '산소 부채'라는 용어를 만들었다. 같은 해에 힐은 노벨 생리의학상을 받았는데[4] 활동 중인 근육의 열 생성 메커니즘을 설명한 공로를 인정받은 결과였다. 힐은 달리기를 매우 좋아했으며 자기 스스로를 연구 대상으로 삼은 것으로 추정된다. 힐의 논문을 살펴보면 연구에 참여한 피험자 중 한 명이 힐과 동갑인 35세임을 확인할 수 있는데, 이 연구에서 피험자는 등에 멘 커다란 가방과 연결된 마우스피스와 밸브를 통해서 숨을 쉬면서 (84.6미터짜리) 야외 트랙을 달린다. 더글러스 백(Douglas bag)이라고 알려진 이 가방은 우리가 호흡에 관하여 이해하는 데 지대한 공헌을 했다.

더글러스 백에 숨겨진 과학적인 원리는 간단하다. 날숨을 각각 수집할 수 있다면 날숨의 양과 구성 성분을 측정할 수 있으리라고 생각한 것이다. 그러면 그 사람이 산소(들숨의 구성 성분은 알려져 있었다)와 열량을 얼마나 소모하는지 계산할 수 있을 것이다(더글러스 백의 발명가 클로드 고든 더글러스(Claude Gordon Douglas, 1882~1963년)는 홀데인과 같

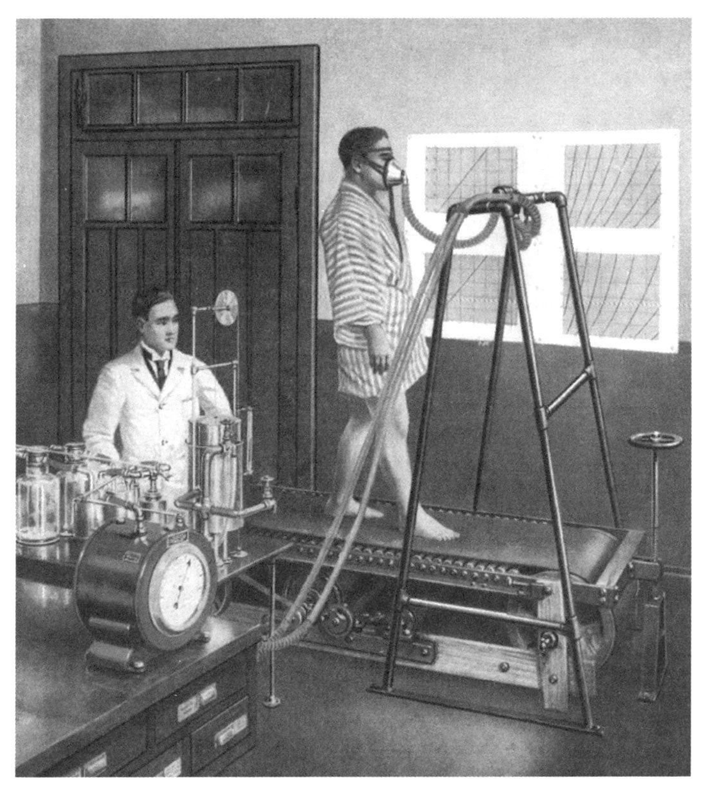

운동 중의 호흡 작용을 조사하는 장면을 나타낸 망판화(1929~1930년).
피실험자는 원시적인 트레드밀 위에서 운동하면서 마스크 안으로 숨을 불어넣는다.
그러면 피실험자가 내쉰 숨이 근처에 있는 작업대 위에 놓인 가스계량기를 이용해서 측정된다.
가스계량기에는 폐활량계도 딸려 있다.
오늘날에는 이 과학 장비의 크기가 작아졌으며, 피실험자의 안전이 다른 무엇보다 중요해졌다.

은 시대에 살았고 옥스퍼드대학교에서 일했다. 그는 제1차 세계대전 때 화학 무기 공격법을 연구한 전문가 중 한 명이었다). 최초의 주머니는 능직물로 만들었고 쐐기형이었다. 가황 처리한 고무로 안을 댔으며, 가득 채우면 가스가 50리터나 들어갔다.[5] 고무를 입힌 막과 밸브는 배출된 가스가 새어나가거나 가스의 구성 성분이 달라지는 것을 방지했다. 날숨을 수집하면 특정 기간의 배출된 가스의 총량, 산소 소비량, 이산화탄소 생성량을 연구실에서 쉽게 알아낼 수 있다.

이전에도 가스 백은 수십 년 넘게 사용되어 왔지만 가스가 새어나가지 않도록 제작된 것은 더글러스 백이 처음이었다. 이 간단한 더글러스 백과 신진대사 및 가스 교환을 측정하는 능력에 대한 연구는 그 후로 50년 이상 스포츠와 운동학에 혁명을 일으켰고 항공과 다이빙의 생리학을 이해하는 데도 크게 이바지했다. 오늘날 더글러스 백은 전자 호흡 가스 분석기로 대체되었는데, 크기가 작아서 선수가 쉽게 착용할 수 있고, 산소 섭취량을 초당 여러 번 측정하거나 숨을 한 번 쉴 때마다 신진대사를 계산할 수도 있다.

일부 스포츠의 경우 숨을 더 깊고 빠르게 쉬는 것 외에도 중요한 게 있다. 예를 들어 조정이나 수영을 할 때는 상체를 주기적으로 움직여야 하는데, 이처럼 노를 젓거나 팔 동작을 할 때 숨을 같이 내쉬면 운동 수행 능력이 크게 향상된다. 물은 공기보다 밀도가 훨씬 높은 매체다. 수영할 때는 물속에서 몸을 가로로 누이기 때문에 수영 선수는 숨을 쉬기 위해서 더 많이 노력해야 한다. 이때 팔 동작과 호흡의 리듬을 맞추면 수영에 드는 노고를 줄이는 데 도움이 된다. 수영선수들은 대체로 팔을 뒤로 당길 때(파워 스트로크라고 불림) 숨을 내쉬고 다음 스트로크를 준비하기 위해서 팔을 앞으로 뻗을 때 숨을 들이마신다.

반면에, 조정은 수영과는 다른 점에서 어려움을 겪는다. 조정을 하다 보면 가슴에 있는 호흡근에 무리가 많이 가는데, 이때 호흡의 리듬과 조정 속도를 맞춰주면 호흡근의 스트레스를 줄이고 운동 효율을 개선할 수 있다. 조정 선수들은 입으로 숨 쉬라는 조언을 많이 듣는다. 노를 천천히 저을 때는 파워 스트로크를 위해 노를 뒤로 당기면서 숨을 내쉬어야 한다. 손이 몸에 닿을 때 숨을 내쉬는 동작도 끝이 난다. 그러고 나면 노를 물속에서 들어 올리고 앞으로 보낼 때 숨을 들이마시면 된다. 스트로크를 할 때마다 의식적으로 숨을 내쉬는 동작은 훈련을 많이 해야만 제대로 할 수 있다. 노를 젓는 동작보다도 어려운 일이다.

한편, 노를 더 빨리 저을 때는 숨 쉬는 문제도 그만큼 복잡해진다. 이때는 스트로크를 한 번 할 때마다 숨을 두 번 쉬어야 하며, 그다음 스트로크를 준비하는 짧은 시간에 숨을 빨리 내쉬어야 한다. 호흡수와 스트로크의 빈도를 맞추면 조정력(coordination)이 좋아지고 근육의 호기성 호흡을 도울 수 있다.

사실, 우리는 호흡의 리듬을 상황에 맞게 적응시키는 일에 매우 익숙하다. 음식을 삼키거나 음료를 마실 때 늘 하는 일이기 때문이다. 우리는 음식물이 기도가 아닌 식도로 들어가도록 동작과 호흡을 조정한다. 그러지 않았다면 이미 여러 차례 음식물이 폐로 들어가 위험했을 것이다.

과거에 갈렌이 관찰했던 것처럼, 뇌간에 있는 작은 조직 덩어리는 호흡의 속도를 조절한다. 이 신경 중추는 체내에서 보내는 모든 신호를 해석하고 통합하며 동시에 매 순간 호흡의 리듬과 패턴을 정한다.

이를 통해 폐가 수축 및 이완하며 호흡이 적절한 속도로 이루어진다.

호흡 중추는 폐에 있는 신장 수용기와 동맥과 뇌에 있는 화학 수용체로부터 피드백을 받은 뒤, 그 정보를 바탕으로 운동, 신체 냉각, 난방, 저산소증(산소 부족), 통증과 패닉의 영향을 무의식적으로 받는다. 이 같은 특수한 상황에 놓일 경우 대개 호흡 속도가 빨라지는데,[6] 의식적으로 인지하지 않아도 얼마든지 호흡의 변화가 일어날 수 있다. 우리는 호흡에 불편이 생기고 상부 뇌의 행동 체계가 작동하기 전까지는 이러한 변화를 알아차리지 못한다.

호흡의 변화를 인지하기 시작하면 숨이 가쁘다는 사실을 인식하고 보다 적극적으로 회피 행위를 시도하게 된다. 예를 들면, 활동을 줄이고, 창문을 열어서 신선한 공기를 마시며, 신경을 돌리려 애쓰고, 흡입기를 사용하거나, 치료를 받는다. 우리는 소위 말하는 내부 수용 감각 덕분에 체내의 생리적인 변화를 감지하여 거기에 적합한 행동을 함으로써 현재 놓인 환경에 적절하게 대응할 수 있다.[7]

사람들은 숨이 찬 느낌을 저마다의 방식으로 표현한다. 숨을 너무 많이 들이마신다고 말하는 사람도 있고, 숨을 충분히 들이마시지 못하는 것 같다고 말하는 사람도 있다. 아니면 심호흡이 필요하다거나, 숨이 턱 막히는 느낌이 들거나, 질식하는 것 같거나, 가슴이나 목이 (꽉 조이는 것처럼) 답답하다고 말하는 이도 있다.[8] 감정은 우리의 호흡 속도를 조절한다. 명상을 통해 호흡 속도를 늦추면 편안한 감정을 느낄 수 있다. 반면, 분노와 공포와 같은 부정적인 감정은 호흡 속도가 빨라지게 한다. 이것은 우리가 느끼는 감정에 대한 적절한 반응이며, 그 감정이 지나가고 나면 호흡 속도 역시 정상으로 돌아온다.

하지만 감정의 동요로 인해서 나타나는 호흡 반응이 앞선 사례와 달리 적절하지 않을 때도 있다. 대표적인 경우는 바로 공황 발작을 일으킬 때다. 공황 발작은 (광장 공포증과 같이) 공포를 느끼거나 특정한 상황에 놓일 때 나타나지만, 때로는 아무런 문제가 없어 보일 때도 갑작스레 찾아올 수 있다. 발작이 일어날 때는 외부의 스트레스에 대항하여 몸속에 내재된 방어 기제가 부적절하게 촉발된다.[9] 이러한 공황 발작의 메커니즘은 아직 완전하게 밝혀지지 않았지만, 연구에 따르면 이산화탄소 수치가 올라가거나 호흡에 방해를 받을 때 과호흡이 나타난다고 한다. 분명한 점은 이 같은 발작에 심리적인 요인이 작용한다는 것이다. 이때 '발작 삼총사', 즉 내부 수용 감각, 조건 형성(conditioning), 공포가 함께 움직인다.[10] 공황 발작은 촉발 요인을 피하고, 탈조건 형성(deconditioning) 과정을 거치고, 인지 행동 치료를 받음으로써 나아질 수 있다.

호흡, 신체, 운동 제어(움직임과 자세), 인지 능력 간의 연관성은 음악을 연주할 때 가장 잘 드러난다. 일본에서 진행한 한 연구에 따르면, 피아니스트는 자신이 연주하는 클래식 곡(모차르트(Mozart)든 드뷔시(Debussy)든)에 따라서 호흡이 달라졌으며, 이러한 변화에는 피아니스트 개개인에 따라 차이도 있는 것으로 나타났다.[11]

고지대에서 호흡하기

세계 신기록과 올림픽 신기록은 대체로 관중이 많이 찾는 대도시에 위치한 경기장에서 나온다. 이런 경기장은 저지대에 있는 경우가 많으며, 아무리 높아도 해발 몇백 미터밖에 되지 않는다(물론 예외도 있다. 1968년 하계 올림픽은 멕시코시티에서 열렸는데, 이 도시는 해발 약 2,250미터 높이에 있다).

고도가 높아질수록 공기의 양은 줄어든다. 하지만 그렇다고 해서 공기의 구성 성분이 달라지지는 않는다. 해수면 근처에 있는 공기 속에도 산소가 21% 들어있고, 에베레스트산 정상(해발 8,848미터)에 있는 공기 속에도 산소가 동일한 비율로 포함되어 있다. 달라지는 것은 바로 기압이다. 해수면에서는 대체로 760mmHg, 즉 1기압을 기록하지만, 에베레스트산 정상에서는 우리가 평소에 익숙하게 여기는 기압의 3분의 1밖에 안 되는 약 250mmHg으로 기록된다.

기압이 낮다는 것은 외부 산소압 대 내부 산소압의 비율이 더 낮아진다는 것을 의미한다. 그러면 산소 흡수율이 낮아지고 조직에 저산소증이 올 위험이 있다. 그래서 에베레스트산을 등반하는 사람들은 산소를 따로 준비해서 가야 한다. 특히나 정상에 오르고 싶다면 말이다. 물론 추가적인 산소 없이 정상에 도달한 뒤 무사히 내려와서 살아남은 사람들도 있다. 하지만 정상에 너무 오래 머물다가 여분의 산소마저 다 써버린 뒤 사망한 사람들도 있다. 해수면에서 기압이 에베레스트산 수준으로 감소하면 공기 중에 산소가 약 6%만 있는 것과 마찬가지가 된다. 이처럼 낮은 기압을 우리가 평소에 경험하는 수준으로 끌어올리기 위해서는 약 75%의 추가적인 산소가 필요하다.

고지대에서는 혈중 산소압이 낮아지므로 호흡 속도가 빨라진다. 이렇게 되면 당장은 혈중 산소 농도가 높아져서 회복되는 듯 보인다. 하지만 과호흡이 혈중 이산화탄소 농도를 낮추기 때문에 결과적으로 숨쉬는 속도는 느려진다. 문제는 호흡 속도가 느려지면 저산소증이 더욱 심화된다는 것이다. 보통 일주일 정도가 지나면 몸이 고지대의 환경에 적응하며 어지럽거나 기절하는 증상도 사라진다. 만일 주변의 기압이 너무 빨리 변하면 정신을 잃을 수도 있는데, 비행기 조종사가 너무 높이 날 때도 이 같은 증상을 경험한다.

높은 고도에 적응하지 못하는 사람에게는 또 다른 증상들이 나타난다. 급성고산병(AMS: acute mountain sickness)은 해발 고도가 2,500미터 이상일 때 찾아오며 3,600미터 이상에서는 증상이 더 심해진다. 급성고산병의 대표적인 증상은 두통, 메스꺼움, 피로, 식욕 감퇴, 숨 가쁨, 수면 장애다.[12] 증상은 가벼운 불편함을 느끼는 정도부터 목숨이 위태로워지는 정도까지 그 편차가 다양한데, 뇌나 폐, 또는 뇌와 폐 모두에 체액이 차면(부종) 치명적이다. 이때 고지대로 올라가는 속도를 늦추면 증상이 나타날 확률이 낮아진다. 등반가의 절반은 급성고산병을 어느 정도 경험한다. 하지만 산에 있는 리조트를 방문하거나 그곳에서 체류하는 관광객은 약 4분의 1 정도만 급성고산병에 걸린다.

해발 3,000미터가 넘는 곳을 오르다 보면 드물게 고소뇌부종(HACO 또는 HACE)이라는 더 심각한 질병에 걸릴 수 있다. 이 병에 걸리면 뇌가 체액으로 부어오르거나, 체액이 폐에 차는 고소폐부종(HAPO 또는 HAPE)이 걸릴 위험도 있다. 고지대에서 잠을 자면 이런 질병의 증상이 더 나빠질 수 있는데, 자는 동안 호흡의 패턴이 달라지고 수면 중 무호흡증(호흡이 잠깐 멈춤)이 나타날 우려가 있기 때문이다. 이 경우 저산소증과 수면 장애를 동시에 경험할 수 있다. 산소를 공급하거나 고도가 더 낮은 곳으로 돌아가면 증상 대부분이 사라지지만 오랫동안 앞이 잘 안 보였다며 불편을 호소한 사람들도 종종 있다.

반면, 유럽에서는 고지대에 오랫동안 노출될 일이 많지 않았다. 프랑스에 있는 알프스산맥의 최고봉인 몽블랑산(Mount Blanc)은 해발 4,810미터다. 유럽에서 가장 높은 지대에 있는 도시들은 해발 약 1,000미터에 위치해 있다(대부분 피레네산맥에 있는데 그곳의 겨울 날씨는 알프스산맥처럼 혹독하지 않다). 알프스산맥의 목초지는 여름에는 방목을 하거나 농사를 지을 수도 있지만 겨울에는 사람이 살기 어렵다. 알프스산맥은 자연적으로 지리적인 장벽을 형성하고 겨울에는 혹독한 환경이 되지만, 우리는 그곳에서 사람들이 계절과 상관없이 살아왔다는 사실을 알고 있다.

고고학자들이 발견한 유물은 신석기 시대까지 거슬러 올라가는데, 심지어 고도가 높은 지역에서도 사람들이 살았던 것으로 확인된다. 1991년에 오짤(Ötzal) 알프스에서 해발 3,210미터 높이에서 발견된 5,000년 된 얼음 인간이 그 증거다. 더 낮은 산비탈(주로 해발 1,000미터 이하)에 살 때는 몸이 생리적인 적응 과정을 따로 거치지 않아도 된다. 옛날 유럽인들은 대체로 해수면 근처에서 사는 것에 익숙했었다. 하지

LA DOMENICA DEL CORRIERE

Supplemento settimanale illustrato del nuovo CORRIERE DELLA SERA - Abbonamenti: Italia, anno L. 1400, sem. L. 750 - Estero, anno L. 2000, sem. L. 1050

Anno 55 — N. 24 | 14 Giugno 1953 | L. 30.—

Conquistata la vetta del mondo. Una cordata della spedizione britannica, composta dal neozelandese Hillary e dalla guida nepalese Tensing, ha raggiunto, con l'aiuto di apparecchi respiratori ad ossigeno, la vetta dell'Everest (m. 8888) la massima elevazione della Terra, che aveva finora respinto dieci tentativi. Sulla cima sono state spiegate al vento tre piccole bandiere: della Gran Bretagna, delle Nazioni Unite e del Nepal.

뉴질랜드의 에드먼드 힐러리(Edmund Hillary)와
네팔의 셰르파 텐징 노르게이(Tenzing Norgay)가 1953년 5월에 최초로
에베레스트산(해발 8,848미터)의 정상을 밟았다.
두 사람 다 '개회로' 시스템의 산소 호흡 장치를 착용하고 등에 산소통을 매고 있었다.
1953년 6월 14일자 이탈리아 신문 〈라 도메니카 델 코리에레(La Domenica del Corriere)〉의 표지.

만 1500년대에 스페인 사람들이 남아메리카에 가서 안데스산맥에 사는 사람들을 보면서 변화가 찾아왔다. 안데스산맥의 토착 인구는 해발

2,500미터 높이의 극한 고도에서 살고 있었다.

16세기가 되자 남아메리카로 건너간 스페인 사람들은 잉카 제국을 서서히 정복했고, 1533년에 잉카 제국의 수도 쿠스코를 통치하게 되었다. 잉카 제국은 안데스산맥의 서쪽에 있었고 페루, 칠레, 에콰도르에 걸쳐 있었다. 쿠스코는 토지가 비옥한 골짜기의 분지에 있지만 해발 고도가 약 3,400미터나 되었다. 당시에 그곳에 살았던 토착 인구는 약 20만 명이었는데, 다들 높은 고도에서 사는 것에 익숙했다. 하지만 스페인 사람들은 높은 고도에서 사는 것이 불편하며, 게다가 공기가 너무 희박해서 숨이 가쁘다고 불평했다. 결국, 스페인 사람들은 40년에 걸쳐서 수도를 해안에 있는 리마로 옮겼고, 리마는 이제 페루의 수도가 되었다. 2020년 기준 리마의 인구는 1,000만 명이 넘는다.

쿠스코의 인구는 2017년 기준 약 50만 명으로 이제는 잉카 제국과 관련된 고고학적인 유적에 관심이 많은 방문객에게 인기 있는 관광지가 되었다. 페루인들은 리마에 도착한 외국 관광객에게 쿠스코로 바로 출발하기보다는 며칠에 걸쳐서 천천히 이동하라고 조언하는데, 그래야 고도를 서서히 높이면서 몸이 적응할 시간을 벌 수 있기 때문이다. 시간이 별로 없는 사람들은 대신에 쿠스코에서 북쪽으로 80킬로미터 떨어진 마추픽추(Machu Picchu)를 선택한다. 마추픽추는 경치가 아주 좋은 곳에 있는 데다 높이가 해발 2,430미터밖에 되지 않는다. 따라서 당일치기로 방문하는 사람들이라도 고산병에 걸릴 확률이 더 낮다.

전 세계에는 사람들이 모여 사는 고지대(해발 2,500미터 이상) 지역이 여러 군데 존재한다. 남아메리카 안데스산맥의 알티플라노(Altiplano),

아시아에 있는 티베트 고원, 에티오피아에 있는 세미엔(Semien) 고원이 대표적이다. 오늘날 고지대에 사는 사람은 약 1억 5,000만 명으로, 산소가 희박한 환경에 생리적으로 적응했다. 이들의 적응 능력은 여러 세대를 거쳐서, 그리고 유전자 선택을 통해서 발전했다. 이 세 지역에 사는 사람들은 각각 다른 방식으로 희박한 산소 문제를 해결했는데 또 다른 요인인 낮은 기온은 그 역할이 상대적으로 작았다.

안데스산맥 알티플라노

안데스산맥의 토착 인구는 수천 년 동안 고지대에서 살았다. 이들은 생리적으로 적응하기 위해서 혈중 헤모글로빈 농도가 더 높아졌는데, 이는 고도가 더 낮은 지역에 사는 이들보다 일반적으로 피 1리터당 헤모글로빈이 3~4그램 더 많이 들어있는 셈이다.[13] 산소를 운반하는 단백질이 더 많은 덕분에 그들은 저지대에 사는 사람들보다 혈액 속에 산소를 더 많이 들고 다닐 수 있다. 이것이 바로 운동선수들이 고도가 높은 지역에서 훈련하는 이유이자, 금지 약물을 없이 자연적으로 혈중 헤모글로빈 농도를 높이는 방법이다. 물론 위험 부담은 따른다. 혈액에 점성이 더 높아지면 심장에 무리가 갈 우려가 높아지기 때문이다.

크리스티나 아이흐스타에트(Christina Eichstaedt)와 그녀의 영국 동료들은 안데스산맥에 사는 두 집단, 즉 해발 2,500미터에서 사는 칼차키(Calchaquí)족과 해발 3,500미터에서 사는 콜라스(Collas)족을 해수면에 사는 위치(Wichí)족과 비교했다. 그 결과, 세 집단 사이에 여러 가지 차이점을 발견했다. 산소 운반 능력과 폐의 자동적인 기능을 따져볼 때 고도가 가장 높은 곳에 사는 콜라스족이 당연히 적응을 가장 잘했다. 콜라스족은 움직이지 않고 가만히 있을 때도 해수면에 사는 사람들보다 숨을 더 빨리 쉬었는데, 분당 호흡수가 21 대 18이었다. 이것은 작지만 의미 있는 차이로, 특히 평생에 걸쳐서 호흡근이 추가로 해야 하는 일의 양을 고려했을 때 더욱 그러하다. 중간 높이에 사는 칼차키족은 고지대에 사는 사람들에게서 나타나는 특징이 덜 두드러졌고 다양한 방식으로 적응했다. 예를 들면, 그들은 콜라스족처럼 숨을 더 빨리 쉬지는 않았지만 고도가 더 낮은 지역에 사는 이들보다 몸이 가벼웠다.

오늘날 볼리비아의 라파스는 전 세계적으로 고도가 가장 높은 수도다. 라파스는 해발 약 3,600미터에 위치해있고 인구는 100만 명에 가깝다. 비행기를 타고 라파스를 방문한 사람들은 숨이 어느 정도 가쁜 느낌이 드는 반면, 현지 주민들은 마치 해수면에 근처에 있는 것처럼 편안하게 걸어 다닌다.

티베트족

티베트 사람들은 높은 고도에 전혀 다른 방식으로 적응했다. 그들은 혈중 헤모글로빈 농도가 정상이거나 낮은 대신에 호흡 속도가 더 빠르다. 저산소증에 걸리지 않기 위해서 호흡을 조절하는 것이다. 최근에 과학자들은 티베트 토착 인구(셰르파족)가 수천 년 전에 선조로부터 이런 자질, 특성, 특징을 물려받았다는 사실을 밝혀냈다.[14]

티베트 토착 인구의 DNA에는 멸종되었거나 태곳적에 살았던 호미닌(hominin)인 네안데르탈인과 데니소바인에게서 볼 수 있는 염기서열이 있다. 네안데르탈인의 뼈가 유럽, 근동, 중앙아시아 전역에서 발견된 덕택에 DNA의 배열 순서를 밝힐 수 있었다. 반면 데니소바인의 유해는 훨씬 찾아보기가 어려웠는데, 2010년에야 처음으로 시베리아 알타이산맥에 있는 얼음으로 뒤덮인 데니소바 동굴에서는 치이외 뼈 몇 점을 발굴했을 뿐이다(동굴에는 네안데르탈인와 현생 인류의 유해도 있었다). 데니소바인의 유해는 9만 년 전에 사망한 10대 여자아이였다. 아이의 뼈에서 추출한 DNA를 분석해보니 그녀의 어머니는 네안데르탈인이었고 아버지는 데니소바인이었다.

중국 간쑤성 샤허현에 있는 티베트 고원의 바이시야 카르스트 동굴에서는 16만 년 된 턱뼈가 발견되기도 했다.[15] 이 동굴이 해발 3,280미터에 있다는 점을 생각해보면 호미닌들이 호모 사피엔스가 출현하기 한참 전부터 고도가 높은 곳에 사는 것에 적응했다는 사실을 알 수 있다. 하지만 그들이 산소가 희박한 고지대에서 어떻게 숨을 쉬었는가에 대해서는 아직 밝혀지지 않았다.

한편, 데니소바인들이 현대까지 살아남아서 현생 인류와 자식을 낳고 살았다는 증거가 있다. 현생 인류의 게놈에는 네안데르탈인과 데니소바인의 DNA가 둘 다 있으며, 이러한 DNA는 멜라네시아인과 오스트레일리아 원주민에게서도 찾아볼 수 있다. 티베트 사람들은 게놈의 약 0.4%가 데니소바인의 DNA와 통합(유전자 이입)되었다. 그들은 이러한 유전적인 유산 덕분에 고지대에서의 생활을 감당할 수 있었다.

에티오피아 고지대 사람들

에티오피아 고지대에 사는 사람들은 해발 약 3,000미터 높이에 자리잡고 있다. 이들 토착 인구는 안데스산맥에서 사는 사람들과 비슷한 방식, 즉 혈중 헤모글로빈 농도를 높여 고고도에서 사는 것에 적응했다. 하지만 두 집단의 혈액이 산소를 운반하는 능력에는 차이가 있었는데, 안데스산맥에 사는 사람들의 산소 운반 능력이 더 효율적인 것으로 나타났다.

다양한 비행 시도들

열기구를 발명한 이후, 유럽에서는 고도가 호흡에 심각한 영향을 미친다는 사실을 금세 깨닫게 되었다. 산을 오르는 것과 달리(케이블카가 발명되기 전에), 비록 18세기 전이라 하더라도 열기구를 타면 상상할 수 없을 만큼 높은 고도까지 매우 빠르게 올라갈 수 있었다. 사람을 태워서 하늘로 올려 보낼 수 있을 만큼 커다란 열기구의 역사는 프랑스의 몽골피에 형제(Montgolfier)인 조제프 미셸(Joseph-Michel, 1740~1810년)과 자크 에티엔(Jacques-Étienne, 1745~1799년)에 의해 시작되었다.

그 당시 사람들은 열기가 아니라 불에서 나는 연기로 인해 열기구가 (구름처럼) 공중에 뜬다고 생각했다. 그래서 몽골피에 형제는 천과 종이로 만든 풍선 안에 짚이나 낡은 신발처럼 연기가 잘 나는 물질로 만든 모닥불을 집어넣었다. 이런 풍선은 불풍선(fire balloon)이라고 불렸다. '열기구'라는 말은 연기가 아니라 상온의 공기보다 밀도가 더 낮은 뜨거운 공기가 풍선을 띄우는 것이라는 사실이 밝혀지고 나서 만들어졌다. 몽골피에 형제는 1783년 6월에 처음 공개적으로 무인 비행에 도전했고 매우 성공적인 결과를 얻었다.

이 도전에서 영감을 얻은 로베르 형제는 열기구를 만드는 일에 뛰어들었다. 안-장 로베르(Anne-Jean Robert, 1758~1820년)와 니콜라 루이 로베르(Nicolas-Louis Robert, 1760~1820년)는 몽골피에 형제보다 더 세련된 방법을 선택했다. 고무를 입힌 열기구를 만든 뒤 수소가스를 채워 하늘을 날기로 한 것이다. 로베르 형제는 1783년 8월에 처음으로 대중 앞에서 무인 비행을 시도했고, 수소 3만 4,000리터로 채워진 열기구는 사실상 무기한으로 하늘에 떠있었다. 9월 19일 가을, 몽골피에 형제는 처음으로 유사 '유인' 비행에 도전했는데 열기구에 추가된 바구니에는 양, 수탉, 오리가 들어있었다.[16]

형제의 마지막 도전 목표는 진짜 유인 비행이었다. 루이 16세는 몽골피에 형제가 굳이 위험 부담을 감수할 필요 없이 열기구에 죄수 두 명을 대신 태우자고 제안했다. 하지만 11월에 세계 최초의 열기구 조종사가 되고 싶었던 물리학자이자 왕립 박물관의 책임자였던 장 프랑수아 필라트르 드 로지에(Jean François Pilâtre de Rozier)는 친구와 함께 비행에 나섰다. 둘은 해발 900미터 높이까지 올라갔고 20분 동안 8킬로미터를 비행했다. 다행히 두 사람 모두 고도와 관련해서 특별한 증상이 나타나지는 않았다.[17]

2년 뒤인 1785년에 필라트르 드 로지에는 열기구를 타고 영국 해협을 건너려다가 목숨을 잃었다. 해발 914미터 높이에서 풍선에 불이 붙어서 땅으로 추락한 것이다.

1783년에 자크 샤를(Jacques Charles)과 안-장 로베르가 수소 가스로 채운 열기구로 처녀비행하는 모습을 그린 판화(1780~1810년).
열기구는 튈러리 궁전(Tuileries Palace)에서 출발해서 44킬로미터 떨어진 넬르(Nesle)까지 갔다. 비행시간은 1시간 40분이었다.

몇 주 후 로베르 형제도 수소를 채운 열기구로 비행에 나섰다. 두 형제의 비행을 지켜보던 관중 속에는 벤저민 프랭클린도 있었다. 형제는 2시간에 걸쳐서 32킬로미터를 비행하다가 해가 질 때 착륙했다. 그러나 이후 비행 성공에 들뜬 형제 중 한 명이 단독 비행을 시도했고, 해발 3,048미터까지 빠르게 올라갔다가 고막이 터질 뻔했다. 이 고통스러운 사건 이후로 그는 더는 비행하지 않았다.[18]

50~60년이 지나자 열기구 조종사들은 수백 킬로미터를 비행하게 되었는데 예를 들어 미국의 세인트루이스부터 뉴욕까지 1,800킬로미터를 비행하는 식이었다. 이처럼 초기의 열기구 비행은 대체로 해발 6,000미터를 넘지 않는, 상대적으로 낮은 고도에서 이루어졌다. 하지만 일부 조종사의 말에 따르면, 이 정도 고도에서도 호흡수와 심박수가 증가하고 얼굴이 보라색이 된 사람들이 있었다고 한다.

최초로 과학적인 목적을 위해 시도된 비행은 공기가 희박한 환경에서의 호흡에 관한 새로운 통찰력을 제공해주었다. 1865년 9월에 영국인 헨리 콕스웰(Henry Coxwell)과 제임스 글레이셔(James Glaisher)는 일기예보를 위한 정보 수집을 목적으로, 새롭게 발명된 석탄 가스로 채운 열기구에 탑승했다. 그들은 해발 1만 1,887미터까지 잠깐 올라갔다가 겨우 살아남았는데, 낮은 산소압(144mmHg)과 심한 추위(영하 11도) 때문에 의식을 잃고 말았다. 사람들은 이를 교훈으로 매우 높은 고도에서 더 오래 머무르기 위해서는 산소를 추가로 챙겨가야 한다는 사실을 금세 알아차렸다.

1875년에 프랑스 팀의 팀원들인 테오도르 시벨(Theodore Sivel), 조제프 크로세-스피넬리(Joseph Crocé-Spinelli), 가스통 티선디에(Gaston Tissandier)는 제니스(Zenith)라는 이름의 열기구를 타고 고도 기록을 세우는 데 도전했다. 그들은 산소가 풍부한 공기로 가득 찬 가방을 챙겨갔다. 이 비행을 보다 과학적으로 계획한 사람은 폴 베르(Paul Bert)였는데, 정작 그는 열기구가 출발하고 나서야 조종사들이 사용할 산소가 충분하지 않다는 사실을 깨달았다. 조종사들은 해발 7,010미터 높이에서 산소를 들이마시기 시작했지만 추위에 고통 받았다. 그들은 저체온증과 사투를 벌이느라 가방에 따로 챙겨간 산소를 제대로 마시지 못했고, 열기구가 빠른 속도로 계속 상승하자 결국 모두 기절하고 말았다. 열기구는 해발 8,534미터에 도달했다가 스스로 하강했고, 해발 약 3,048미터까지 내려왔을 때 티선디에가 의식을 되찾아 안전하게 착륙했다. 그러나 다른 팀원 두 명은 이미 꽁꽁 얼어붙은 채 사망한 뒤였다. 이 비극은 과학적으로 계획된 열기구 탐험에서 사망자가 발생한 첫 사건으로 기록되었다. 폴 베르는 고인들을 위한 추도 연설에서 다음과 같이 말했다.

> 그분들이 하늘로 올라가자 죽음이 그분들을 덮쳤습니다. 아무런 저항 없이, 아무런 고통 없이 영원한 고요가 지배하는 그 차디찬 지역에서 희생자가 되어버렸습니다. 그렇습니다. 우리의 불운한 친구들은 처음으로 하늘에서 생을 마감하는 이 기이한 특권, 이 치명적인 영광을 누렸습니다.[19]

안타깝게도 공중에서 일어난 열기구 사고는 이후에도 더 있었다. 1927년 미 육군 군단의 호손 그레이(Hawthorne C. Gray) 대위는 헬륨으로 채운 열기구를 타고 해발 1만 3,220미터까지 올라가는 기록을 세우고 난 뒤 저산소증으로 사망했다. 현재 최고도 기록을 보유하고 있는 사람은 미국의 기업인이자 컴퓨터 과학자인 앨런 유스터스(Alan Eustace)다. 유스터스는 2014년에 가압 곤돌라가 밑에 있는 헬륨 열기구를 타고 해발 4만 1,420미터까지 올라갔다. 일반 열기구를 타고 가장 높이 올라간 사람은 인도인 비제이팟 싱하니아(Vijaypat Singhania)이다. 싱하니아는 2005년에 해발 2만 1,290미터까지 올라갔다.

비행기가 발명되자 항공기 조종사들은 금세 열기구 조종사들이 도달한 고도까지 올라갈 수 있었다. 구이도 구이디(Guido Guidi)는 1916년에 비행기를 타고 해발 7,900미터까지 올라갔다. 제2차 세계대전이 일어날 때쯤에는 고도 기록이 해발 1만 7,330미터까지 올라간 상태였는데, 이는 이탈리아 공군에 소속된 마리오 프레치(Mario Prezzi) 중령이 여압복을 입고 세운 기록이었다.

제2차 세계대전 전에는 비행이 하나의 특권이었다. 규모가 작은 항공사 몇 곳에서 승객을 여기저기 실어 날랐다. 전쟁이 일어나는 동안 영국 공군의 규모는 어마어마하게 커졌다. 1944년 영국 공군의 수는 100만 명이 넘었는데, 그 당시 미국 공군의 수는 250만 명이었다. 이들 모두가 항공 요원은 아니었지만 상당수가 전투기 수십만 대에 올라타며 임무를 수행했다. 가압되지 않은 전투기를 조종한 조종사들은 저산소증에 걸리는 경우가 많았고, 이 때문에 해발 3,000미터까지만 올라가도 혼란을 느끼며 방향 감각을 잃어버렸다.

전쟁이 끝나고 난 뒤부터 조종사들은 산소마스크를 썼다. 그러자

고도 기록은 점점 높아지더니 어느덧 대기권의 가장자리에 이르렀다. 소위 '카르만 라인(Kármán line)'이라고 불리는 이 경계선은 해발 10만 미터 높이에 있다. 카르만 라인은 공학자이자 물리학, 그리고 이 경계선의 높이를 계산한 장본인인 테오도르 폰 카르만(Theodore von Kármán)의 이름에서 유래한 것이다.

거친 숨결

해수면보다 높은 곳에서는 공기가 희박해지므로 숨쉬기가 어려워진다. 그렇다면 반대로 해수면 아래에서는 공기가 더 무거우니 숨쉬기가 쉬워지는 걸까? 사실 지구의 저지대 대부분은 물속에 잠겨 있거나 남극 대륙의 부빙 아래에 있기 때문에 공기가 해수면 아래에서 더 무거워진다는 점을 알아차리기가 어렵다.

드물게 물 밖에 있는 저지대 중에는 해수면 아래 86미터에 있는 캘리포니아 데스밸리(Death Valley)가 있으며, 요르단과 이스라엘 사이에 있는 염수호인 사해 주변 역시 지대가 낮다. 이 지역은 세계에서 고도가 가장 낮은 지역 중 하나로, 호수의 호안선은 전체적인 해수면 아래 413미터에 있다. 이 지역은 주변 지역보다 기압이 평균적으로 5% 더 높을(21mmHg) 것이므로 산소가 혈액으로 들어가는 데 도움이 되는 긍정적인 효과가 나타날 것이다. 이러한 점은 비밀리에 아시아, 중동, 아프리카를 여행하는 것으로 유명했던 영국의 탐험가 리처드 프랜시스 버튼(Richard Francis Burton) 경이 1876년에 발견했다. 버튼은 다음과 같은 말을 남겼다.

> 나는 사해 주변의 지역을 활용하라고 제안했었다. 이곳에서는 산소가 쌓이고 아무리 빨리 달려도 숨이 차지 않는다. 이곳은 나중에 결핵 전담 병원을 세우기에 안성맞춤이다.[20]

보다 최근에 시행된 연구에서는 만성 폐쇄성 폐질환에 걸린 환자 중에서 사해에서 재활 치료를 받은 사람들이 근처 예루살렘에서 치료받은 사람들보다 숨이 덜 가쁜 것으로 나타났다.[21] 최근에 발견된 움푹한 땅은 남극 대륙에 있는 협곡이다. 이곳의 깊이는 3,500미터이고 길이가 약 62킬로미터에 이른다. 협곡은 덴만 빙하(Denman Glacier)가 뒤덮여 얼음으로 가득하지만, 어떻게든 접근할 수만 있다면 산소압이 45% 더 많이 작용하는 공기를 들이마실 수 있을 것이다.

사람의 발이 닿을 수 있는 지역 중에서 가장 깊은 곳은 동굴과 광산이다. 세상에서 가장 깊은 광산은 남아프리카공화국에 있는 웨스턴 디프레벨 금광으로, 그 깊이가 3,800미터에 이른다. 하지만 이곳에서는 대기압과 산소압이 호흡에 그다지 유리하게 작용하지 않는다. 깊은 광산은 대체로 환기가 잘되지 않아서 이산화탄소 수치와 일산화탄소 수치가 지나치게 높아지기 때문에 도리어 순식간에 건강이 위협받을 우려가 있다.

기압이 높아지면 호흡에도 변화가 생긴다. 우리가 이 사실을 알게 된 것은 광부나 사해 주민들 대신 토목 기사들을 관찰한 덕분이다. 18세기 전에는 다리를 주로 돌이나 나무로 지었는데, 큰 다리들은 돌로 만든 아치형 구조물을 물속에 세워두는 방식으로 만들어졌다. 이런 다리는 폭우가 쏟아져서 조류가 거세지더라도 견딜 수 있을 만큼 튼튼하다. 영국과 유럽에서는 산업혁명의 영향으로 1781년에 처음으로 주철로 된 다리가 건설되었다. 세번강(River Severn) 위에 지어진 이 다리는 크고 튼튼했다. 철과 (나중에) 강철이 건설에 쓰이게 되자 경간(徑間: 지주와 지주 사이의 거리 -역주)을 더 넓게 설정하는 일이 가능해졌다. 이제 다리는 물속에 아치형 구조물을 세워두지 않고서도 협곡과 강을 건널 수 있을 만큼 튼튼해졌다. 1831년에 건설되기 시작한 영국의 클리프턴 현수교(Clifton Suspension Bridge)는 브리스틀의 에이번 협곡(Avon Gorge)을 가로지른다. 이점바드 킹덤 브루넬(Isambard Kingdom Brunel)에 의해서 설계된 현수교는 1864년에 통행이 시작되었고 최종 경간은 214미터, 길이는 412미터에 이르렀다.

자신감을 얻은 토목 기사들에 의해 다리의 규모는 더욱 커져갔다. 19세기 중반 미국에서는 세인트루이스가 서부 지역으로 가는 관문이 되었다. 그동안 동부 해안에서 서부 해안으로 이동하는 상품은 연락선에 실려서 미시시피강을 건너가야 했는데, 혹독한 겨울 날씨에 배를 타고 강을 건너는 것은 아무래도 위험한 일이었다. 하지만 미시시피강을 배 없이 건너기 위해서는 길이가 460미터에 이르는, 세상에서 가장 긴 다리를 만들어야 했다. 이러한 다리를 세우기 위한 계획은 1864년에 미국 남북전쟁이 끝나고 나서야 수립되었다. 문제는 돌 지주를 만드는 일이었다. 강에 교각 4개와 경간 3개를 이용한 다리를 건설할 예정이었기 때문이다. 심지어 교각 두 개는 강물 한가운데에 지어야 했다. 다리는 무게가 1만 8,000톤이나 될 것이었으므로 보다 크고 튼튼한 지주가 필요했는데, 다리 건설 부지의 기반암은 수면으로부터 27~34미터 깊이에 있었다.

강바닥 아래를 파 내려가려면 케이슨(caisson: 잠함(潛函))이라고 불리는 방수 상자를 강바닥으로 내려 보내야 했다. 이때 케이슨 안으로 물이 들어오는 것을 막기 위해 압축 공기를 이용해서 케이슨을 계속 여압(與壓) 상태로 유지했는데, 덕분에 노동자들은 축축하지 않고 안전한 환경에서 강바닥을 팔 수 있었다. 이 기술은 1869년에 프랑스에서 처음으로 개발되어 23미터 깊이의 수직 갱도를 파는 데 쓰였다. 수직 갱도를 물 밑으로 내려 보낼 때는 9미터마다 케이슨의 기압을 1기압씩 올렸기 때문에 당시 프랑스 노동자들은 2기압이 넘는 기압에서 작업해야 했다. 세인트루이스 다리의 경우에는 가장 깊은 지점에서 기압이 4~5기압까지 필요하기도 했는데, 다리를 건설하는 동안 노동자들은 밀폐된 케이슨 안에서 온종일 일해야 했다.

노동자들은 케이슨에 들어갈 때 에어로크 챔버(airlock chamber: 기밀실)를 이용해야 했다. 챔버가 닫히면 압축 공기가 밀려 들어왔는데, 이때 귀가 아프고 울혈(코 막힘과 체액 저류)이 나타나는 경우가 많았지만 다행히 이런 증상은 금방 지나갔다. 근무 시간이 끝나 챔버에 돌아오면 정반대의 일이 일어났다. 챔버가 닫히면 밸브가 열리고 압축 공기가 조절되지 않은 채 빠져나가면서 기압이 빠르게 원래대로 돌아왔다.

이렇게 감압을 곧바로 진행하면 무릎과 팔꿈치의 관절에 통증이 생겼다. 그래서 노동자들은 보통 10분 정도 기다렸다가 수면으로 향하는 계단을 올라가서 케이슨을 나섰다.

초창기부터 일했던 프랑스 노동자들은 몇 주 동안 일한 뒤 걸을 때 자세가 구부정해지는 후유증을 겪었고, '감압증'이라고 알려진 이러한 질환은 놀림감이 되었다. 그러나 세인트루이스 다리를 지을 때, 기반암이 더 깊은 곳에 있어 공기를 더 많이 압축해야 했음에도 불구하고 가압과 감압 절차는 달라지지 않았다. 결국, 미국 노동자들은 18미터 깊이까지 파 내려갔을 때 감압증 증상을 겪게 되었다. 케이슨 주변의 물이 새어 들어가지 않으려면 내부 압력이 2기압 이상이어야 했으므로, 노동자들은 깊이 내려갈수록 감압의 부작용을 더욱 심하게 겪었다. 수면 위로 돌아오는 동안 그들은 근육통, 두통, 어지럼증(감압 현기), 가려움증, 숨 가쁨 등의 증상도 같이 경험했다(숨 가쁨은 오늘날 폐감압병이라고 불린다).

노동자들이 깊은 곳을 파 내려갈수록 발생하는 증상 역시 심해졌고, 메스꺼움, 구토, 잇몸과 귀의 출혈과 같은 증상이 동반되었다. 처음 노동자가 사망한 것은 24미터 지점을 통과한 뒤로, 당시 그들은 3기압이 넘는 기압에 노출되어 있었다. 사망자는 젊고 건강한 사람이었는데 수면으로 향하는 계단을 오르고 나서 숨을 거칠게 쉬다가 잠깐 비틀거리더니 사망하고 말았다. 이후에도 같은 방식으로 노동자 6명이 연달아 목숨을 잃었다. 사태의 심각성을 파악한 공학자들은 가압과 감압 속도를 변경하기로 했다. 감압을 즉각적으로 진행하는 대신 20분에 걸쳐서 에어로크 챔버의 압력이 균일해지게 한 것이다. 이후 감압증으로 인한 추가 사망자는 더 나오지 않았다.

그 당시에는 잠수병을 일으키는 원인이 무엇인지 아무도 알지 못했기에 이를 증명하기 위한 다양한 이론이 등장했다. 어떤 사람들은 가압 과정 자체가 장기에 울혈을 만들고 혈액이 말초 부위로부터 멀어지게 한다고 생각했는데, 이 이론으로 울혈의 발생이 설명되기는 했다. 다른 이론들은 케이슨 내부의 이산화탄소 수치가 증가한 것을 원인으로 꼽았다. 그토록 좁고 사방이 막힌 공간에서 장시간의 육체노동을 하면서 촛불로 어둠을 밝히기도 했기 때문이다. 다리 건축업체에서 고용한 의사인 앙투안 알퐁스 자미네(Antoine Alphonse Jaminet)는 노동자들의 증상을 살펴보고는 '생명 에너지(vital energy)'가 움직였기 때문이라고 생각했다. 자세한 이유는 몰라도 가압 중에는 생명 에너지가 강해지고, 감압 중에는 약해진다는 주장이었다.

프랑스 물리학자 폴 베르는 공기 중에 있는 질소가 문제일 것이라고 정확하게 지목했다. 우리가 들이마시는 공기의 약 78%는 질소로, 압력에 비례해서 혈액과 조직에 녹아든다. 산소와 달리 질소는 생물학적으로 비활성 기체이며 불활성 상태이다. 게다가 물보다 지방에서 조금 더 잘 녹는다. 따라서 체중이 같다면 체지방이 더 많은 사람이 날씬한 사람보다 체내에 질소가 더 많을 것이다.

압력이 증가하는 가압 중에는 조직에 들어있는 용해된 질소의 기압도 높아지는 반면 질소의 양은 감소할 것이다. 그러다가 감압 중에 압력이 줄어들면 기압이 정상으로 돌아올 때까지 용해된 질소가 조직

안에서 팽창한다. 만일 가압이나 감압이 조금밖에 안 되거나 느린 속도로 이루어지면 인체에는 별다른 영향이 없다. 감압증은 감압이 너무 빠른 속도로 일어날 때 생기는 병이다. 용해 상태에서 벗어난 질소는 팽창하면서 마이크로버블을 형성하는데, 마치 샴페인의 코르크 마개를 따면 압력이 줄어들어서 거품이 생기는 것과 같다. 질소 거품이 관절에 들어가면 통증이 유발된다. 드물기는 하지만 감압증에 걸려서 과호흡이 나타나고 끝내 목숨을 잃는 사람들도 있다.

질소 거품이 생기는 현상은 1670년에 로버트 보일이 뱀을 진공 상태에 놓고 뱀의 혈액을 연구하면서 처음으로 관찰했다. 하지만 그 당시에는 질소 거품의 발견이 크게 인정받지 못했다.

물 밑에서 호흡하기

다이빙은 우리의 호흡에 지대한 영향을 미친다. 압력이 높아져서가 아니라 매체가 달라지기 때문이다. 다이빙 후 우리의 주변은 기체 형태의 공기 대신 점성이 있는 액체 상태의 물로 바뀌게 된다. 인간은 어류와 진화상의 특징을 공유하지만 더는 액체를 통해서 숨을 쉬지 못한다. 어류와 달리 인간의 폐는 오랫동안 물로 환기할 수 있을 만큼 강하지도 않을뿐더러 물에서 산소를 효율적으로 추출하지도 못한다.

따라서 우리는 물속으로 다이빙할 때 가스 형태의 산소가 끊임없이 공급되도록 미리 확인해야 한다. 이때 숨을 참거나 산소 공급선 또는 등에 멘 (스쿠버 다이빙용) 가압 가스탱크를 통해서 산소를 공급받으면 된다. 스노클을 이용해서 숨을 쉬면 수면 아래에서 부분적으로 잠수할 수 있다. 스노클은 우리의 상기도를 몇 센티미터 더 길게 해주는 것과 같은 효과가 있다. 수면 아래에서 몸을 가로로 누인 채 스노클 튜브가 수면 위로 나오게 하면 머리가 물속에 있더라도 숨을 쉴 수 있다. 이 방법은 물속에서 호흡하는 최고의 방법처럼 보일 수 있다. 하지만 스노클의 길이가 길어질수록 그 안의 공간도 커져서 어느 순간 생리학적인 한계에 부딪히게 된다. 그러면 소위 사강(死腔, dead space: 비강에서 허파꽈리까지의 호흡기계 중 호흡에 관여하지 않는 부분 -역주. 독일어 'Totraum'에서 유래)이라고 불리는 공간이 커지는 문제가 생긴다.

호흡을 정상적으로 할 때는 숨을 쉴 때마다 지난 숨에서 남았던 폐가스가 포함되어 배출된다. 들숨은 사강을 채울 만큼 양이 많으면서도 조직에 충분한 산소를 공급할 수 있도록 신선한 공기를 충분히 제공해야 한다. 일반적으로 날숨 500밀리리터에는 사강에서 나온 가스가 120밀리리터 정도 섞여있는데, 이 가스는 산소 농도가 낮고 이산화탄소 농도가 높을 것이다. 따라서 스노클 튜브(사강과 같은 추가적인 빈 공간)가 너무 길어지면 들숨에 폐가스만 가득해져 조직까지 도달하는 산소의 양이 매우 줄어들 것이다. 다만 코끼리는 수영할 때 긴 코를 스노클처럼 사용할 수 있으며 코의 이런 쓰임새에 익숙하다.[22]

물속에서 헤엄치는 가장 간단한 방법은 숨을 참는 것이지만, 대부분의 사람들이 1~2분밖에 숨을 참지 못한다는 점에서 명백한 한계가 있다. 물론 연습을 통해 숨 참는 시간을 3~4분까지 늘릴 수 있으며, 때

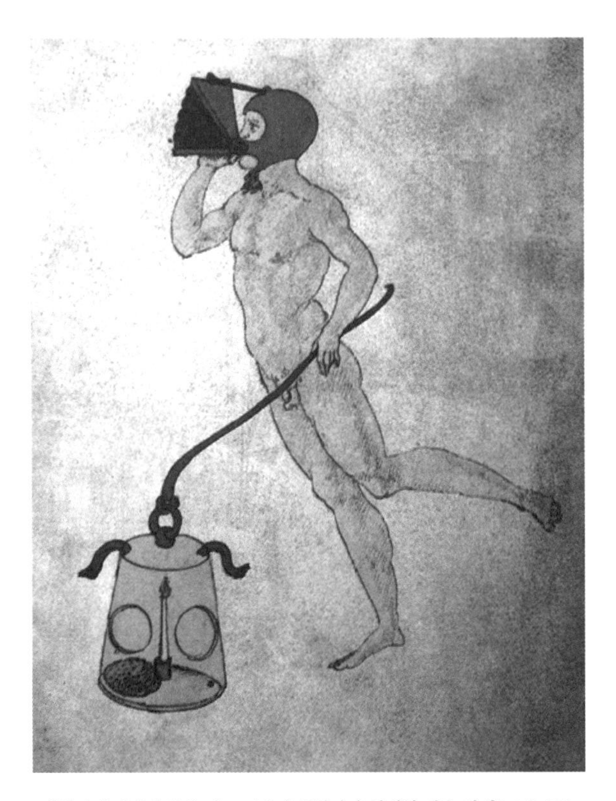

이름이 알려지지 않은 어느 시에나 공학자가 설계한 잠수 장비(15세기경).
이 그림은 잠수하는 사람이 아코디언 모양의 산소통과 안에 촛불이 들어있는
방수 램프를 이용해서 물속에서 숨 쉬는 장면을 나타낸다.
이런 산소통으로는 고작 몇 분 동안만 잠수할 수 있을 것이다.

로는 숨을 8~10분씩 참는 사람들도 있다. 우리는 누구나 잠수 반사 라고 불리는 잠재된 재능을 타고났으며, 이 재능 덕택에 얼굴이 물속에 있으면 물 밖에 있을 때보다 숨을 훨씬 더 오래(최대 50%) 참을 수 있다(물개, 돌고래, 고래와 같이 잠수할 줄 아는 다른 포유동물들은 잠수 반사

가 인간보다 더 발달했다). 잠수부들은 지난 천 년 동안 특히 수심이 얕은 지중해의 해저에서 해면을 채취하면서 숨 참는 연습을 해왔다.

수면 아래로 내려가면 흉곽에 가해지는 외부의 압력이 높아진다. 수심이 깊어질수록 잠수부를 내리누르는 물의 무게(물 $1m^3$당 1,024kg)가 증가하고 기압도 높아지는데, 구체적으로는 수심이 10미터씩 깊어질 때마다 1기압씩 높아진다. 공기 중과 달리 물속에서는 수심과 기압의 상관관계가 이러한 식으로 계속 이어진다. 따라서 수면(수심 0미터)

플러드(Fludd)가 고안한 수중 호흡 장치.
잠수부는 물에 떠 있는 깔때기와 연결된 마스크를 통해서 호흡한다.
이 호흡 장치 덕택에 잠수부는 수면 바로 아래에서 오랫동안 움직일 수 있다.
로버트 플러드(Robert Fludd)의 『더 위대한 세계와 덜 위대한 세계의 형이상학적, 물리적, 기술적인 역사(The metaphysical, physical, and technical history of the two worlds, namely the greater and the lesser, 1617~1621년)』에 실린 삽화.

에서는 1기압, 수심 10미터에서는 2기압, 20미터에서는 3기압, 30미터에서는 4기압이 작용한다.

물리 법칙에 따라서 가스의 압력이 높아질수록 가스의 부피는 감소한다. 그 결과, 수심이 깊어질수록 폐에 있는 공기는 부피가 감소함에 따라 밀도가 높아져서 공기가 잘 흐르지 않는다. 즉, 호흡이 어려워진다. 잠수부들은 더욱 커진 저항력을 이겨내기 위해서 숨을 전보다 더욱 열심히 쉬어야 한다. 그래서 잠수부들은 압축 공기나 압축가스를 마시는 경우가 많다.

가스는 기압이 높은 곳에서는 인체에 평소와는 다른 생물학적 영향을 미칠 수 있다. 예를 들면, 수심 20미터 아래에서 수압을 견디면서 질소를 마시면 신경계와 뇌가 영향을 받아서 질소 중독에 걸리게 된다. 기압이 높을 때 질소는 일종의 마취제와 같은 역할을 하며, 질소 중독에 빠진 잠수부는 술에 취한 것처럼 혼란스러운 상태에 빠진다. 이런 현상은 '마티니 효과'라고도 불리는데, 마치 빈속에 술을 마신 것 같은 기분이 들기 때문이다. 질소에 중독되면 극도의 희열을 느끼는 사람들도 있으며, 이러한 이유로 질소 중독은 심해의 황홀감이라는 이명도 가지고 있다. 잠수부들은 수심이 정말 깊은 곳에서는 질소 대신 헬륨(헬륨과 산소의 혼합물)을 사용한다. 헬륨에는 네온과 마찬가지로 마취를 유도하는 효과가 전혀 없기 때문이다.

오스트리아의 프리다이버 헤르베르트 니체(Herbert Nitsch)는 프리다이빙 세계 기록 보유자로, 그가 2012년에 세운 기록은 253미터다. 프리다이버들은 잠수하는 내내 숨을 참는데, 니체는 이 기록을 세우다

숨을 참고 물 아래에서 수영하는 것은 아주 즐거운 경험이 될 수 있다.

가 하마터면 죽을 뻔했다. 잠수한 지 10분이 지났을 때 수면을 향해서 올라오다가 수심 80미터 부근에서 질소 중독으로 잠이 든 것이다. 수심 26미터까지 떠올랐을 때 구조팀은 그가 정신을 잃은 모습을 확인한 뒤 수면 위로 빠르게 구조했고, 니체는 금세 의식을 되찾았다. 이후 그는 재빠르게 물밑으로 들어가서 감압을 시도했지만 효과를 보지 못하여 감압증에 걸리고 말았으며, 몇 달을 혼수상태로 입원해야 했다. 다행히 니체는 무사히 완치되었다. 200미터가량의 깊이에서는 폐 속에 있는 공기가 지나치게 압축되어 숨을 쉬기가 어려워지며, 수면으로 되돌아올 때에서야 비로소 폐 속에 있는 공기가 정상적으로 팽창된다.

물속에 잠긴 채로 숨을 참으며 움직이지 않는 일은 그 자체로 정지 무호흡(static apnoea)이라고 불리는 가혹한 훈련이 되었다. 2014년에 브랑코 페트로비치(Branko Petrovic)가 11분 54초 동안, 여성 부문에서는 2013년에 나탈리아 몰차노바(Natalia Molchanova)가 9분 2초 동안 숨을 참았다. 둘 다 공기를 이용해서 숨을 참은 세계 기록 보유자다. 만일 공기 속에 있는 질소를 전부 산소로 바꾸면 숨을 참을 수 있는 시간이 훨씬 길어진다. 2018년에 부디미르 소바트(Budimir Sobat)는 도전하기 전에 약 20분 동안 순수한 산소를 마시고 나서 24분 11초 동안 숨을 참는 데 성공했다.

지구 밖에서 호흡하기

물속에서와 마찬가지로 지구 밖에서 아무런 보조 장치 없이 호흡하는 것은 불가능하다. 우주 공간에는 산소는커녕 기체 자체가 별로 없으며, 이는 달이나 근처에 있는 다른 행성의 대기도 마찬가지다.

지구에서는 카르만 라인에서 대기권이 끝나고 우주가 시작된다. 우주 공간에 진입하는 사람들은 각자 산소를 따로 챙겨가야 하는데, 이때 우주복 안에 챙기거나 국제우주정거장(ISS: International Space Station)에서 보급받을 수도 있다. 지구를 벗어나면 중력이 약해져서 호흡에 영향이 생긴다[23] 극미 중력(microgravity) 때문에 숨쉬기가 조금 어려워질 수 있는데, 폐 안에서 혈액이 흐르거나 숨이 분포되는 방식이 중력이 완전할 때와 달라지기 때문이다. 중력은 '슬링키 효과(slinky effect)'를 통해서 폐의 구조는 물론, 혈액이 폐 주위를 흐르는 방식에도 변화를 준다.

인간은 지구에서 똑바로 서는 몇 안 되는 동물 중 하나다. 그래서 중력이 폐의 윗부분과 아랫부분에 다른 방식으로 작용한다. 폐의 윗부분과 아랫부분에서 환기가 일어나는 방식 역시 다르다. 폐 안에서의 혈액 분포에도 차이가 있는데, 이는 효율적인 가스 교환으로 이어진다. 혈액이 폐 안에서 신선한 공기로 환기된 부분으로만 흘러가기 때문이다. 하지만 우주에서는 이런 차이가 없어진다. 고지대와 달리 폐는 우주의 환경에 따로 적응하지 않으며, 지구로 돌아올 때도 폐의 기능은 영향을 받지 않는다. 이런 사실은 우리가 나중에 화성이나 그 너머에 있는 다른 행성으로 임무를 수행하러 갈 때 도움이 될 것이다. 따라서 훗날 우주여행을 할 때 호흡이 영향을 받지는 않을지 걱정할 필요는 없다.

우주에서 인간은 가압 선실 안에서 인공적인 공기로 호흡해야 한다. 최초의 아폴로(Apollo) 우주비행사들은 달에 가기 전에 우주 캡슐과 생명 유지 장치를 테스트해야 했다. 문제는 생명을 유지할 수 있을 만큼 산소를 충분히 제공하면서, 동시에 우주비행사들이 생성하는 이산화탄소를 제거해야 한다는 점이었다. 산소는 인화성이 큰 기체로 가압된 산소통이나 극저온 액화 산소를 통해서 공급할 수 있다. 따라서 공학자들은 아폴로 1호의 발사 캡슐을 100% 산소로 채우기로 했다. 그러면 달까지 가는 기나긴 여정에 쓸 산소의 양을 최대한으로 늘릴 수 있었기 때문이다. 그런데 발사대에서 일어난 전기 불꽃이 선실 안에 있는 산소와 만나서 불이 나는 사고가 발생했고 결국, 대원 세 명이 불에 타서 목숨을 잃고 말았다.

20년 넘게 계속 운영된 국제우주정거장에서는 산소 보급에 대한 좀 더 정교한 접근법이 필요했다. 병에 담긴 산소를 사용하는 방법은 비용이 너무 많이 들 것이 뻔했다. 그래서 산소를 재활용하는 시스템이 개발되었다. 산소는 물에서 쉽게 추출할 수 있다. 물은 수소와 산소로 이루어져 있으므로 전류를 통과시켜서 전기분해하면 되었다. 한편, 국제우주정거장은 궤도의 상당 부분에서 햇빛을 직접 받는다. 따라서 태양열 패널을 통해서 필요한 만큼의 전기를 공급받을 수 있다. 이렇게 생성된 산소가 선실의 공기에 추가되면 우주비행사들이 그 공기를 들이마시고 이산화탄소의 형태로 내보낸다. 이때 산소를 또다시 재활용할 수 있다. 이번에는 물을 전기분해해서 얻은 수소를 활용하면 된다. 수소가 이산화탄소와 반응하면 메탄(CH_4)과 물이 형성된다. 이 물은 전기 분해를 위해서 재활용된다. 샤워에 쓰이고 나서 재활용된 물로 국제우주정거장에서 필요한 산소를 매일 5~9킬로그램 정도 생성할 수 있었다. 우리의 신체 역시 숨을 내쉬면서 수증기의 형태로 수분을 분비한다. 게다가, 땀, 소변, 대변에도 수분이 들어있다. 이것 역시 전부 회수해서 재활용할 수 있다.

우주정거장에서 지내는 우주비행사들은 호흡을 할 때 우주 생활의 영향을 거의 받지 않지만, 그럼에도 '작은' 문제를 자주 겪었다. 바로 거친 호흡과 함께 잠에서 깨어나는 일이었다. 극미 중력에서는 지구에서와 달리 우리가 내쉰 숨이 자동으로 떠올라서 실내 공기와 섞이지 않는다. 따라서 국제우주정거장에서는 우주비행사가 내쉰 숨이 주변에 그대로 남아서 이산화탄소 수치를 높인다. 이렇게 이산화탄소가 주위에 계속 쌓이게 되면 곤히 자고 있던 사람은 갑작스레 산소부족으로 눈을 뜨게 될 것이다. 하지만 다행히도 이러한 문제는 우주비행사들이 쉬는 공간을 환기하려고 노력함에 따라 해결되었다.

화성에서 산소를 공급하는 방법은 크게 두 가지가 있다. 첫 번째 방법은 북극과 남극의 흙에서 얼어 있는 물을 추출하는 것이다. 그 다음에는 국제우주정거장에서 하는 것처럼 물을 전기분해하고 재활용하면 된다. 두 번째 방법은 화성 대기에 풍부한 이산화탄소를 탄소와 수소로 분해하는 것이다. 화성의 대기는 지구의 대기보다 밀도가 낮지만 이산화탄소가 무려 대기의 96%를 차지한다. 인류가 지구를 떠나서 다른 행성을 식민지로 만드는 일이 끼치는 문화적인 영향은 실로 엄청나서 그에 따른 결과 또한 상상할 수 없을 지경이다. 하지만 이와 같은 미래의 실현은 우리가 오랫동안 편안하게 호흡할 수 있는 능력에 달려 있으며, 그때가 되면 호흡이 인류의 운명에 중심적인 역할을 할 것이다.

산소 수치가 높으면 위험할 때도 있지만, 압력이 높은 챔버 속에 앉아서 고농도 산소를 들이마시는 행위는 오히려 건강에 도움이 될 수 있다. 최초의 고압 산소실은 산소가 발견되기도 전에 만들어졌다. 1662년 헨쇼(Henshaw)라는 이름의 영국 의사는 밀폐된 가압 챔버를 만들었는데, 그는 이것을 '도미킬리움(domicilium: 집, 거주지를 뜻하는 라틴어 -역주)'이라고 불렀다.[24]

가압 챔버에서 순수한 산소를 들이마시면 일산화탄소 중독을 치료할 수 있다. 이 치료법에는 압력이 매우 높을 때 산소가 확고하게 결합한 일산화탄소를 더 빨리 분리해내는 원리가 적용되었다. 하지만 정작 일산화탄소 중독에 시달리는 환자를 챔버까지 수송하고 나면 중독 증상이 이미 없어진 경우가 많았으며, 고농도 산소는 신경에 부정적인 영향을 미칠 우려도 있기 때문에 일산화탄소 중독을 가압 챔버로 치료할 때는 신중을 기해야 한다.[25] 고압 산소 요법(HBT: hyperbaric oxygen therapy)은 화상, 상처, 스포츠로 인한 연조직 부상을 치료하는 데 쓰였다. 하지만 이런 치료법의 효과를 입증하는 증거는 많지 않다. 따라서 고압 산소 요법이 이러한 경우에 꼭 필요한 치료라고 보기는 어렵다(다발성 경화증과 암을 치료할 때도 마찬가지다).

다이버들도 산소압이 높아지면 경련을 일으킬 위험이 있는데, 이것은 폴 베르 효과라고 알려져 있다. 산소가 신경계에 해로울 수 있다는 사실은 오래전부터 알려져 있었다. 프랑스의 동물학자이자 생리학자인 폴 베르는 다양한 동식물을 고농도 산소에 노출했고, 1878년에 자신의 연구 결과를 『기압(La Pression Barometrique)』에 실었다. 실험을 통해 베르는 다음과 같은 결론을 내렸다. "일반적인 공기 속에 들어있는 산소의 부분압력을 평소보다 높였는데도 아무런 도움이 안 되는 것 같았다. (중략) 차이가 조금 날 때도 오히려 보통의 공기가 더 나았다."[26]

고도가 높은 곳에서, 그리고 수면 아래에서 숨을 쉴 때는 적응이 필

요가의 아누로마 빌로마(Anuloma Viloma) 자세를 취하는 여자. 2019년.

요하다. 높은 산과 같은 고지대에는 산소가 희박하다. 그래서 숨쉬기가 더 어려우며, 해발 5,000미터보다 높은 곳에서는 사람이 살기가 힘들어진다. 이와는 반대로, 저지대에는 산소가 풍부하다. 그래서 정상적으로 숨 쉬는 사람에게는 변화가 거의 나타나지 않는다. 다만, 호흡장애가 있거나 만성 폐질환에 시달리는 사람들에게는 도움이 된다.

기압을 인위적으로 높이는 것은 호흡계에 그 나름의 문제를 일으킨다. 인간의 기술이 지난 몇백 년 동안 향상되면서 감압증의 역사도 발전했다. 처음에는 다리를 건설할 때 지주를 설치하는 기술, 그다음에는 잠수 기술이 발전했다. 그 덕택에 우리는 그 어느 때보다도 더 깊이 잠수할 수 있게 되었으며, 프리다이빙과 같은 스포츠를 더 풍성하게 즐기거나 해저에 석유나 가스 시설을 세울 수 있게 되었다.

지구 궤도의 높은 곳이나 달, 또는 화성에서 살아가기 위해, 우리는 앞으로 인공 대기를 만들고 유지할 수 있어야 한다. 또한, 날숨에 들어있는 이산화탄소와 체내에서 배출된 수분을 산소로 재활용하는 기술도 발전시키고 업그레이드해야 한다. 결국, 우주에서 숨 쉬는 행위는 지구 해수면에서 숨 쉬는 것과 다르지 않은 일이 될 것이다.

7

기술: 다양한 호흡법

● 오늘날에는 많은 사람이 호흡과 관련된 기술을 사용한다. 이러한 호흡 기술은 명상과 깊은 관련이 있으며 종교적인 믿음과 교리를 통해서 발전한다. 다양한 호흡 기술이 이로운 것으로 여겨진다. 이런 기술을 활용하면 건강해지는 느낌을 받을 수 있고 마음이 편안해져 스트레스가 완화되는 효과가 있다. 명상과 호흡의 관계는 중국과 인도에서 비롯되어 지난 천년에 걸쳐 동양의 전통에 깊이 스며들었다. 반대로, 서양 문화에서는 최근에서야 여러 호흡 기술을 도입했다. 서양의 호흡 기술은 종교와는 상관이 없으며 심리학 이론을 바탕으로 불안과 같은 증상을 치료하는 데 쓰인다. 동양의 호흡 기술이 호흡의 속도를 조절하고 마음을 편안하게 만드는 것에 바탕을 둔다면, 서양의 새로운 호흡 기술은 규칙적인 호흡에 바탕을 둔다.[1]

규칙적인 호흡(다양한 호흡법)

규칙적인 호흡법은 과호흡이나 불규칙한 호흡으로 인해 육체적으로 고통 받거나 마음이 불편해지는 등의 심리적인 문제를 치료할 때 쓰인다.

심리적인 건강과 관련해서 흔하게 볼 수 있는 질환 중 한 가지는 바로 호흡기능부전(PDB: primary dysfunctional breathing)이다. 호흡기능부전의 특징은 크게 호흡이 불규칙해진다는 것과 대부분 감정이 격앙된 상태에서 나타난다는 것이다. 이런 질환은 불안, 억누른 분노나 슬픔 등의 다양한 이유로 촉발될 수 있으며,[2] 주요 증상은 숨 가쁨, 어지럼증, 가슴 두근거림이다.

호흡기능부전 환자는 대체로 짧은 시간 동안 숨을 참거나 코 대신 입으로 빠르게 숨을 쉰다. 이때 환자의 비정상적인 호흡이 폐에 의학적인 문제 때문인 경우는 드물고, 대부분은 감정 상태 때문인 것으로 보인다. 하지만 생각만큼 감정 상태와 호흡 조절이 긴밀하게 연관되어 있지는 않다.

감정이 격앙되면 정상적인 호흡 리듬보다 감정이 우선시되며 혈중 산소, 이산화탄소, 산(酸) 농도에 불균형이 일어난다. 이런 상태에서 과호흡 증상이 나타나면 호흡에 집중하게 되고 숨 쉬는 속도가 빨라지는데, 이는 상황을 악화시키는 꼴이다. 주어진 상황에 자신이 과잉 반응을 보이고 있다는 사실을 깨닫지 못하는 것이다.[3] 사실, 호흡기능부전이 일어나면 주의 조절과 감정 조절이 어려워진다. 따라서 호흡의 속도를 늦추기 위해서는 환자가 호흡 말고 다른 곳으로 주의를 돌리고 진정할 수 있도록 도와야 한다. 감정과 호흡을 분리하는 것이다. 물론 이 방법이 효과가 없을 수도 있다. 하지만 공황 상태는 결국 지나가게 마련이므로 호흡도 정상으로 돌아올 것이다.

과호흡 증후군(HVS: hyperventilation syndrome)은 1930년대에 처음으로 의학계에 보고되었지만, 정작 환자가 많이 생긴 것은 한창 제2차 세계대전이 일어나던 때였다. 과호흡 증후군은 영국 공군 파일럿에게서 흔히 볼 수 있었으며, 특히 산소를 추가로 공급받지 못한 이들이 과호흡 증후군에 많이 걸렸다. 고도가 높은 곳에서는 저산소증 때문에 가벼운 어지럼증, 비현실감, 불안, 감각 이상(톡톡 쏘는 느낌), 시각 장애(사물이 흐릿하게 보이거나 아예 안 보임), 가슴 두근거림 등이 나타나는데, 비행기를 조종하는 사이에 느끼기에는 몹시 불편하고 걱정스러운 증상들이다.[4]

오늘날의 항공기 승무원들 역시 비행 중 과호흡에 시달릴 수 있다. 터뷸런스(난기류의 일종), 멀미, 전신 떨림과 같은 신체적인 불편도 과호흡을 일으키지만, 가장 흔한 원인은 불안이나 감정적인 스트레스다. 이런 반응은 여객기를 타는 승객에게서도 볼 수 있는데 대체로 이착륙할 때, 그리고 터뷸런스를 통과할 때 과호흡하는 승객이 생긴다.

비행 중이 아닐 때 나타나는 과호흡 증후군은 갑작스러운 감정 반응, 주로 청소년들이 스트레스를 받는 상황에 보이는 반응과 관련되어 있다. 과호흡을 하면 혈중 이산화탄소 농도가 떨어지는데, 이는 조직에는 전반적으로 이로운 일이지만 뇌에는 그다지 좋은 영향을 주지 못한다. 뇌는 뇌척수액에 둘러싸여 있기 때문이다. 뇌척수액의 이산화탄소 농도는 뇌 주위에 있는 산(酸)의 균형에 변화를 준다. 이산화탄소 농도가 낮을 때는 뇌척수액이 산성을 덜 띠게 되며, 현기증도 나고 몸이 불편한 느낌도 들어서 오히려 더욱 심하게 과호흡을 하게 된다.

봉지 호흡법

과호흡을 치료하는 간단한 방법 중 한 가지는 (종이나 비닐로 만든) 봉지를 얼굴에 대고 숨을 쉬는 것이다. 이런 방법을 이용하면 이산화탄소 수치가 높아져 뇌척수액에 들어있는 산의 균형을 효과적으로 되찾아준다. 그러면 호흡이 정상적으로 돌아오고, 1분 정도 지나면 격앙되었던 감정도 가라앉는다.

하지만 과호흡 증상을 보이는 사람을 '봉지 호흡법'으로 치료할 때는 주의가 필요하다. 과호흡이 심리적인 문제가 아니라 겉으로 드러나지 않는 신체적인 문제 때문에 일어났을지도 모르기 때문이다. 만일 천식이 있는 줄도 모른 채, 천식 발작 중에 과호흡이 시작되었다는 이유로 봉지에 대고 숨을 오래 쉬다가는 큰일이 날 수 있다. 산소 부족으로 질식 증상이 나타나고 호흡이 아예 멈출 우려가 있다.

부테이코 호흡법

부테이코 호흡법은 우크라이나 의사 콘스탄틴 부테이코(Konstantin Buteyko, 1923~2003년)가 개발했다. 요가를 공부한 그는 호흡기 질환이 있는 환자가 과호흡하면 혈중 이산화탄소 농도가 떨어진다고 주장했다. 또한 부테이코는 낮은 이산화탄소 농도가 천식, 만성 폐쇄성 폐질환, 수면 장애와 같은 만성 호흡기 질환의 여러 증상과 연관이 있다는 주장도 펼쳤다. 그는 훈련을 통해서 과호흡하는 사람이 숨을 더 천천히 쉬고 혈중 이산화탄소 농도를 정상 수준으로 높일 수 있다고 했다.

그가 제시한 훈련 방법 중 한 가지는 잘 때 입을 다물고 겉에 테이프를 붙이는 것이다. 부테이코 호흡법은 배우는 데 시간과 노력이 많이 필요하며 수업도 매일 두 개씩 들어야 한다. 천식 환자가 부테이코 호흡법을 이용하면 증상이 조금 호전되고 기관지 확장제를 조금 덜 써도 된다는 것이 입증되었다. 이 호흡법은 천식 자체를 치료하는 것은 아니지만 호흡을 조절하는 심리적인 방법을 제공한다.[5]

펠든크라이스 요법

펠든크라이스 요법은 이스라엘의 모세 펠든크라이스(Moshe Feldenkrais, 1904~1984년)가 개발했다. 그는 1942년에 건강, 자세, 호흡을 연결 짓는 생각에 관한 책을 썼다. 그 책에는 다음과 같은 구절이 나온다. "호흡을 잘한다는 것은 (중략) 자세가 좋다는 뜻이고, 자세가 좋다는 것은 호흡을 잘한다는 뜻이다." (요가에서 강조하는 호흡의 중요성이 떠오르는 대목이다) 가슴과 척추는 서로 연결되어 있기 때문에 호흡과 자세 역시 서로 관계가 있다. 펠든크라이스 요법에는 "숨을 들이마시고 참았다가 내쉬고 참는" 것과 같은 다양한 호흡 사이클을 이용하면 불규칙했던 호흡이 안정을 되찾고 몸이 건강이나 행복을 효과적으로 증진하는 방법을 배운다는 생각이 담겨 있다.[6]

필라테스

필라테스도 호흡의 변화를 중시하는 인기 운동 중 하나다. 필라테스의 창시자인 독일의 요제프 후베르투스 필라테스(Joseph Hubertus Pilates, 1883~1967년)는 자신의 기술을 '조절학(Contrology)'이라고 불렀다. 그는 제1차 세계대전 때 전쟁 포로 생활을 하는 동안 일련의 운동 동작을 개발했다.

필라테스의 기본 정신은 마음이 몸을 통제하고 조절하며, 운동이 만성적인 신체 활동 부족의 영향을 없앤다는 것이었다. 호흡은 필라테스의 여섯 가지 기본 원리 중 하나로, 나머지는 집중, 조절, 중심, 정확성, 흐름이다.[7] 필라테스를 할 때는 숨을 깊이 들이마시고 내쉬면서 꼿

1999년에 베이징 리탄 공원에서 기공을 수련하는 사람들

꼿한 자세를 유지하는 것이 좋다. 그래야 산소 흡수율이 높아지고 혈액 순환이 더 잘된다. 요제프 필라테스는 사람들에게 "젖은 수건을 짜는 것처럼 폐에서 공기를 쥐어짜라고" 조언했다. 오늘날에는 전 세계적으로 약 수백만 명이 필라테스를 즐겨 한다.

태극권

태극권과 기공은 5천 년 넘게 명맥을 이어왔다. 두 운동은 중국의 도교 철학의 영향을 받으며 발전했고, 몸에 무리가 가지 않는 운동으로 정신과 신체의 건강을 전반적으로 개선하는 것을 원칙으로 삼는다. 이런 형태의 명상에서는 자세 조절, 움직임, 소리, 호흡 기술을 중요하게 여긴다. 호흡을 조절하는 기술은 기(중국 전통 의학에서 말하는 삶에 필요한 생명력)를 연마하고 강화하는 것이 목적으로, 전 세계적으로 많은 사람이 연습한다. 코로 천천히 숨 쉬는 것이 좋다.

호흡에 관하여 집중하면서 숨 쉬려는 욕구가 들 때 숨을 내쉬되, 혀를 입천장에 대면 도움이 된다. 이런 방식으로 호흡을 조절하면 마음이 편안해지고 명상하기도 좋다. 숨을 들이마실 때는 팔을 들었다가 숨을 내쉬면서 팔을 내리는 사람들도 있다. 이런 호흡 운동은 산소와 이산화탄소의 교환을 개선하고 마음을 안정시키는 효과가 있는 것으로 알려져 있다. 천식이나 만성 폐쇄성 폐질환과 같은 만성 폐질환이 있는 경우 이러한 호흡 운동을 열심히 하면 더 건강해지고 숨도 덜 차게 된다.[8]

전통적인 중국 의학에 따르면 딸꾹질이 나는 이유는 복부의 기나

한 성자(떠돌아다니는 힌두교의 수도자)가 명상하면서
호흡을 제어하고 있다(인도의 마디아 프라데시주, 1995년).

몸의 활력이 흐트러졌거나 약해졌기 때문이라고 한다. 흐트러진 기가 횡격막을 '불쾌하게 하면' 폐에서부터 딸꾹질이 올라온다는 것이다.[9] 딸꾹질을 멈추게 하는 전통적인 중국식 특효약은 (전갈과 지렁이로 만든 가루를 함유하여) 몸에서 열을 내보내는 합제(合劑)와 약초로, 말을 듣지 않는 기가 횡격막에서 내려오게 하고 폐에 있는 기가 흩어지게 하는 원리다. 이런 특효약은 체액이 원활하게 분비되게 하는 효과 역시 기대할 수 있다.

요가

자세와 호흡과 관련된 가장 인기 있는 명상법 중 하나는 바로 요가

다. 현대적인 형태의 요가는 뿌리가 깊다. 연금술의 역사와 중세 인도(10~11세기)의 오컬티즘과 관련이 있으며 이제는 힌두교 문화의 일부다.[10] 오늘날 요가는 신체적인 단련법으로서 체계화되었고, 좌법(坐法)과 자세 운동, 그리고 선 호흡법과 호흡 운동으로 분리되었다. 하지만 두 운동 모두 심신을 전체적으로 건강하게 만들자는 생각에 바탕을 누고 있다.

요가는 20세기 초에 서양에서, 인도 출신의 요가 수련자들과 동양학을 공부하는 학자들에 의해서 대중화되었다. 존 우드로프(John Woodroffe, 1865~1936년) 경은 인도법 전문가이자 옥스퍼드대학교의 교수였다. 그는 아서 아발론(Arthur Avalon)이라는 필명으로 인도 철학에 관한 책을 두 권 출판했는데. 바로 『뱀의 힘(The Serpent Power)』과 『편지 모음(Garland of Letters)』이었다. 『뱀의 힘』은 1550년에 산스크리트어로 쓰인 글의 번역문에 바탕을 두었는데, 책에는 원래의 글에 담긴 철학에 관한 자세한 비평도 딸려 있었다. 뱀의 힘이란 요가를 하는 동안 뿜어져 나오는 에너지를 뜻한다.

요가는 초창기 인도의 영적 지도자이자 인도 요가의 큰 스승으로 불리는 스와미 비베카난다(Swami Vivekananda)에 의해서 대중화되었다. 그는 1893년에 미국 전역을 돌아다니면서 사람들에게 요가의 영적인 기반이 무엇인지 설명하였고, 요가를 해부학과 생리학과 연관해서 소개하는 강연을 했다. 비베카난다의 강연 덕택에 요가는 신뢰를 얻었고 요가를 이용한 '치료' 과정이 곧 시작되었다. 요가에 대한 신뢰어린 시각은 특히 19세기 말에 미국에서 인기를 끌었던 건강 개혁 운동과 맞물리며 더욱 굳건해졌다.

오늘날 다양한 형태의 요가가 있지만 이들은 크게 카르마 요가(Karma yoga: 이타적인 일), 즈나나 요가(Jnana yoga: 책에 담긴 지식과 삶의 진실), 박티 요가(Bhakti yoga: 구체적이지 않은 위대한 힘에 대한 헌신), 라자 요가(Raja yoga: 영적인 성장)까지 네 가지 방식으로 정리할 수 있다. 요가는 본능과 지성의 불균형을 해소하여 건강을 증진하는 방법으로 여겨진다. 불균형이 나타난다는 것은 체내 에너지(Prana: 프라나)의 균형이 깨졌다는 뜻이다. 요가 수련자 파탄잘리(Patanjali)는 이렇게 말했다. "집중하지 못하는 상태는 정신적인 고통, 떨림, 거칠고 불규칙한 호흡, 전반적인 초조함의 형태로 발현된다(파탄잘리의 『요가 수트라(Yoga Sutras)』 1장 31절)."

요가의 호흡법

요가의 다양한 측면 중에는 프라나야마(pranayama)라고 불리는 호흡법이 몇 가지 있다(프라나야마의 'prana'는 활력이나 생명력(호흡을 의미하기도 함)을 뜻하고, 'ayama'는 산스크리트어로 '연장하다'라는 뜻이다). 요가를 하면서 호흡할 때는 대체로 숨을 천천히, 깊이 쉬어야 한다. 숨을 내쉴 때 잠시 멈춰야 하며, 숨을 들이마시는 시간보다 내쉬는 시간이 2배 길어야 한다(비율이 1:2).

카팔라바티(Kapalabhati) 호흡법을 할 때는 숨을 더 강하게 내쉰다.

이때 분당 호흡수가 60~120회까지 올라가는데, 이는 동물이 헐떡이는 속도와 비슷하다. 이런 호흡법은 이른 아침에 하거나 식사 후 2시간 뒤에 하는 것이 가장 좋다. 장소는 시원하고, 조용하며, 환기가 잘 되는 방이면 된다. 호흡법을 연습할 때는 앉거나 똑바로 선 채 두 눈을 감도록 하자. 연습이 제대로 되려면 긴장을 풀고 호흡에 집중해야 한다. 그래야 정신이 맑아지고 행복한 느낌이 든다.

호흡 운동을 잘하려면 마음에 집중하고 생각을 해야 하는데, 호흡이 한쪽 콧구멍씩 따로 일어나기 때문이다. 좌뇌와 우뇌가 기질이 서로 다른 것처럼 콧구멍도 오른쪽과 왼쪽이 다른 기능을 한다고 여긴다. 오른쪽 콧구멍으로 숨을 쉬면 열이 생성되고 정신적으로, 그리고 신체적으로도 활동적이라는 뜻으로, 수리야 아눌로마 빌로마(surya anuloma viloma)라고 부른다(산스크리트어로'surya'는 태양을 뜻하고, 'anuloma viloma'는 숨을 들이마시고 내쉬는 것을 뜻한다). 한편, 왼쪽 콧구멍으로 숨을 쉬는 것(찬드라 아눌로마 빌로마(chandra anuloma viloma)라고 불림)은 달과 연관이 있다. 왼쪽 콧구멍은 몸과 마음을 진정시키는 효과가 있으며 사고 활동과 관련이 있다. 순환 관계로 묶여 있는 해와 달이 자연적인 균형을 이룬다는 생각은 여러 문화에 스며들어 있다. 낮과 밤이 반대되고 서로 연이어 나타나는 것과 마찬가지다.[11]

양쪽 콧구멍으로 각각 다르게 호흡하려면 손가락을 이용하여 콧구멍을 한 번에 한쪽씩 막으면 된다. 이런 방식을 통해 20~30분 동안 한쪽 콧구멍으로만 숨을 쉰다. 양쪽 콧구멍으로 각각 다르게 호흡하는 방법(간단하게 '아눌로마 빌로마'라고 알려져 있음) 역시 같은 방식으로 수행할 수 있다. 이처럼 짧은 시간 동안 콧구멍에 따라 숨을 다르게 쉬면 마음이 편안해지고 긴장 완화와 명상에 도움이 된다. 하지만 시간이 너무 길어지면 혈압이 오르고 건강에 부정적인 영향을 미칠 우려가 있다.

숨을 내쉬면서 소리를 내는 것은 또 다른 요가 기법으로, 브라마리 프라나야마(bhramari pranayama) 또는 호박벌 호흡이라고 부른다. 그 이름에서 알 수 있듯이 호박벌 호흡을 할 때는 숨을 내쉬면서 목구멍으로 낮게 윙윙거리는 소리를 내야 한다. 숨을 내쉴 때는 귀가 막히기 때문에 인두 중앙부(목구멍)에서 생성되는 저주파 진동이 느껴진다. 이 진동에 집중하면 정신을 집중하고 마음을 편안하게 하는 데 도움이 된다. 이와 비슷한 호흡법으로 우드기스 프라나야마(udgeeth pranayama)가 있다. 이 호흡법을 할 때는 숨을 깊이 들이마시고 나서 다시 내쉴 때 '옴(Om)'이라고 읊조리면 된다.

미국 과학자 존 카밧 진(Jon Kabat-Zinn, 1944년~현재)은 명상과 마음 챙김을 이용해서 건강하게 지낼 수 있다고 처음으로 주장한 학자 중 한 명이다. 그는 1991년에 『재앙 같은 삶: 몸과 마음의 지혜를 활용해서 스트레스, 통증, 질병에 맞서기(Full Catastrophe Living: Using Wisdom of Your Body and Mind to Face Stress, Pain and Illness)』라는 제목의 책을 출판했다. 이 책에서 카밧 진은 긴장을 풀려면 좋은 자세와 느린 호흡을 통한 스트레스 해소가 중요하다고 언급한다. 이런 방법은 마음 챙김에 기반을 둔 스트레스 해소법(MBSR: mindfulness-based stress reduction)이라고 알려져 있다. 카밧 진은 명상을 다음과 같이 정의한다. "명상은 사실 아무것도 하지 않는 것이다. 명상은 유일하게 어딘가로 가려고 노력하지 않는 활동이다. 그저 지금 이미 있는 곳에 그대로 있으면 된다."[12] 카밧 진은 호흡 운동에 관해서는 이렇게 썼다. "우리는 숨이 몸 안으로 들어오는 것을 느끼고 몸 밖으로 나가는 것도 느낀다."

다시 말해서, 느린 호흡을 실천하는 사람들은 매일 10분씩 호흡을 천천히 하는 데 집중한다. 매일의 일상에 관한 생각은 잠시 접어두고 생각을 내면으로 집중시키려고 노력한다. 특정한 호흡법을 실천하고 매일 연습하면 느린 호흡에 집중하고 걱정을 잊게 되면서 스트레스가 줄어든다.

동서양의 전통적인 명상법에서는 느린 호흡을 강조한다. 호흡이 느리다는 것은 대체로 호흡수가 분당 약 10회, 즉 6초에 한 번씩 숨을 쉬는 것을 의미한다. 이것보다 더 느린 속도로 숨 쉴 수도 있지만, 자칫 호흡이 불편해지고 조직에 산소를 충분히 공급하기가 어려워질 위험이 있다. 느린 호흡이 신체에 주는 가장 큰 이점은 동맥의 혈압을 낮추는 것이다. 그래서 명상과 별개로 느린 호흡법은 고혈압이나 긴장 항진증이 있는 환자를 치료하는 데 쓰이고 있다.[13]

혈압 조절은 장기에 산소를 꾸준히 공급하는 것만큼이나 중요하다. 몸은 이러한 두 가지 요구를 만족시키기 위해서 정교하게 균형을 유지한다. 우리의 목에는 혈압과 산소 농도를 감지하는 센서가 있다. 이 센서는 (머리와 뇌에 혈액을 공급하는) 경동맥과 긴밀하게 관련되어 있으며 뇌에 피드백을 보낸다. 그러면 뇌는 피드백을 바탕으로 호흡 속도, 심장 박동 수, 혈관의 수축 작용을 늘리거나 줄이는 압력 반사를 보인

조지 핀웰(George J. Pinwell)의
'기도는 기독교 신도의 생명력이다(Prayer is the Christian's Vital Breath)', 1866년, 목판, 소묘.
다른 사람들과 함께 기도하면 호흡에 변화가 생긴다.
대체로 호흡의 속도가 느려진다.

다. 호흡이 느려지면 압력 반사의 민감도가 달라지고 통제를 담당하는 신경계의 활동이 줄어든다.[14] 따라서 느린 호흡을 중시하는 명상법은 요가 만트라나 묵주 기도와 마찬가지로 혈압에 변화를 준다. 요가 만트라나 묵주 기도는 호흡의 속도를 늦추고 혈압과 불안감을 낮춰준다. 묵주를 이용해서 기도하는 행위는 건강을 실천하는 방법이자 종교적

인 의식이다. 그래서 생리적인 효과와 심리적인 효과를 둘 다 누릴 수 있다.[15]

우짜이(Ujjayi) 호흡법과 같은 요가 호흡법들은 따라하는 데 노력이 더 드는 것 치고는 심혈관계에 특별히 변화를 주는 것 같지 않다. 우짜이 호흡법에서는 호흡도 느리게 하고 숨을 들이마시는 시간과 내쉬는 시간도 따로 조절한다. 이런 호흡법의 진성한 이점은 까다로운 호흡을 하는 데 필요한 집중력을 기를 수 있는 것일지도 모른다.[16] 말하기와 같은 다른 형태의 발성은 혈압을 낮추지는 못하더라도 심박수에 변화를 줄 수 있다. 예를 들면, 시를 낭송할 때 호흡과 심박수가 같이 움직인다는 증거가 있는데, 이때 낭송하는 사람의 호흡 리듬은 시의 구조를 반영한다.[17]

여러 문화에서 호흡은 영적인 현상이며 삶과 죽음과 연관되어 있다. 오스트레일리아 원주민은 호흡과 관련된 정령을 와우와우(wau-wau)라고 부른다. 이 정령은 사람이 죽음을 맞이하면 자연의 정령이 되기 위해서 사람의 몸을 떠난다. 이와 마찬가지로, 잠들었거나 의식이 없을 때 정신이 몸을 잠깐 떠나는 것으로 여긴다. 그리고 잠에서 깰 때 정신이 다시 돌아오는 것이다.

리듬 호흡

아기를 출산할 때 숨을 조절하거나 특정한 리듬에 맞춰서 쉬는 기술은 산모가 통증을 견디고 분만 시간을 줄이는 데 도움이 된다.[18] 호흡에 집중하는 행위 자체는 산모의 주의를 출산에서 멀어지게 하여 통증의 세기를 조금이라도 덜 인식하도록 돕는다. 산모는 꾸준히 심호흡을 하다가 몸에 힘을 주는 순간에 맞춰서 숨을 내쉬면 된다. 다만, 이렇게 숨을 쉬는 방법은 힘이 많이 들기 때문에 오래 시도하긴 어렵다. 따라서 분만이 시작되자마자 호흡법을 시도하는 것은 산모의 피로가 가중될 수 있으니 주의해야 한다.[19] 특정한 리듬에 맞춰서 숨을 쉬는 방법은 '라마즈 호흡법'이라고도 부른다.

라마즈 호흡법

라마즈 호흡법이라는 명칭은 프랑스 산과 의사 페르낭 라마즈(Fernand Lamaze, 1891~1957년)의 이름에서 유래된 것이다. 1951년에 러시아와 우크라이나를 방문한 라마즈 박사는 현지사람들이 통증을 조절하기 위해서 리듬 호흡법을 시도하는 것을 목격했고, 파리에 있는 자신의 클리닉에서 리듬 호흡 기술을 개발했다. 그때 마침 파리에 있었던 미국 임산부 마저리 카멜(Marjorie Karmel)이 그랜틀리 딕 리드(Grantley Dick-Read)의 책 『두려움 없이 출산하기(Childbirth without Fear)』를 읽고 라마즈를 찾아갔다. 그녀는 1959년에 미국으로 돌아가서 자신의 경험을 담은 책 『고마워요, 라마즈 박사님(Thank You, Dr. Lamaze)』을 출간했다.

한편, 그 당시에 산과학(産科學)에 관심이 생겨 자연 분만을 지지했던 독일 물리치료사 엘리자베스 빙(Elizabeth Bing, 1914~2015년)은

1933년에 나치의 박해를 피해서 독일을 떠나 미국으로 이주한 상황이었다. 그녀는 라마즈의 호흡법에 관해서 더 많이 알고 싶었지만 파리까지 갈 수 있는 자금을 마련하지 못하고 있었다. 그러던 중 빙은 우연히 카멜의 책을 보게 되었고, 저자와 직접 연락할 수 있을까 하는 마음에 그 책의 출판사에 문의했다. 결과적으로, 빙은 책이 출판된 지 2주 후에 카멜과 연락이 닿았다. 그녀는 카멜에게 라마즈 호흡법을 가르치는 역할을 할 생각이 있는지 물었고, 이후 리듬 호흡은 TV와 라디오에서 널리 홍보되면서 대중화되었다.

리듬 호흡을 이용하는 방법은 미국의 치과 의사인 윌리엄 깁슨 알링턴 본윌(William Gibson Arlington Bonwill)이 54년 전에 미국에서 처음으로 소개했다. 본윌은 아산화질소 없이도 빠른 호흡을 통해 통증을 억제함으로써 간단한 수술을 할 수 있다고 생각했고, 이 같은 생각을 1880년에 「간단한 수술, 산과 치료, 의학과 치의학에서 일반 진료를 할 때 빠른 호흡법을 이용한 통증 줄이기(Rapid Breathing as a Pain Obtunder in Minor Surgery, Obstetrics, the General Practice of Medicine and Dentistry)」라는 제목의 논문에 담았다. 라마즈 박사와 달리 본윌 박사가 1897년에 러시아를 방문한 이유는 빠르게 호흡하는 기술을 전파하기 위해서였다.[20]

개구리 호흡법

캘리포니아 란초 로스 아미고스에서는 상당히 유용하지만 특이한 호흡법이 개발되었다. 1940년대에 이곳은 "호흡근에 명백한 장애가 생긴" 척수성 소아마비 환자들을 보살피던 병원이었다. 이 같은 환자들은 인공호흡 치료가 필요했는데,[21] 공기를 크게 들이마시면 호흡기 없이도 몇 시간 동안 숨을 쉴 수 있다는 놀라운 사실을 알게 되었다.

소위 '개구리 호흡법'이라고 불리는 이 호흡법은 폐를 채우기 위해 정상적으로 공기를 들이마시면서 시작한다. 그리고 나서는 입을 통해서 공기를 더 들이마신 뒤 삼킨다. 이렇게 하면 공기가 성문(聲門)에 의해서 폐 안에 갇히게 된다. 같은 방식으로 환자가 공기를 10~20번 정도 크게 들이마시면 폐 속에 있는 공기의 양이 정상 수준까지 늘어나거나 그 이상으로 많아진다.

비록 개구리 호흡법을 발견한 환자의 이름은 알려지지 않았지만, 곧 여러 환자가 이 호흡법을 배웠고, 그 결과 인공호흡기를 사용하지 않아도 되는 시간이 하루에 2~25분에서 2~3시간으로 늘어났다. 개구리 호흡법을 통해서 환자들의 삶의 질이 크게 개선된 것이다. 환자들은 침대에 무기력하게 누워 있는 대신 앉아 있을 수 있게 되면서 사기가 높아졌다. 그들은 인공호흡기를 사용하지 않는 시간에는 자유롭게 기침하거나 가래도 뱉을 수 있었다. 숨을 내쉴 때 내보낼 공기가 더 많아짐으로써 환자들이 더 큰 소리로, 더 오랫동안 말할 수 있게 되었다. 개구리 호흡법(정식 명칭은 설인(舌咽) 호흡 또는 흡입법)은 오늘날 호흡근이 약해지는 여러 질병에 걸린 환자들에게 권장된다. 뒤셴 근위축증(Duchenne muscular dystrophy)을 앓거나 경부 척수를 다쳐서 마비가 생긴 환자들은 이 호흡법으로 효과를 볼 수 있다.[22]

스태킹 호흡법

극단적인 형태의 이런 호흡법은 프리다이버들에 의해서 도입되었다. 그들은 이 호흡법을 '스태킹(stacking)'이라고 부른다. 프리다이버들은 다이빙하기 전에 숨을 들이켜 폐를 최대한으로 채우고(총폐용량) 개구리 호흡법을 빠르게 시행한다. 폐에 공기를 몇 리터씩 추가하는 것이다. 이때 다이버는 현기증이 나거나 폐가 불편할 수 있다. 하지만 프리다이빙에서는 이러한 호흡법을 통해 오랫동안 숨을 참을 수 있다.

감정과 호흡

찰스 다윈은 자신의 첫 저서 『종의 기원』으로 유명하다. 이 책에서 다윈은 자연선택설에 의한 진화론에 관해서 설명했다. 다윈의 두 번째 책은 1871년에 출판된 『인간의 유래와 성선택(The Descent of Man, and Selection in Relation to Sex)』인데, 이 책에서 그는 인간의 조건과 사회에 진화론을 적용하려고 시도했다. 이 책은 진화론의 관점에서 인간의 행동과 심리를 체계적으로 검토한 최초의 책 중 한 권이다(다윈은 진화론을 들먹이면서 빅토리아 시대의 사회를 언짢게 하는 일이 얼마나 위험한지 알고 있었다. 그래서 딸 헨리에타(Henrietta)에게 원고를 편집하고 불온한 부분을 삭제해 달라고 부탁하기도 했다).

다윈은 두 번째 책을 쓰면서 인간의 감정을 분류하고, 동시에 동물에게서 그런 감정을 찾아볼 수 있는지 알아보려고 했다. 원래 이러한 관찰 결과는 책의 몇 페이지 정도만 차지할 예정이었다. 그런데 내용이 너무 길어지는 바람에 별도의 책으로 따로 나와야 할 정도가 되었다. 그 결과 1872년에 『인간과 동물의 감정 표현(The Expression of the emotions in Man and Animals)』이라는 책이 출판되었다. 다윈은 이 책에서 오늘날의 학자들과 달리 분노와 공포 같은 감정을 개별적인 독립체로 분류했다. 오늘날에는 여러 감정이 표현이라는 같은 스펙트럼 위에 있으며 단지 강도가 다를 뿐이라고 여겨진다.

다윈은 다양한 호흡 속도 및 호흡 패턴을 여러 감정과 연관시켰다. 그는 이렇게 말했다. "공포를 느끼면 몸이 떨린다. 호흡이 빨라지고, 심장이 빠른 속도로 걷잡을 수 없이 격렬하게 뛴다." 다윈은 다른 감정이 느껴질 때 호흡이 방해 받는 모습을 목격하기도 했다. 고통스럽고 눈물이 나면 "입이 크게 벌어지고 입술이 특이하게 오므려진다. 그러면 입이 거의 사각형의 형태가 되어서 이와 잇몸이 거의 드러난다. 이때 숨은 마치 발작이 일어나는 것처럼 격렬하게 들이마시게 된다."

반면에 펑펑 울 때는 호흡이 중간중간 끊어지고 코가 콧물과 눈물로 가득 찬다. 눈물은 누관(눈물길)을 통해서 눈에서 나온 뒤 양쪽 코눈물뼈관으로 들어가는데, 코눈물뼈관은 입천장 바로 위에 있는 비강과 연결되어 있다. 눈물은 원래 윗눈꺼풀 아래에 있는 눈물샘에 의해서 끊임없이 생성된다. 평소에는 눈물이 눈에 띄지 않지만 우리가 울 때 과잉된 눈물이 눈 밖과 코 앞쪽으로 넘치면 그제야 바깥으로 흐르게 된다(우리는 우는 사람을 보면 얼굴에 흘러내린 눈물을 닦고 코를 풀 수 있게 손수건을 건네는 경우가 많다. 이런 행동은 실용적일 뿐만 아니라 친절과 동

정신을 보여주는 것으로도 여겨진다). 이렇게 한참 울고 나면 슬픔이 찾아온다. 다윈은 이 순간을 이렇게 묘사한다. "호흡이 약해지고 속도가 느려진다. 깊은 한숨이 나와서 호흡이 자꾸 끊기기도 한다." 반면에 분노와 같이 더 격렬한 감정이 몰려오면 정반대의 현상이 나타난다. "호흡이 영향을 받는다. 가슴이 들썩거리고, 넓어진 콧구멍이 벌름거린다."

다윈은 직접 관찰한 사실에 주로 의지했지만 다른 학자 두 명의 연구 결과도 많이 참고했다. 바로 프랑스 의사 루이 피에르 그라티올레(Louis Pierre Gratiolet)와 스코틀랜드 의사 찰스 벨(Charles Bell) 경이다. 그라티올레의 책 『표정과 감정을 표현하는 동작에 관하여(De la Physionomie et des mouvements d'expression)』는 그가 이미 세상을 떠난 1871년에 출판되었고, 찰스 벨 경은 『미술과 연관된 감정표현의 해부학적이고 철학적인 측면에 관한 에세이(Essays on the Anatomy and Philosophy of Expression as Connected with the Fine Arts, 1844년)』라는 책을 출판했다.

다윈은 두 사람이 쓴 책의 여러 부분을 인용하기는 했지만, 정작 종의 기원에 관한 이 학자들의 시각은 다윈과 정반대였다. 벨은 기독교에 뿌리를 둔 천지창조설을 믿었고 진화의 연대표가 옳지 않다며 반박했다. 그는 신이 동물을 전부 한꺼번에 창조한 것은 맞지만, 지구 환경이 유동적이었고 시간이 지나면서 달라졌다고 주장했다. 창세기에 묘사된 것처럼 신이 세상을 한 번에 다 창조한 것은 아니라는 것이었다.

감정이 호흡에 변화를 준다는 개념은 문학작품에도 여러 번 등장한다. 영국의 시인 테니슨(Tennyson)은 『왕의 목가(Idylls of the King)』

에 나오는 시 「멀린과 비비안(Merlin and Vivien)」에서 "그녀의 우아한 콧구멍에서 분노의 콧김이 날카롭게 뿜어져 나왔다."라고 썼다. 한편, 셰익스피어는 "복수심을 내뱉다(breathing out vengeance)"와 "분노로 씩씩대다(fuming with anger)"와 같은 표현을 사용했다. 그는 희곡 『헨리 5세』에서 격렬한 분노의 대표적인 특징을 잘 요약했다.

> 평화로울 때는 신중한 침묵과 겸손만큼
> 남자를 훌륭하게 만드는 것이 없다.
> 하지만 전쟁의 굉음이 우리의 귀를 때릴 때는
> 범의 행동을 흉내 내야 한다.
> 힘줄을 긴장시키고, 피가 끓어오르게 해라.
> 그러고 나서 매서운 눈빛으로 바라봐라.
> 이제 이를 악물고, 콧구멍을 활짝 벌리자.
> 숨을 죽이고, 모든 정신을
> 꼿꼿하게 일으켜라! 숭고한 영국인이여, 앞으로 나아가라. (3막 1장)

살다 보면 한숨을 쉬거나 숨을 한 번에 크게 몰아쉴 때가 있다. 한숨에는 폐를 비우는 생리학적인 기능이 있는 것으로 여겨진다. 이러한 행위로 말미암아 이따금 기도를 확장하고 늘려주는 것이다. 하지만 한숨은 실망이라는 감정의 표현일 때도 있다. 미국의 작가 민나 앤트림(Minna Antrim, 1861~1950년)은 "인생이라는 연극은 울부짖음으로 시작해서 한숨으로 끝난다."라고 말하기도 했다.

우리는 격렬하게 움직일 때 숨을 시끄럽게 몰아쉰다. 가파른 언덕이나 계단을 오를 때 그러한 경우가 많으며, 이때 '씩씩거리다(huff)' 또는 '헉헉거리다(puff)'라는 표현을 쓴다. 만일 누군가가 씩씩거리면 기분이 나쁘고 성질이 난 상태일 것이다. 하지만 이런 상태는 대체로 호흡과는 아무런 관련이 없다.

'잠깐 훅 끼치는 냄새(whiff)', '킁킁거리기(sniff)', '코로 들이쉬기(snuff)'는 모두 코와 관련된 호흡 동작이다. 잠깐 훅 끼치는 냄새(whiff)는 코를 킁킁거리는 동안(sniff) 느껴지는 냄새를 말한다. 코를 킁킁거리는 행동은 냄새를 살피려고 코로 조심스럽게 숨을 조금 들이마시는 것이다. 이때 날카로운 음압을 생성하고 코를 통해서 공기를 소란스럽게 빨아들이기 위해서는 횡격막이 빠른 속도로 수축해야 한다. 이를 통해 후각 신경이 냄새를 제대로 감지할 수 있다.

코를 킁킁거리는 행동은 감정과도 관련이 있으며 '콧물이 줄줄 나는 코'와 연관이 있다. 이때 눈물과 콧물이 섞여서 코에서 체액이 많이 쏟아진다. 감기에 걸려서 코가 막혔을 때도 코가 뚫리도록 킁킁거린다. 용제와 약물도 킁킁거릴 수 있고, 본드나 코카인 역시 마찬가지다. 휘발성이 있는 접착제나 입자가 고운 가루는 코로 날카롭게 들이마시면 코의 조직까지 금세 운반된다. 코의 점막은 얇고 혈액이 풍부해서 용해성이 있는 물질을 흡수하기에 이상적이다.

호흡은 신진대사의 필요에 의해 자동으로 반응하지만, 때로는 이러한 패턴이 무의식적으로 수정될 때도 있다. 사람은 감정 상태(웃김)와 행동 및 사회적인 활동(말하기, 악기 연주하기)의 영향을 받기 때문이다.[23] 말을 하기 위해서는 뇌가 복잡한 도전에 나서야 한다. 호흡근이 입술, 혀, 얼굴과 조화를 이루고 호흡의 타이밍, 리듬, 패턴과 맞물려야 하기 때문이다. 우리는 단어를 말하기 전에 무의식적으로 공기를 충분히 들이마셔야 한다. 그래야 머릿속에 떠올린 문장을 끝까지 말할 수 있으니 말이다. 우리는 말을 하는 동안 호흡을 말하는 행동과 매끄럽게 통합한다. 말이라는 행위는 숨을 길게 내쉬는 동안 이따금 숨을 빠르고 날카롭게 들이마시면서 이루어진다. 단어, 그리고 그와 관련된 소리는 후두에 있는 성대의 떨림에 의해서 처음 생성된다. 그러고 나서 목구멍을 지나서 입으로 간다. 거기서 단어가 혀와 입술에 의해서 개별적인 음절로 만들어지고 단어와 문장의 완성을 위해서 다른 단어와 합쳐진다.

노래와 호흡

노래를 부를 때는 뇌의 통제 능력이 더욱 정교해져야 한다. 노래와 같은 극단적인 형태의 호흡법에서는 목구멍, 흉곽, 횡격막의 호흡근이 서로 긴밀하게 조화를 이루고 통제되어야 하며, 한편으로는 숨을 들이마시고 내쉬는 동작을 귀와 청각 체계를 통해서 들어오는 음악에 맞게 조절해야 한다. 노래할 때 더욱 어려운 점은 기쁨을 노래하든 슬픔을 노래하든 감정선을 따라가야 한다는 것이다. 만일 호흡이 조화롭지 못하면 원하는 음이 나오지 않거나 그 음을 오랫동안 유지하지 못할 수도 있다. 그러면 음정이 흔들리고 관객이 듣기 불쾌한 노래가 된다.[24] 가수들은 공기가 더 필요할 때 "숨을 슬쩍 들이마시고" 폐에 공

일레르 제르맹 에드가 드가(Hilaire Germain Edgar Degas)의 '장갑을 낀 여인'(1878년),
캔버스에 파스텔. 드가의 그림 속 여인은 한 손을 들고 노래하고 있는데,
가수들이 얼마나 노력하고 집중해야 하는지를 잘 보여준다.

기를 빨리 채우는 방법을 배운다. 이러한 기술을 통해 가수들은 숨을 길게 내뱉을 수 있다.[25]

노래를 부를 때 쉽게 피곤해지지 않으려면 호흡을 효율적으로 조절할 수 있어야 한다. 날숨을 내뱉는 속도와 성대를 가로지르는 공기의 흐름을 조정하는 능력은 노래하는 목소리의 크기를 결정한다. 큰소리로 노래하기 위해서는 공기의 흐름이 적절하고 성대가 올바른 자리에 잘 있어야 한다.

노래는 오락의 일종으로 여겨지지만, 노래를 부르면 호흡계가 단련되기 때문에 건강이라는 측면에서 이득이 많다. 노래는 만성 폐쇄성 폐질환과 천식 같은 만성 폐질환의 증상을 개선해준다. 또한 노래를 부르면 호흡 조절과 호흡근의 조화에 관여하는 신경망의 복잡한 확대 과정을 통해서 감정적인 이득도 얻을 수 있다. 노래는 치료법 중 하나로 혼자 부르든 여럿이서 함께 부르든, 또는 노래방에서 부르든 심신의 건강에 도움이 된다. 노래를 부르면 신체적으로는 호흡 운동에 도움이 되며, 정신적으로도 다양한 방면에서 이점이 생긴다.[26]

우리는 20세기 초가 되어서야 노래를 부르기 위해서 목소리를 어떻게 조절하는지 이해할 수 있었다. 1894년에 에든버러대학교의 램지 스미스(Ramsey Smith)는 이렇게 말했다. "노래할 때 올바른 호흡 습관의 중요성은 널리 알려져 있다. 하지만 호흡과 노래의 정확한 관계는 알려지지 않았다."[27] 호흡의 측면에서 살펴보면, 노래를 부를 때는 호흡의 정상적인 리듬이 방해를 받으며 숨과 숨 사이의 시간도 길어진다. 노래는 숨을 빠르게 들이마시고 천천히 내쉬면서 부르게 되는데, 이때 내쉬는 공기의 흐름을 정확하게 조절해야 한다. 이런 신경 조절은 가수의 청각 시스템을 통해서 다시 피드백된다. 그러면 가수는 호흡을 조절해서 미리 인지된 정확한 음과 가사에 맞추는데, 이때 노래의 음과 가사를 미리 알고 있어야 한다. 이것이 바로 가수들이 관객 앞에서 노래하기 전에 리허설을 하는 이유다.

연구 결과를 살펴보면 가수라고 해서 폐 기능이 월등하게 뛰어날 필요는 없으며, 노래하지 않을 때 조용하게 호흡하는 방법은 가수가 아닌 사람과 다르지 않다는 것을 알 수 있다. 물론 노래를 자주 부르면 숨을 보다 효율적으로 내쉬는 방법을 배울 수 있기는 하다. 그러니까 중요한 것은 폐의 용적이 달라지는 것이 아니라 환기에 변화가 나타나는 것이다. 가수들은 흉식 호흡을 할 때도 있지만 복식 호흡을 더 많이 한다. 그들은 흉식 호흡과 복식 호흡을 따로 할 수 있는데, 이것은 훈련되지 않은 가수로서는 쉽게 해내지 못하는 기술이다.[28] 이러한 후천적인 조절 능력 덕택에 폐 내부의 압력이 커지고, 후두를 통해서 공기가 더 많이 흐르게 되며, 결과적으로 노래하는 사람의 음역이 넓어진다.

우리는 노래나 음악을 듣는 것만으로도 호흡에 변화가 생긴다. 여러 연구 결과에 따르면, 박자가 느린 음악(예: 루트비히 베토벤(Ludwig Beethoven)의 제9번 교향곡 중에서 아다지오로 된 악장은 박자가 분당 70비트다)을 들으면 호흡이 진정된다고 한다. 반대로, 박자가 빠른 음악(예: 안토니오 비발디(Antonio Vivaldi)의 프레스토로 된 바이올린 협주곡 '사계' 중 '여름'은 박자가 분당 150비트다)을 들으면 호흡 속도가 빨라질 수 있다. 훈련된 음악가에게서는 박자가 호흡에 미치는 이런 영향이 더욱 두드러지게 나타난다.[29]

피리 부는 키프로스 사람을 석회암으로 묘사한 흉상
(기원전 575~500년경. 키프로-아르카이크기(期)).
얼굴을 감싸는 끈(phorbia)은 피리를 잡아주고 연주자가 연주하는 동안
뺨이 부푸는 것을 막아준다.

악기 연주와 호흡

노래하고 음악을 듣는 것뿐만 아니라 악기를 연주하는 것 역시 호흡에 변화를 준다. 가장 대표적인 예는 바로 관악기를 연주하는 것이다. 관악기는 좁은 구멍으로 들어간 공기가 진동해서 소리가 난다. 연

주자가 악기에 압력을 가한 채 공기를 불어 넣으면 악기 안에서 공기가 흐른다.

관악기 연주는 노래를 부르는 것과 마찬가지로 고대부터 이어진 활동이다. 인류가 처음으로 연주한 악기는 4만 년 전에 뼈로 만들었던 피리다. 자연에서는 관악기로 쓸 만한 것을 찾기 쉽다. 속이 빈 관을 구한 뒤 숨을 불어넣으면 소리가 날 것이나. 따라서 속이 빈 가지나 뿌리로 악기를 만들었는데, 디저리두(didgeridoo: 오스트레일리아 원주민들이 연주하는 긴 피리 모양의 전통 악기 -역주)가 좋은 예이다.

해안 지역에는 소라껍데기가 널려 있는 경우가 많다. 소라껍데기를 불면 호른처럼 깊고 울림 있는 소리가 난다. 심지어 버려진 소뿔도 숨을 불어넣으면 소리가 날 것이다. 오늘날 소라껍데기보다 우리에게 더 친숙한 금관 악기는 고대 초기에 모습을 드러냈으며 처음에는 귀금속으로 만들어졌다(기원전 14세기에 고대 이집트에서는 투탕카멘(Tutankhamun)의 무덤에서 은으로 만든 나팔이 발견되었다). 오늘날에는 트럼펫을 쇠나 나무로 만든다. 그런데 신기하게도 악기 연주가 호흡이나 호흡기의 건강에 미치는 영향에 관해서 과학적인 호기심을 드러낸 사람은 많지 않았다.

트럼펫(금관 악기로 분류)이나 디저리두와 같은 관악기, 아니면 오보에(목관 악기로 분류)처럼 리드가 포함된 마우스피스가 있는 관악기를 연주할 때는 숨을 내쉬면서 공기의 흐름을 정확하게 조절해야 한다. 또한, 악기의 관을 통해서 공기를 밀어 넣을 수 있을 만큼 입에서 충분한 압력을 생성하는 능력도 있어야 한다. 다만 폐가 남다르게 강인해야만 관악기를 연주할 만큼의 압력을 만들어낼 수 있는 것은 아닌 것 같다. 현악기와 같은 다른 악기를 연주하는 이들과 비교했을 때 관악기 연주자들의 폐 기능은 큰 차이를 보이지 않았다.

오히려 관악기 연주자들이 상기도를 통한 폐 감염, 코에 생기는 카타르, 목쉼 등에 더 취약할 수 있다는 증거가 있다.[30] 관악기를 연주하면 전반적으로 심폐기능이 더 건강해지는 느낌이 강하게 들 것이다. 하지만 관악기를 오랫동안 연주하면 폐 용적이 조금이지만 줄어들(어쩌면 200~300밀리리터) 가능성이 있다. 악기를 연주하는 데 필요한 압력을 추가로 생성하기 때문이다.[31] 한편, 관악기 이외에 다른 악기를 연주할 때도 호흡 속도가 달라질 수 있다. 피아니스트는 호흡을 손가락의 움직임에 맞추는데, 연주하고 있는 음악의 복잡한 박자에 호흡이 무의식적으로 맞춰지는 것이다.[32]

16세기 전에는 사람의 목소리가 호흡과는 아무런 상관도 없는 것으로 여겨졌는데, 목소리가 가슴에서 만들어진다고 알려져 있었기 때문이다. 이탈리아의 위대한 해부학자이자 외과 의사인 히에로니무스 파브리치우스(1533~1619년)는 『후두에 관하여(De larynge, 1615년)』라는 책을 통해 후두와 목소리를 처음으로 연관시킨 사람이었다. 그 전에는 사람들이 목소리가 정확히 어디서 나오는지 알지 못해서 'ventriloquial(복화술을 사용하는)'이라는 형용사가 생겼는데, 이 단어는 복부를 통해서 말이 나온다는 뜻이다. 그 당시 사람들은 복화술을 할 때는 입을 사용하지 않고 소화기 계통에서도 소리를 내기 때문에 목소리가 독특한 방식으로 나올 수 있다고 생각했다.

2017년에 스코틀랜드에서 열린 하일랜드 게임(Highland Games)에서
파이프 연주자들이 백파이프를 연주하고 있다.
백파이프 소리를 계속 낼 수 있을 만큼 공기를 악기 안으로 충분히 불어넣으려면
호흡에 많은 노력을 기울여야 한다.

파브리치우스 이후에 18세기 초에는 목소리가 생성되는 방법을 둘러싸고 과학자들의 시각이 양분되었다. 첫 번째 시각은 바이올린을 켤 때 활이 현을 진동시키는 것처럼 공기가 성대(또는 성대주름)에 영향을 미친다는 것이었고, 두 번째 시각은 목소리가 플루트, 호른, 오보에가 소리를 내는 방식과 똑같이 생성된다는 것이었다. 이 세 악기는 공기가 통과하면서 리드(reed: 관악기에 붙어 있는 얇은 진동판 -역주)를 진

동시켜서 소리가 난다. 이렇듯 목소리를 음악에 비유하는 일이 많아지면서 그 당시에는 '화음(chord)'이라는 단어가 후두의 구조를 나타내는 뜻으로도 쓰였다. 하지만 혼동이 자주 일어났으므로 오늘날에는 'vocal cord(성대)'나 'vocal fold(성대주름)'라는 말을 대신 사용한다.

목소리의 세 가지 특징

목소리에는 세 가지 특징이 있다. 바로 소리의 크기, 음의 높이, 음색이다. 소리의 크기나 음량은 날숨의 세기를 달리하면 쉽게 조절할 수 있다. 숨을 세게 내쉬면 입 밖으로 나간 공기의 흐름이 빨라진다. 소리를 크게 지르면 한 번에 몇 초밖에 지속하지 못한다. 하지만 소리를 더 작게 내면 더욱 긴 시간 동안 소리를 낼 수 있다.

목소리의 높이는 성대의 길이에 따라 달라진다. 성대는 바이올린과 같은 방식으로 소리를 생성하는데, 남자의 성대는 여자보다 길어서(2~2.5cm) 바이올린의 G현처럼 진동한다. 한편, 여자의 성대는 더 짧아서(1.8cm) 바이올린의 E현과 비슷하게 진동한다. 그래서 남자가 여자보다 목소리가 더 낮다. 성대의 길이는 피열 연골에서 생성된 장력에 의해서 달라지는데 성대가 이완된 상태에서는 낮은음이 나오고, 팽팽한 상태에서는 높은음이 나온다. 성대의 이런 특성 덕분에 우리는 음을 다양하게 낼 수 있다.

서로의 음역이 겹치기는 하지만, 남자는 여자가 낼 수 있는 높은음을 내지 못한다. 음계상으로 사람의 목소리는 3옥타브를 넘어간다. 하지만 훈련을 받으면 4옥타브를 넘을 수 있는 경우도 많다. 예외적으로

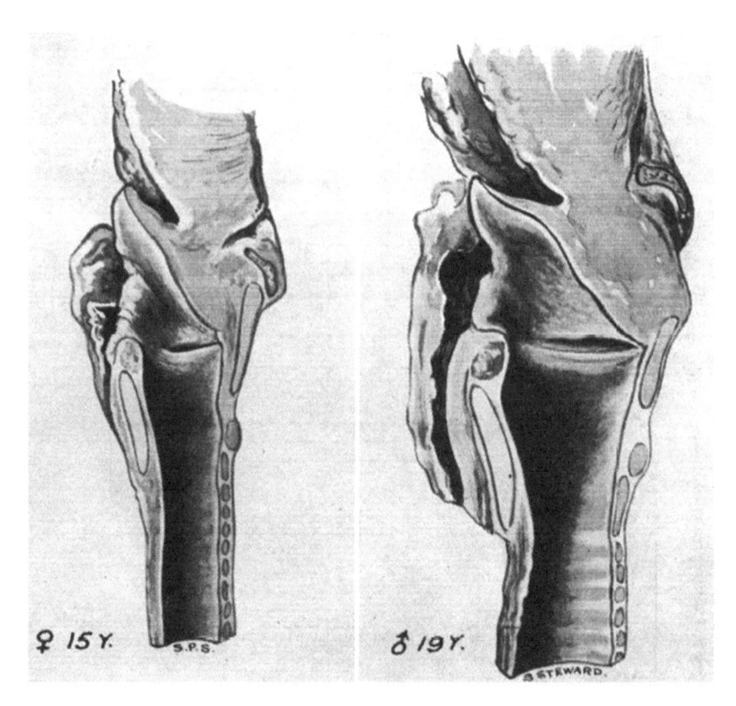

사춘기 때 사람의 후두가 겪는 성장상의 변화(1965년).
성문의 지름은 여자가 13mm이고, 남자가 22mm이다.
남자는 성문의 지름이 더 크기 때문에 목소리가 더 낮다.

목소리가 5옥타브 이상 올라가는 사람들도 있는데, 바로 머라이어 캐리(Mariah Carey), 프린스(Prince), 이마 수맥(Yma Sumac)과 같은 가수들이다.

음색은 내쉬는 공기가 호흡계의 빈 부분을 통과하는 움직임에 따라서 달라진다. 공기는 이런 빈 부분의 크기와 구조에 따라서 다른 방식으로 진동을 일으킨다(바이올린과 첼로가 음색이 다른 것과 비슷한 원리다).

훈련받은 가수들은 이런 진동의 하모닉스(harmonics)와 목소리의 특징에 변화를 줄 수 있다. 성대가 1초에 80~250회 진동하면 베이스 소리가 나며, 100~350회 일어나면 바리톤, 250~750회 이상 일어나면 소프라노 소리가 난다.

우리는 호흡에 변화를 줌으로써 소리를 생성할 수 있다. 하지만 말할 때는 입, 입술, 혀, 성문(성대 사이에 있는 공간)을 통해서 개별적인 소리를 낸다. 'sing(노래하다)'과 같은 단어는 콧소리가 난다. 따라서 코를 막고 시도해보면 발음이 제대로 안 되는 것을 알 수 있다. 'sip(홀짝이다)'에서 나는 'ssss' 소리는 입의 앞부분에서 난다. 반대로, 'zip(지퍼를 채우다)'에서 나는 'zzzz' 소리는 목구멍 뒤쪽의 깊은 곳인 후두와 성대에서 난다. 'ssss' 소리를 발음할 때와 달리 'zzzz' 소리를 발음할 때는 후두가 진동하는 것을 느낄 수 있다.

호흡이 거칠어질 때는 목소리를 내기가 어려워진다. 격렬한 운동을 하면 호흡의 속도가 빨라지고 1회 호흡량이 증가한다. 이때는 대화를 길게 나누기도 힘들다. 마찬가지로, 높은 고도로 인해서 생기는 저산소증에 걸렸을 때도 목소리를 내기가 어려우며 숨을 계속 헐떡거리게 된다.

말더듬기

말더듬기는 우리 주변에서 흔히 볼 수 있는 증상이지만 실은 꽤나 복잡한 원인을 지닌 언어 장애로, 전 세계적으로 약 7,000만 명이 말을 더듬는 것으로 알려져 있다. 말더듬기가 시작되면 말하는 사람과 듣는 사람 모두가 곤혹스럽다. 말을 더듬는 사람은 '초, 초, 초콜릿'처럼 같은 음절을 여러 번 반복하거나 'mmmanage(관리하다)'처럼 특정한 음절을 길게 늘여서 발음할 때도 있다. 아니면 '사. 사. 사과'처럼 말의 중간을 뚝뚝 끊거나 말을 아예 하지 않을 수도 있다. 따라서 말을 더듬는 사람들은 다른 사람들 앞에서 마음이 불편해지는 상황을 피하기 위해 말을 잘 안 하려고 할 때가 많다.

말더듬기를 치료하는 방법은 없다. 하지만 증상이 호전될 수 있게 돕는 방법은 여러 가지가 있는데, 이 중에는 호흡 운동이 포함되는 경우가 많다. 맥과이어(McGuire) 프로그램은 증상 완화를 위한 호흡법 중 하나를 제공한다. 이 프로그램은 말을 더듬는 사람들에게, 말할 때 "잠시 멈추고, 숨 쉬고, 말하고, 숨을 내쉬는" 기술을 가르친다. 이 기술이 숙달되면 말을 멈추는 시간이 줄어들고 티도 안 나게 된다. 이러한 호흡법을 통해 공개적인 자리에서 말을 할 수 있을 만큼 자신감이 회복되는 경우도 많다.

말을 하는 행위는 100개 이상의 얼굴 근육과, 호흡근, 구강 인두 근육이 사용되는 복잡한 과정을 통해 완성된다. 이 모든 근육이 불과 몇 밀리세컨드(millisecond: 1000분의 1초)만에 올바른 순서대로 반응하는 것이다. 신경계, 뇌, 소뇌, 기저핵에서는 이 근육들을 조정하거나 움직이는 타이밍을 맞춘다. 일반적으로 말을 더듬는 증상은 신경을 감싸고 있는 미엘린초(myelin sheath)가 상하여 근육을 움직일 타이밍이 신경에 정확하게 전달되지 않기 때문에 나타난다고 알려져 있다. 즉, 신경이 완벽하게 기능하기 위해서는 온전한 미엘린초가 있어야 한다. 말을 더듬는 사람은 뇌의 브로카 영역(Broca's area: 뇌에서 언어 기능을 관장하는 부위 -역주)에도 문제가 있는 것으로 알려져 있다. 이 영역에 문제가 생기면 단어를 또렷하게 발음하고 말을 어떻게 할지 계획하는 일에 어려움을 겪는다.

우리는 뇌에서 독자적인 리듬을 개별적으로 생성하는 방법을 연구할 때 금붕어를 통해 힌트를 얻었다. 만일 기회가 된다면 금붕어가 숨을 쉬거나 물을 들이마시는 모습을 자세히 관찰해보자. 모든 물고기가 그렇듯이 금붕어가 들이마신 물은 한 방향으로만 흐른다. 가스 교환이 일어나는 아가미 뒤에 있는 곳으로 향하는 것이다. 폐에 있는 공기와 달리 물은 한 방향으로만 움직이며 입안에서 이리저리 산란하지 않는다. 물은 아가미를 통과한 뒤 금붕어 주위에 있는 물과 뒤섞이는데, 이는 훨씬 간단한 호흡법이다. 1931년에 케임브리지의 에이드리언 남작인 에드거 더글러스 에이드리언(Edgar Douglas Adrian)은 금붕어의 뇌간에서 활동하는 부위가 금붕어의 호흡과 같은 주파수로 공명한다는 것을 알아냈다. 그다음 해에 에이드리언은 뉴런의 기능과 관련된 발견을 인정받아 찰스 셰링턴 경과 함께 노벨 생리의학상을 받았다.

오늘날에도 우리는 호흡이 어떻게 조절되는지 여전히 이해하지 못하고 있다. 현대의 이론 중 한 가지는 트리플 오실레이터(triple oscillator) 가설이다. 이 가설을 믿는 학자들은 각각의 호흡 단계가 리듬을 생성하는, 연수의 세 가지 회로에 의해서 진행된다고 주장한다. 첫 번째 신경 회로(오실레이터)는 규칙적이고 자발적으로 활동하며 호흡 속도를 일정하게 유지한다. 두 번째 신경 회로는 이러한 활동을 억제하고 호흡 속도를 늦춘다. 세 번째 신경 회로는 반대로 호흡 속도가 빨라지게 한다. 이러한 세 신경 회로의 균형이 리듬을 만들어내고, 이 리듬은 연수와 가까운 다른 부위들을 지나면서 호흡 패턴으로 변환된다는 논리다. "리듬과 패턴을 생성하는 요소들의 활동은 다양한 조절 인풋에 의해서 각기 다르게 조율될 수 있다. 그러면 신진대사, 상태, 행동에 따라서 호흡을 조절할 수 있게 된다."[33]

기도와 식도

목구멍의 커다란 구조적 한계 중 한 가지는, 목구멍이 공기가 지나다니는 통로일 뿐만 아니라 음식을 먹고 음료를 마실 때도 쓰인다는 것이다. 음식과 음료는 삼키고 나면 식도를 통해서 위로 들어간다. 식도는 기관과 후두와 평행을 이루는데, 공기뿐만 아니라 음식, 액체 모두 후두를 통과시켜야 한다. 공기를 음식이나 액체와 분리할 때는 후두개(후두 윗부분에 있는 덮개)가 움직인다. 음식이나 액체를 삼키면 후두개가 닫히고 음식과 액체가 식도로 넘어간다. 삼키는 동작이 끝나고 목구멍에 있던 음식물이 내려가고 나면 후두개가 열리고 공기가 대기와 폐 사이를 자유롭게 오가게 된다.

하지만 가끔 우리는 먹거나 숨 쉬는 일을 동시에 하는 후두개를 잘못된 순간에 여는 실수를 범한다. 액체가 '잘못된 길'을 거쳐 폐에 들어가면 기침이 나고 캑캑거리게 된다. 대부분 겪어보았겠지만, 정말 불쾌한 경험이 아닐 수 없다. 액체는 기침을 통해서 쉽게 제거되지만 딱딱한 음식의 경우 기도에 걸리면 심각한 문제를 일으킬 우려가 있다.

스코틀랜드 의사 피터 길로이(Peter Gilroy)는 1831년에 40세 여성 N 부인의 사례 연구를 발표했다. N 부인은 1826년 8월에 저녁 식사를 하다가 갑자기 격렬하게 기침을 했다. 얼마 후 회복된 그녀는 걱정하는 친구들에게 "닭 뼈가 잘못 넘어가서 가슴이 아직도 간질거린다."라고 말했다. 그다음 날이 되자 그녀는 목이 약간 간질거리는 느낌이 들었고 기침이 났다. 기침이 나아지지 않자 그녀는 증상이 호전되길 바라면서 피를 뽑는 치료(사혈)도 두 번이나 받았다. 그로부터 5주가 지나서 9월 13일이 되자 N 부인은 침대에 누운 채 자유롭게 움직이지 못하는 신세가 되었다. 어깨를 들거나 기침을 하면 흉골 위쪽에 심한 통증을 느꼈다. 이는 뼛조각이 기관에 걸려서 그 주변의 조직이 감염된 것으로, 상처는 곪았고, N 부인은 열이 나기 시작했다. 마침내 10월 29일에 그녀는 "통증, 염증, 가래에 시달리다가" 세상을 떠나고 말았다. 당시의 의사들에게는 그녀를 도울 방법이 없었다. 부검 결과, 그녀의 오른쪽 폐에서 문제의 작은 뼛조각이 발견되었다. 뼛조각의 무게는 고작 0.4그램이었지만 기관에 걸려 있었고 무게가 570그램 정도 되는, 고름으로 가득 차서 악취가 나는 커다란 종기 안에 반쯤 파고들어 있었다.[34]

호흡을 방해할 수 있는 음식 중에는 견과류도 있다(특히 땅콩이 위험하다). 견과류가 기관으로 잘못 들어가면 오른쪽 용골로 바로 떨어져서 작은 기도에 걸릴 우려가 있다. 그러면 폐엽이나 폐의 커다란 부분이 막힐지도 모른다. 이런 일이 생기면 잠깐 숨이 찰 것이다. 땅콩은 분해되는 식품이기는 하나 신체부위에 감염을 유발할 가능성이 있다.

아이가 포도알를 통째로 삼켰다가 사망에 이르는 사례 역시 종종 발생한다. 포도는 구조가 유연하면서도 단단하기 때문에 어린아이가 삼키면 기관에 걸려서 기도를 완전히 막아 질식될 위험이 있다. 따라서 어린아이에게는 항상 반으로 나누거나 그 이상으로 작게 자른 포도를 먹여야 한다. 한편, 폐로 잘못 넘어간 씨앗에서 싹이 지라란 사례가 실제로 보고되기도 했다. 이 폐에서 싹이 난 28세 남자에 관한 기사는 2012년에 전 세계적으로 신문을 도배했는데, 기사에 따르면 내시경 검사를 받는 동안 러시아 의사가 환자의 기도에서 작은 전나무 묘목이 자라고 있는 것을 발견했다고 한다.

향기로운 숨결

공기는 순수한 물질이 아니며 수천 개의 화합물을 함유하고 있다. 우리는 후각을 이용하여 공기에 섞인 물질 중 여러 가지를 감지할 수 있다. 만일 화합물에서 좋은 냄새가 나면 숨을 더 부지런히 들이마신다. 반면에 나쁜 냄새가 난다면 숨을 최대한 참으려고 한다. 후각은 호흡계의 주요 기능 중 하나이며, 냄새를 감지하는 조직은 코에 있다. 코야말로 공기로 운반되는 화학 물질에 노출되기 가장 좋은 곳이다. 어쩌면 냄새를 감지하는 조직이 공기를 맛본다고 주장할 수도 있을 것이다.

사실, 미각과 후각은 밀접한 연관성이 있다. 냄새를 감지하는 센서는 상기도에 있으며, 콧구멍 두 개 뒤에 있는 공간이 후각을 관장한다. 특수한 감각 신경이 뇌 기저에서 튀어나와서 두개골 아랫부분을 지나 비강의 천장으로 나온다. 이러한 센서는 항상 일하지만, 우리가 특정한 냄새를 인식할 때 특히 강하게 반응한다. 우리는 특정한 냄새를 인식하면 하던 일을 멈추고 코를 킁킁거린다. 이때는 평소와 다른 방식으로 호흡하게 된다. 공기를 콧속으로 빠르게 들이마시는 것이다. 이처럼 킁킁거리는 행동은 흉곽에서 음압이 발생할 때 가능하다. 음압이 생성되면 바깥에 있던 공기가 코를 통해서 빠른 속도로 밀려들어온다. 공기가 냄새 센서를 가로지르는 것이다. 냄새는 대체로 여러 분자가 합쳐진 결과물이다. 예를 들면, 초콜릿 냄새에는 비싼 향수나 장미향처럼 수백 개의 냄새 분자가 모여 있다.

우리의 코는 수백 가지의 냄새와 함께 냄새 분자의 조합 역시 구분할 수 있다. 향수가 좋은 예다. 품질이 가장 뛰어난 향수는 냄새 분자를 매우 정확한 비율로 섞은 복잡한 혼합물이며 향기가 독특하고, 은은하며, 오래가도록 고안된 것이다. 그래서 우리는 향수 '샤넬 No.5'와 디오르(Dior)의 '자도르(J'adore)'의 향기를 구분할 수 있다.

만일 싫은 냄새가 나면 우리는 숨을 참거나 콧구멍이 닫히도록 손가락으로 코를 잡고 입으로 숨을 쉴 것이다. 우리는 입으로 냄새를 맡지 못하지만 맛볼 수는 있다. 그래서 만일 냄새가 안 좋으면 헛구역질이 나거나 구토할 수도 있다. 우리는 커피와 차의 향기를 구분할 수 있을 뿐만 아니라 냄새의 강도 역시 구분할 수 있다. 이때 냄새는 은은하

아라비아 암말의 머리.
넓은 콧구멍이 벌름거리는 모습.
말은 특히 뛰고 나서 지쳤을 때 콧구멍이 확장하거나 수축한다.
웬트워스(Wentworth) 부인의 '진정한 아라비아 말(The Authentic Arabian Horse, 1945년)'을 개작함.

게 풍길 수도 있고 견디기 어려울 만큼 강렬하게 날 수도 있다. 와인은 향기도 나고 맛도 나는데, 이 두 가지가 잘 어우러진 와인을 마시면 기분이 좋아진다.

한편, 우리는 감기에 걸렸을 때 후각을 일시적으로 상실할 수 있다. 상기도가 감염되면 코가 걸쭉한 콧물로 막히기 때문이다. 코가 막히면 냄새 분자가 냄새 센서에 닿지 못한다. 특정한 상황에서는 후각이 아예 사라질 수도 있는데, 이런 증상을 후각 상실증이라고 부른다. 후각 상실증은 머리나 얼굴에 물리적인 충격을 받았을 때, 즉 뇌와 코의 연결고리가 끊어졌을 때 나타날 수 있다. 파킨슨병이나 치매에 걸린 사람들 또는 뇌종양이 있는 사람들은 후각 상실증을 앓을 가능성이 있다. 나이가 들면 후각이 점점 무뎌지고 숨이 차는 일이 잦아진다. 여러 흡연자가 후각과 미각이 무뎌지는 경험을 하게 되는데, 담배 연기가

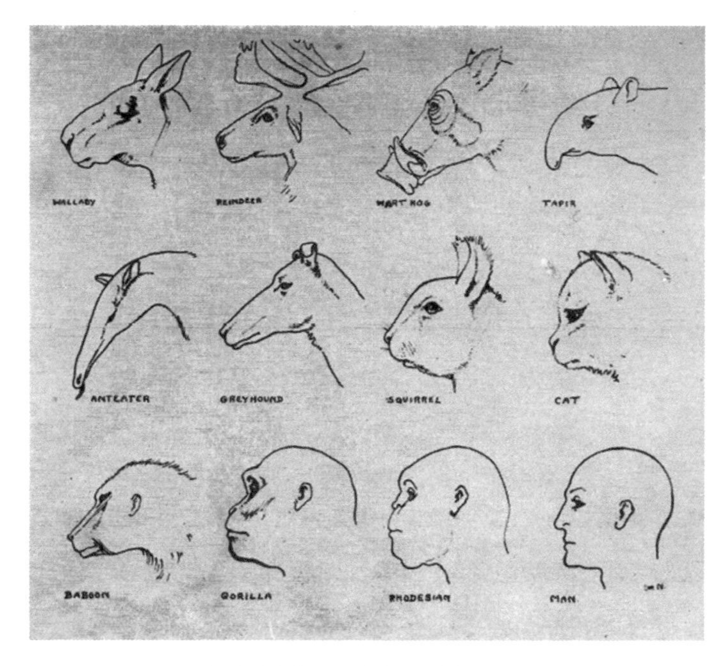

동물의 주둥이는 필요에 따라서 길이가 다르다.
주둥이로 먹이를 잡아야 하는 동물들은 주둥이가 길고,
앞다리로 먹이를 잡을 수 있는 동물들은 주둥이가 짧다.
빅토르 네구스(Victor Negus)의 『호흡의 생명 작용(The Biology of Respiration, 1965년』에 실린
그림 모음.

감각 신경 종말을 망가뜨리기 때문이다.

우리는 냄새를 잘 기억한다. 공포부터 행복에 이르기까지 다양한 감정을 불러일으키기 때문이다. 어떤 냄새는 어린 시절처럼 오랫동안 잊고 지냈던 시간과 장소를 떠올리게 할 수도 있다. 이처럼 호흡과 후각은 우리의 삶에 중요한 역할을 한다. 냄새를 맡지 못하면 우울증에 걸릴 위험이 있으며, 음식의 맛이 이상하게 느껴지거나 아예 안 느껴질 경우 식사를 잘 안 하게 될 우려가 있다.

의약품과 화학적 호흡

휘발성 물질은 분자 형태로 공기 중에 떠다닌다. 이 분자는 냄새 수용체를 자극하는 것 말고도 폐에서 혈액으로 건너가 인체에 다른 영향을 미칠 수 있다. 휘발성 물질은 마취 효과가 있어 통증과 감기 증상을 완화해준다. 이런 혼합물은 식물이 자연적으로 생산하기도 하고 의약품으로 만들어지기도 한다. 방에 식물을 두면 공기가 상쾌해진다. 호흡에 직접적으로 변화를 주지는 않지만, 식물이 방출하는 소량의 휘발성 분자가 사람의 기분을 좋게 해주고 건강해지는 느낌이 들게 해주기 때문이다. 여기에 꽃을 더하면 시각적인 자극이 추가되어 상쾌한 느낌이 더욱 강해진다.

냄새가 자극적인 기체를 방출하여 우리의 호흡에 영향을 미치는 식물들도 있다. 이 같은 식물성 혼합물이 포함된 의약품 중 한 가지는

'빅스 베이포럽'이라고 불리는 특허약이다. 서양에서는 한 번쯤 접해 본 사람이 대부분일 정도로 대중적인 약인데, 코가 막혔거나 흉부 질환으로 인해서 기침이 날 때 가슴 위쪽 피부에 찍어 바르거나 문지르는 식으로 사용되는 연고다. 이 약을 발라본 사람은 젤에서 나오는 기체가 내뿜는 강한 '약 냄새' 때문에 잊을 수 없는 경험을 하게 된다. 이 기체는 코를 통해 들어와서 호흡이 편안해지는 느낌을 안겨준다. 이러한 느낌으로 인해 환자는 긴장이 풀리고 수면에도 도움을 받는다. 하지만 그 외의 다른 효과는 없는 듯하다.

이 약의 제조법은 1890년대에 노스캐롤라이나주 그린스버러에 사는 약사 런스퍼드 리처드슨(Lunsford Richardson)이 개발했다. 이 제조법은 스페인 독감 팬데믹이 일어나면서 그 미래가 보장되었는데, 매출액이 1917년에 90만 달러에서 1918년에 290만 달러로 유례없이 급증했기 때문이다. 다만 아이러니하게도 개발자인 리처드슨은 1919년에 스페인 독감으로 사망했다. 비록 빅스 베이포럽이 스페인 독감을 치료하지는 못했지만, 그 당시에는 이 약에 예방 효과가 있다고 생각하는 사람이 많았다. 적어도 기도와 폐가 막혀 답답함이 느껴질 때 불편한 기분을 완화해주는 빅스 베이포럽에는, 식물에서 추출한 멘톨, 유칼립투스 오일, 캠퍼(camphor) 오일이 포함되어 있다.

멘톨

멘톨은 페퍼민트와 스피어민트가 속한 민트과(科)의 식물이다. 멘톨은 섭취했을 때 몸이 시원해지는 효과도 있는데 입안에 있는 온도 감지 센서의 기능을 일시적으로 방해하기 때문이다. 만일 향이 강한 커피를 마시고 난 뒤 구취가 걱정된다면 멘톨 사탕을 먹거나 멘톨 또는 민트가 들어있는 껌을 씹으면 불쾌한 냄새를 감출 수 있다. 이런 멘톨향의 사탕과 껌을 위한 시장은 전 세계적으로 매년 몇십억 달러에 이르는 엄청난 규모를 자랑한다.

유칼립투스 오일

이 오일은 유칼립투스 나무의 잎에서 추출하는데, 유칼립투스는 머틀(mrytle)과에 속하는 꽃이 피는 나무와 덤불이다. 유칼립투스 700종의 대부분은 오스트레일리아가 원산지이지만, 유칼립투스 자체는 내한성이 있어서 오늘날 세계 각지에서 관상용 정원수로 자라고 있다. 캘리포니아와 같은 일부 지역에서는 침입종이었지만 지금은 무사히 이식되었다.

유칼립투스 나무의 잎은 윤기가 없고, 늘 푸르며, 기름샘으로 뒤덮여 있다. 그래서 잎에 불이 잘 붙으며 캘리포니아와 오스트레일리아를 정기적으로 휩쓰는 거대한 산불에 일조하고 있다. 유칼립톨(1,8-시네올)은 유칼립투스 오일의 형태를 띤 유효 추출물이며, 폐의 기도에 붙어 있는 점액을 떨어뜨려서 호흡이 더 쉬워지게 해준다. 유칼립투스 오일을 뜨거운 물에 섞어서 증기를 들이마시면 폐 깊숙한 곳까지 닿게 할 수 있지만, 이런 방법은 유칼립톨 과다 흡입으로 이어질 우려가 있다. 유칼립톨은 너무 많은 양을 들이마시면 중추신경계에 영향을 미쳐서 최악의 경우 혼수상태에 빠질 수도 있다. 설령 흡입량이 그보다 적더라도 잘못하면 기관지 경련, 메스꺼움, 구토 증세가 나타날 가능성이 있다. 게다가 유칼립투스 증기를 들이마시는 사람들은 뜨거운 물에 얼굴을 박은 채 기절하여 얼굴에 화상을 입는 경우도 많다.

오레가노

오레가노(Origanum vulgare)는 고대부터 호흡 문제를 치료하는 데 쓰인 민트과의 유럽산 식물로, 고대 그리스인들은 이 식물을 사랑의 여신 아프로디테가 만들었다고 생각했다. 이 식물의 이름은 그리스어에서 유래했으며('oros'는 산을 뜻하고, 'ganos'는 기쁨을 뜻한다. 따라서 오레가노는 '산의 기쁨'을 뜻한다) 그리스인들에게 인기가 많았다. 그들은 풍미를 위해서 오레가노를 음식에 넣거나, 기침과 목의 통증을 예방하고자 약으로 쓰기도 했다. 지금도 그리스에서는 감기에 걸리거나 배탈이 났을 때 민간요법으로 오레가노를 사용한다. 하지만 오레가노가 실제로 앞서 언급한 효과가 있다는 증거는 거의 없다. 또한 오레가노는 피자에 얹어서 먹기도 한다.[35]

로즈메리

로즈메리(Rosmarinus officinalis, 바다의 이슬) 역시 민트과 식물이다. 원산지는 아시아지만, 이제는 정원수이자 허브로 세계 곳곳에서 흔히 볼 수 있다. 로즈메리에서는 소나무와 레몬을 섞은 것 같은 독특하고 자극적인 냄새가 난다. 고대인들은 이 식물에 영적인 힘을 부여하여 악령을 물리칠 때 이용했다. 로즈메리는 강렬한 냄새(민트와 오레가노도

1) 벤 마이어(Ben Myr)의 의약용 공기는 "들이마시면 치료가 된다."
이 공기는 1900년대에 인간에게 알려진 모든 호흡기 질환을 치료할 수 있다고 홍보되었다.
유효성분은 유칼립투스 오일이었다.

2) 석탄산 연기 공이 호흡과 관련된 온갖 증상을 치료해준다고 홍보되었다.
이 공은 꾹 누를 수 있게 되어 있었고 페놀(석탄산)로 채워져 있었다.
공을 누르면 한쪽 콧구멍에 삽입한 튜브를 통해서 증기가 배출되었다.
유독한 증기 때문에 콧물이 줄줄 흘렀는데, 당시에는 오히려 오염 물질을 제거하는 과정으로 여겼다.
이 공을 만든 로 씨(Mr. Roe)는 57세의 나이로 결핵에 걸려서 세상을 떠났다(광고 전단, 1890년경).

냄새가 난다) 때문에 천식, 기관지염, 기침과 같은 호흡기 질환의 증상을 완화하는 데 쓰였다.

렁워트

렁워트(lungwort: 지칫과(科) 식물, Pulmonaria officinalis)는 유럽 본토

에서 흔히 볼 수 있는 크기가 작은 정원수이며 약초로도 쓰인다. 이 식물은 눈에 보이는 증기를 내뿜거나 호흡에 변화를 주지는 않지만, 여러 식물 표본집에 실려 있다. 렁워트는 잎이 하얗고 점무늬가 있어서 마치 폐소엽처럼 생겼다. 중세 시대에 민간요법을 가장 활발하게 행한 식물학자들은 신체 부위를 닮은 식물이 해당 신체 부위와 관련된 질병을 치료할 수 있다고 생각했다. 형태와 기능의 이런 연관성은 디오스코리데스와 갈렌이 의술을 펼치던 시절로 거슬러 올라가며 결국 독일 식물학자이자 신학자인 야콥 뵈메(Jakob Boehme)에 의해서 공식화되었다. 그의 책 『모든 것의 특징(The Signature of All Things, 1621년)』에는 기능과 형태의 연관성은 신이 보내주시는 신호라고 쓰여 있다. 해당 식물이 인간에게 유용하다는 사실을 신이 알려주셨다는 것이다.

잎에 점무늬가 있어서 마치 병든 식물처럼 보이는 렁워트는 결핵, 천식, 기침을 치료하는 데 쓰였다. 파라켈수스(Paracelsus, 1493~1541년)는 『약징주의(Doctrine of Signatures)』에서 렁워트에 이런 효능이 있다고 적었다. 렁워트 추출물은 실제로 기침약에 쓰면 효과가 있는데 주로 가래와 콧물을 없애주는 역할을 한다.

파라켈수스의 약징주의를 굳게 믿는 사람은 또 있었다. 제네바의 영향력 있는 의사 테오도르 투르케 드 마이에른(Theodore Turquet de Mayerne, 1573~1655년)은 유럽의 귀족과 왕족을 치료했으며, 영국으로 이주했을 때는 제임스 1세와 그의 아내 덴마크의 앤(Anne of Denmark)도 치료했다. 그가 의학계에서 세운 가장 큰 공로는 약 제조법이 표준화할 필요가 있음을 깨닫게 한 것이었다. 마이에른은 호흡에 문제가 있는 사람에게 “거북이와 달팽이의 살과 동물, 개구리, 가재의 폐를 머위와 함께 물에 넣고 끓여서 마시기를” 권했다. 그는 이 약에 “마지막에 얼음사탕까지 넣으면 효과가 좋을 것이라고” 자신했다. 이 치료법은 동물의 허파로 만든 약을 먹으면 호흡 문제를 극복할 수 있으리라는 생각에 바탕을 두었다.[36]

‘나무 렁워트(Lobaria pulmonaria)’라고 불리는 이끼는 ‘정원 렁워트(Pulmonaria officinalis)’와 혼동되는 경우가 많다. 식물학자 존 제라드(John Gerard)는 『약초 의학서(The Herball; or, Generall Historie of Plants, 1597년)』에서 ‘Lobelia pulmonaria’가 유용하다며 추천하는데, 어쩌면 작가가 렁워트와 헷갈려서 잘못 썼을지도 모른다.

목향

목향(Inula helenium)은 유럽과 아시아가 원산지인 해바라기과 식물로, 얼핏 민들레처럼도 생긴 노란 꽃이 피는 초본 식물이기도 하다. ‘helenium’이라는 이름은 ‘트로이의 헬레네’에서 유래한 것으로 알려져 있는데, 헬레네가 파리로 납치돼서 감금 생활을 할 때 그녀가 눈물을 흘린 땅에서 목향이 싹을 틔웠다는 이야기가 전해 내려온다. 켈트족은 목향을 ‘엘프워트(elfwort)’라고 부르며 신성하게 여기기도 했다. 목향은 주로 뿌리에 유효성분이 들어있는데, 가래가 기도를 더 원활하게 통과하도록 가래약(거담제)의 역할을 하며 오늘날에도 여전히 약초로 쓰인다.

로벨리아, 오샤 뿌리

로벨리아(Lobelia inflata)와 오샤 뿌리(Ligusticium porteri)는 북아메리카가 원산지이며 수백 년 동안 약으로 쓰였다. 북아메리카 원주민들은 다양한 질병을 치료할 때 오샤 뿌리를 썼는데, 목이 아플 때 이 식물의 뿌리를 넣은 물로 입을 헹구거나 차를 만들어서 마셨다. 보다 최근에는 결핵을 치료하는 데 쓰이기도 했다. 오샤 뿌리는 기관지 확장제의 역할을 해서 기도를 열어주고 호흡을 돕는 것으로 알려져 있다.

한편, 로벨리아의 잎은 씹거나 담배처럼 말아서 피우면 다양한 방식으로 작용하며 설사약의 기능도 가지고 있다. 천식 발작을 일으키는

지칫과 식물 두 종류(학명이 Pulmonaria officinalis와 Lobaria pulmonaria).
자연적인 서식지에 있는 식물을 그대로 그린 그림.
『디오스코리데스의 약물지(Dioscorides' de re Medica, 1564~1584년)』에 실린
게라르도 치보(Gherardo Cibo)의 삽화.

사람에게 로벨리아를 권하면 발작 증상이 호전된다. 로벨리아는 '아스마도르(Asthmador)'라는 의약품과 비슷하게 작용하는데, 이 약은 1920년대부터 천식 환자들이 담배처럼 피우게 되었다. 약의 유효성분은 벨라도나 또는 아트로파 벨라도나(Atropa belladonna)라는 식물에 들어있는 알칼로이드 히오시아민이다. 이런 약은 흡연하는 방식에서 1950년대에 흡입기로 대체되었다.

아위

아위(asafoetida)는 자극적인 냄새가 나는 가루로 셀러리과 식물인 페룰라 아사포티다(Ferula asafoetida)의 줄기와 뿌리에서 추출한 마른 수액에서 얻을 수 있다.[37] 'asafoetida'이라는 이름은 페르시아어 'asa(송진)'와 라틴어 'foetidus(악취가 진동하는)'에서 유래한다. 향신료로도 쓰이는 아위의 독일식 이름은 '냄새나는 껌'을 뜻하는 '슈팅크아산트(Stinkasant)'또는 '로이펠스드레크(Reufelsdreck)'다.

이 식물은 중앙아시아, 이란, 아프가니스탄이 원산지이며 고대부터 인간에게 쓰여왔다. 아위는 오늘날에도 여전히 다양한 방면에서 쓰인다. 그중 하나는 독특한 쓴맛을 내는 재료로써 우스터소스(Worcestershire sauce)를 만드는 데 사용되는 것으로, 식용으로 쓰더라도 양파나 마늘처럼 구취가 나지는 않는다. 유사 이래 아위는 다양한 질병을 치료하는 데 쓰였는데 그 중에서도 폐렴을 치료하는 가래약으로, 그리고 천식약으로 가장 널리 쓰였다.

주목나무

주목나무(Taxus baccata)는 북반구에 걸쳐서 널리 자라는 가장 오래된 나무 중 하나다. 고대 그리스인과 이집트인들은 주목나무의 무겁고 색이 진한 목재를 높이 평가했다. 사실 주목나무는 호흡보다는 죽음을 부르고 예방하는 것과 밀접한 관련이 있다.

주목나무의 잎, 껍질, 열매는 모두 독성이 있어 잘못해서 먹기라도 하면 심장성 쇼크와 호흡부전이 나타나 치명적일 수 있다. 체내에 주목나무의 독이 들어왔을 때 나타나는 초기 증상 중 한 가지는 숨이 가쁘다고 느끼는 것이며, 그다음에는 호흡이 오히려 느려지다가 결국에는 멈춰버린다. 주목나무의 독을 먹은 사람들은 인공호흡을 해도 반응이 없다. 이 나무는 꽃가루에도 독이 있는데, 이 가루에 노출되면 천식 발작이 나타날 수 있다. 주목나무를 흔히 볼 수 있는 지역에서는 주목 추출물이 호흡기 질환을 치료하는 데 쓰였는데, 네팔에서는 주목나무의 침엽으로 기침, 기관지염, 천식을, 북아메리카에 사는 이로쿼이(Iroquois)족은 주목으로 기침과 감기를 치료한다.[38]

중세 유럽, 특히 영국에서는 주목 나무가 긴 활을 만드는 데 안성맞춤이라는 사실이 알려졌다. 주목으로 만든 긴 활은 다른 나무로 만든 것보다 품질이 좋았다. 그래서 중세 시대에 이런 활이 수백만 개나 만들어졌고, 그 결과 주목은 유럽에서 사실상 멸종되었다. 긴 활의 활시위를 당기려면 궁수는 힘이 세야 한다. 활시위를 당길 때 심호흡도 해야 한다. 따라서 이러한 동작은 궁수에게 힘이 있다는 것을 느끼게 해준다. 활시위가 완전히 당겨지면 숨을 참고 표적에 집중해야 한다. 화

FOR THE CURE OF COUGHS, COLDS,
CONSUMPTION, ASTHMAS, &c.

LOTT'S
LUNG PILLS

have justly obtained the unqualified approbation of all those who have tried them for speedily curing the Influenza and Bronchitis; also as a most valuable and efficacious Remedy for Colds, Catarrhs, Coughs, Hoarseness, Difficulty of Breathing, Asthma, Consumption, Spitting of Blood, and all disorders of the Lungs. In violent and distressing Coughs they never fail to afford immediate relief, by allaying the tickling and irritation of the Throat and Windpipe, which is the cause of frequent Coughing. They promote Expectoration, remove Fever, Lassitude, and Chilliness. Public Orators and the most Celebrated Vocalists have long held them in the highest estimation for their invaluable properties in removing Huskiness, Wheezing, and Oppression of the Chest, Strengthening the Lungs, and giving Power, Tone, and Clearness to the Voice. A Dose at bed-time seldom fails to cure a recent Cold, and procure sound and refreshing Sleep.

Sold by Appointment of the Proprietor, by
J. W. STIRLING, CHEMIST,
86, HIGH STREET, WHITECHAPEL,
From whom a SINGLE DOSE can be had; or in
Stamped Boxes at 13½d., 2s. 9d., 4s. 6d. & 11s. each.

로트(Lott)의 '폐에 좋은 알약(성분이 알려지지 않음)'과 인간에게 알려진
모든 호흡기 질환을 치료하는 기적의 치료제를 홍보하는 광고 전단(1830년대 경)

살이 표적을 정확하게 향하고 있다는 생각이 들면 활시위와 화살을 놓으면서 숨을 내쉬면 된다. 이때 폐에 있는 공기를 전부 내보내는 것이 좋다.

긴 활은 여러 중요한 전투에서 제 역할을 톡톡히 해줬다. 예를 들면, 1346년에 프랑스에서 일어난 크레시(Crécy) 전투에서는 긴 활을 사용

하는 잉글랜드 궁수 약 7천 명이 화살을 1분당 약 7만 개나 쏜 것으로 추정된다. 화살 폭풍을 맞은 프랑스군은 치명상을 입었고 사상자가 급증했다. 훈련이 잘된 대규모의 궁수들은 화살을 쏠 때 다 함께 숨을 들이마시고 참았다가 천천히 내쉬었을 것이다. 튜더(Tudor) 왕조 시대에 이르러 활을 만드는 데 쓰이는 주목(朱木) 나무를 구하기가 어려워지자, 엘리자베스 1세는 머스킷 총을 공식 무기로 지정했다.

주목은 1960년대에 호흡에 관한 우리의 이야기에 다시 등장한다.

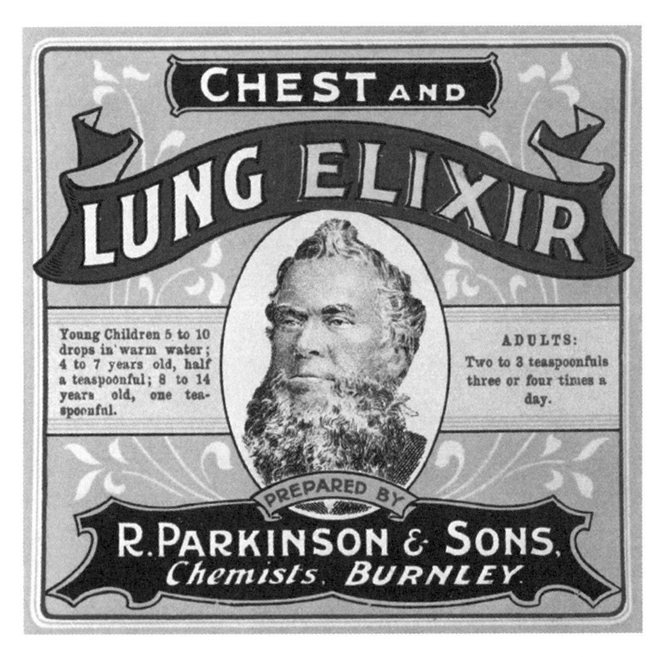

빅토리아 시대에 특허 의약품인 파킨슨 앤 썬즈(Parkinson & Sons')의
'흉통과 폐에 좋은 엘릭시르(Chest and Lung Elixir)'를 홍보하는 명함이 약사들에게 주어졌다.
제조업체의 상품을 홍보해 달라는 취지였다(1900년경).

주목 껍질에 있는 택솔(Taxol)이 폐암을 비롯한 여러 종류의 암을 예방하는 효과가 있다고 밝혀졌기 때문이다. 이러한 사실이 알려지자 택솔의 수요는 갑자기 급증한 뒤 그 후로도 몇십 년 동안 꾸준히 유지되었다. 그래서 북아메리카와 아시아에 있는 주목 수백만 그루를 베어야 했다. 결국, 주목의 침엽을 기본 재료로 사용해서 약을 합성하는 기술이 탄생했다. 침엽을 활용하는 방법은 나무를 벨 필요가 없어서 오랫동안 쓸 수 있었다. 게다가, 농원도 많이 생긴 덕분에 주목은 두 번째 멸종 위기를 극복할 수 있었다.[39]

호흡과 감정의 연결고리 덕택에 우리는 호흡을 조절해서 말하거나 노래할 수 있다. 우리는 행복할 때는 웃음을 터뜨려서, 그리고 두려움과 공포에 직면했을 때는 소리를 질러서 감정을 표현한다. 두려움이나 공포와 같은 감정을 느끼거나 호흡을 조절하지 못하는 상황에 놓이면 과호흡이 나타나거나 공황 상태에 빠질 우려가 있다. 다양한 호흡법이 주는 이점은 수 세기 동안 알려져 왔다. 오늘날 우리는 호흡 조절을 보다 다양한 방식으로 실천하는데, 요가는 가장 인기 있는 방식 중 하나다. 수백만 명이 요가가 정신 건강, 마음 챙김, 행복에 미치는 긍정적인 영향에 열광한다. 식물성 추출물은 우리의 호흡을 보조해줌으로써 건강 증진에 크게 이바지했으며 질병이 호흡에 어떤 영향을 미치는지 이해하는 데도 도움이 되었다. 식물성 추출물의 효과 덕택에 거대한 규모의 제약 산업이 탄생했다. 식물성 추출물로 만든 약은 특히 감기 증상을 치료하고 흡입기를 이용해서 천식과 만성 폐쇄성 폐질환을 치료하는 데 도움이 된다.

'상냥한 향수 판매원. 파리의 향수 판매원이 라벤더 봉지를 들고 있다. 프랑스에서 인기가 많은 향'. 샤를 필리퐁(Charles Philipon)의 삽화, 1828년.

8

문학: 영감을 불어넣는 숨

● 호흡은 워낙 미묘하고 일상적으로 일어나는 활동이다 보니 시, 미술, 책, 사회 현상의 주제로 쓰이는 일은 그리 많지 않지만, 그 대신 영어 관용구와 숙어에서 심심치 않게 등장한다. 오늘날 호흡에 관한 우리의 이해도가 높아지기 전까지, 초창기의 작가들은 호흡을 보다 영적인 현상으로 여겼다. 다양한 소설에서 호흡은 부드러운 바람이나 생명력을 제공하는 영혼으로 묘사되었고, 현대에 들어서는 보다 강한 감정과 연관되고 있다. 현대 소설에서는 격앙된 감정 상태를 나타낼 때 호흡에 관한 언급이 자주 등장한다. 호흡을 주제로 한 영화도 있지만, 이러한 영화는 주로 극한의 환경에 관한 이야기나 만성 호흡기 질환에 걸렸을 때 나타나는 증상에 관한 이야기를 다룬다.

호흡과 관련된 영어 표현

영어에는 호흡과 관련 있는 관용구와 숙어가 많다. 신체적인 것, 심리적인 것, 코믹한 것까지 골고루 마련되어 있는데 우선, 'under one's breath(낮은 목소리로)' 말한다는 표현이 있다. 그리고 'I wouldn't breathe the same air(그 사람과는 같은 공기조차 마시지 않겠어).'라는 남을 무시하는 표현도 있다. 그 외에도 빈정대는 표현인 'Pardon me for breathing(함부로 숨 쉬어서 미안해요).'이라는 말도 있으며, 'waste of breath(숨을 낭비하는 꼴. 'saving one's breath to cool one's porridge(죽을 식히기 위해서 숨을 아낀다)'라는 오래된 속담과 관련이 있다)'라는 표현도 있다. 누군가가 'breathing down your neck(목 뒤에서 숨을 내뱉다, 감시하다)'하는 것은 불쾌한 경험이다. 이는 누군가나 무엇인가 때문에 지나치게 압박감을 느끼는 상황에서 주로 쓰는 말이다.

반면에 긍정적인 느낌을 주는 관용구도 있다. 'like a breath of fresh air(신선한 공기처럼 기운을 북돋아 주는)'나 'take someone's breath away(깜짝 놀라게 하다)'는 주로 영감을 얻거나 기분 좋은 일이 있을 때 쓰는 표현이다. 'catching one's breath(숨을 고르다)'라는 말은 일시적으로 숨이 차서 휴식을 취하는 상황, 또는 정신적으로 잠깐 쉬면서 생각을 정리하거나 다음에 할 행동을 계획하는 상황을 묘사할 수도 있다. 'to breathe a sigh of relief(안도의 한숨을 내쉬다)', 'breathing room(숨 돌릴 틈)', 'breathing space(숨 돌릴 시간)'는 전부 표현만 들어도 무슨 뜻인지 바로 알아챌 수 있다. 'take a breather(잠깐 숨을 돌리다)' 역시 마찬가지다.

흔하게 쓰이는 표현 중에는 'with bated breath(숨을 죽이고)'라는 말도 있는데, 정작 그 유래는 불확실하다. 언뜻 생각하면 이 표현을 처음 사용한 사람이 구취에 시달렸나 싶지만 그렇진 않을 것이다. 이 숙어는 셰익스피어의 희극 『베니스의 상인』에서 등장인물 샤일록(Shylock)이 사용하면서 널리 알려졌다.

샤일록: 제가 몸을 낮게 숙이고 우는소리를 하면서
숨을 죽이고 겸손한 자세로 이렇게 말할까요,
'지난주 수요일에 저에게 침을 뱉으셨습니다.'라고요.

'bated(약해진)'는 'abated(가라앉은)'라는 단어를 줄여서 쓴 것이다. 'bated breath'라는 표현은 빅토리아 시대에 인기가 많았는데, 특히 그 당시에 유행했던 수많은 멜로드라마 소설에 자주 사용되었고, 그 중에서도 게오르크 에버스(Georg Ebers)의 소설에서 좋은 예를 많이 찾을 수 있다. 에버스는 에버스 파피루스를 발견한 독일 이집트학자로, 역사 로맨스 소설을 쓰면서 자신이 발견한 것들을 대중화하려고 했다. 에버스가 1892년에 발표한 소설 『가시밭길(A Thorny Path)』에서는 등장인물들이 "목을 길게 빼고 숨을 죽이고 경청했다." 또한 그들은 "숨을 죽이고 창가에 서 있었고", "숨을 죽인 채 (다른 사람의 말을) 들었다."

'Don't breathe a word(한마디도 하지 마)'라는 말은 경고의 의미로 쓰이는 경우가 많은데 주로 누군가에게 비밀을 지켜 달라고 부탁할 때 사용되는 표현이다. 이와 반대의 뜻을 나타내는 표현인 'long-winded(장황한)'도 있는데 누군가가 필요 이상으로 오랫동안 이야기할 때 쓰인다. 와인과 같은 무생물도 'breathe(뚜껑을 따고 나서 공기를 쏘이다)'할 수 있으며, 옛날에는 'breathing a vein(정맥에 구멍을 내서 공기를 쏘이다)'이 우수한 치료법으로 여겨져 다양한 질병을 치료하는 데 쓰였다.

소설 작품 속 호흡

고대 그리스인들은 호흡을 우리처럼 현대적인 시각으로 바라보지 않았으며, 호흡 그 자체보다는 영과 정기에 연관을 두고 생각했다. 호머(Homer)는 대서사시 『오디세이』와 『일리아드』에서 이런 현상을 효과적으로 이용했다. 그는 평화와 평온함을 호흡과 동일시했다. 그래서 바람이 부드럽게 불고 조용하고 평화로운 분위기가 조성될 때 다음과 같은 표현을 사용했다. "신들은 내가 앞으로 나아갈 수 있도록 도와줄 가벼운 순풍 없이도 나를 20일 동안 진정시켜주셨다." 또는 "미네르바(Minerva)가 유명한 선장 디마스(Dymas)의 딸로 모습을 바꿨다. (중략) 그러고 나서 한 줄기 산들바람처럼 그녀가 잠들어 있는 침대 옆으로 가서 그녀의 머리 근처를 서성거렸다."

이와는 반대되는 잔인한 분위기의 『일리아드』에서는 트로이(Troy)가 그리스에 포위되는 이야기가 나온다. 그리스인들은 트로이인들과 전투를 벌였는데, 숨이나 영을 잃었다는 것은 곧 그들이 목숨을 잃었다는 것을 의미했다. 아킬레우스(Achilleus)를 비롯한 여러 전사가 죽는 이 서사시에는 "아킬레우스가 생명력이 있는 이 공기를 마실 수만 있다면"과 "피가 낭자한 평원에 시체가 이제 숨을 쉬지 않은 채 누워 있다."라는 표현이 나온다. 호흡은 감정이나 행동과 흔히 연결되기도 하는데, 대표적으로는 "breathing revenge(복수심을 불태우면서) 그들은 무기를 들고 나아갔다." 또는 "그래서 그들은 확고한 생각으로 breathing united forcc(한마음으로 숨 쉬면서) 조용히 나아갔다."라는 표현이 있다.

제프리 초서(Geoffrey Chaucer, 1343~1400년)의 소설에는 영이라는 개념이 생명력이자 몸을 식히는 메커니즘으로 나온다. 폐가 몸의 엔진으로 여겨졌기 때문이다.[1] 초서는 『캔터베리 이야기』의 첫 번째 이야기 '기사의 이야기(The Knights Tale, 1386~1388년)'에서 사랑이 팔라몬(Palamon)과 아르시테(Arcite)라는 두 사촌에게 미치는 영향을 다룬다. 이야기는 아르시테가 말에서 떨어지면서 목숨을 잃는 것으로 마무리된다. 여기에서 초서는 아르시테의 죽음을 자세하게 묘사하는데, 심장이 박동을 멈추고 나서 "그의 폐에 있는 관이 독과 고름으로 가득 찼다." 다시 말해서, 혈액 순환이 멈추고 폐가 몸을 더는 식히지 못하게 된 것이다. 삶이 끝나는 마지막 순간은 다음과 같이 묘사되었다. "두 눈에 황혼이 찾아오고 숨이 멈췄다." 즉, 아르시테가 숨을 쉬지 않은 순간을 사망한 시점으로 꼽았다. 이 대목은 숨을 생명력이라고 생각한 그 당시의 의학적인 지식수준을 잘 나타낸다.

셰익스피어의 작품에도 호흡에 관한 표현이 많이 나오는데, 주로 극적인 표현 또는 기능을 나타낼 때 쓰였다. 다음은 『로미오와 줄리엣』에 나오는 대화다.

보모: 세상에! 왜 그렇게 서두르는 거냐? 좀 더 있다가 가면 안 돼? 내가 숨이 찬 것이 안 보이냐?

줄리엣: 숨이 차다고 저에게 말씀하실 숨이 있으면 어떻게 숨이 차다고 하실 수 있어요? 이렇게 핑계를 대시는 시간이 숨을 돌리실 수 있는 시간보다 기네요. (2막 5장)

셰익스피어는 호흡을 뜻하는 새로운 용어도 제시했다. 바로 'suspiration(긴 한숨)'이라는 표현으로 "억지로 길게 내쉬는 한숨(suspiration)도, 눈에 흘러넘치는 강물도(『햄릿』 1막 2장)"라는 대목에서 나온다. 이 말은 길고 깊은 한숨을 뜻하는데, 긴 한숨을 억지로 쉰다는 것은 이것이 가짜 한숨이라는 사실을 나타낸다.[2] '긴 한숨'은 유용한 말이지만 현대 언어에서는 거의 사용되지 않으며 의학계에서도 역시 전혀 쓰이지 않는다. T.S. 엘리엇(T.S. Eliot)이 예를 제시한다. 그는 1940년에 독일 공군이 감행한 런던 대공습(London Blitz)에서 살아남고 나서 장시 『리틀 기딩(Little Gidding, 1942년)』을 집필했다. 이 시에서 엘리엇은 도시가 전쟁의 불과 성령의 불에 의해서 파괴되는 상황을 묘사한다. 시의 네 번째 스탠자(stanza, 시의 기초 단위)는 "하늘에서 내려오는 비둘기가 공기를 가른다."로 시작하여 다음과 같이 끝맺는다.

인간의 힘으로는 없애지 못하는
견딜 수 없는 거대한 불덩이
우리는 그저 살고 그저 한숨을 쉰다

불이나 불에 의해 타버리면서

셰익스피어가 한 줄이 끝난 다음에 잠깐 쉬고, 그다음 줄이 시작되기 전에 한 번 숨 쉴 수 있도록 글을 썼다고 주장하는 사람들도 있다. 오늘날 '홀의 휴지(Hall's pause)'라고 알려진 이런 낭독법은 논란이 많다. 연극배우는 대사를 리듬감 있게 전달하는 것이 좋을 수 있지만, 관객 대부분은 집중하기 어렵다고 호소하기 때문이다.

월터 스콧(Walter Scott, 1771~1832년) 경은 소설 『퍼스의 어여쁜 아가씨(The Fair Maid of Perth)』에서 호흡에 관한 기계론적인 시각이 주목받게 된 상황을 잘 녹여냈다. 이 소설에서는 키가 작은 남자가 "나는 무기를 몹시 잘 다루는데다 호흡도 잘해서, 어깨를 나란히 할 만한 사람이 거의 없다."라고 말한다. 그러고는 가슴을 내밀면서 "바로 여기에 바람을 만드는 여러 장치가 놓인 공간이 있다."라고 이야기한다.

영국 시인이자 극작가인 존 드라이든(John Dryden, 1631~1700년)은 죽음을 극적으로 표현하기 위해서 호흡을 이용했다. 그는 "아무 소용도 없는 일이다. 만일 칼과 독이 나에게 허락되지 않는다면 숨을 참고 죽어버릴 것이다."나 "젊은이는 얼른 생각했다, / 그러고는 마지막 숨을 쉬었다, / 그녀는 더 빨리 죽었지만, 그는 동정을 받으면서 천천히 죽어갔다."와 같은 표현을 썼다. 그다음 연에서는 그녀가 천천히 죽고 그가 더 빨리 명예롭게 죽을 수 있도록 님프가 그를 소생시키라고 젊은 양치기를 설득한다.

산업성 폐질환과 같은 20세기 초의 여러 가지 이슈를 다루는 대표적인 책은 바로 크로닌(A. J. Cronin)의 『성채』다. 1937년에 출판된 이 책은 스코틀랜드에서 태어난 의사 크로닌이 소설가로 직업을 바꾸고 나서 집필한 작품이다.[3] 출판되자마자 베스트셀러가 되었고 1938년에 로버트 도냇(Robert Donat)과 로사린드 러셀(Rosalind Russell) 주연의 MGM 영화 '시타델(Citadel)'로 만들어지기도 했다. 이 책은 새롭게 의사가 된 앤드루 맨슨(Andrew Manson)의 경력을 따라간다. 맨슨이 처음으로 맡은 일은 웨일스 남부 지역의 계곡에 있는 탄광촌에서 경험이 부족한 젊은 의사로 일하는 것이었는데, 마지막에는 런던 중심부에 병원을 차리고 돈이 많은 개인 환자만을 치료한다.

『성채』는 국민 의료 보험이 탄생하기 전에 영국 의료의 실정이 어땠는지 알려준다는 점 이외에도, 주인공이 폐 의학에 관심이 있다는 점에서 주목할 만한 작품이다. 맨슨은 웨일스의 계곡에서 진폐증과 결핵에 걸린 광부들을 만나게 된다. 아직 석탄가루가 비활성 상태라고 여겨지던 시절이었다. 맨슨은 광부들을 상대로 연구를 진행하다가 나중에는 기니피그를 실험 대상으로 삼는다. 그 결과, 그들이 걸린 폐질환의 원인을 찾아낸다. 광부들이 실리카에 노출되는 바람에 결핵이 생겼다는 것이었다(물론 이것은 틀린 이론이다. 크로닌은 진폐증에 관해서 모르고 있었다).

책에서는 맨슨이 불법으로 생체 해부를 자행한 사실이 발각되면서 웨일스의 계곡에서 쫓겨나게 된다. 그는 런던에서 부유한 환자들을 치료한 돈으로 살 수 있는 사치품의 유혹에 넘어간다. 맨슨은 런던에 있는 훌륭한 흉부전문병원에서 일하지만, 금세 런던이 안개가 너무 자주 끼고 공기가 오염된 곳이기 때문에 결핵 환자들에게 좋지 않다는 사실을 깨닫는다. 그는 공기가 더 깨끗한 시골에 결핵 환자들을 위한 요양원을 짓자고 주장한다.

책은 맨슨 박사가 결핵 환자를 치료하는 과정에서 기흉을 고의로 유도한 혐의로 영국의 종합의료협의회(GMC: General Medical Council) 앞에 서면서 끝난다. 이 치료법은 주저앉은 폐가 휴식을 취하고 환기되지 않는 동안 회복할 수 있다는 생각에 바탕을 두고 있다. 그 당시에는 이 치료법이 유행했지만 합법이 아니었으며, 무엇보다 나중에는 치료법 자체에 회복 효과가 없는 것이 입증되었다. 나중에 의사는 무죄 판결을 받으면서 이야기가 마무리된다. 크로닌은 그 후로 1960년대에 '핀레이 박사의 사례집(Dr. Finlay's Casebook)'이라는 TV 시리즈도 제작했다.

현대 소설 작가들은 호흡의 메커니즘과 호흡과 감정, 행동의 관계를 잘 이해하는 것처럼 보인다. 2018년에 출판된 발 맥더미드(Val McDermid)의 『브로큰 그라운드(Broken Ground)』의 첫 장에 좋은 예가 나온다. 이야기는 1944년에 스코틀랜드 웨스터 로스에서 남자 두 명이 구덩이를 파면서 시작된다. "삽이 빽빽하게 있는 토탄(土炭)에 부딪히는 소리는 다른 소리와 헷갈릴 수 없었다. 삽질은 리듬에 맞춰서 이루어지다가 리듬에서 벗어나기도 했다. 삽질 소리가 서로 겹치고, 분리되고, 늘어지다가 다시 합쳐져서 들리곤 했다. 남자들의 거친 숨소리도 마찬가지였다."

나중에 두 남자 중 한 명이 "가슴이 답답한 상태로" 휴식을 취한다.

밤새 힘들게 일한 덕분에 두 사람은 할 일을 끝마쳤고 첫 장은 다음과 같이 끝난다. "그가 말하는 동안에도 결핵균이 그의 폐 속을 돌아다니고 있었다. 조직을 파괴하고, 구멍을 내고, 기도를 막으면서 말이다." 등장인물은 결국 결핵으로 세상을 뜨는데, 이 사건은 이야기가 21세기로 넘어갈 수 있도록 분위기를 조성해주었다.

요 네스뵈(Jo Nesbo)의 추리 소설 『나이프(Knife, 2019년)』에서는 주인공 해리 홀레(Harry Hole)가 경찰로부터 애인 라켈(Rakel)에 관한 나쁜 소식을 듣기 직전의 상황이 다음과 같이 서술된다. "해리는 숨을 참았다. 그는 죽을 때까지 숨을 오랫동안 참는 것이 가능하다고 읽은 적이 있었다. 산소가 너무 적어서 죽는 것이 아니라 이산화탄소가 너무 많아서 죽는다고 했다." 이후 경찰이 해리에게 라켈을 찾았다고 알려주자, 해리는 그 이유가 무엇인지 묻고 싶었다. 그러면서 이렇게 생각했다. "하지만 물어보려면 숨을 쉬어야 하잖아." 해리는 숨을 쉬고는 "그게 무슨 뜻입니까?"라고 물었다. 그러자 이런 대답이 돌아왔다. "그녀는 죽었어요, 해리."

『향수, 어느 살인자의 이야기(1985년)』는 독일 작가 파트리크 쥐스킨트(Patrick Süskind)가 쓴 소설로 후각, 호흡, 향수를 만드는 기술을 다룬 역작으로 평가받는다. 주인공인 장 밥티스트 그르누이(Jean-Baptiste Grenouille)는 1738년에 태어나자마자 어머니에게서 버림받았다. 그래서 교회에서 유모와 아이를 돌봐주는 사람들에 의해 길러졌다. 아무런 체취 없이 태어난 그르누이는 자신의 후각이 초인적으로 발달했다는 사실을 어린 시절에 이미 알아차린다. 그는 아주 미묘한 냄새도 맡을 수 있었을 뿐만 아니라 냄새의 구성 성분도 알아낼 수 있었다.

이야기는 사람이 많아서 복잡하며 냄새 또한 심한 도시인 파리에서 시작된다. 그르누이가 처음으로 하게 되는 일은 무두질이다. 냄새가 굉장히 많이 나는 환경에서 일하게 된 것이다. 그러다가 다행히 불황에 허덕이는 연로한 향수 제조자의 수습생 자리를 구한다. 이 향수 제조자는 부유한 고객을 끌어들일 새로운 향수를 만들지 못하고 있었다. 그는 수습생이 조금 못 미덥기는 했지만 자신이 수집한 화학 물질과 향수 컬렉션을 이용해서 그르누이가 새로운 향수를 만드는 일을 허락했다. 그르누이는 불과 며칠 만에 새로운 향수 수십 개를 만들었고, 이 향수는 인기가 너무 좋아서 곧 대량생산된 뒤 유럽 전역에서 판매되었다. 향수 제조자는 그르누이 덕택에 부자가 되었다.

이 책은 우리가 후각을 얼마나 당연하게 여기는지, 그리고 얼마나 많은 익숙한 냄새에 둘러싸여 있는지 잘 보여준다. 호흡과 후각 작용은 우리의 감정과 행동에 영향을 끼친다. 아침에 갓 내린 커피의 향을 맡으면 기운이 나고, 새로 구운 빵의 냄새를 맡으면 배가 고파진다. 잔디를 막 깎고 나서 냄새를 맡아보면 오래전 여름의 추억이 떠오르기도 한다. 우리는 소중한 사람들, 아기, 반려동물의 냄새를 기억한다. 냄새는 전부 다 다르지만, 우리는 특정한 냄새를 좋아하거나 싫어하는 방법을 배운다.

한편, 그르누이는 파리를 떠나 향수 제조자 자격증을 받는다. 그러고는 꽃과 식물을 이용해서 향을 만드는 방법을 더 배울 수 있도록 프랑스 남부 지역에 있는 그라스(Grasse)로 향한다. 냉소적인 그는 여행

길에 향수를 몇 개 만들어서 자신에 대한 다른 사람들의 평가에 영향을 끼치기 위해 사용한다. 그중 하나는 관심을 독차지하고 싶을 때 쓰는 향수로, 몸에 뿌리면 모든 사람이 자신을 유명인처럼 대접해준다. 반대로, 모두가 자신에게서 멀어지게 하고 싶을 때 쓰는 향수도 있다. 그르누이의 향수는 사람들의 행동에 변화를 주는데, 정작 향을 맡은 당사자들은 주인공을 대하는 자신들의 행동이 달라졌다는 사실을 알아차리지 못한다. 이러한 향수의 영향력은 현대의 모든 향수 제조업체가 지향하는 바이기도 하다. 오늘날 향수나 향을 제조하는 업체들은 고객이 자사의 향기를 몸에 뿌림으로써 다른 사람들에게 더 매력적으로 느껴질 것이라는 광고를 내보내는 경우가 많다.

남쪽으로 향하던 그르누이는 몽펠리에에서 타이아드 에스피나스(Taillade-Espinasse) 후작을 만난다. 계몽주의 시대의 영향을 받은 후작은 자신이 플루이둠 레탈레 타이아드(Fluidum: letale Taillade)라고 부르는 유독가스가 땅에서 생성된다고 믿는 인물이었다. 당시 7년 동안 동굴 속에서 살았던 그르누이는 몰골이 말이 아니었다. 그래서 후작은 그르누이가 땅에서 나오는 가스의 유해함을 증명해주는 산증인이라고 생각했다. 후작의 말에 의하면, 모든 생명체는 이 가스를 피하려고 땅에서 멀어져서 위로 올라가는 것이었다.

후작은 자신의 이론을 테스트하기 위해서 지하실에서 생명 유지에 필수적인 환기 기계를 만들었다. 그리고는 그르누이를 밀폐된 기계 안에 집어넣는다. 이 기계는 집의 지붕 밖으로 뻗어 있는 굴뚝의 연통을 통해서 들어온 공기로 계속 환기되었고, 후작은 에어로크를 통해서 그르누이에게 음식도 공급했다. 음식은 비둘기 부용(bouillon), 종달새 파이, 나무에서 딴 과일과 같이 '흙과 관계없는' 것들이었다.

그르누이는 이 치료법 덕택에 건강을 완전하게 회복한다. 자신의 이론이 옳다고 확신하게 된 후작은 거의 1년 내내 만년설로 덮여 있는 프랑스 피레네산맥의 피크 듀 카니구(Pic du Canigou)로 탐험을 떠난다. 후작은 고도가 높은 지역에 살면 모든 질병의 원인인 악한 플루이둠 레탈레에서 벗어나서 초인이 될 수 있다고 생각한다. 이 산을 오르는 것이, 바로 후작의 마지막 모습이 되었다.

피크 듀 카니구는 1814년 1월에 험프리 데이비 경도 방문한 곳이었다. 그는 이곳의 자연조건과 빛에 감명을 받아서 산을 스케치하고 '카니구(The Canigou)'라는 시를 쓰기도 했다. 이같은 일화는 자연의 지리적인 힘을 잘 보여준다.

영화 속 호흡

호흡을 묘사하는 장면이 영화에서 중요한 역할을 할 때도 있다. 호흡으로 가장 유명한 영화 속 캐릭터 중 하나는 '스타워즈(Star Wars)' 시리즈의 다스 베이더(Darth Vader)일 것이다. 다스 베이더는 아나킨 스카이워커(Anakin Skywalker)로 살았던 젊은 시절에 심각한 화상을 입었다. 그래서 그 이후로는 (모터사이클 헬멧처럼 생긴) 얼굴 전체를 덮는 마스크를 쓰고서만 숨을 쉴 수 있게 되었다. 이 마스크 때문에 다스 베이

더의 느리고 안정적인 숨소리는 특유의 기계적이고 사악한 소리가 되었다.

마스크를 이용한 호흡은 심리 스릴러 '블루 벨벳(Blue Velvet, 1986년)'에도 등장한다. 이 영화에서 데니스 호퍼(Dennis Hopper)가 연기하는 프랭크 부스(Frank Booth)는 마스크를 이용해서 숨을 쉴 수 있게 가스통 두 개를 들고 다닌다. 가스통 덕택에 부스는 'Daddy(아빠)'와 'Baby(아기)'라는 두 인격 사이를 오갈 수 있다. 영화의 초기 기획단계에서는 헬륨이 사용될 예정이었는데, 실제로 헬륨을 흡입하면 성인도 아이와 같은 목소리를 낼 수 있다. 결과적으로는 헬륨이 영화 속 정체불명의 가스보다 '약리학적'인 측면이 더 강하며 아질산아밀처럼 환각이 작용하는 면모를 드러내는 데 더 효과적이었을 것이다.

호흡은 영화에 비교적 자주 나오는 모티프지만 공공연하게 등장하기보다는 미묘하게 나타나는데, 특히 공포물, 멜로드라마, 포르노그래피와 같은 장르에서 호흡과 관련된 장면을 자주 볼 수 있다. 이런 장르에서는 등장인물이 소리 지르고, 숨을 헐떡이고, 과호흡하는 것이 장면에 어울리는 분위기를 조성하고 이야기의 영향력을 키워준다. 연구 결과를 살펴보면 관객은 일반적으로 화면 속에서 등장인물의 호흡이 강조되는 장면을 불편하게 생각한다. 숨 쉬는 장면을 굳이 인식하지 않아도 되는 상황이 최선이라고 여기는 것이다. 그래서 여러 영화와 TV 프로그램에서는 숨소리가 나거나 나지 않는 장면을 고의로 삭제한다. 한 연구원의 말처럼 "(이제는) 숨 쉬는 장면이 나오는 데는 다 의미가 있는 것이다."[4]

이처럼 숨 쉬는 장면은 영화에 자주 나오지만, 막상 호흡기 질환에 초점을 맞추는 경우는 많지 않다. 최근에 개봉한 영화 중에는 로빈 캐번디시(Robin Cavendish)에 관한 전기 드라마 '달링(Breathe)'이 좋은 예다. 캐번디시는 1958년에 케냐에서 지내던 중 28세의 나이로 소아마비에 걸렸다. 이제 막 결혼을 한 상황이었던 그는 목 아래로 몸이 전부 마비되어 침대 옆에 있는 인공호흡기 없이는 숨을 쉴 수 없게 되었다. 캐번디시는 영국으로 돌아와서도 침대에 꼼짝없이 누워 있을 수밖에 없었고 의사로부터 살날이 몇 달 남지 않았다는 충격적인 이야기를 들었다.

하지만 아들이 태어나자 캐번디시는 기운을 차리기 시작했고, 삶의 질을 높이기 위해서 침대 옆에 두고 사용하는 인공호흡기의 성능을 개선하려고 노력했다. 영화에는 캐번디시가 자신을 치료하는 의사들과 의료계를 설득하기 위해서 오랫동안 고군분투하는 모습이 나온다. 그는 개선된 인공호흡기를 휠체어에 연결하면 '철폐'를 사용하는 것보다 좋은 점이 훨씬 많다고 주장했다. 철폐는 그 당시에 여러 의사가 몸이 마비된 소아마비 환자들의 생명을 유지하기 위해서 쓰던 호흡기였는데, 캐번디시가 업그레이드한 인공호흡기의 경우 이보다 가동성이 훨씬 뛰어났다. 그래서 캐번디시는 외국으로 여행을 다니는 등 더 완전한 삶을 살 수 있었다. 우리에게 영감을 불어넣어주는 이 멋진 이야기는 슬픈 결말로 끝난다. 수년간의 인공호흡이 캐번디시의 폐를 망가뜨리고 만 것이다. 결국, 캐번디시는 64세의 나이로 생을 마감했다. 하지만 그는 인공호흡기에 의지했던 환자 중에서 가장 장수한 사람 중

한 명이었다.

영화 '아폴로 13(Apollo 13)'은 1970년에 미국 항공 우주국(NASA) 임무에 나선 우주비행사들의 생존 실화를 다룬다. 안타깝게도 이들의 임무가 시작된 지 이틀 만에 비극이 닥쳤다. 산소 탱크가 기계선 안에서 폭발한 것이다. 불행 중 다행으로 이 산소 탱크가 우주선 내의 유일한 산소 공급원은 아니었지만, 임무를 속행할 수 없었던 우주비행사들은 지구로 귀환하기로 결정했다. 이들의 귀환 과정은 결코 순탄치 않았다. 하지만 그들은 제자리에서 U턴을 시도하여 연료와 전력을 소모하는 대신, 달을 한 바퀴 선회하는 방식을 채택하는 등의 노력을 거쳐, 산소가 바닥나고 선실에 있는 이산화탄소 농도가 해로워지기 직전에 전원 무사히 지구로 귀환할 수 있었다.

영화 '최후의 호흡(Last Breath, 2019년)'은 한 심해 다이버의 실화를 다룬 걸작 다큐멘터리 영화이다. 이 다이버는 북해 해저에 있는 유정(油井)을 수리하다가 갑자기 산소 공급이 끊기고 만다. 설상가상으로 수면에서는 폭풍우가 몰아치는 날씨 때문에 잠수 지원선이 다이버들의 위치를 놓친 상황이다. 다이버들은 몸에 엄빌리컬 코드(umbilical cord: 탯줄과 비슷한 기능을 하는 잠수용 생명줄 -역주)를 연결하고 잠수한다. 이 코드는 선박 아래로 내린 잠수종을 통해서 다이버와 연결되어 열, 공기, 전력을 공급한다. 그런데 영화 속 다이버의 코드가 물속에 있는 장치와 엉켜서 끊어지고 만다.

이제 다이버가 의지할 것이라고는 5분 동안만 마실 수 있는 공기가 들어있는 작은 비상용 산소 탱크뿐이다. 심지어 선박이 폭풍우 때문에 움직이는 바람에 피난처였던 잠수종마저 함께 멀어져 간다. 다이버는 그렇게 북해 해저에 홀로 남았다. 파도가 너무 거센 나머지 선원들은 선박을 제자리로 돌려놓는 데 시간을 30분이나 허비하고 만다. 이후 선박의 메인 카메라가 다시 다이버에게 초점을 맞추지만 그는 미동도 없이 구조물 위에 누워 있을 뿐이다.

선박이 멀어지기 전에 안전하게 잠수종으로 돌아왔던 이 다이버의 버디(buddy)는 이제 사고를 당한 동료 다이버의 시신을 수습해서 잠수종까지 운반하는 임무를 맡았다. 끝끝내 동료 다이버를 잠수종 안으로 데려오고 난 뒤에도 버디는 미련을 버리지 못한 채 구강 대 구강 인공호흡법을 시도했고, 놀랍게도 다이버가 다시 숨을 쉬기 시작했다. 다이버는 몇 달 뒤에 건강을 완전하게 회복했다. 그가 산소 없이 그토록 오랫동안 생존할 수 있었던 것은 체온이 많이 낮아졌고 체내가 산소 과포화 상태였기 때문이라고 추정된다. 그는 다이빙에 나서기 전에 고압 산소실 안에 오래 머물렀다.

영화 '에어로너츠(The Aeronauts, 2019년)'는 열기구를 타는 과학자와 전문적인 열기구 조종사의 모험을 다룬 자전적인 이야기다. 이 영화의 등장인물은 실제로 열기구 조종사였던 장 피에르 블랑샤르(Jean-Pierre Blanchard)와 그의 아내 소피 블랑샤르(Sophie Blanchard)를 모델로 삼았다. 두 사람은 1800년대에 초고층 대기까지 올라가려다가 불의의 사고를 당했다.

영어에는 호흡 행위와 관련된 숙어가 많다. 이런 표현은 기계적인 의미로도 쓰이고 감각적으로도 쓰인다. 또한 문학에서는 고대부터 셰익스피어의 시대를 거쳐서 현대에 이르기까지 호흡에 관한 다양한 표현을 풍성하게 활용해왔다. 이런 표현들은 여러 작품의 극적인 측면과 연민을 자아내는 힘을 표현하고 강조하는 데 쓰였다.

재앙, 질병, 역경을 통해서 우리는 숨을 쉬지 못할 때 나타나는 결과를 이해하게 된다. 문학 작품에서는 삶과 죽음의 경계를 구분할 때 숨이 아직 붙어 있는지 아닌지를 따진다. 마지막 장에서는 우리가 세상을 떠나기 전에 마지막으로 숨을 쉬는 행위에 관해서 살펴보려고 한다.

9

정지: 마지막 호흡

● 호흡은 수그러들지 않고 계속 이어지는 생명 징후다. 그러나 호흡은 언젠가 멈추게 되는데, 이 순간은 삶의 끝 또는 죽음이 임박했음을 나타낸다. 죽어가는 사람이 마지막 숨을 내쉴 때 우리는 삶의 끝을 목격하게 된다. 특히, 죽어가는 사람이 잠들어 있거나 의식이 없을 경우, 그 사람이 살아 있다는 것을 유일하게 알려주는 신체적인 징후가 마지막 호흡이다. 이 마지막 호흡은 조용하고 눈에 띄지 않을 수도 있고 극적이고 두드러질 수도 있다. 마지막 호흡은 '마지막 헐떡거림' 또는 '임종 때의 가래 끓는 소리(death rattle)'와 같이 표현되기도 한다. 죽어가는 사람이 마지막 호흡을 이용해서 몇 마디 말을 남길 때도 있다. 마지막 호흡은 평화로울 때도 있고 힘겨울 때도 있다. 셰익스피어는 『로미오와 줄리엣』에서 다음과 같이 적었다. "죽음이

당신의 달콤한 숨결을 앗아갔지만 당신의 아름다움은 빼앗지 못했구려(5막 3장).”

누군가가 의식을 잃은 채 바닥에 쓰러져 있는 것을 발견하면 우리는 ABC 치료법을 적용한다. 환자의 A(airways: 기도), B(breathing: 호흡), C(circulation: 혈액 순환)에 신경 쓰는 것이다. 이때 환자를 똑바로 눕혀서 기도를 확보한 후 심장이 뛰는지 살피기 위해서 맥박을 확인해야 한다. 이후 심폐소생술과 구강 대 구강 인공호흡법을 이용해서 환자의 호흡과 혈액 순환을 복구할 수 있다.

만약 호흡이 돌아오지 않으면 환자는 사망한 것이다. 산소가 더는 흡수되지 않고 이산화탄소가 더는 생성되지 않기 때문에 생명의 불꽃이 몸을 떠난 상태다. 혈액이 흐르지 않고 폐가 환기되지 않으면 산소의 이동 역시 멈춘다. 잠들어 있는 것은 의식이 없는 것과 비슷하다. 따라서 사람이 잠들어 있는 동안 세상을 떠나면 호흡이 그저 서서히 약해지게 된다. 우리는 호흡이 얕아지고 느려지다가 결국 멈추거나, 갑자기 말을 더듬거나 숨을 헉하고 들이마신 뒤 죽을 수도 있다.

사람이 죽기 직전 마지막으로 호흡할 때 내는 가장 시끄러운 소리는 가래 끓는 소리다. 이 소리는 삼키는 행위가 어려워지면서 폐와 목구멍에 점액과 체액이 쌓여서 나는 것으로 여겨진다. 그 뒤에 찾아오는 헐떡거림과 고통스러운 호흡은 심정지 호흡(agonal respiration)이라고 한다. 심정지 호흡은 죽어가는 사람은 물론이고 임종을 지키고 있는 사람들까지 괴롭게 만드는데, 짧게는 몇 번에서 길게는 몇 시간씩 이어질 수도 있다.

문학에서는 임종 때 나는 가래 끓는 소리가 극적인 효과를 내는 데 사용된다. 1856년에 출판된 귀스타브 플로베르(Gustave Flaubert)의 소설 『마담 보바리』에서는 여주인공 엠마 보바리(Emma Bovary)가 고통스러운 죽음을 맞이한다.

> 그녀는 숨을 헐떡거렸고 가슴이 빠르게 오르내렸다. 혀는 입 밖으로 축 늘어뜨리고 있었다. 그녀의 눈골이 그토록 무시무시하게 점점 더 빠른 속도로 움직이지 않았더라면 그녀에게 이미 사망 선고가 내려졌을 것이다. 그녀는 마치 영혼이 탈출하려고 격렬하게 애쓰는 것처럼 절박하게 숨을 쉬었다.

모두가 엠마의 임종을 지키는 동안 "가래 끓는 소리가 점점 더 선명하게 들렸고, 신부가 기도문을 더 빠른 속도로 기도를 올렸다." 엠마는 마지막에 극적으로 기력을 잠깐 회복했다가 죽는다. 이 장은 "그녀는 더는 존재하지 않았다."라는 말로 끝난다. 플로베르가 죽음의 순간을 이렇게 상세히 묘사할 수 있었던 것은 의사인 아버지와 오빠에게 많이 물어보았기 때문이다. 그들은 환자의 임종을 목격한 경험이 많았다.

이와 비슷하게 러시아 작가 레프 톨스토이(Leo(Lev) Tolstoy)는 1886년에 출판한 중편 소설 『이반 일리치의 죽음』에서 고등법원 판사의 질병과 그의 기나긴 죽음에 관해서 썼다. "그 자리에서 지켜보던 사람들 앞에서 그의 고통은 두 시간 더 이어졌다. 그의 가슴에서 무엇인가 덜커덕거리는 소리가 났고, 수척해진 몸은 경련을 일으켰다. 그러다가 덜커덕거리는 소리와 숨을 쌕쌕 쉬는 소리가 점점 줄어들었다."
그러고 나서 마침내 죽음이 찾아왔다.

소설에 등장하는, 생의 마지막 순간에 관한 이런 극적인 묘사는 현실을 반영한다. 과거 인물 중에는 오늘날 치료가 가능한 결핵과 같은 호흡기 질환으로 사망한 사람이 많다. 벤저민 프랭클린은 1790년에 84세의 나이로 집에서 흉막염으로 사망했다. 살날이 얼마 남지 않았을 때 그는 침대에 꼼짝없이 누워서 지내야 했고 겪는 통증도 어마어마했다. 무엇보다 숨쉬기가 어려웠기 때문이다. 그러던 어느 날, 프랭클린은 숨을 쉬어도 통증이 전혀 없는 것을 알아차렸다. 가족은 그의 병세가 나아졌다고 생각하여 기뻐했지만 몇 시간 후에 폐 안에 있던 낭종이 터져 고름이 나오는 바람에 프랭클린은 구토하고 말았다. 그 후로는 프랭클린의 숨소리가 점점 조용해졌다. 폐가 제 기능을 못 한 것이다. 결국, 몇 시간 뒤인 밤 11시에 프랭클린은 숨을 거두고 말았다.

죽음과 호흡은 긴밀하게 연결되어 있으며 이번 삶과 다음 삶의 경계를 나타낸다. 의료 기술의 발달로 인해 이제는 사람이 호흡을 멈췄다고 해서 죽었다고 간주하지 않는다. 인공호흡기를 이용해서 호흡을 보조하거나 유지할 수 있기 때문이다. 예를 들면, 연수회백수염에 걸린 사람들은 (뇌간 손상으로 인해서) 기계의 도움 없이는 숨을 쉬지 못한다. 하지만 인공호흡기를 이용하면 수십 년 동안 살 수 있다. 19세기 후반에 이르러서야 무호흡(호흡의 부재)이나 심장 무수축(맥박의 부재, 순환 정지 또는 심장사)이 발생하더라도 사망을 선고할 수 없음을 나타내는 증거가 하나둘 나타났다. 그 대신 '신경계 정지'나 '신경학적 사망'이 죽음을 정의하는 더 정확한 기준이 되었다. 오늘날 이런 상태는 뇌사 또는 뇌간사라고 부른다.

머리를 심하게 다치거나 뇌농양이 생기거나 넓은 부위에 두개강내 출혈이 일어나는 사람들은 무호흡으로 사망할 가능성이 있다. 산소가 들어있는 혈액의 공급이 끊기기 때문에 호흡이 멈추고 곧바로 심장이 멈추는 것이다. 외상의 대표적인 특징 중 한 가지는 두개골의 유압이 증가하는 것이다. 이 압력이 증가하면 호흡이 멈춰버린다. 우리의 뇌는 신중하게 조절되는 액체(ICF: intracranial cerebral fluid, 두개골 내 뇌척수액)에 둘러싸여 있다. 이 액체는 용적이 크지 않다. 뇌와 두개골 사이에 공간이 별로 없기 때문이다. 외상이 생기면 ICF가 추가로 생성되는데, 이 액체는 갈 곳이 없으므로 뇌압이 증가하고, 높아진 뇌압은 뇌조직을 압박하게 된다. 두개골의 아래쪽에는 척수가 튀어나와 있는 뇌간과 연결되는 구멍이 있는데, 뇌압이 증가하면 위쪽에 있는 뇌의 여러 부분이 뇌간을 누르게 된다. 이때 적절한 치료를 받지 못하면 환자의 호흡 중추가 망가지고, 호흡이 멈추며, 죽음이 찾아온다. 단, 심장은 산소가 남아 있을 때까지 계속 뛰는데 자체적으로 들어있는 심박 조율기가 있기 때문이다. 이 조율기는 동방결절이 제공하며, 심장은 뇌간과 상관없이 뛸 수 있다.

물론, 이런 사실은 19세기에는 알려지지 않았다. 이와 관련된 첫 임상 보고서는 1892년에 등장했다. 영국 외과 의사 잴런드(W. H. Jalland)가 감염된 귀에서 고름을 제거하면 환자의 호흡이 돌아온다는 사실을 알아낸 것이다. 정확히는 제거하는 행위를 통해 높아진 뇌압을 낮춰주었기 때문이었다. 런던에 사는 외과 의사 빅터 호슬리(Victor Horsley) 역시 이것과 비슷한 사실을 관찰했다. 그는 1894년에 뇌출혈, 뇌종양, 두개골의 함몰골절에 시달리는 환자들이 "심장마비가 아니라 호흡부전으로 죽는다는" 것을 깨달았다. 높아진 뇌압과 호흡부전의 상관관계는 미국 신경외과 의사 하비 쿠싱(Harvey Cushing)이 밝혀낸다. 그는 1902년에 심장마비가 오기 전에 뇌간사와 호흡 중추의 기능이 멈추는 일이 먼저 일어난다고 주장했다. 이는 곧 외과 수술을 통해서 환자를 살릴 수 있다는 것을 의미했다. 두개골에 구멍을 뚫고 뇌를 감싸고 있는 과잉 뇌척수액을 빼내면 뇌압이 낮아질 것이기 때문이다.

이때만 하더라도 죽음은 여전히 무호흡 때문이라고 여겨졌다. 하지만 뇌의 활동을 직접 측정할 수 있게 되면서 이런 시각이 달라졌다. 뇌 활동을 처음으로 측정한 사람은 독일 정신과 의사 한스 베르거(Hans Berger, 1872~1941년)다. 그는 자신이 발명한 뇌전도 기계(EEG)를 이용해서 1924년에 뇌파를 측정했다. 베르거는 인간의 뇌에서 우리가 오늘날 '알파파'라고 부르는 것을 발견했다(사실, 그는 자신의 이름을 따서 이러한 뇌파를 '베르거파'라고 이름 지었다[1]).

베르거는 EEG의 아버지로 알려졌지만 나중에 제3제국이 우생학을 홍보할 때 이를 거들기도 했다. 그 결과, 1933년 이후로 40만 명의 젊은이가 강제로 불임이 되었는데, 미국에서만 그 숫자가 3만 명에 이르렀다. 1945년이 되자 이 운 나쁜 사람들은 "살아갈 가치가 없는 생명으로" 여겨졌고, 그중 27만 5,000명이 죽임을 당했다.[2]

뇌파가 사라졌다는 것은 곧 뇌가 죽었음을 의미한다. 설령 환자가 (호흡 보조를 통해서) 숨을 쉬고 심장이 뛰며 다른 체내 기능이 정상적으로 이어지더라도 말이다. 뇌가 죽은 몸은 액체로 영양을 공급해주고 수분을 보충해주면 계속 살아갈 수 있다. 1959년에 '뇌사(coma dépassé)'라는 용어가 탄생했다. 이 말은 해당 분야의 선두적인 두 임상의가 뇌파가 사라진 상태를 정의하기 위해서 만들었다. 하지만 뇌간사한 사람이 사망한 것으로 판정받는 일은 1968년이 되어서야 이루어졌다. 뇌간사는 혼수상태와는 다르다. 혼수상태에 빠진 환자는 자가 호흡을 할 수 있고 뇌간이 손상된 정도 또한 아주 적다.

응급 구조학, 구급차 수송, 응급의학의 수준이 높아지고 집중치료실이 생긴 덕분에 뇌를 다친 환자들은 뇌압이 치명적으로 높아지기 전에 치료를 받을 수 있게 되었다. 이때 환자의 호흡은 인공호흡기를 통해서 계속 보조해줌으로써 심장과 뇌에 산소를 공급하여 건강을 유지할 수 있다. 이런 치료법은 환자가 회복할 시간을 벌어준다. 그 사이에 두개 내에 생긴 어떤 혈전이든 부숨으로써 뇌에 혈액을 다시 공급할 수 있다. 그러면 뇌압이 정상적인 수준으로 돌아가고 환자가 건강을 완전히 회복한다.

하지만 어떤 경우에는 뇌압이 지나치게 높아져서 뇌로 가는 혈류가 아예 멈추기도 한다. 이런 일이 발생하면 뇌는 죽지만 심장과 폐는 건강을 유지한다. 의식은 되돌릴 수 없는 상태가 되지만, 몸은 여전히 기능하는 것이다. 인공호흡기가 발명되기 전에는 볼 수 없는 상황이었다. 이러한 상황은 '장기 이식'이라는 완전히 새로운 의학 분야를 탄생시켰다. 인공호흡기를 이용해서 뇌사자의 장기를 살려두면 외과 의사들은 필요한 환자들에게 이식할 장기를 신중하게 제거할 수 있었다. 이를 통해 신장, 간, 심장은 물론 심지어 폐조차 이식이 가능하다(폐를 이식받아야 하는 환자는 주로 선천성 낭포성 섬유증을 앓고 있는 젊은 사람이다[3]).

고대 이집트인에게 죽음은 끝이 아니었다. 그래서 그들은 사후 세계에 대비했다. 죽은 사람이 사후 세계에서 숨 쉬며 먹고 마실 수 있도록 신경을 쓴 것이다. 이집트 고왕국(Old Kingdom, 기원전 2400~2300년)의 경전이었던 '피라미드(The Pyramid)'에는 성직자들이 죽은 사람의 "입을 여는" 의식을 거행하는 장면이 나온다. 죽은 사람이 죽음 이후에도 삶을 살 수 있도록 돕는 것이다.

한편, 수메르인, 바빌로니아인, 아시리아인들에게 호흡과 삶은 비슷한 말이었다. 호흡이 멈추면 삶도 끝났다고 간주한 것이다. 그들은 인간이 처음에 위일루(We-ilu)라는 죽임당한 신의 피와 찰흙으로 만들어졌다고 생각했다. 이 같은 재료가 쓰였기 때문에 인간이 유기체에서 만들어지고 영적인 존재가 되었다는 것이다. 따라서 호흡이 멈추면 그 사람은 신체적으로는 죽었지만 사실은 잠든(영적인 요소) 것이며, 죽은 사람을 묻으면 그때 신체가 찰흙으로(유기적인 요소) 돌아간다고 여겼다. 따라서 사람의 신체는 죽었지만, 그 사람의 영적인 측면은 귀신처럼 계속 살게 되는데, 이러한 존재를 '기딤(gidim)'이라고 불렀다. 기딤은 인격을 나타냈고 그 사람을 지하 세계로 이동시켜주었다(여기서 말하는 지하 세계는 지상 세계의 어둡고 흐릿한 버전쯤 되는 곳이다).

사람의 몸이 유기적인 요소와 영적인 요소로 구성되어 있다는 생각은 기독교 성경에도 나타난다. 하나님은 이렇게 말씀하신다. "너는 흙이며, 흙으로 돌아갈 것이니라(창세기 3장 19절)." 기독교에서도 정신 또는 영혼은 부활을 기다리면서 계속 살아간다. 그리고 우리의 몸 안에 영혼이 있다는 증거가 바로 호흡이라고 여긴다. "생명의 기운이 있는 모든 육체가 둘씩 노아에게 다가왔나니(창세기 7장 15절)."

힌두교에서 호흡은 살아 있는 사람에게 꼭 필요한 자질이다. 숨의 부재(prana)와 호흡의 부재(an)는 곧 죽음을 뜻한다. 다만 힌두교에서도 이것은 유기적인 죽음일 뿐이며, 영혼(atman)은 남아서 결국 우주와 합류한다.

삶의 시작과 끝은 호흡과 긴밀하게 연관되어 있다. 우리는 태어날 때 숨을 크게 들이마시고 울음을 터뜨리며 첫 호흡을 시작한다. 그리고 죽을 때는 숨을 헐떡이다가 내쉬면서 마지막 호흡을 한다. 첫 호흡과 마지막 호흡 사이에 우리는 수억 번 가까이 숨을 쉰다. 잠들어 있을 때는 천천히 쉬고, 운동할 때는 빠르게 쉰다. 폐질환에 걸리지 않고 대기 오염에 오랫동안 노출되지 않을 만큼 운이 좋은 사람들은 아무런 제약 없이 호흡을 계속한다.

살다 보면 감정이 우리의 호흡에 영향을 미친다. 행복한 순간에 웃음이 나면 호흡의 리듬이 달라진다. 노래에 소질이 있어서 노래를 열심히 부르는 동시에 호흡 훈련을 거치면 목소리가 더 좋아지기도 한다.

호흡에 관한 기나긴 이해의 역사에서 여러 위대한 학자가 호흡을 이해하기 위해 노력했다. 그중에는 잘못 생각한 사람들도 있었고, 더 많은 것을 알아내려다가 죽임을 당하거나 역경에 부딪힌 사람들도 있었다. 그들이 호흡에 관해서 한두 가지씩 발견한 것들이 모여서 우리가 호흡의 다양한 측면을 이해할 수 있게 되었다. 그 덕택에 훌륭한 오페라 가수, 정치인, 연설가들이 탄생하기도 했다.

호흡에 관한 우리의 이해도가 높아진 것과 무관하게 전 세계적으로는 호흡기 질환으로 사망하는 사람이 가장 많다. 아시아에서는 담배를 피우는 사람들이 기하급수적으로 늘어나고 있으며 세계의 모든 대도시에서 대기 오염이 나타나고 있다. 이런 상황에서 호흡은 우리의 모든 생명 징후 중에서 가장 중요한 것으로 자리 잡았다. 좋은 호흡은 심신이 건강한 삶의 필수적인 요소다. 호흡은 생명이고, 생명은 곧 호흡이다.

감사의 글 Thanks to

호흡의 역사에 관해서 이렇게 책으로 엮을 수 있게 되어 대단히 영광스럽다. 이 책 덕분에 내가 평생 관심 있게 공부한 호흡 생리학에 관해서 자유롭게 글을 쓸 수 있었다. 나는 논문을 쓰거나 학생들을 상대로 강연할 때 기존 연구원들의 견해를 찾아보는 경우가 많았는데, 그들이 발견한 것의 맥락을 파악하고 이를 '현대적인' 렌즈를 통해서 살펴보곤 했다. 그들의 이야기는 역사를 생생하게 보여준다. 호흡은 우리 모두 당연하게 생각해온 과정이지만, 이제는 대기 오염과 새로운 감염병으로 인해 주변 환경, 특히 모두가 함께 숨 쉬는 공기를 보호하는 일이 보다 중요해졌다.

이 책을 위해서 정말 애써주시고 전문적인 도움을 주신 릭션 북스(Reaktion Books) 출판팀에 감사드린다. 가족에게도 응원해주어 감사하다는 말씀을 전한다. 이 책을 쓰고 주장의 근거를 찾기 위해서 수많은 보고서와 논문을 분석하느라 홀로 오랜 시간 틀어박혀 있을 때도 군말 없이 이해해준 것에 깊이 감사드린다. 이 책은 캐런(Karen)이 지속적이고 변함없이 지지해주지 않으셨더라면 세상의 빛을 보지 못했을 것이다. 따라서 캐런에게 특별히 감사드린다고 말하고 싶다. 아울러, 책에 실린 모든 견해(와 실수)는 온전히 내 것임을 밝힌다.

※주의: 책을 쓰는 동안에도 2020년에 시작된 코로나바이러스 팬데믹이 여전히 이어지고 있었기 때문에 이 책에서는 2020년 여름까지 일어난 사건들만 다룬다.

1장 탄생: 생명을 불어넣는 숨

1 Donald E. Canfield, Oxygen: A Four Billion Year History (Princeton, nj, 2014), pp. 196, 156.

2 Connie C. W. Hsia et al., 'Evolution of Air Breathing: Oxygen Homeostasis and the Transitions from Water to Land and Sky', Comparative Physiology, iii (2013), pp. 849–915.

3 Sarah K. Griffiths and Jeremy P. Campbell, 'Placental Structure, Function and Drug Transfer', Continuing Education in Anaesthesia, Critical Care and Pain, xv (2015), pp. 84–9.

4 J. G. Nijhuis et al., 'The Rhythmicity of Fetal Breathing Varies with Behavioural State in the Human Fetus', Early Human Development, ix (1983), pp. 1–7.

5 Peter Lewis and Peter Boylan, 'Fetal Breathing: A Review', American Journal of Obstetrics and Gynaecology, cxxxiv (1979), pp. 587–98.

6 Ibid.

7 M. Obladen, 'Pulmo Uterinus: A History of Ideas on Fetal Respiration', Journal of Perinatal Medicine, xli (2018), pp. 457–64.

8 John Bostock, An Elementary System of Physiology, vol. ii (London, 1826), p. 643.

9 S. Joshi et al., 'Exercise-induced Bronchoconstriction in Schoolaged Children Who Had Chronic Lung Disease in Infancy', Journal of Pediatrics, clxii (2013), pp. 813–18.

10 Rhea Urs et al., 'Persistent and Progressive Long-term Lung Disease in Survivors of Preterm Birth', Paediatric Respiratory Reviews, xxvi (2018), pp. 87–94.

2장 역사: 호흡과 문명의 발전

1 J. Kappelman et al., 'First Homo Erectus From Turkey and Implications for Migration into Temperate Eurasia', American Journal of Physical Anthropology, cxxxv (2008), pp. 110–16.

2 Jakub Kwiecinski, 'Images of the Respiratory System in Ancient Egypt: Trachea, Bronchi and Pulmonary Lobes', Canadian Respiratory Journal, xix (2012) pp. 33–4.

3 Ibid.

4 Friedrich Solmsen, 'The Vital Heat, the Inborn Pneuma and the Aether', Journal of Hellenic Studies, lxxvii (1957), pp. 119–23.

5 Ernest Best, 'The Use and Non-use of Pneuma by Josephus', Novum Testamentum, iii (1959), pp. 218–25.

6 Kishor Patwardhan, 'The History of the Discovery of Blood Circulation: Unrecognized Contributions of Ayurveda Masters', Advances in Physiology Education, xxxvi (2012), pp. 77–82.

7 Aparna Singh, 'Physiological Appraisal of Prana Vayu in Ayurvedic Literatures', International Journal of Physiology, Nutrition and Physical Education, iii (2018), pp. 2157–9.

8 Pedzisai Mazengenya and Rashid Bhikha, 'An Analysis of Historical Vignettes by Ibn Sina in the Canon of Medicine on the Structure and Function of the Cardiorespiratory Apparatus', Archives of Iranian Medicine, xx (2017), pp. 386–8.

9 Seyyed Mehdi Hashemi and Mohsin Raza, 'The Traditional Diagnosis and Treatment of Respiratory Diseases: A Description From Avicenna's Canon of Medicine', Therapeutic Advances in Respiratory Disease, iii (2009), pp. 319–28; John B. West, 'Ibn Al-Nafis, the Pulmonary Circulation, and the Islamic Golden Age', Journal of Applied Physiology, cv (2008), pp. 1877–80.

10 Reinaldo Bulgarelli Bestetti et al., 'Development of Anatomophysiologic Knowledge Regarding the Cardiovascular System: From Egypt to Harvey', Arquivos Brasileiros de Cardiologia, ciii (2014), 38S–45S.

11 Bryan Gandevia, 'The Breath of Life: An Essay on the Earliest History of Respiration. Part 1', Australian Journal of Physiotherapy, xvi (1970), pp. 5–11.

12 John W. Severinghaus, 'Eight Sages over Five Centuries Share Oxygen's Discovery', Advances in Physiology Education, xl (2016), pp. 370–76.

13 Concealed lung anatomy in Botticelli's masterpieces The Primavera and the Birth of Venus. Davide Lazzeri, Acta Biomedica, LXXXVIII, (2017), pp. 502–9.

14 Donald Fleming, 'Galen on the Motions of the Blood in the Heart and Lungs', Isis, xlvi (1955), pp. 14–21; Donald Fleming, 'William Harvey and the Pulmonary Circulation', Isis, xlvi (1955), pp. 319–27.

15 Leonard G. Wilson, 'The Transformation of Ancient Concepts of Respiration in the Seventeenth Century', Isis, li (1960), pp. 161–72.

16 Lavoisier Antoine Laurent, Encyclopaedia Britannica (1971), vol. XIII, pp. 818–19.

17 M. J. Eadie, 'Robert Whytt and the Pupils', Journal of Clinical Neuroscience, vii (2000), pp. 295–7.

18 Charles F. Bolton et al., Neurology of Breathing (New York, 2004), pp. 3–18.

19 Tobias Cheung, 'Limits of Life and Death: Legallios's Decapitation Experiments', Journal of the History of Biology, xlvi (2013), pp. 283–313.

20 J.M.S. Pearce, 'Marie-Jean-Pierre Flourens (1794–1867) and Cortical Localization', European Neurology, cxi (2009), pp. 311–14.

21 D. Doyle, 'Eponymous Doctors Associated With Edinburgh, Part 2 – David Bruno, John Cheyne, William Stokes, Alexander Munro Secundus, Joseph Gamgee', Journal of the Royal College of Physicians of Edinburgh, xxvi (2006), pp. 374–81.

22 New Scientist, 15 July 1976, p. 160.

23 Ernest H. Starling, Principles of Human Physiology, 3rd edn (London, 1920), p. 1123.

24 Ibid.

25 Martin Fronius, Wolfgang G. Clauss and Mike Althaus, 'Why Do We Have to Move Fluid to Be Able to Breathe?', Frontiers in Physiology, iii (2012), Article 146, pp. 1–9.

26 Klaus D. Jürgens et al., 'Heart and Respiratory Rates and Their Significance for Convective Oxygen Transport Rates in the Smallest Mammal, the Etruscan Shrew Suncus etruscus', Journal of Experimental Biology, cxcix (1996), pp. 2579–84.

27 Andreas Fahlman, Michael J. Moore and Daniel Garcia-Parraga, 'Respiratory Function and Mechanics in Pinnipeds and Cetaceans', Journal of Experimental Biology, ccxx (2017), pp. 1761–73.

28 Toshio Kuroki, 'Physiological Essay on Gulliver's Travels: A Correction after Three Centuries', Journal of Physiological Sciences, lxix (2019), pp. 421–4.

29 George Pearson, 'On the Colouring Matter of the Black Bronchial Glands and

of the Black Spots of the Lungs', Philosophical Transactions of the Royal Society, London, xii (1813), pp. 159–70.

30 Charles A. Culotta, 'Respiration and Lavoisier Tradition: Theory and Modification, 1777–1850', Transactions of the American Philosophical Society, lxii (1972), pp. 3–41.

31 G. Valentin, A Text Book of Physiology (London, 1853).

32 W. Allen and W. H. Pepys, 'On the Changes Produced in Atmospheric Air and Oxygen Gas by Respiration', Philosophical Transactions of the Royal Society, London, xvii (1808), pp. 249–81.

3장 사회: 산업혁명과 숨

1 Lundy Braun, Breathing Race into the Machine: The Surprising Career of Spirometer from Plantation to Genetics (Minneapolis, mn, 2014), p. 271.

2 Heidi L Lujan and Stephen E. DiCarlo, 'Science Reflects History as Society Influences Science: Brief History of "Race", "Race Correction" and the Spirometer', Advances in Physiology Education, XLII (2018), pp. 163–5.

3 Ibid.

4 J. Cleeland and S. Burt, 'Charles Turner Thackrah: A Pioneer in the Field of Occupational Health', Occupational Medicine, xlv (1995), pp. 285–97.

5 Ibid.

6 Ibid.

7 John Hutchinson, 'Contributions to Vital Statistics, Obtained by Means of a Pneumatic Apparatus for Valuing the Respiratory Powers With Relation to Health', Journal of the Statistical Society of London, vii (1844), pp. 193–212.

8 Thomas L. Petty, 'John Hutchinson's Mysterious Machine Revisited', Chest, cxxi (2002), 219S–223S.

9 John Hutchinson, 'On the Capacity of the Lungs, and on the Respiratory Functions with a View of Establishing a Precise and Easy Method of Detection of Detecting Disease by the Spirometer', Medico-Chirurgical Transactions, xxix (1846), pp. 137–252.

10 Edward J. Wood, Giants and Dwarfs (London, 1868), p. 497.

11 Petty, 'John Hutchinson's Mysterious Machine Revisited'.

12 Bryan Gandevia, 'John Hutchinson in Australia and Fiji', Medical History, xxi (1977), pp. 365–83.

13 Braun, Breathing Race into the Machine, p. 271.

14 Charles Gayarré, 'The Southern Question', North American Review, cxxv (1877), pp. 472–98.

15 Braun, Breathing Race into the Machine, p. 271.

16 Quain's Dictionary of Medicine, ed. H. Montague Murray (London, 1902), pp. 1228–39.

17 Sultan Ahmed et al., 'Host-directed Therapy as a Novel Treatment Strategy to Overcome Tuberculosis: Targeting Immune Modulation', Antibiotics, viii (2019), pp. 1–19.

18 R. Tait McKenzie, Exercise in Education and Medicine (Philadelphia, pa, 1917), p. 585.

19 Ibid.

20 Braun, Breathing Race into the Machine, p. 271.

21 Ibid.

22 Weston Thatcher Borden et al., 'Dioxygen: What Makes This Triplet Diradical Kinetically Persistant?', Journal of the American Chemical Society, cxxxix (2017), pp. 9010–18.

23 John B. West, 'Three Classical Papers in Respiratory Physiology by Christian Bohr (1855–1911), Whose Work Is Frequently Cited But Seldom Read', American Journal of Physiology – Lung Cell Molecular Physiology, cccxvi (2019), L585–L588.

24 C. Bohr, 'Über die spezifische Tätigkeit der Lungen bei der respiratorischen Gasaufnahme und ihr Verhalten zu der Durch die alveolarwand statt-findenden Gasdiffusion', Skand Arch Physiol., xxii (1909), pp. 221–80.

25 Albert Gjedde, 'Diffusive Insights: On the Disagreement of Christian Bohr and August Krogh at the Centennial of the Seven Little Devils', Advances in Physiology Education, xxiv (2010), pp. 174–85.

26 A. Krogh and M. Krogh, 'On the Tensions of Gases in Arterial Blood', Skandinavisches Archiv für Physiologie, xxiii (1910), pp. 179–92; M. Krogh, 'The Diffusion of Gases Through the Lungs of Man', Journal of Physiology, xcix (1915), pp. 271–300.

27 John T. Edsall, 'Blood and Haemoglobin: The Evolution of Knowledge of Functional Adaption in a Biochemical System. Part 1: The Adaptation of Chemical

Structure to Function in Haemoglobin', Journal of the History of Biology, v (1972), pp. 205–57; John T. Edsall, 'Understanding Blood and Hemoglobin: An Example of International Relations in Science', Perspectives in Biology and Medicine, xxix (1986), 107s–123s.

28 G. G. Stokes, 'On the Reduction and Oxidation of the Colouring Matter of the Blood', Proceedings of the Royal Society of London, xiii (1864), p. 355.

4장 오염: 미아즈마와 더러운 공기

1 Jacques Jouanna, 'Air, Miasma and Contagion in the Time of Hippocrates and the Survival of Miasmas in Post-Hippocratic Medicine (Rufus of Ephesus, Galen and Palladius)', in Greek Medicine from Hippocrates to Galen (Leiden, 2012), pp. 119–36.

2 Ibid.

3 Ibid.

4 J. T. Carter, 'Vitiated Air: A Victorian Villain?', Journal of the Royal Society of Medicine, lxxiv (1981), pp. 914–19.

5 M. J. Dobson, 'History of Malaria', Journal of the Royal Society of Medicine, Supplement 17, lxxxii (1989), pp. 3–7.

6 Richard Jones, Mosquito (London, 2012), p. 216.

7 Jun-Fang Sun, 'Medical Implication in the Bible and Its Relevance to Modern Medicine', Journal of Integrative Medicine, xi (2013), pp. 416–21.

8 Catharine Arnold, Pandemic 1918: The Story of the Deadliest Influenza in History (London, 2018), p. 357.

9 Ibid.

10 Alan W. Hampson, 'Avian Influenza: A Pandemic Waiting in the Wings?', Emergency Medicine Australasia, xviii (2006), pp. 420–29; Jessica A. Belsar et al., 'Complexities in Ferret Influenza Virus Pathogenesis and Transmission Models', Microbiology and Molecular Biology Reviews, cxxx (2016), pp. 733–44.

11 Hampson, 'Avian Influenza', pp. 420–29.

12 Arnold, Pandemic 1918, p. 357.

13 Robert Harris and Jeremy Paxman, A Higher Form of Killing: The Secret History of Chemical and Biological Warfare (London, 2002), p. 300.

14 Ibid.

15 Ibid.

16 Ibid.

17 Peter J. Baxter, M. Kapila and D. Mfonfu, 'Lake Nyos Disaster, Cameroon, 1986: The Medical Effects of Large Scale Emission of Carbon Dioxide?', British Medical Journal, ccxcviii (1989), pp. 1437–41.

18 Mark Miodownik, Liquid Rules: The Delightful and Dangerous Substances That Flow Through Our Lives (London, 2018), p. 276.

19 M. E. Jonasson and R. Afshari, 'Historical Documentation of Lead Toxicity Prior to the 20th Century in English Literature', Human and Experimental Toxicology, xxxviii (2017), pp. 775–88.

20 Kassia St Clair, The Secret Lives of Colour (London, 2016), p. 43.

21 Philiberto Vernatti, 'A Relation of the Making of Ceruss by Sir Philiberto Vernatti', Philosophical Transactions of the Royal Society of London, xxxvii/12 (1677), pp. 935–6.

22 Kanta Sircar et al., 'Carbon Monoxide Poisoning Deaths in the United States, 1999 to 2012', American Journal of Emergency Medicine, xxxiii (2015), pp. 1140–45.

23 Hunter H. Comly, 'Cyanosis in Infants Caused by Nitrates in Well Water', Journal of the American Medical Association, cxxix (1945), pp. 112–16.

24 Roger P. Smith, 'What Makes My Baby Blue', Dartmouth Medicine (Summer 2000), pp. 26–31, 51.

25 A. A. Avery, 'Infantile Methemoglobinemia: Re-examining the Role of Drinking Water Nitrates', Environmental Health Perspectives, cvii (1999), pp. 583–6; Alyce M. Richard, James H.Diaz and Alan David Kaye, 'Re-examining the Risks of Drinkingwater Nitrates on Public Health', Ochsner Journal, xiv (2014), pp. 392–8.

26 Arthur Musk et al., 'The Wittenoom Legacy', International Journal of Epidemiology (2019), pp. 1–10.

27 J. Robertson Wallace, The Constitution of Man: Man in Health, Man in Disease, 4th edn (London, 1897), p. 420.

28 Carter, 'Vitiated Air', pp. 914–19.

29 Eleanor Herman, The Royal Art of Poison: Filthy Palaces, Fatal Cosmetics, Deadly Medicine and Murder Most Foul (New York, 2018), p. 302.

30 Ibid.

31 Henrik Schoenefeldt, 'The Historic Ventilation System of the House of Commons, 1840–52: Re-visiting David Boswell Reid's Environmental Legacy', Antiquaries Journal, xcviii (2018), pp. 245–95.

32 Noxious Vapours Abatement Association, Lancashire and Cheshire, November 1876.

33 Peter Brimblecombe, 'Attitudes and Responses Towards Air Pollution in Medieval England', Journal of the Air Pollution Control Association, xxvi (1976), pp. 941–5.

34 G. Wang et al., 'Persistent Sulfate Formation From London Fog to Chinese Haze', Proceedings of the National Academy of Sciences, cxiii (2016), pp. 13,630–35.

35 Paul D. Blanc et al., 'The Occupational Burden of Nonmalignant Respiratory Diseases. An Official American Thoracic Society and European Respiratory Society Statement', American Journal of Respiratory and Critical Care Medicine, cxcix (2019), pp. 1312–34.

5장 질식: 산소호흡기의 발명

1 Colin Ogilvie, 'Dyspnoea', British Medical Journal, cclxxxvii (1983), pp. 160–61.

2 M. J. Campbell et al., 'Age Specific Trends in Asthma Mortality in England and Wales, 1983–95: Results of An Observational Study', British Medical Journal, cccxiv (1997), pp. 1439–41.

3 Paul O'Byrne et al., 'Asthma Progression and Mortality: The Role of Inhaled Corticosteroids', European Respiratory Journal, civ (2019), p. 1900491.

4 Sheldon C. Siegel, 'History of Asthma Deaths From Antiquity', Journal of Allergy and Clinical Immunology, cxxx (1987), pp. 458–62.

5 Arthur K. Ashbury, 'Guillain-Barré Syndrome: Historical Aspects', Annals of Neurology, xxvii (1990) (Suppl): s2–s6.

6 John B. Winer, 'Guillain-Barré Syndrome', British Medical Journal, cccvii (2008), a671.

7 S. Laureys et al., 'The Locked-in Syndrome: What Is It Like to Be Conscious but Paralyzed and Voiceless?', Progress in Brain Research, cl (2005) pp. 495–611.

8 A. N. Williams, 'Cerebrovascular Disease in Dumas The Count of Monte Cristo', Journal of the Royal Society of Medicine, xcvi (2003), pp. 412–14.

9 Stephen W. Littleton and Babak Mokhlesi, 'The Pickwickian Syndrome: Obesity Hypoventilation Syndrome', Clinics in Chest Medicine, xxx (2009), pp. 467–78.

10 Peretz Lavie, 'Who Was the First to Use the Term Pickwickian in Connection With Sleepy Patients? History of Sleep Apnoea Syndrome', Sleep Medicine Reviews, xii (2008), pp. 5–17.

11 B. Mokhlesi, 'Obesity Hypoventilation Syndrome: A State-of-theart Review', Respiratory Care, lv (2010), pp. 1347–65.

12 Eduardo E. Benarroch, 'Control of the Cardiovascular and Respiratory Systems During Sleep', Autonomic Neuroscience: Basic and Clinical, ccxviii (2019), pp. 54–63.

13 Anon., 'The Black Hole of Calcutta', The Atheneum, ix (1821), pp. 278–83.

14 Ronald V. Trubuhovich, 'History of Mouth-to-mouth Rescue Breathing. Part 1', Critical Care and Resuscitation, vii (2005), pp. 250–57.

15 Ibid.

16 Ronald V. Trubuhovich, 'History of Mouth-to-mouth Rescue Breathing. Part 2: The 18th Century', Critical Care and Resuscitation, viii (2006), pp. 157–71.

17 Ibid.

18 Ronald V. Trubuhovich, 'History of Mouth-to-mouth Rescue Breathing. Part 3: The 19th to Mid–20th Centuries and "Rediscovery"', Critical Care and Resuscitation, ix (2007), pp. 221–37.

19 C.H.M. Woollam, 'The Development of Apparatus for Intermittent Negative Pressure Respiration: (1) 1832–1918', Anaesthesia, xxxi (1976), pp. 537–47.

20 Ibid.

21 Arthur S. Slutsky, 'History of Mechanical Ventilation. From Vesalius to Ventilator-induced Lung Injury', American Journal of Respiratory and Critical Care Medicine, cxci (2015), pp. 106–15.

22 C.H.M. Woollam, 'The Development of Apparatus for Intermittent Negative Pressure Respiration: (2) 1919–1976, with Special Reference to the Development and Uses of Cuirass Respirators', Anaesthesia, xxxi (1976), pp. 666–85.

23 Leonard Hill, 'Mechanical Respirators', British Medical Journal, ii/4069 (1938), p. 1389.

24 R. R. Macintosh, 'Mechanical Respirators', British Medical Journal, i/4070 (1939), pp. 83–5.

25 Frederick Menzies, 'Mechanical Respirators', British Medical Journal, i/4072 (1939), p. 35.

26 Christopher H. M. Wollam, '"A Munificent Gift": Lord Nuffield's Gift of the Both Respirator to the Empire', History of Anaesthesia Society Proceedings, xviii (2015), pp. 105–14.

27 Jeanette Scott and Paul A. Baker, 'How Did the Macintosh Laryngoscope Become So Popular?', Pediatric Anesthesia, ixx (2009), (Suppl1): pp. 19–24.

28 Richard Foregger, 'Richard Von Foregger, PhD, 1872–1960. Manufacturer of Anesthesia Equipment', Anesthesiology, 84, cxxxiv (1996), pp. 190–200.

29 T.C.R.V. Van Zundert et al., 'Archie Brain: Celebrating 30 Years of Development in Laryngeal Mask Airways', Anesthesia, cxvii (2012), pp. 1375–85.

30 Brian W. Rotenberg, Dorian Murariu and Kenny P. Pang, 'Trends in cpap Adherence over Twenty Years of Data Collection: A Flattened Curve', Journal of Otolaryngology: Head and Neck Surgery, xliii (2016), p. 43.

31 Thomas L. Petty, 'The History of copd', International Journal of copd, i (2006), pp. 3–14.

32 M. A. Johnson et al., 'Are "Pink Puffers" More Breathless Than "Blue Bloaters"?', British Medical Journal, cclxxxvi/6360 (1983), pp. 179–82.

33 Garry K. Smith, 'Caving for "Pink Puffers" and "Blue Bloaters"', Proceedings of the Australian Speleological Federation (2003), p. 11.

34 Robert N. Proctor, 'The History of the Discovery of the Cigarette– Lung Cancer Link: Evidentiary Traditions, Corporate Denial, Global Toll', Tobacco Control, xxi (2012), pp. 87–91.

35 Ibid.

36 Ibid.

6장 환경: 고지대와 저지대에서 숨쉬기

1 R. Duffield, B. Dawson and C. Goodman, 'Energy System Contribution to 100-m and 200-m Track Running Events', Journal of Science and Medicine in Sport, vii (2004), pp. 302–13.

2 R. Duffield, B. Dawson and C. Goodman, 'Energy System Contribution to 400-m and 800-m Track Running Events', Journal of Sport Sciences, xxiii (2005), pp. 299–307

3 P. B. Gastrin, 'Energy System Interaction and Relative Contribution During Maximal Exercise', Sports Medicine, xxxi (2001), pp. 725– 41; Valéria L. G. Panissa

et al., 'Is Oxygen Uptake Measurement Enough to Estimate Energy Expenditure During High-intensity Intermittent Exercise? Quantification of Anaerobic Contribution by Different Methods', Frontiers in Physiology, ix (2018), p. 868.

4 A. V. Hill and H. Lupton, 'The Oxygen Consumption During Running', Journal of Physiology, cvi (1922), pp. xxxii–xxxiii; Tudor Hale, 'History of Developments in Sport and Exercise Physiology: A. V. Hill, Maximal Oxygen Uptake, and Oxygen Debt', Journal of Sports Sciences, xxvi (2008), pp. 365–400.

5 Gordon C. Douglas, 'A Method for Determining the Total Respiratory Exchange in Man', Journal of Physiology, xcii (1911) pp. xvii–xviii.

6 Michael J. Tipton et al., 'The Human Ventilatory Response to Stress: Rate or Depth?', Journal of Physiology, dxcv (2017), pp. 5729–52.

7 Ilse Van Diest, 'Interoception, Conditioning, and Fear: The Panic Threesome', Psychophysiology, lvi (2019), p. e13421.

8 Colin Ogilvie, 'Dyspnoea', British Medical Journal, cclxxxvii/6386 (1983), pp. 160–61.

9 Van Diest, 'Interoception, Conditioning, and Fear', p. e13421.

10 Ibid.

11 Y. Sakaguchi and E. Aiba, 'Relationship Between Musical Characteristics and Temporal Breathing Pattern in Piano Performance', Frontiers in Human Neuroscience, x (2016), p. 381.

12 Andrew B. Lumb, Nunn's Applied Respiratory Physiology, 5th edn (Oxford, 2000), p. 685.

13 Cynthia M. Beall et al., 'Hemoglobin Concentration of High□altitude Tibetans and Bolivian Aymara', American Journal of Physical Anthropology: The Official Publication of the American Association of Physical Anthropologists, cvi (1998), pp. 385–400; Christina A. Eichstaedt et al., 'Genetic and Phenotypic Differentiation of an Andean Intermediate Altitude Population', Physiological Reports, iii (2015).

14 Hao Hu et al., 'Evolutionary History of Tibetans Inferred from Whole-genome Sequencing', Plos Genetics, xiii (2017), p. e1006675.

15 Fahu Chen et al., 'A Late Middle Pleistocene Denisovan Mandible from the Tibetan Plateau', Nature, dlxix (2019), pp. 409–12.

16 Sam Kean, Caesar's Last Breath: Decoding the Secrets of the Air Around Us (New York, 2017), p. 374.

17 J. B.West, 'Early History of High-altitude Physiology', Annals of the New York Academy of Sciences, mccclxv (2016), pp. 33–42.

18 Kean, Caesar's Last Breath, p. 374.

19 Paul Bert and Fred A. Hitchcock, Barometric Pressure: Researches in Experimental Physiology (Columbus, OH, 1943), p. 972.

20 V. Theodore Barnett, 'Respiratory Effects of the Dead Sea: A Historical Note', Chest, cxiv (1998), p. 949.

21 M. R. Kramer et al., 'Rehabilitation of Hypoxemic Patients with copd at Low Altitude at the Dead Sea, the Lowest Place on Earth', Chest, cxiii (1998), pp. 571–5; Nedal Alnawaiseh and Fathi El-Gamal, 'The Effect of Low Altitude on the Performance of Lung Function in Alaghwar Region, Dead Sea, Jordan', Journal of Pulmonary and Respiratory Medicine, viii (2018), p. 445.

22 John B. West, 'Snorkel Breathing in the Elephant Explains the Unique Anatomy of Its Pleura', Respiration Physiology, cxxvi (2001), pp. 1–8.

23 G. Kim Prisk, 'Microgravity and the Respiratory System', European Respiratory Journal, XLv (2014), pp. 1459–71.

24 A. L. Gill and C.N.A. Bell, 'Hyperbaric Oxygen: Its Uses, Mechanisms of Action and Outcomes', Quarterly Journal of Medicine, xcvii (2004), pp. 385–95.

25 Carlos D. Scheinkestel et al., 'Where to Now With Carbon Monoxide Poisoning?', Emergency Medicine, xvi (2004), pp. 151–4.

26 Chris Acott, 'Oxygen Toxicity: A Brief History of Oxygen in Diving', spums Journal, xxix (1999), pp. 150–55.

7장 기술: 다양한 호흡법

1 Andrea Zaccaro et al., 'How Breath-control Can Change Your Life: A Systematic Review on Psycho-physiological Correlates of Slow Breathing', Frontiers in Human Neuroscience, xii (2018), p. 353.

2 Christopher Gilbert, 'Emotional Sources of Dysfunctional Breathing', Journal of Bodywork and Movement Therapies, ii (1998), pp. 224–30.

3 Christopher Gilbert, 'Yoga and Breathing', Journal of Bodywork and Movement Therapies, iii (1999), pp. 44–54.

4 Richard M. Harding and F. John Mills, 'Problems of Altitude. i: Hypoxia and Hyperventilation', British Medical Journal, cclxxxvi (1983), pp. 1408–10.

5 S. Cooper et al., 'Effect of Two Breathing Exercises (Buteyko and Pranayama) in Asthma: A Randomised Controlled Trial', Thorax, cviii (2003), pp. 674–9.

6 Leon Chaitow, Christopher Gilbert and Dinah Bradley, Recognizing and Treating Breathing Disorders, 2nd edn (London, 2013), p. 320.

7 Penelope Latey, 'The Pilates Method: History and Philosophy', Journal of Bodywork and Movement Therapies, v (2001), pp. 275–82; Penelope Latey, 'Updating the Principles of the Pilates Method – Part 2', Journal of Bodywork and Movement Therapies, vi (2002), pp. 94–101.

8 Patricia Huston and Bruce McFarlane, 'Health Benefits of Tai Chi: What Is the Evidence?', Canadian Family Physician, cxii (2016), pp. 881–90.

9 Zhen-Xian Zhang, 'Usage of Traditional Chinese Medicine in Treating Intractable Hiccups: A Case Report', Journal of Integrative Medicine, xii (2014), pp. 520–23.

10 Joseph S. Alter, 'Modern Medical Yoga: Struggling With a History of Magic, Alchemy and Sex', Asian Medicine, i (2005), pp. 119–46.

11 Edgar Williams, Moon: Nature and Culture (London, 2014), p. 198.

12 Jon Kabat-Zinn, Full Catastrophe Living: Using the Wisdom of Your Body and Mind to Face Stress, Pain, and Illness (New York, 1991), pp. 59–72.

13 Li Changjun et al., 'Effects of Slow Breathing Rate on Heart Rate Variability and Arterial Baroreflex Sensitivity in Essential Hypertension', Medicine, xcvii (2018).

14 N. F. Bernardi et al., 'Cardiorespiratory Optimization During Improved Singing and Toning', Scientific Reports, vii/8113 (2017), pp. 1–8.

15 Luciano Bernardi et al., 'Effect of Rosary Prayer and Yoga Mantras on Autonomic Cardiovascular Rhythms: Comparative Study', British Medical Journal, cccxxiii (2001), pp. 1446–9.

16 Heather Mason et al., 'Cardiovascular and Respiratory Effect of Slow Yogic Breathing in the Yoga Beginner: What Is the Best Approach?', Evidence-based Complementary and Alternative Medicine, 743504 (2013), pp. 1–7.

17 Dirk Cysarz et al., 'Oscillations of Heart Rate and Respiration Synchronize During Poetry Recitation', American Journal of Physiology: Heart and Circulatory Physiology, cclxxxvii (2004), h579–h587.

18 Hilal Yuksel et al., 'Effectiveness of Breathing Exercises During the Second Stage of Labor on Labor Pain and Duration: A Randomized Controlled Trial', Journal of Integrative Medicine, xv (2017), pp. 456–61.

19 Linda C. Pugh et al., 'First Stage Labor Management: An Examination of Patterned Breathing and Fatigue', Birth, xxv (1998), pp. 241–5.

20 G. S. Bause, 'Before the Lamaze Method: Bonwill "Rapid Breathing"', Anesthesiology, cxxiv (2016), p. 258.

21 Clarence W. Dail, '"Glossopharyngeal Breathing" by Paralyzed Patients', California Medicine, cxxv (1951), pp. 217–18.

22 Malin Nygren-Bonnier, Tomas A. Schiffer and Peter Lindholm, 'Acute Effects of Glossopharyngeal Insufflation in People With Cervical Spinal Cord Injury', Journal of Spinal Cord Medicine, xli (2018), pp. 85–90; François Maltais, 'Glossopharyngeal Breathing', American Journal of Respiratory Critical Care Medicine, clxxxiv (2011), p. 381.

23 Jan-Marino Ramirez and Nathan Baertsch, 'Defining the Rhythmogenic Elements of Mammalian Breathing', Physiology, xxxiii (2018), pp. 302–16.

24 Jing Kang, Austin Scholp and Jack J. Jiang, 'A Review of the Physiological Effects and Mechanisms of Singing', Journal of Voice, xxxii (2018), pp. 390–95.

25 Ramsey Smith, 'Breathing in Singing', Journal of Laryngology, Rhinology and Otology, VIII (1894), pp. 305–9.

26 Sauro Salomoni, Wolbert van den Hoorn and Paul Hodges, 'Breathing and Singing: Objective Characterization of Breathing Patterns in Classical Singers', PLOS One, xi (2016), e0155084.

27 Ramsey Smith, 'Breathing in Singing', Journal of Laryngology, Rhinology and Otology, viii (1894), pp. 305–9.

28 Rachel B. Goldenberg, 'Singing Lessons for Respiratory Health: A Literature Review', Journal of Voice, xxxii (2018), pp. 85–94.

29 L. Bernardi, C. Porta and P. Sleight, 'Cardiovascular, Cerebrovascular, and Respiratory Changes Induced by Different Types of Music in Muscians and Nonmusicians: The Importance of Silence', Heart, xcii (2006), pp. 445–52.

30 Eugenija Zuskin et al., 'Respiratory Function in Wind Instrument Players', Medicina Del Lavoro, c (2009), pp. 133–41.

31 Lia Studer et al., 'Does Trumpet Playing Effect Lung Function? – A Case Control Study', Plos One, xiv/5 (2019), e0215781.

32 Dietrich Erbert et al., 'Coordination Between Breathing and Mental Grouping of Pianistic Finger Movements', Perceptual and Motor Skills, xcv (2002), pp. 339–53.

33 Ramirez and Baertsch, 'Defining the Rhythmogenic Elements of Mammalian Breathing', pp. 302–16.

34 Peter Gilroy, 'A Case of Pulmonary Abscess Caused by the Lodgement of a Chicken Bone in One of the Bronchi', Edinburgh Medical and Surgical Journal, xxxv (1831), pp. 293–6.

35 Keith Singletary, 'Oregano: Overview of the Literature on Health Benefits', Nutri-

tion Today, xcv (2010), pp. 129–38.

36 www.npg.org.uk/whatson/display/2004/theodore-de-mayerne, accessed 8 November 2020.

37 Poonam Mahendra and Shradha Bisht, 'Ferula asafoetida: Traditional Uses and Pharmacological Activity', Pharmacognosy Reviews, vi (2012), pp. 141–6.

38 Fred Hageneder, Yew (London, 2012), p. 255.

39 Ibid

8장 문학: 영감을 불어넣는 숨

1 Corinne Saunders, 'The Play of Breath: Chaucer's Narratives of Feeling', in Reading Breath in Literature (Basel, 2019), pp. 17–38.

2 Naya Tsentourou, 'Wasting Breath in Hamlet', in Reading Breath in Literature (Basel, 2019), pp. 39–63.

3 S. O'Mahony, 'A. J. Cronin and The Citadel: Did a Work of Fiction Contribute to the Foundation of the nhs?', Journal of the Royal College of Physicians of Edinburgh, xcii (2012), pp. 172–8.

4 Jean-Thomas Tremblay, 'Breath: Image and Sound, An Introduction', New Review of Film Television Studies, xvi (2018), pp. 93–7.

9장 정지: 마지막 호흡

1 Lawrence A. Zeidman, James Stone and Daneil Kondzeilla, 'New Revelations about Hans Berger, Father of the Electroencephalogram (eeg), and His Ties to the Third Reich', Journal of Child Neurology, xxix (2014), pp. 1002–10.

2 Ibid.

3 Calixto Machado et al., 'The Concept of Brain Death Did Not Evolve to Benefit Organ Transplants', Journal of Medical Ethics, xxxiii (2007), pp. 197–200.

호흡

지은이 에드거 윌리엄스
옮긴이 황선영
발행인 박상진
편 집 김제형, 김민준
디자인 투에스북디자인
발행처 진성북스
등 록 2011년 9월 23일
주 소 서울시 강남구 영동대로85길 38, 10층
전 화 02)3452-7751
팩 스 02)3452-7761
홈페이지 http://www.jinsungbooks.com
이메일 jinsungbooks.naver.com

ISBN 978-89-97743-53-7 03900

J I N S U N G B O O K S

진성북스
도서목록

사람이 가진 무한한 잠재력을 키워가는 **진성북스**는
지혜로운 삶에 나침반이 되는 양서를 만듭니다.

앞서 가는 사람들의 두뇌 습관

스마트 싱킹

아트 마크먼 지음 | 박상진 옮김
352쪽 | 값 17,000원

숨어 있던 창의성의 비밀을 밝힌다!

인간의 마음이 어떻게 작동하는지 설명하고, 스마트해지는데 필요한 완벽한 종류의 연습을 하도록 도와준다. 고품질 지식의 습득과 문제 해결을 위해 생각의 원리를 제시하는 인지 심리학의 결정판이다! 고등학생이든, 과학자든, 미래의 비즈니스 리더든, 또는 회사의 CEO든 스마트 싱킹을 하고자 하는 누구에게나 이 책은 유용하리라 생각한다.

- 조선일보 등 주요 15개 언론사의 추천
- KBS TV, CBS방영 및 추천

나의 잠재력을 찾는 생각의 비밀코트

지혜의 심리학

김경일 지음
352쪽 | 값 16,500원

창의적으로 행복에 이르는 길!

인간의 타고난 심리적 특성을 이해하고, 생각을 현실에서 실행하도록 이끌어주는 동기에 대한 통찰을 통해 행복한 삶을 사는 지혜를 명쾌하게 설명한 책. 지혜의 심리학을 선택한 순간, 미래의 밝고 행복한 모습은 이미 우리 안에 다가와 가뿐히 자리잡고 있을 것이다, 수많은 자기계발서를 읽고도 성장의 목표를 이루지 못한 사람들의 필독서!

- OtvN <어쩌다 어른> 특강 출연
- KBS 1TV 아침마당<목요특강> "지혜의 심리학" 특강 출연
- YTN사이언스 <과학, 책을 만나다> "지혜의 심리학" 특강 출연
- 2014년 중국 수출 계약 | 포스코 CEO 추천 도서

세계 초일류 기업이 벤치마킹한
성공전략 5단계

승리의 경영전략

AG 래플리, 로저마틴 지음
김주권, 박광태, 박상진 옮김
352쪽 | 값 18,500원

전략경영의 살아있는 메뉴얼

가장 유명한 경영 사상가 두 사람이 전략이란 무엇을 위한 것이고, 어떻게 생각해야 하며, 왜 필요하고, 어떻게 실천해야 할지 구체적으로 설명한다. 이들은 100년 동안 세계 기업회생역사에서 가장 성공적이라고 평가받고 있을 뿐 아니라, 직접 성취한 P&G의 사례를 들어 전략의 핵심을 강조하고 있다.

- 경영대가 50인(Thinkers 50)이 선정한 2014 최고의 책
- 탁월한 경영자와 최고의 경영 사상가의 역작
- 월스트리스 저널 베스트 셀러

"이 검사를 꼭 받아야 합니까?"

과잉진단

길버트 웰치 지음 | 홍영준 옮김
391쪽 | 값 17,000원

병원에 가기 전 꼭 알아야 할 의학 지식!

과잉진단이라는 말은 아무도 원하지 않는다. 이는 걱정과 과잉진료의 전조일 뿐 개인에게 아무 혜택도 없다. 하버드대 출신 의사인 저자는, 의사들의 진단욕심에 비롯된 과잉진단의 문제점과 과잉진단의 합리적인 이유를 함께 제시함으로써 질병예방의 올바른 패러다임을 전해준다.

- 한국출판문화산업 진흥원 『이달의 책』 선정도서
- 조선일보, 중앙일보, 동아일보 등 주요 언론사 추천

새로운 시대는 逆(역)으로 시작하라!

콘트래리언

이신영 지음
408쪽 | 값 17,000원

위기극복의 핵심은 역발상에서 나온다!

세계적 거장들의 삶과 경영을 구체적이고 내밀하게 들여다본 저자는 그들의 성공핵심은 많은 사람들이 옳다고 추구하는 흐름에 '거꾸로' 갔다는 데 있음을 발견했다. 모두가 실패를 두려워할 때 도전할 줄 알았고, 모두가 아니라고 말하는 아이디어를 성공적인 아이디어로 발전시켰으며 최근 15년간 3대 악재라 불린 위기 속에서 기회를 찾고 성공을 거두었다.

- 한국출한문화산업 진흥원 '이달의 책' 선정도서
- KBS 1 라디오 <오한진 이정민의 황금사과> 방송

감동으로 가득한 스포츠 영웅의
휴먼 스토리

오픈

안드레 애거시 지음 | 김현정 옮김
614쪽 | 값 19,500원

시대의 이단아가 던지는 격정적 삶의 고백!

남자 선수로는 유일하게 골든 슬램을 달성한 안드레 애거시. 테니스 인생의 정상에 오르기까지와 파란만장한 삶의 여정이 서정적 언어로 독자의 마음을 자극한다. 최고의 스타 선수는 무엇으로, 어떻게, 그 자리에 오를 수 있었을까? 또 행복하지만 은 않았던 그의 테니스 인생 성장기를 통해 우리는 무엇을 배 울 수 있을까. 안드레 애거시의 가치관가 생각을 읽을 수 있다.

- 아마존 경영 & 리더십 트레이닝 분야 1위
- 미국, 일본, 중국 베스트 셀러
- 경영 명저 100권을 녹여 놓은 책

백 마디 불통의 말, 한 마디 소통의 말

당신은 어떤 말을 하고 있나요?

김종영 지음
248쪽 | 값 13,500원

리더십의 핵심은 소통능력이다. 소통을 체계적으로 연구하는 학문이 바로 수사학이다. 이 책은 우선 사람을 움직이는 힘, 수사학을 집중 조명한다. 그리고 소통의 능력을 필요로 하는 우리 사회의 리더들에게 꼭 필요한 수사적 리더십의 원리를 제공한다. 더 나아가서 수사학의 원리를 실제 생활에 어떻게 적용할 수 있는지 일러준다. 독자는 행복한 말하기와 아름다운 소통을 체험할 것이다.

- SK텔레콤 사보 <Inside M> 인터뷰
- MBC 라디오 <라디오 북 클럽> 출연
- 매일 경제, 이코노믹리뷰, 경향신문 소개
- 대통령 취임 2주년 기념식 특별연설

경쟁을 초월하여 영원한 승자로 가는 지름길

탁월한 전략이 미래를 창조한다

리치 호워드 지음 | 박상진 옮김
300쪽 | 값 17,000원

이 책은 혁신과 영감을 통해 자신들의 경험과 지식을 탁월한 전략으로 바꾸려는 리더들에게 실질적인 프레임워크를 제공해준다. 저자는 탁월한 전략을 위해서는 새로운 통찰을 결합하고 독자적인 경쟁 전략을 세우고 헌신을 이끌어내는 것이 중요하다고 강조한다. 나아가 연구 내용과 실제 사례, 사고 모델, 핵심 개념에 대한 명쾌한 설명을 통해 탁월한 전략가가 되는 데 필요한 핵심 스킬을 만드는 과정을 제시해준다.

- 조선비즈, 매경이코노미 추천도서
- 저자 전략분야 뉴욕타임즈 베스트 셀러

진정한 부와 성공을 끌어당기는 단 하나의 마법

생각의 시크릿

밥 프록터, 그레그 레이드 지음 | 박상진 옮김
268쪽 | 값 13,800원

성공한 사람들은 그렇지 못한 사람들과 다른 생각을 갖고 있는 것인가? 지난 100년의 역사에서 수많은 사람을 성공으로 이끈 성공 철학의 정수를 밝힌다. <생각의 시크릿>은 지금까지 부자의 개념을 오늘에 맞게 더 구체화시켰다. 지금도 변하지 않는 법칙을 따라만하면 누구든지 성공의 비밀에 다가갈 수 있다. 이 책은 각 분야에서 성공한 기업가들이 지난 100년간의 성공 철학을 어떻게 이해하고 따라했는지 살펴보면서, 그들의 성공 스토리를 생생하게 전달하고 있다.

- 2016년 자기계발분야 화제의 도서
- 매경이코노미, 이코노믹리뷰 소개

앞서 가는 사람들의 두뇌 습관

스마트 싱킹

아트 마크먼 지음
박상진 옮김
352쪽 | 값 17,000원

보통 사람들은 지능이 높을수록 똑똑한 행동을 할 것이라 생각한다. 하지만 마크먼 교수는 연구를 통해 지능과 스마트한 행동의 상관관계가 그다지 크지 않음을 증명한다. 한 연구에서는 지능검사 결과, 높은 점수를 받은 아이들을 35년 동안 추적하여 결국 인생의 성공과 지능지수는 그다지 상관없다는 사실을 밝히기도 했다. 중요한 것은 스마트한 행동으로 이끄는 것은 바로 '생각의 습관'이라는 것이다. 스마트한 습관은 정보와 행동을 연결해 행동을 합리적으로 수행하도록 하는 일관된 변환(consistent mapping)으로 형성된다. 곧 스마트 싱킹은 실천을 통해 행동으로 익혀야 한다는 뜻이다. 스마트한 습관을 창조하여 고품질 지식을 습득하고, 그 지식을 활용하여 새로운 문제를 창의적으로 해결해야 스마트 싱킹이 가능한 것이다. 그러려면 끊임없이 '왜'라고 물어야 한다. '왜'라는 질문에서 우리가 얻을 수 있는 것은 사물의 원리를 설명하는 인과적 지식이기 때문이다. 스마트 싱킹에 필요한 고품질 지식은 바로 이 인과적 지식을 통해 습득할 수 있다. 이 책은 일반인이 고품질 지식을 얻어 스마트 싱킹을 할 수 있는 구체적인 방법을 담고 있다. 예를 들어 문제를 글로 설명하기, 자신에게 설명해 보기 등 문제해결 방법과 회사와 가정에서 스마트한 문화를 창조하기 위한 8가지 방법이 기술되어 있다.

- **조선일보 등 주요 15개 언론사의 추천**
- **KBS TV, CBS방영 및 추천**

새로운 리더십을 위한 지혜의 심리학

이끌지 말고 따르게 하라

김경일 지음
328쪽 | 값 15,000원

이 책은 '훌륭한 리더', '존경받는 리더', '사랑받는 리더'가 되고 싶어하는 모든 사람들을 위한 책이다. 요즘 사회에서는 존경보다 질책을 더 많이 받는 리더들의 모습을 쉽게 볼 수 있다. 저자는 리더십의 원형이 되는 인지심리학을 바탕으로 바람직한 리더의 모습을 하나씩 밝혀준다. 현재 리더의 위치에 있는 사람뿐만 아니라, 앞으로 리더가 되기 위해 노력하고 있는 사람이라면 인지심리학의 새로운 접근에 공감하게 될 것이다. 존경받는 리더로서 조직을 성공시키고, 나아가 자신의 삶에서도 승리하기를 원하는 사람들에게 필독을 권한다.

- OtvN <어쩌다 어른> 특강 출연
- 예스24 리더십 분야 베스트 셀러
- 국립중앙도서관 사서 추천 도서

세계를 무대로 미래의 비즈니스를 펼쳐라

21세기 글로벌 인재의 조건

시오노 마코토 지음 | 김성수 옮김
244쪽 | 값 15,000원

세계 최고의 인재는 무엇이 다른가? 이 책은 21세기 글로벌 시대에 통용될 수 있는 비즈니스와 관련된 지식, 기술, 그리고 에티켓 등을 자세하게 설명한다. 이 뿐만 아니라 재무, 회계, 제휴 등의 업무에 바로 활용가능한 실무적인 내용까지 다루고 있다. 이 모든 것들이 미래의 주인공을 꿈꾸는 젊은이들에게 글로벌 인재가 되기 위한 발판을 마련해주는데 큰 도움이 될 것이다. 저자의 화려한 국제 비즈니스 경험과 감각을 바탕으로 비즈니스에 임하는 자세와 기본기, 그리고 실천 전략에 대해서 알려준다.

하버드 경영대학원 마이클 포터의 성공전략 지침서

당신의 경쟁전략은 무엇인가?

조안 마그레타 지음 | 김언수, 김주권, 박상진 옮김
368쪽 | 값 22,000원

이 책은 방대하고 주요한 마이클 포터의 이론과 생각을 한 권으로 정리했다. <하버드 비즈니스리뷰> 편집장 출신인 조안 마그레타(Joan Magretta)는 마이클 포터와의 협력으로 포터교수의 아이디어를 업데이트하고, 이론을 증명하기 위해 생생하고 명확한 사례들을 알기 쉽게 설명한다. 전략경영과 경쟁전략의 핵심을 단기간에 마스터하기 위한 사람들의 필독서이다.

- 전략의 대가, 마이클 포터 이론의 결정판
- 아마존 전략분야 베스트 셀러
- 일반인과 대학생을 위한 전략경영 필독서

성과기반의 채용과 구직을 위한 가이드

100% 성공하는 채용과 면접의 기술

루 아들러 지음 | 이병철 옮김
352쪽 | 값 16,000원

기업에서 좋은 인재란 어떤 사람인가? 많은 인사담당자는 스펙만 보고 채용하다가는 낭패당하기 쉽다고 말한다. 최근 전문가들은 성과기반채용 방식에서 그 해답을 찾는다. 이는 개인의 역량을 기초로 직무에서 성과를 낼 수 있는 요인을 확인하고 검증하는 면접이다. 이 책은 세계의 수많은 일류 기업에서 시도하고 있는 성과기반채용에 대한 개념, 프로세스, 그리고 실패방법을 다양한 사례로 설명하고 있다.

- 2016년 경제경영분야 화제의 도서

인생의 고수가 되기 위한 진짜 공부의 힘

김병완의 공부혁명

김병완 지음
236쪽 | 값 13,800원

공부는 20대에게 세상을 살아갈 수 있는 힘과 자신감 그리고 내공을 길러준다. 그래서 20대 때 공부에 미쳐 본 경험이 있는 사람과 그렇지 못한 사람은 알게 모르게 평생 큰 차이가 난다. 진짜 청춘은 공부하는 청춘이다. 공부를 하지 않고 어떻게 100세 시대를 살아가고자 하는가? 공부는 인생의 예의이자 특권이다. 20대 공부는 자신의 내면을 발견할 수 있게 해주고, 그로 인해 진짜 인생을 살아갈 수 있게 해준다. 이 책에서 말하는 20대 청춘이란 생물학적인 나이만을 의미하지 않는다. 60대라도 진짜 공부를 하고 있다면 여전히 20대 청춘이고 이들에게는 미래에 대한 확신과 풍요의 정신이 넘칠 것이다.

대담한 혁신상품은 어떻게 만들어지는가?

신제품 개발 바이블

로버트 쿠퍼 지음 | 류강석, 박상진, 신동영 옮김
648쪽 | 값 28,000원

오늘날 비즈니스 환경에서 진정한 혁신과 신제품개발은 중요한 도전과제이다. 하지만 대부분의 기업들에게 야심적인 혁신은 보이지 않는다. 이 책의 저자는 제품혁신의 핵심성공 요인이자 세계최고의 제품개발 프로세스인 스테이지-게이트(Stage-Gate)에 대해 강조한다. 아울러 올바른 프로젝트 선택 방법과 스테이지-게이트 프로세스를 활용한 신제품개발 성공 방법에 대해서도 밝히고 있다. 신제품은 기업번영의 핵심이다. 이러한 방법을 배우고 기업의 실적과 시장 점유율을 높이는 대담한 혁신을 성취하는 것은 담당자, 관리자, 경영자의 마지노선이다.

언제까지 질병으로 고통받을 것인가?

난치병 치유의 길

앤서니 윌리엄 지음 | 박용준 옮김
468쪽 | 값 22,000원

이 책은 현대의학으로는 치료가 불가능한 질병으로 고통 받는 수많은 사람들에게 새로운 치료법을 소개한다. 저자는 사람들이 무엇으로 고통 받고, 어떻게 그들의 건강을 관리할 수 있는지에 대한 영성의 목소리를 들었다. 현대 의학으로는 설명할 수 없는 질병이나 몸의 비정상적인 상태의 근본 원인을 밝혀주고 있다. 당신이 원인불명의 증상으로 고생하고 있다면 이 책은 필요한 해답을 제공해 줄 것이다.

- 아마존 건강분야 베스트 셀러 1위

기초가 탄탄한 글의 힘

실용 글쓰기 정석

황성근 지음 | 252쪽 | 값 13,500원

글쓰기는 인간의 기본 능력이자 자신의 능력을 발휘하는 핵심적인 도구이다. 글은 이론만으로 잘 쓸 수 없다. 좋은 글을 많이 읽고 체계적인 연습이 필요하다. 이 책에서는 기본 원리와 구성, 나아가 활용 수준까지 글쓰기의 모든 것을 다루고 있다. 이 책은 지금까지 자주 언급되고 무조건적으로 수용되던 기존 글쓰기의 이론들을 아예 무시했다. 실제 글쓰기를 할 때 반드시 필요하고 알아두어야 하는 내용들만 담았다. 책의 내용도 외울 필요가 없고 소설 읽듯 하면 바로 이해되고 그 과정에서 원리를 터득할 수 있도록 심혈을 기울인 책이다. 글쓰기에 대한 깊은 고민에 빠진 채 그 방법을 찾지 못해 방황하고 있는 사람들에게 필독하길 권한다.

질병의 근본 원인을 밝히고 남다른 예방법을 제시한다

의사들의 120세 건강 비결은 따로 있다

마이클 그레거 지음 | 홍영준, 강태진 옮김
❶ 질병원인 치유편 | 564쪽 | 값 22,000원
❷ 질병예방 음식편 | 340쪽 | 값 15,000원

미국 최고의 영양 관련 웹사이트인 http://NutritionFacts.org를 운영 중인 세계적인 영양전문가이자 내과의사가 과학적인 증거로 치명적인 질병으로 사망하는 원인을 규명하고 병을 예방하고 치유하는 식습관에 대해 집대성한 책이다. 저자는 영양과 생활방식의 조정이 처방약, 항암제, 수술보다 더 효과적일 수 있다고 강조한다. 우수한 건강서로서 모든 가정의 구성원들이 함께 읽고 실천하면 좋은 '가정건강지킴이'로서 손색이 없다.

- 아마존 식품건강분야 1위
- 출간 전 8개국 판권계약

세계 초일류 기업이 벤치마킹한 성공전략 5단계

승리의 경영전략

AG 래플리, 로저마틴 지음
김주권, 박광태, 박상진 옮김
352쪽 | 값 18,500원

이 책은 전략의 이론만을 장황하게 나열하지 않는다. 매일 치열한 생존경쟁이 벌어지고 있는 경영 현장에서 고객과 경쟁자를 분석하여 전략을 입안하고 실행을 주도하였던 저자들의 실제 경험과 전략 대가들의 이론이 책속에서 생생하게 살아 움직이고 있다. 혁신의 아이콘인 A.G 래플리는 P&G의 최고책임자로 다시 돌아왔다. 그는 이 책에서 P&G가 실행하고 승리했던 시장지배의 전략을 구체적으로 보여줄 것이다. 생활용품 전문기업인 P&G는 지난 176년간 끊임없이 혁신을 해왔다. 보통 혁신이라고 하면 전화기, TV, 컴퓨터 등 우리 생활에 커다란 변화를 가져오는 기술이나 발명품 등을 떠올리곤 하지만, 소소한 일상을 편리하게 만드는 것 역시 중요한 혁신 중에 하나라고 할 수 있다. 그리고 그러한 혁신은 체계적인 전략의 틀 안에서 지속적으로 이루어질 수 있다. 월 스트리트 저널, 워싱턴 포스트의 베스트셀러인 <Plating to Win: 승리의 경영전략>은 전략적 사고와 그 실천의 핵심을 담고 있다. 리플리는 10년간 CEO로서 전략 컨설턴트인 로저마틴과 함께 P&G를 매출 2배, 이익은 4배, 시장가치는 100조 이상으로 성장시켰다. 이 책은 크고 작은 모든 조직의 리더들에게 대담한 전략적 목표를 일상 속에서 실행하는 방법을 보여주고 있다. 그것은 바로 사업의 성공을 좌우하는 명확하고, 핵심적인 질문인 '어디에서 사업을 해야 하고', '어떻게 승리할 것인가'에 대한 해답을 찾는 것이다.

- **경영대가 50인(Thinkers 50)이 선정한 2014 최고의 책**
- **탁월한 경영자와 최고의 경영 사상가의 역작**
- **월스트리스 저널 베스트 셀러**

회사를 살리는 영업 AtoZ

세일즈 마스터

이장석 지음 | 396쪽 | 값 17,500원

영업은 모든 비즈니스의 꽃이다. 오늘날 경영학의 눈부신 발전과 성과에도 불구하고, 영업관리는 여전히 비과학적인 분야로 남아 있다. 영업이 한 개인의 개인기나 합법과 불법을 넘나드는 묘기의 수준에 남겨두는 한, 기업의 지속적 발전은 한계에 부딪히기 마련이다. 이제 편법이 아닌 정석에 관심을 쏟을 때다. 본질을 망각한 채 결과에 올인하는 영업직원과 눈앞의 성과만으로 모든 것을 평가하려는 기형적인 조직문화는 사라져야 한다. 이 책은 영업의 획기적인 리엔지니어링을 위한 AtoZ를 제시한다. 디지털과 인공지능 시대에 더 인정받는 영업직원과 리더를 위한 필살기다.

유능한 리더는 직원의 회복력부터 관리한다

스트레스 받지 않는 사람은 무엇이 다른가

데릭 로저, 닉 페트리 지음
김주리 옮김 | 308쪽 | 값 15,000원

이 책은 흔한 스트레스 관리에 관한 책이 아니다. 휴식을 취하는 방법에 관한 책도 아니다. 인생의 급류에 휩쓸리지 않고 어려움을 헤쳐 나갈 수 있는 능력인 회복력을 강화하여 삶을 주체적으로 사는 법에 관한 명저다. 엄청난 무게의 힘든 상황에서도 감정적 반응을 재설계하도록 하고, 스트레스 증가 외에는 아무런 도움이 되지 않는 자기 패배적 사고 방식을 깨는 방법을 제시한다. 깨어난 순간부터 자신의 태도를 재조정하는 데 도움이 되는 사례별 연구와 극복 기술을 소개한다.

상위 7% 우등생 부부의 9가지 비결

사랑의 완성 결혼을 다시 생각하다

그레고리 팝캑 지음
민지현 옮김 | 396쪽 | 값 16,500원

결혼 상담 치료사인 저자는 특별한 부부들이 서로를 대하는 방식이 다른 모든 부부관계에도 도움이 된다고 알려준다. 그리고 성공적인 부부들의 삶과 그들의 행복비결을 밝힌다. 저자 자신의 결혼생활 이야기를 비롯해 상담치료 사례와 이에대한 분석, 자가진단용 설문, 훈련 과제 및 지침 등으로 구성되어 있다. 이 내용들은 오랜 결혼 관련 연구논문으로 지속적으로 뒷받침되고 있으며 효과가 입증된 것들이다. 이 책을 통해 독자들은 자신의 어떤 점이 결혼생활에 부정적으로 작용하며, 긍정적인 변화를 위해서는 어떤 노력을 해야 하는지 배울 수 있다.

나와 당신을 되돌아보는, 지혜의 심리학

어쩌면 우리가 거꾸로 해왔던 것들

김경일 지음 | 272쪽 | 값 15,000원

저자는 이 책에서 수십 년 동안 심리학을 공부해오면서 사람들로부터 가장 많은 공감을 받은 필자의 말과 글을 모아 엮었다. 수많은 독자와 청중들이 '아! 맞아. 내가 그랬었지'라며 지지했던 내용들이다. 다양한 사람들이 공감한 내용들의 방점은 이렇다. 안타깝게도 세상을 살아가는 우리 대부분은 '거꾸로'하고 있는지도 모른다. 이 책은 지금까지 일상에서 거꾸로 해온 것을 반대로, 즉 우리가 '거꾸로 해왔던 수많은 말과 행동들'을 조금이라도 제자리로 되돌아보려는 노력의 산물이다. 이런 지혜를 터득하고 심리학을 생활 속에서 실천하길 바란다.

기후의 역사와 인류의 생존

시그널

벤저민 리버만, 엘리자베스 고든 지음
은종환 옮김 | 440쪽 | 값 18,500원

이 책은 인류의 역사를 기후변화의 관점에서 풀어내고 있다. 인류의 발전과 기후의 상호작용을 흥미 있게 조명한다. 인류 문화의 탄생부터 현재에 이르기까지 역사의 중요한 지점을 기후의 망원경으로 관찰하고 해석한다. 당시의 기후조건이 필연적으로 만들어낸 여러 사회적인 변화를 파악한다. 결코 간단하지 않으면서도 흥미진진한, 그리고 현대인들이 심각하게 다뤄야 할 이 주제에 대해 탐구를 시작하고자 하는 독자에게 이 책이 좋은 길잡이가 되리라 기대해본다.

언어를 넘어 문화와 예술을 관통하는 수사학의 힘

현대 수사학

요아힘 크나페 지음
김종영, 홍설영 옮김 | 480쪽 | 값 25,000원

이 책의 목표는 인문학, 문화, 예술, 미디어 등 여러 분야에 수사학을 접목시킬 현대 수사학이론을 개발하는 것이다. 수사학은 본래 언어적 형태의 소통을 연구하는 학문이라서 기초이론의 개발도 이 점에 주력하였다. 그 결과 언어적 소통의 관점에서 수사학의 역사를 개관하고 정치 수사학을 다루는 서적은 꽤 많지만, 수사학 이론을 현대적인 관점에서 새롭고 포괄적으로 다룬 연구는 눈에 띄지 않는다. 이 책은 수사학이 단순히 언어적 행동에만 국한하지 않고, '소통이 있는 모든 곳에 수사학도 있다'는 가정에서 출발한다. 이를 토대로 크나페 교수는 현대 수사학 이론을 체계적으로 개발하고, 문학, 음악, 이미지, 영화 등 실용적인 영역에서 수사학적 분석이 어떻게 가능한지를 총체적으로 보여준다.

고혈압, 당뇨, 고지혈증, 골관절염...
큰 병을 차단하는 의사의 특별한 건강관리법

몸의 경고

박제선 지음 | 336쪽 | 값 16,000원

현대의학은 이제 수명 연장을 넘어, 삶의 질도 함께 고려하는 상황으로 바뀌고 있다. 삶의 '길이'는 현대의료시스템에서 잘 챙겨주지만, '삶의 질'까지 보장받기에는 아직 갈 길이 멀다. 삶의 질을 높이려면 개인이 스스로 해야 할 일이 있다. 진료현장의 의사가 개인의 세세한 건강을 모두 신경 쓰기에는 역부족이다. 이 책은 아파서 병원을 찾기 전에 스스로 '예방'할 수 있는 영양요법과 식이요법에 초점 을 맞추고 있다. 병원에 가기 두렵거나 귀찮은 사람, 이미 질환을 앓고 있지만 심각성을 깨닫지 못하는 사람들에게 가정의학과 전문의가 질병 예방 길잡이를 제공하는 좋은 책이다.

감정은 인간을 어떻게 지배하는가

감정의 역사

롭 보디스 지음 | **민지현** 옮김 | 356쪽 | 값 16,500원

이 책은 몸짓이나 손짓과 같은 제스처, 즉 정서적이고 경험에 의해 말하지 않는 것들을 설득력 있게 설명한다. 우리가 느끼는 시간과 공간의 순간에 마음과 몸이 존재하는 역동적인 산물이라고 주장하면서, 생물학적, 인류학적, 사회 문화적 요소를 통합하는 진보적인 접근방식을 사용하여 전 세계의 정서적 만남과 개인 경험의 변화를 설명한다. 감정의 역사를 연구하는 최고 학자 중 한 명으로, 독자들은 정서적 삶에 대한 그의 서사적 탐구에 매혹당하고, 감동받을 것이다.

UN 선정, 미래 경영의 17가지 과제

지속가능발전목표란 무엇인가?

딜로이트 컨설팅 엮음 | **배정희, 최동건** 옮김 | 360쪽 | 값 17,500원

지속가능발전목표(SDGs)는 세계 193개국으로 구성된 UN에서 2030년까지 달성해야 할 사회과제 해결을 목표로 설정됐으며, 2015년 채택 후 순식간에 전 세계로 퍼졌다. SDGs의 큰 특징 중 하나는 공공, 사회, 개인(기업)의 세 부문에 걸쳐 널리 파급되고 있다는 점이다. 그러나 SDGs가 세계를 향해 던지는 근본적인 질문에 대해서는 사실 충분한 이해와 침투가 이뤄지지 않고 있다. SDGs는 단순한 외부 규범이 아니다. 단순한 자본시장의 요구도 아니다. 단지 신규사업이나 혁신의 한 종류도 아니다. SDGs는 과거 수십 년에 걸쳐 글로벌 자본주의 속에서 면면이 구축되어온 현대 기업경영 모델의 근간을 뒤흔드는 변화(진화)에 대한 요구다. 이러한 경영 모델의 진화가 바로 이 책의 주요 테마다.

진성 FOCUS 3

"비즈니스의 성공을 위해
꼭 알아야하는 경영의 핵심지식"

퍼스널 MBA

조쉬 카우프만 지음
이상호, 박상진 옮김
756쪽 | 값 25,000원

지속가능한 성공적인 사업은 경영의 어느 한 부분의 탁월성만으로는 불충분하다. 이는 가치창조, 마케팅, 영업, 유통, 재무회계, 인간의 이해, 인적자원 관리, 전략을 포함한 경영관리 시스템 등 모든 부분의 지식과 경험 그리고 통찰력이 갖추어 질 때 가능한 일이다. 그렇다고 그 방대한 경영학을 모두 섭렵할 필요는 없다고 이 책의 저자는 강조한다. 단지 각각의 경영원리를 구성하고 있는 멘탈 모델(Mental Model)을 제대로 익힘으로써 가능하다.
세계 최고의 부자인 빌게이츠, 워런버핏과 그의 동업자 찰리 멍거(Charles T. Munger)를 비롯한 많은 기업가들이 이 멘탈모델을 통해서 비즈니스를 시작하고, 또 큰 성공을 거두었다. 이 책에서 제시하는 경영의 핵심개념 248가지를 통해 독자들은 경영의 멘탈모델을 습득하게 된다.
필자는 지난 5년간 수천 권이 넘는 경영 서적을 읽었다. 수백 명의 경영 전문가를 인터뷰하고, 포춘지 선정 세계 500대 기업에서 일을 했으며, 사업도 시작했다. 그 과정에서 배우고 경험한 지식들을 모으고, 정제하고, 잘 다듬어서 몇 가지 개념으로 정리하게 되었다. 이들 경영의 기본 원리를 이해한다면, 현명한 의사결정을 내리는 데 유익하고 신뢰할 수 있는 도구를 얻게 된다. 이러한 개념들의 학습에 시간과 노력을 투자해 마침내 그 지식을 활용할 수 있게 된다면, 독자는 어렵지 않게 전 세계 인구의 상위 1% 안에 드는 탁월한 사람이 된다. 이 책의 주요내용은 다음과 같다.

- **실제로 사업을 운영하는 방법**
- **효과적으로 창업하는 방법**
- **기존에 하고 있던 사업을 더 잘 되게 하는 방법**
- **경영 기술을 활용해 개인적 목표를 달성하는 방법**
- **조직을 체계적으로 관리하여 성과를 내는 방법**

노자, 궁극의 리더십을 말하다

2020 대한민국을 통합시킬 주역은 누구인가?

안성재 지음 | 524쪽 | 값 19,500원

노자는 "나라를 다스리는 것은 간단하고도 온전한 원칙이어야지, 자꾸 복잡하게 그 원칙들을 세분해서 강화하면 안된다!"라고 일갈한다. 법과 제도를 세분해서 강화하지 않고 원칙만으로 다스리는 것이 바로 대동사회다. 원칙을 수많은 항목으로 세분해서 통제한 것은 소강사회의 모태가 되므로 경계하지 않으면 안된다. 이 책은 [도덕경]의 오해와 진실 그 모든 것을 이야기한다. 동서고금을 아우르는 지혜가 살아넘친다. [도덕경] 한 권이면 국가를 경영하는 정치지도자에서 기업을 경영하는 관리자까지 리더십의 본질을 꿰뚫 수 있을 것이다.

나의 경력을 빛나게 하는 인지심리학

커리어 하이어

아트 마크먼 지음 | 박상진 옮김 | 340쪽 | 값 17,000원

이 책은 세계 최초로 인지과학 연구 결과를 곳곳에 배치해 '취업-업무 성과-이직'으로 이어지는 경력 경로 전 과정을 새로운 시각에서 조명했다. 또한, 저자인 아트 마크먼 교수가 미국 텍사스 주립대의 '조직의 인재 육성(HDO)'이라는 석사학위 프로그램을 직접 개설하고 책임자까지 맡으면서 '경력 관리'에 대한 이론과 실무를 직접 익혔다. 따라서 탄탄한 이론과 직장에서 바로 적용할 수 있는 실용성까지 갖추고 있다. 특히 2부에서 소개하는 성공적인 직장생활의 4가지 방법들은 이 책의 백미라고 볼 수 있다.

한국기업, 글로벌 최강 만들기 프로젝트 1

넥스트 이노베이션

김언수, 김봉선, 조준호 지음 | 396쪽 | 값 18,000원

넥스트 이노베이션은 혁신의 본질, 혁신의 유형, 각종 혁신의 사례들, 다양한 혁신을 일으키기 위한 약간의 방법론들, 혁신을 위한 조직 환경과 디자인, 혁신과 관련해 개인이 할 수 있는 것들, 향후의 혁신 방향 및 그와 관련된 정부의 정책의 역할까지 폭넓게 논의한다. 이 책을 통해 조직 내에서 혁신에 관한 공통의 언어를 생성하고, 새로운 혁신 프로젝트에 맞는 구체적인 도구와 프로세스를 활용하는 방법을 개발하기 바란다. 나아가 여러 혁신 성공 및 실패 사례를 통해 다양하고 창의적인 혁신 아이디어를 얻고 실행에 옮긴다면 분명 좋은 성과를 얻을 수 있으리라 믿는다.

하버드 경영 대학원 마이클 포터의 성공전략 지침서

당신의 경쟁전략은 무엇인가?

조안 마그레타 지음
김언수, 김주권, 박상진 옮김
368쪽 | 값 22,000원

마이클 포터(Michael E. Porter)는 전략경영 분야의 세계 최고 권위자다. 개별 기업, 산업구조, 국가를 아우르는 연구를 전개해 지금까지 17권의 저서와 125편 이상의 논문을 발표했다. 저서 중 『경쟁전략(Competitive Strategy)』(1980), 『경쟁우위(Competitive Advantage)』(1985), 『국가경쟁우위(The Competitive Advantage of Nations)』(1990) 3부작은 '경영전략의 바이블이자 마스터피스'로 공인받고 있다. 경쟁우위, 산업구조 분석, 5가지 경쟁요인, 본원적 전략, 차별화, 전략적 포지셔닝, 가치사슬, 국가경쟁력 등의 화두는 전략 분야를 넘어 경영학 전반에 새로운 지평을 열었고, 사실상 세계 모든 경영 대학원에서 핵심적인 교과목으로 다루고 있다. 이 책은 방대하고 주요한 마이클 포터의 이론과 생각을 한 권으로 정리했다. <하버드 비즈니스리뷰> 편집장 출신인 저자는 폭넓은 경험을 바탕으로 포터 교수의 강력한 통찰력을 경영일선에 효과적으로 적용할 수 있도록 설명한다. 즉, "경쟁은 최고가 아닌 유일무이한 존재가 되고자 하는 것이고, 경쟁자들 간의 싸움이 아니라, 자사의 장기적 투하자본이익률(ROIC)을 높이는 것이다." 등 일반인들이 잘못 이해하고 있는 포터의 이론들을 명백히 한다. 전략경영과 경쟁전략의 핵심을 단기간에 마스터하여 전략의 전문가로 발돋음 하고자 하는 대학생은 물론 전략에 관심이 있는 MBA과정의 학생들을 위한 필독서이다. 나아가 미래의 사업을 주도하여 지속적 성공을 꿈꾸는 기업의 관리자에게는 승리에 대한 영감을 제공해 줄 것이다.

- **전략의 대가, 마이클 포터 이론의 결정판**
- **아마존전략 분야 베스트 셀러**
- **일반인과 대학생을 위한 전략경영 필독서**

비즈니스 성공의 불변법칙
경영의 멘탈모델을 배운다!

퍼스널 MBA

조쉬 카우프만 지음 | 이상호, 박상진 옮김
756쪽 | 값 23,500원

"MASTER THE ART OF BUSINESS"

비즈니스 스쿨에 발을 들여놓지 않고도 자신이 원하는 시간과 적은 비용으로 비즈니스 지식을 획기적으로 높이는 방법을 가르쳐 주고 있다. 실제 비즈니스의 운영, 개인의 생산성 극대화, 그리고 성과를 높이는 스킬을 배울 수 있다. 이 책을 통해 경영학을 마스터하고 상위 0.01%에 속하는 부자가 되는 길을 따라가 보자.

- 아마존 경영 & 리더십 트레이닝 분야 1위
- 미국, 일본, 중국 베스트 셀러
- 경영 명저 100권을 녹여 놓은 책

새로 나올 책

포스트 코로나 시대의 행복

적정한 삶

김경일 지음 | 360쪽 | 값 16,500원

우리의 삶은 앞으로 어떤 방향으로 나아가게 될까? 인지심리학자인 저자는 이번 팬데믹 사태를 접하면서 수없이 받아온 질문에 대한 답을 이번 저서를 통해 말하고 있다. 앞으로 인류는 '극대화된 삶'에서 '적정한 삶'으로 갈 것이라고. 낙관적인 예측이 아닌 엄숙한 선언이다. 행복의 척도가 바뀔 것이며 개인의 개성이 존중되는 시대가 온다. 타인이 이야기하는 'want'가 아니라 내가 진짜 좋아하는 'like'를 발견하며 만족감이 스마트해지는 사회가 다가온다. 인간의 수명은 길어졌고 적정한 만족감을 느끼지 못하는 인간은 결국 길 잃은 삶을 살게 될 것이라고 말이다.

생명과 건강에 대한 특별한 이야기

호흡

**에드거 윌리엄스 지음 | 황선영 옮김 | 396쪽
값 22,000원**

『호흡』은 영적인 힘을 숭배한 고대 시대부터 미아즈마와 같이 미심 쩍은 이론과 기괴한 장치, 뿌연 매연으로 가득한 중세와 근대를 넘어, 첨단을 달리는 각종 호흡보조장치와 현대사회를 덮친 무시무시한 전염병과 불가분의 관계를 설명한다. 나아가 오늘날 심신의 활력을 불어넣는 독특한 호흡법까지, 인간의 '숨'과 관련된 거의 모든 것을 다루었다.

진성 FOCUS 5

**"질병의 근본 원인을 밝히고
남다른 예방법을 제시한다"**

의사들의 120세 건강비결은 따로 있다

**마이클 그레거 지음
홍영준, 강태진 옮김
❶ 질병원인 치유편 값 22,000원 | 564쪽
❷ 질병예방 음식편 값 15,000원 | 340쪽**

**우리가 미처 몰랐던 질병의 원인과 해법
질병의 근본 원인을 밝히고 남다른 예방법을 제시한다**

건강을 잃으면 모든 것을 잃는다. 의료 과학의 발달로 조만간 120세 시대도 멀지 않았다. 하지만 우리의 미래는 '얼마나 오래 살 것인가?'보다는 '얼마나 건강하게 오래 살 것인가?'를 고민해야하는 시점이다. 이 책은 질병과 관련된 주요 사망 원인에 대한 과학적 인과관계를 밝히고, 생명에 치명적인 병을 예방하고 건강을 회복시킬 수 있는 방법을 명쾌하게 제시한다. 수천 편의 연구결과에서 얻은 적절한 영양학적 식이요법을 통하여 건강을 획기적으로 증진시킬 수 있는 과학적 증거를 밝히고 있다. 15가지 주요 조기 사망 원인들(심장병, 암, 당뇨병, 고혈압, 뇌질환 등등)은 매년 미국에서만 1백 6십만 명의 생명을 앗아간다. 이는 우리나라에서도 주요 사망원인이다. 이러한 비극의 상황에 동참할 필요는 없다. 강력한 과학적 증거가 뒷받침된 그레거 박사의 조언으로 치명적 질병의 원인을 정확히 파악하라. 그리고 장기간 효과적인 음식으로 위험인자를 적절히 예방하라. 그러면 비록 유전적인 단명요인이 있다해도 이를 극복하고 장기간 건강한 삶을 영위할 수 있다. 이제 인간의 생명은 운명이 아니라, 우리의 선택에 달려있다. 기존의 건강서와는 차원이 다른 이 책을 통해서 '더 건강하게, 더 오래 사는' 무병장수의 시대를 활짝 열고, 행복한 미래의 길로 나아갈 수 있을 것이다.

- **아마존 의료건강분야 1위**
- **출간 전 8개국 판권계약**

사단법인 건강인문학포럼

1. 취지

세상이 빠르게 변화하고 있습니다. 눈부신 기술의 진보 특히, 인공지능, 빅데이터, 메타버스 그리고 유전의학과 정밀의료의 발전은 인류를 지금까지 없었던 새로운 세상으로 안내하고 있습니다. 앞으로 산업과 직업, 하는 일과 건강관리의 변혁은 피할 수 없는 상황으로 다가오고 있습니다.

이러한 변화에 따라 〈사단법인〉 건강인문학포럼은 '건강은 건강할 때 지키자'라는 취지에서 신체적 건강, 정신적 건강, 사회적 건강이 조화를 이루는 "건강한 삶"을 찾는데 의의를 두고 있습니다. 100세 시대를 넘어서서 인간의 한계수명이 120세로 늘어난 지금, 급격한 고령인구의 증가는 저출산과 연관되어 국가 의료재정에 큰 부담이 되리라 예측됩니다. 따라서 개인 각자가 자신의 건강을 지키는 것 자체가 사회와 국가에 커다란 기여를 하는 시대가 다가오고 있습니다.

누구나 겪게 마련인 '제 2의 삶'을 주체적으로 살며, 건강한 삶의 지혜를 함께 모색하기 위해 사단법인 건강인문학포럼은 2018년 1월 정식으로 출범했습니다. 우리의 목표는 분명합니다. 스스로 자신의 건강을 지키면서 능동적인 사회활동의 기간을 충분히 연장하여 행복한 삶을 실현하는 것입니다. 전문가로부터 최신의학의 과학적 내용을 배우고, 5년 동안 불멸의 동서양 고전 100권을 함께 읽으며 '건강한 마음'을 위한 인문학적 소양을 넓혀 삶의 의미를 찾아볼 것입니다. 의학과 인문학 그리고 경영학의 조화를 통해 건강한 인간으로 사회에 선한 영향력을 발휘하고, 각자가 주체적인 삶을 살기 위한 지혜를 모색해 가고자 합니다.

건강과 인문학을 위한 실천의 장에 여러분을 초대합니다.

2. 비전, 목적, 방법

| 비 전

장수시대에 "건강한 삶"을 위해 신체적, 정신적, 사회적 건강을 돌보고, 함께 잘 사는 행복한 사회를 만드는 데 필요한 덕목을 솔선수범하면서 존재의 의미를 찾는다.

| 목 적

우리는 5년간 100권의 불멸의 고전을 읽고 자신의 삶을 반추하며, 중년 이후의 미래를 새롭게 설계해 보는 "자기인생론"을 각자 책으로 발간하여 유산으로 남긴다.

| 방 법

매월 2회 모임에서 인문학 책 읽기와 토론 그리고 특강에 참여한다. 아울러서 의학 전문가의 강의를 통해서 질병예방과 과학적인 건강 관리 지식을 얻고 실천해 간다.

3. 2022년 프로그램 일정표

- 프로그램 및 일정 -

월	선정도서	건강(의학)특강	일정
1월	변신 이야기 / 오비디우스	전염병의 실체와 예방	1/12, 1/26
2월	혁명의 시대 / 에릭 홉스봄	심장병 예방	2/9, 2/23
3월	부분과 전체 / 베르너 카를 하이젠베르크	뇌질환의 예방	3/16, 3/30
4월	중용 / 주희	소화기 질환의 예방	4/13, 4/27
5월	생각의 탄생 / 로버트 루트번스타인	혈액검사와 진단	5/11, 5/25
6월	안나 카레리나 / 레프 톨스토이	암의 원인과 예방	6/8, 6/22
7월	미술관 옆 인문학 / 박홍순	노화와 건강 장수법	7/6, 7/20
8월	정의론 / 존 롤스	부인과 질환의 예방	8/10, 8/24
9월	파우스트 박사 / 토마스 만	생활습관병의 실체	9/7, 9/21
10월	존재와 시간 / 마르틴 하이데거	올바른 운동법	10/5, 10/19
11월	태양은 다시 떠오른다 / 어니스트 헤밍웨이	미래의학과 건강관리	11/9, 11/23
12월	행복의 역사 / 미셸 포쉐	건강한 삶을 위한 인문학 콘서트	12/7, 12/21

프로그램 자문위원	
	▶ 인 문 학 : 김성수 교수, 김종영 교수, 박성창 교수, 이재원 교수, 조현설 교수 ▶ 건강(의학) : 김선희 교수, 김명천 교수, 이은희 원장, 박정배 원장, 정이안 원장 ▶ 경 영 학 : 김동원 교수, 정재호 교수, 김신섭 대표, 전이현 대표, 남석우 회장

4. 독서회원 모집 안내

운 영 : 매월 둘째 주, 넷째 주 수요일 월 2회 비영리로 운영됩니다.
1. 매월 함께 읽은 책에 대해 발제와 토론을 하고, 전문가 특강으로 완성함.
2. 건강(의학) 프로그램은 매 월 1회 전문가(의사) 특강 매년 2회.
인문학 기행 진행과 등산 등 운동 프로그램도 진행함.

회 비 : 오프라인 회원(6개월 30만원 또는 12개월 50만원), 온라인 회원(6개월 15만원 또는 12개월 20만원)
일 시 : 매월 2, 4주 수요일(18:00~22:00)
장 소 : 서울시 강남구 테헤란로514 삼흥빌딩2빌딩 8층

문 의 : 기업체 단체 회원(온라인) 독서 프로그램은 별도로 운영합니다(문의 요망)
02-3452-7761 / 010-2504-2926 / www.120hnh.co.kr

"책읽기는 충실한 인간을 만들고, 글쓰기는 정확한 인간을 만든다."
프랜시스 베이컨(영국의 경험론 철학자, 1561~1626)